A paz perdida

RICHARD SAKWA

A paz perdida

Como o Ocidente fracassou em evitar uma segunda Guerra Fria

Tradução
Miguel Yoshida

INCT INEU
INSTITUTO NACIONAL DE CIÊNCIA E TECNOLOGIA PARA ESTUDOS SOBRE OS ESTADOS UNIDOS

editora unesp

Título original: *The Lost Peace: How The West Failed to Prevent a Second Cold War*

Direitos de publicação reservados à:
Fundação Editora da Unesp (FEU)
Praça da Sé, 108
01001-900 – São Paulo – SP
Tel.: (0xx11) 3242-7171
Fax: (0xx11) 3242-7172
www.editoraunesp.com.br
www.livrariaunesp.com.br
atendimento.editora@unesp.br

Dados Internacionais de Catalogação na Publicação (CIP) de acordo com ISBD
Elaborado por Odilio Hilario Moreira Junior – CRB-8/9949

S158p

Sakwa, Richard

A paz perdida: como o Ocidente fracassou em evitar uma segunda Guerra Fria / Richard Sakwa; traduzido por Miguel Yoshida. – São Paulo: Editora Unesp, 2025.

Tradução de: *The Lost Peace: How The West Failed to Prevent a Second Cold War*

Inclui bibliografia.

ISBN: 978-65-5711-277-9

1. Geopolítica. 2. Guerra Fria. 3. Conflitos internacionais. 4. Ocidente. 5. História. 6. Política externa. 7. Globalismo. 8. Nacionalismo. I. Yoshida, Miguel. II. Título.

2025-2393

CDD 320.12
CDU 911.3:32

Esta publicação contou com apoio do Conselho Nacional de Desenvolvimento Científico e Tecnológico (CNPq, processo n.465460/2014-3)

Editora afiliada:

Sumário

Agradecimentos

Sempre agradeço a Jo Godfrey, minha editora de longa data, cuja paciência é igualada apenas por sua habilidade e profissionalismo duradouro. Revisores anônimos forneceram comentários minuciosos e extremamente relevantes, pelos quais sou muito grato. Gostaria de agradecer aos meus amigos e colegas da Escola de Política e Relações Internacionais da Universidade de Kent, que como sempre proporcionaram um ambiente favorável e solidário para pesquisa e investigação intelectual. Agradeço em particular aos astutos capitães no comando desse pequeno pelotão, principalmente Hugh Miall, Richard Whitman, Ruth Blakeley, Adrian Pabst e Nadine Ansorg. O envolvimento com os acadêmicos sob a égide do Centro de Filosofia Política Simone Weil em Washington DC e com aqueles associados ao Telos em Nova York tem sido excepcionalmente gratificante. O trabalho como pesquisador sênior no Laboratório Internacional sobre Estudos da Ordem Mundial e o Novo Regionalismo, na Escola Superior de Economia da Universidade Nacional de Pesquisa, em Moscou, me permitiu apresentar algumas das ideias desenvolvidas neste livro, assim como me proporcionou um local para inumeráveis debates ricos e fraternos. O trabalho como professor honorário na Faculdade de Ciência Política na Universidade Estatal de Moscou me proporcionou uma associação que é tão desafiadora quanto formativa. Ser membro do Grupo Valdai de Debate Internacional ainda é uma fonte estimulante de ideias e conexões. Ele reúne acadêmicos, profissionais, políticos, jornalistas com visões distintas de diversas partes do mundo para diálogo e debate. O Centro para Segurança e Estratégia Internacional na Universidade de Tsinghua sob a sábia direção da senhora Fu Ying me permitiu tanto avaliar os pontos de vista chineses sobre questões globais, quanto realizar várias visitas à Universidade de Relações Internacionais da China em Beijing. O Centro para Estudos Russos e a Escola de Estudos Avançados Internacionais e Regionais na Universidade Normal da China Oriental em Xangai faz um extraordinário trabalho de análise comparativa, e eu tive a honra de trabalhar com a equipe de profissionais ali por muitos anos. Uma visita à Universidade Jawaharlal Nehru em Nova Déli abriu novas perspectivas de entendimento. Minhas dívidas e gratidão pessoal se estendem a um vasto conjunto de companheiros que cultivam o jardim do esforço intelectual – tantos que não podem ser nomeados, mas certamente não esquecidos.

Canterbury, março de 2023.

Lista de siglas

AA – Acordo de Associação
ABM – Tratado de Mísseis Antibalísticos (1972)
AIIB – Banco Asiático de Investimento em Infraestrutura
ALCM – Míssil de Cruzeiro Lançado do Ar
ASEAN – Associação de Nações do Sudeste Asiático
ATO – Operação Antiterrorista
AUKUS – Pacto de Defesa entre Austrália, Reino Unido e Estados Unidos
BMD – Míssil Balístico de Defesa
BRI – Iniciativa Cinturão e Rota
BRICS – Brasil, Rússia, Índia, China e África do Sul
CAATSA – Lei de Contenção dos Adversários dos Estados Unidos por Sanções
CAI – Acordo Abrangente de Investimento
CEE – Comunidade Econômica Europeia
CEIW – Guerra Informacional Aprimorada por Meios Cibernéticos
CER – Centro para a Reforma Europeia
CFE – Tratado sobre Forças Armadas Convencionais na Europa
CFSP – Política Externa e de Segurança Comum
CIPS – Pagamento Interbancário Transfronteiriços da China
CIS – Comunidade dos Estados Independentes
CNOOC – Corporação Nacional de Petróleo Offshore da China
CNPC – Corporação Nacional de Petróleo da China
CNSA – Administração Espacial Nacional da China
COP – Conferência das Partes
CPCUS – Congresso do Partido Comunista da União Soviética

CPEC – Corredor Econômico China-Paquistão
CPTPP – Acordo Abrangente e Progressivo para a Parceria Transpacífica
CSCE – Conferência sobre Segurança e Cooperação na Europa
CSDP – Política Comum de Segurança e Defesa
CSTO – Organização do Tratado de Segurança Coletiva
CTBT – Tratado de Proibição Total de Testes Nucleares
CWC – Convenção de Armas Químicas
DCA – Aeronaves de Capacidade Dupla
DCFTA – Acordo Profundo e Abrangente de Livre Comércio
EaP – Parceria Oriental
EDC – Comunidade de Defesa Europeia
EEAS – Serviço de Ação Externa Europeu
EEU – União Econômica Eurasiática
ENP – Política de Vizinhança Europeia
EPC – Comunidade Política Europeia
ERI – Iniciativa Europeia de Reafirmação
ESPO – Oleoduto Sibéria Oriental-Oceano Pacífico
EST – Tratado de Segurança Europeu
ETIM – Movimento Islâmico do Turquestão Oriental
EUGS – Estratégia Global da União Europeia
FOCAC – Fórum sobre Cooperação China-África
FOIP – Estratégia do Indo-Pacífico Livre e Aberto
FONOPs – Operações de Liberdade de Navegação
G20 – Grupo das 20 Principais Economias
G7 – Grupo das Sete Economias Industriais Desenvolvidas
GATT – Acordo Geral sobre Tarifas e Comércio
GBSD – Sistema de Dissuasão Estratégico Terrestre
GNL – Gás Natural Liquefeito
GWOT – Guerra Global ao Terror
IAEA – Agência Atômica Energética Internacional
ICAN – Campanha Internacional para Abolir Armas Nucleares
ICBM – Míssil Balístico Intercontinental
ICC – Tribunal Penal Internacional
ICCPR – Pacto Internacional dos Direitos Civis e Políticos
ICESCR – Pacto Internacional dos Direitos Econômicos, Sociais e Culturais
ICJ – Tribunal Internacional de Justiça
ICTY – Tribunal Penal Internacional para a Antiga Iugoslávia
INF – Acordo de Forças Nucleares de Alcance Intermediário
INSTC – Corredor Internacional de Transporte Norte-Sul
IPCC – Painel Intergovernamental da Mudança Climática
JCPOA – Plano de Ação Conjunto Global (o acordo nuclear do Irã)
LAC – Linha de Controle Real
MAD – Destruição Mútua Assegurada

MAP – Plano de Ação de Adesão
MNA – Movimento dos Não Alinhados
NACC – Conselho de Cooperação do Atlântico Norte
NDAA – Lei de Autorização da Defesa Nacional
NdC – Contribuições Nacionalmente Determinadas
NIEO – Nova Ordem Econômica Internacional
NORAD – Comando de Defesa Aeroespacial Norte-Americano
NPT – Novo Pensamento Político (Gorbachev)
NPT – Tratado de Não Proliferação de Armas Nucleares
NRC – Conselho Rússia-Otan
OCDE – Organização para a Cooperação e Desenvolvimento Econômico
OMC – Organização Mundial do Comércio
OMS – Organização Mundial da Saúde
OPCW – Organização para a Proibição de Armas Químicas
OSCE – Organização para a Segurança e Cooperação na Europa
Otan – Organização do Tratado do Atlântico Norte
PCA – Acordo de Parceria e Cooperação
PCCh – Partido Comunista da China
PCUS – Partido Comunista da União Soviética
PESCO – Cooperação Estruturada Permanente
PfP – Parceria pela Paz
PGM – Munição Guiada de Precisão
PGS – Programa Ataque Global Imediato
PJC – Conselho Conjunto Permanente
PPC – Poder de Paridade de Compra
Quad – Diálogo de Segurança Quadrilateral
RAP – Plano de Ação de Prontidão
RATS – Estrutura Regional Antiterrorista
RCEP – Parceria Econômica Regional Abrangente
RFE – Extremo Oriente Russo
RPC – República Popular da China
SALT – Negociações sobre a Limitação de Armas Estratégicas
SCO – Organização para Cooperação de Xangai
SLBM – Míssil Balístico Lançado de Submarino
SLCM – Míssil de Cruzeiro Lançado do Mar
SOE – Empresas Estatais
SPD – Partido da Social-Democracia (alemã)
SREB – Cinturão Econômico da Rota da Seda
START – Tratado de Redução de Armas Estratégicas
TPNW – Tratado de Proibição de Armas Nucleares
TPP – Parceria Transpacífica
UAV – Veículos Aéreos Não Tripulados
UDHR – Declaração Universal dos Direitos Humanos

UE – União Europeia
UNCLOS – Convenção das Nações Unidas sobre o Direito do Mar
UNFCCC – Convenção-Quadro das Nações Unidas sobre Mudanças Climáticas
UNHRC – Conselho de Direitos Humanos das Nações Unidas (anteriormente comissão)
UNSC – Conselho de Segurança da ONU
URSS – União das Repúblicas Socialistas Soviéticas
WMD – Armas de Destruição em Massa

Introdução

O fim da Guerra Fria em 1989 ofereceu uma perspectiva de uma paz duradoura e de novo tipo. Em um mundo não mais cindido pelas rigorosas divisões ideológicas do século XX, a paz e a reconciliação pareciam possíveis. A política global estava excepcionalmente alinhada para criar uma nova ordem de paz. A União Soviética sob a liderança de Mikhail Gorbachev, a partir de março de 1985, rejeitou muito da ideologia sob a qual se travou a Guerra Fria, transformou a política interna e incentivou reforma política entre seus aliados na Europa Oriental. As potências ocidentais superaram a dúvida inicial e se envolveram com as mudanças. Uma enxurrada de declarações e acordos anunciavam uma era de cooperação e desenvolvimento.

Os efeitos benéficos da paz na Europa foram antecipados para serem disseminados mundialmente. Isso se tornou a era da globalização, uma visão de que tempo e espaço poderiam ser conquistados pelas novas tecnologias da comunicação, uma rede cada vez mais intricada de contatos e negócios pessoais facilitada por viagens aéreas baratas e a interdependência estimulada pelos laços comerciais e financeiros. Uma classe média global estava surgindo, baseada em padrões de consumo e orientações culturais semelhantes, e até mesmo com visões compartilhadas com relação à democracia, *accountability* e Estado de direito. Não há uma correlação automática entre crescimento de padrões de vida e demandas por democracia, embora no longo prazo estilos de vida consumistas gerem demandas para autonomia pessoal e por proteção garantida por um sistema de justiça independente. Quando a Guerra Fria acabou na Europa, a China ainda estava em seus estágios iniciais de transformação e perseguia sua filosofia de "ascensão silenciosa", mas a questão de sua transformação política já estava colocada nessa época.

Acima de tudo, o sistema internacional criado ao fim da Segunda Guerra Mundial, em 1945, baseado na Organização das Nações Unidas e em suas instituições, definiram um arcabouço para o Direito internacional, governança global e compromisso humanitário, e foi para essa ordem universal que Gorbachev apelou. Os reformadores soviéticos acreditavam que, com o fim da Guerra Fria, esse sistema poderia se estabelecer, permitindo que a cooperação multilateral florescesse ao mesmo tempo que atenuava as tradicionais rivalidades geopolíticas das grandes potências. Muito se conquistou. A ameaça de um Armagedom atômico há muito havia forçado a prudência nas relações internacionais e a iminente sombra de uma guerra nuclear havia então se dissipado. O "dividendo da paz" permitiu que os orçamentos militares recebessem cortes e que o militarismo característico da Guerra Fria fosse amenizado. Globalização e interdependência econômica moderaram as divisões políticas abrindo espaço para as ideologias da "terceira via". O mistério do progresso aparentemente havia sido resolvido. Com o suposto "fim da história", a humanidade poderia se unir sob os princípios do Direito internacional e da democracia do mercado.

Essas expectativas foram frustradas, e não foi a primeira vez. A Revolução Francesa de 1789 devorou a si própria e acabou como uma ditadura militar. A Revolução Bolchevique de outubro de 1917 inspirou milhões a acreditar que o socialismo revolucionário inauguraria uma era de paz e prosperidade para, por fim, mergulhar em um oceano de sangue. A crença na renovação floresceu novamente em fins dos anos 1980, dessa vez não por meio de uma revolução, mas precisamente pela renúncia à violência. Esse foi um momento genuinamente "antirrevolucionário" no qual a lógica da reconciliação interna e a cooperação internacional apareceram como possibilidade. Os problemas fundamentais da pobreza, desigualdade, subdesenvolvimento, neocolonialismo, financeirização neoliberal (a desvinculação comercial da entrega física de mercadorias e serviços), a degradação ambiental e muito mais permaneceram, mas as condições para sua solução pareciam excepcionalmente benignas. Um novo amanhecer era uma possibilidade.

Estudantes da União Soviética, eu inclusive, descrevíamos seriamente o potencial transformador da *Perestroika* (reestruturação) de Gorbachev, a palavra que ele utilizou a partir de junho de 1987 para descrever seu programa de reformas, e saudávamos a amenização das tensões da Guerra Fria. As conquistas daquele período eram reais, com o desmantelamento do aparato opressivo do controle estatal, o emergir do debate e de aspirações democráticas por toda a região e a libertação dos Estados do bloco soviético. Em novembro de 1989 o muro de Berlim caiu e no fim do ano os sistemas comunistas desapareceram. Os países da Europa central e oriental estavam livres para perseguir seu próprio destino. A própria União Soviética foi dividida pelas forças liberadas com a reforma e em dezembro de 1991 entrou em colapso. As quinze antigas Repúblicas da URSS surgiram como Estados independentes com, relativamente, pouca violência, embora as tensões suprimidas tenham explodido anos mais tarde. A dissolução da ordem comunista e a desintegração da União Soviética foram acontecimentos históricos e continuam a moldar a nossa era "pós-Guerra Fria".

A Guerra Fria foi descrita por George Orwell, em outubro de 1945, como uma "paz que não é paz".[1] Contudo, o acordo que emergiu após 1989-91 era, na melhor das hipóteses, desconfortável e prenhe de novos conflitos. Essa era a "paz fria", em que questões fundamentais do desenvolvimento e da segurança europeia permaneceram irresolvidos. A resposta do líder militar francês Marshal Foch ao Tratado de Versalhes em junho de 1919 era inequívoca: "Isso não é paz. Isso é um armistício por vinte anos", e assim foi. A Europa e o mundo entraram em guerra novamente em 1939. Da mesma forma, o acordo pós-1989 se tornou outra paz de Versalhes, no sentido de que era parcial, e por fim levou a um novo conflito, descrito neste livro como a Segunda Guerra Fria. Essa luta agora é enquadrada como aquela entre a democracia liberal e os vários tipos de autoritarismo, com a contestação das grandes potências reforçadas pela mobilização cultural e civilizacional. O Ocidente político, criado e moldado durante a Primeira Guerra Fria, se expandiu, gerando novas fronteiras entre uma ordem liberal em expansão e os estrangeiros. Esta deveria ser uma paz democrática, que inevitavelmente mexesse com aqueles que tivessem outras ideias sobre a melhor maneira de alcançar desenvolvimento interno e segurança nacional. Isso também deveria ser uma paz dominada pelo Ocidente, o que aumentou as preocupações de países como a Rússia e China que tinham suas próprias ambições de grandes potências.

A ordem de paz baseada na Carta da ONU é uma forma moderada de política de grandes potências, com um léxico de equilíbrio de poderes e esferas de influência atenuada pelo compromisso a uma cooperação multilateral. Em seu núcleo está a ideia de "liberalismo baseado na carta", baseado na ideia pluralista de uma comunidade internacional. Gerry Simpson a descreve como um "procedimento para organizar as relações entre comunidades diversas". Isso se coloca em contradição com o "antipluralismo liberal", descrito por Simpson como um "liberalismo que pode ser excludente e não liberal em seus efeitos", sobretudo em sua "falta de tolerância com regimes não liberais". Ele se divide em duas tradições: "uma versão evangélica, que

1 Orwell, George. You and the Atomic Bomb. *Tribune*, 19 out. 1945. Disponível em: <https://www.orwellfoundation.com/the-orwell-foundation/orwell/essays-and-other-works/you-and-the-atom-bomb/>.

vê o liberalismo com uma doutrina abrangente ou um bem social digno de ser promovido, e outra tradição mais secular, enfatizando o processualismo e a diversidade".[2] Essa divisão assumiu formas mais definidas no pós-Guerra Fria. Ela corrobora a tensão entre internacionalismo soberano, no qual o respeito pela soberania é atenuado pelo compromisso com os valores da Carta da ONU, e uma visão mais expandida da política internacional, descrita neste livro como internacionalismo democrático, uma versão radical do internacionalismo liberal.

Após 1989, o confronto bipolar relativamente estruturado da Primeira Guerra Fria entre os sistemas sociais estadunidense e soviético foi transferido para outro plano. Dois sistemas de paz – novas ordens mundiais, no jargão atual – estavam disponíveis, e é o choque entre eles que, paradoxalmente, gerou conflitos e, por fim, a guerra. O primeiro é o internacionalismo soberano ao qual Gorbachev apelou ao lançar suas reformas. Esse é o sistema que os Estados Unidos, a União Soviética, a China e outros vitoriosos constituíram em 1945 sob a forma da ONU e seu corpo associado de Direito, normas e práticas internacionais. O sistema internacional baseado na Carta da ONU combina soberania de Estado, direito à autodeterminação nacional (o que facilitou a descolonização) e Direitos Humanos. A Carta da ONU proíbe a guerra como um instrumento de política e fornece um arcabouço para a resolução pacífica de conflitos internacionais. Diferente da malfadada Liga das Nações no período entreguerras, a ordem de paz baseada na Carta se tornou a coluna vertebral por conta da criação de uma "concertação de potências" interna representada pelos cinco membros permanentes do Conselho de Segurança da ONU, o grupo P5, composto por Estados Unidos, Rússia, China, França e Reino Unido. Quando a União Soviética lançou suas reformas em fins dos anos 1980, recorreu ao sistema baseado na Carta da ONU como seu modelo para paz e desenvolvimento, promovendo-o como um modelo universal para a humanidade.

Internacionalismo soberano formalmente respeita os interesses de todas as potências, grandes e pequenas, uma vez que se compromete com a resolução multilateral dos problemas que afligem a humanidade. Esse é o ideal, é óbvio, e a prática da política internacional em geral não atinge estes objetivos. Contudo, o sistema da Carta e seus princípios permanecem como o arcabouço de conduta das relações internacionais. Embora nos últimos anos ele tenha sofrido uma pressão sem precedentes, ninguém apresentou uma alternativa séria. Gorbachev recorreu a esse modelo de internacionalismo soberano ao colocar um fim na Guerra Fria, acreditando que consistiria em um marco comum para a transformação nas relações internacionais.

---

2 Simpson, Gerry. Two Liberalisms. *European Journal of International Law*, 12/3, 2001, p.539, 560.

Isso não aconteceu, mas a ideia de algum tipo de internacionalismo soberano cooperativo estava no núcleo do pensamento do Movimento dos Não Alinhados dos anos 1950 e permanece nos corações de vários alinhamentos pós-ocidentais atualmente. Esse modelo de política internacional se abstém da criação de alianças militares e blocos, e (pelo menos formalmente) rejeita a visão de que a ordem global necessita de algum tipo de hegemonia para assumir a liderança. O compromisso com a Carta da ONU e os protocolos decorrentes disso exigem fidelidade aos princípios da dignidade humana e direitos humanos, mas a soberania de Estado e a não interferência em assuntos internos de outros Estados têm prioridade.

A segunda "nova ordem mundial" é a ordem liberal internacional mais limitada criada e liderada pelos Estados Unidos no pós-guerra. No século XIX, a Grã-Bretanha agiu como a campeã do livre comércio e navegação aberta, um papel assumido pelos Estados Unidos depois de 1945. O internacionalismo liberal tem uma história que remonta pelo menos ao Iluminismo e suas visões sobre progresso, racionalidade, livre comércio e cooperação.[3] Derivado dessa tradição, o internacionalismo liberal pós-guerra tem como premissa uma comunidade de democracias liberais baseada em dois elementos-chave: o sistema comercial e financeiro aberto criado dentro do marco do acordo de Bretton Woods de 1944; e o braço militar que ganhou forma à medida que a Guerra Fria se intensificava, culminando na assinatura do Tratado de Washington de 4 de abril de 1949 para criar a Organização do Tratado do Atlântico Norte (Otan). O termo "liberal" na Guerra Fria significava, sobretudo, "anticomunista" e não "liberal democrata", assim ele fornecia um enquadramento normativo poderoso e basicamente bem-sucedido para superar o adversário soviético. O entrelaçamento do internacionalismo liberal com o poder e a ambição geopolítica estadunidense significava que esta era uma ordem de paz "hegemônica" dominada pelos Estados Unidos e seus aliados. Hegemonia quer dizer a capacidade de uma comunidade política específica de exercer liderança sobre os outros e de ordenar as relações entre os elementos subordinados. É alcançada por meio da combinação da coerção e do consenso, sendo que a mais bem-sucedida estabelece um marco comum de crenças e políticas em que o consenso é genuíno e livremente dado, com a coerção sendo aplicada apenas como último recurso.[4]

Com o fim da Primeira Guerra Fria, o internacionalismo liberal proclamou sua vitória e sua universalidade – não poderia haver "esferas de influência" separadas, uma vez que a liderança da paz dirigida pelos Estados Unidos foi anunciada como um projeto global. A bipolaridade da Guerra

---

3 Ikenberry, *A World Safe for Democracy: Liberal Internationalism and the Crisis of Global Order.*

4 Como definido por Antonio Gramsci. Ver Anderson, *The H-Word: The* Peripeteia *of Hegemony*; e Martin, *Hegemony.*

Fria desapareceu e nos anos subsequentes de unipolaridade não restava ninguém para contestar essa afirmação. Na falta de competidores sérios, o internacionalismo liberal se tornou algo mais radical e expansivo. Isso é descrito como hegemonia liberal, incorporando a liderança estadunidense globalmente por meio do internacionalismo democrático ao mesmo tempo que enraíza sua predominância geopolítica. Os Estados Unidos emergiram como um colosso cavalgando o mundo, alimentando ilusões presunçosas de onipotência. Isso se expressou sob a linguagem benigna de direitos humanos, democracia e mercados abertos, mas alguns projetos infelizes e malsucedidos de mudança de regime em países recalcitrantes demonstrou os limites do poder estadunidense e seu potencial transformador. O Ocidente político se apresentou como um modelo universal para toda a humanidade, superior a todas as alternativas possíveis. Esse modelo de ordem liberal era muito atraente, desde que permanecesse dentro do arcabouço do sistema internacional da Carta. Os aspectos progressistas do internacionalismo liberal ganharam adeptos ao redor do mundo. Contudo, a agenda mais ambiciosa da hegemonia liberal expôs características unilaterais e coercivas, sobretudo quando foi expressa em termos do excepcionalismo estadunidense. Preocupação que se tornou inquietude e posteriormente resistência. Nos primeiros anos, uma Moscou bastante enfraquecida resmungou e insistiu na prioridade do universalismo da Carta, mas não estava em posição de questionar a liderança dos Estados Unidos, porém a China se tornou um competidor mais sério ao completar sua ascensão silenciosa.

O sistema da Carta permanece o único arcabouço legítimo do Direito e intervenção internacional, ainda assim a versão radical e expansiva do Ocidente político infringiu suas prerrogativas. Um tipo de "grande usurpação" aconteceu, com as potências ocidentais subvertendo a autonomia do sistema da Carta quando era conveniente aos seus propósitos. Isso foi acompanhado por um falso universalismo. Em vez da transformação da política internacional vislumbrada pelos líderes em Moscou e antecipada por vários movimentos "progressistas" no Ocidente, especialmente organizações de paz e movimentos religiosos, assim como pelas potências da Eurásia e alguns países no que é hoje conhecido como Sul Global (África, Ásia, América Latina), o sistema de aliança ocidental criado durante a Guerra Fria (o Ocidente político) se desenvolveu globalmente e, em particular, na Europa Oriental. Isso respondia às demandas do, agora livre, bloco soviético e alguns antigos Estados soviéticos, mas refletia a estrutura de escolhas desenhada por Washington. Em vez do liberalismo da Carta, predominou o antipluralismo liberal que excluiu o internacionalismo soberano – o qual posteriormente retornou sob a forma de desafios populistas.

O domínio do internacionalismo democrático e suas instituições hegemônicas geraram um crescente sentimento amargo de traição e exclusão na Rússia, culminando em um prolongado conflito com a Ucrânia. Alimentada pelo *boom* das *commodities* no início dos anos 2000, a Rússia se reconstituiu como um Estado autoritário com a vontade e os recursos para desafiar a hegemonia do Ocidente político. Para Moscou, a "grande usurpação" foi considerada tanto ilegítima quanto inaceitável. Em vez da imparcialidade e inclusão do sistema internacional da Carta, o Ocidente político (presunçosamente se autodenominando a "ordem internacional baseada em regras") se apresentou como o árbitro das regras. A resistência russa endureceu-se por um crescente alinhamento com a China. Em 2014, a China, em termos de paridade do poder de compra, se tornou a maior economia mundial e cada vez mais demonstrou seu novo poder. Na Europa a ordem de segurança criada no fim da Guerra Fria gradualmente se desintegrou, acompanhada por conflitos intensificados ao longo de sua emergente linha de frente em suas marchas orientais. A arquitetura de controle de armas meticulosamente construída durante a Guerra Fria foi em boa medida desmantelada, várias guerras de escolha e necessidade foram lançadas, e no fim a disputa entre as grandes potências voltou.

As duas ordens – internacionalismo soberano do sistema internacional da Carta e o internacionalismo liberal da ordem liderada pelos Estados Unidos – tinham muito em comum. Ambas foram criadas como uma resposta à catástrofe da Segunda Guerra Mundial e geradas por muitos dos mesmos princípios e aspirações. O sistema internacional da Carta era mais amplo e acomodava uma ampla diversidade de tipos de regime (comunista, mulçumano tradicionalista, monarquista e outros). Contudo, apesar de comuns, suas origens não eram a mesma. A confusão entre as duas ordens entrelaçadas mas separadas do pós-Guerra Fria atormentou a era pós-Guerra Fria e será analisada neste livro. A Rússia abertamente e depois a China em conjunto desafiaram o que consideraram a usurpação das definições da Carta pela hegemonia liderada pelos Estados Unidos, que em seu ponto mais expansivo se tornou a ideologia da primazia. Isso foi acompanhado por um internacionalismo democrático que questionava a noção fundamental de soberania em busca da, sem dúvida virtuosa, crença na liberdade e no Estado de Direito. As duas representações de relações internacionais, cada uma em seus termos apropriados, se chocaram.

O dilema não é novo. Robert Kaplan faz referência à definição grega de tragédia "não como o triunfo do mal sobre o bem, mas o triunfo de um bem sobre outro bem que causa sofrimento".[5] Para navegar entre eles, é necessária uma liderança de rara qualidade, que tem sido gravemente escassa desde o fim da Guerra Fria; também é necessária uma diplomacia sábia, que também está em falta. Max Weber fez a distinção entre uma "ética da

5 Kaplan, *The Tragic Mind: Fear, Fate, and the Burden of Power*, p.xiv. Ele dedica um capítulo para "A batalha do bem contra o bem" (The Battle of Good against Good), p.1-16.

convicção", em que as lideranças perseguem objetivos nobres independentemente das consequências, e uma "ética da responsabilidade", em que a diplomacia é feita sob medida para benefícios conquistáveis.[6] No nosso caso, as potências definidas como revisionistas condenavam a notada substituição do Direito internacional e da autonomia do internacionalismo da Carta pela reivindicação dos Estados Unidos à liderança internacional e primazia global. Nós a descrevemos como a "grande substituição", que é um dos temas centrais deste livro. Em resposta, os Estados Unidos e seus aliados, compreensivelmente, redobraram os esforços na defesa da ordem liberal contra as potências autocráticas iliberais. Esse confronto épico reproduziu a lógica da Guerra Fria. A luta global por supremacia foi travada por meio de guerras por procuração, campanhas de informação e mobilização de recursos materiais e intelectuais.

A relativa abertura da paz fria deu lugar à Segunda Guerra Fria. A utilização do termo tem sido questionada e por uma boa razão. Se sugerir um retorno aos padrões de relação anteriores e uma repetição das disputas anteriores, então é inapropriado. O mundo mudou, novas preocupações surgiram, tecnologias inovadoras são predominantes, novas ideias disputam espaço e o equilíbrio de poder entre os Estados mudou. A utilização do termo apaga o que é novo e distorce a análise. Essas críticas são válidas, ainda que algo semelhante à Guerra Fria – um conflito permanente e enraizado entre grandes potências sobre questões de princípios fundamentais, acompanhado de lutas antiquadas mas duradouras por poder e *status*, incansáveis guerras de informação, tentativa de dividir o mundo em blocos ideológicos concorrentes, corridas militares e armamentistas, tudo isso sob a sombra da ameaça nuclear – tenha certamente retornado. Assim como a Primeira Guerra Fria não abrangia tudo que dizia respeito à política internacional nas primeiras décadas do pós-guerra, a Segunda Guerra Fria certamente não abarca todo o espectro dos assuntos globais. Porém, proporciona um enquadramento compreensível para a análise, identificando os elementos de continuidade ao mesmo tempo que reconhece o que torna o segundo conflito diferente do primeiro, mas também identifica os fatores que geraram o novo conflito e a perda da paz.

Isso nos leva a uma questão fundamental: o que queremos dizer com paz? O Instituto para Economia e Paz, baseado em Sydney, Austrália, publica o *Global Peace Index* [Índice da Paz Global], que ranqueia 163 nações de acordo com o seu nível de paz. O *Index* aplica o conceito de paz negativa, a ausência de violência ou medo da violência. Contudo, a paz não significa simplesmente a ausência de guerra. A paz sustentável é descrita como paz positiva, que se refere às atitudes, instituições e estruturas que criam e mantêm

6 Weber, Politics as a vocation, p.77-128.

sociedades pacíficas.[7] A não ser que estruturas e princípios robustos estejam a postos para fortalecer uma ordem de paz, sempre haverá a possibilidade de uma recaída na guerra. A Ásia Ocidental (abarcando o que tradicionalmente é conhecido como o Oriente Próximo e Médio) tem sido suscetível a conflitos por décadas. Porém, apesar da densa rede de agências de paz existente na Europa, foi neste continente que o potencial para uma paz positiva foi dissipado e desde 2014 se tornou um confronto aberto. A distinção será aplicada nesta obra.

Uma ordem de paz positiva no nosso caso é aquela em que os atores cooperam dentro do marco de um sistema internacional mais amplo guiado pelos princípios do internacionalismo soberano e do Direito internacional. O que está de acordo com a afirmação do presidente John F. Kennedy em seu visionário discurso de formatura na Universidade Americana, em Washington DC, em junho de 1963, um discurso que ainda tem o poder de comover. Retornaremos ao seu potencial inexplorado mais adiante, mas seu argumento central era de que "a paz é um processo – uma forma de resolver problemas".[8] A tragédia da paz pós-Guerra Fria se deve ao fato de que o "processo", no qual um diálogo genuíno leva em conta as preocupações de todas as partes, nunca começou de fato. Era realmente uma tragédia, no sentido clássico do termo, em que um bom está em conflito com outro. Em qual balança a justiça e a liberdade podem ser medidas contra a paz e a segurança? Todas as partes foram convencidas da retidão de suas causas, e era lógico para eles que fosse assim, ainda que o senso mútuo de retidão apenas intensificou os conflitos. Uma paz negativa se estabilizou, concentrada na gestão de conflitos, a condição clássica da Guerra Fria. Até o estilo de gestão de conflitos da Guerra Fria se mostrou insuficiente ao final.

Todo jogo de xadrez é diferente um do outro, mesmo que cada um deles siga as mesmas regras. Assim como a Segunda Guerra Mundial é diferente da primeira, ainda que se origine na forma em que a Primeira Guerra Mundial acabou, a Segunda Guerra Fria se distingue da anterior, mas também é moldada pela forma na qual a primeira terminou. Muitas das instituições, questões e práticas anteriores permaneceram, acompanhadas por novos atores e novas linhas de divisão. O antigo conflito entre capitalismo e socialismo supostamente deu lugar à disputa entre democracia e autocracia, embora isso também possa ser visto como uma luta entre a Carta e o liberalismo antiplural. Mais uma vez os conflitos sobre modelos fundamentais de desenvolvimento societal, liberdade humana, hierarquia e *status* moldam as

---

7 Institute for Economics and Peace. *Positive Peace Report 2022*, p.2. Disponível em: <https://www. economicsandpeace.org/wp-content/uploads/2022/01/PPR-2022-web-1.pdf>.

8 Kennedy, president John F. Commencement Address at American University, 10 jun. 1963. Disponível em: <https://www.jfklibrary.org/archives/other-resources/john-f-kennedy-speeches/american-university-19630610>.

relações internacionais. Contudo, distintamente da luta anterior, a Segunda Guerra Fria em 2022 resultou em uma guerra por procuração entre a Rússia e o Ocidente político sobre a Ucrânia. Uma guerra por procuração é um conflito armado travado em um território de uma terceira parte em que um Estado contribui com finanças, armas, material, consultores e tudo o mais, exceto suas forças armadas. A característica "por procuração" do conflito na Ucrânia tem sido ambígua desde o início, uma vez que a Rússia é um participante direto. Ela inicialmente tentou limitar seu envolvimento ao que chamou eufemisticamente de "operação militar especial". No outro lado, as forças armadas ucranianas têm sido apoiadas com armas, fundos e inteligência das potências ocidentais. Eles definiram o conflito como uma guerra defensiva que a Ucrânia não iniciou, e no qual o país estava lutando por sua própria sobrevivência. As principais potências procuraram evitar ultrapassar os limites (linhas vermelhas) que poderiam levar a uma escalada em um conflito armado direto e uma aniquilação nuclear em uma Terceira Guerra Mundial.

Essa é uma história que começa na esperança, mas termina em uma tragédia consumada, tanto no sentido clássico quanto no sentido moderno do termo. Havia uma paz positiva a ser conquistada depois de 1989, mas foi desperdiçada. Esta obra traz uma análise interpretativa, combinando pesquisa teórica e empírica para explicar os desenvolvimentos nesses anos. Não é uma história internacional minuciosa, embora a diplomacia seja parte da análise mais ampla, de fato, se procura explicar como e por que a paz foi perdida. A partir disso, este livro pode indicar como ela pode ser encontrada novamente.

PARTE I

DA GUERRA FRIA À GUERRA QUENTE

1
A PROMESSA DE PAZ

Poderia ter sido diferente? A Guerra Fria acabou em 1989, anunciando a possibilidade de uma paz positiva. Em vez disso, três décadas depois o mundo se encontra em meio a um novo conflito em que as potências atlânticas se opõem a uma Rússia e China ressurgentes. Mas uma nova ordem de paz era realmente possível? Quando uma paz foi conquistada? Mudanças pacíficas podem perdurar ou é o destino da humanidade permanecer presa ao conflito, com a guerra e a ameaça de guerra moldando, para sempre, a política internacional e as interações sociais? As melhores cabeças ao longo da história refletiram sobre essas questões, mas meu ponto de partida é mais limitado: o momento de uma oportunidade no fim da Primeira Guerra Fria. A exaustão do desafio revolucionário socialista à modernidade capitalista e a mudança do principal concorrente geopolítico para o Ocidente político certamente foram marcantes, mas esse momento liminar poderia se tornar uma mudança permanente de comportamento? Hoje sabemos que o potencial para algum tipo de nova ordem foi desperdiçado, mas havia, de fato, uma nova ordem de paz no horizonte? Ninguém esperava que o leão dormisse com a ovelha, ainda assim o sistema internacional da Carta da ONU tornou possível (e pode fazê-lo em algum ponto do futuro) um marco para uma paz positiva entre nações soberanas. A emergência climática e a pandemia global, acompanhadas por uma pletora de ameaças incluindo a aniquilação nuclear e o crescimento da resistência antimicrobiana, podem forçar a união da humanidade. Enquanto isso, a paz prometida foi perdida.

O sistema internacional da Carta

Essa não foi a primeira vez que um conflito foi seguido por tentativas de criar uma paz duradoura. O ministro de Relações Exteriores da Áustria Klements von Metternich acreditava que após os levantes dos revolucionários e as guerras napoleônicas a Europa necessitava de um sistema para conectar "os compromissos regulando a interação entre os Estados com fatores que garantissem uma ordem social e política estável entre eles".[1] Metternich criou tal equilíbrio no Congresso de Viena em 1814-15, que basicamente sobreviveu por quase um século, interrompido pela Guerra da Crimeia (1853-56) e as guerras de unificação italiana e alemã. Nenhum compromisso como esse foi proposto após a Primeira Guerra Mundial e o período entreguerras representa um exemplo impressionante de uma paz que foi perdida. A Conferência de Paz de Paris de janeiro de 1919 criou a Liga das Nações, mas os termos humilhantes impostos à Alemanha pelo Tratado de Versalhes em junho daquele ano alimentaram um ressentimento duradouro. O historiador e estudioso das relações internacional E. H. Carr descreveu o período entreguerras como a crise dos vinte anos (1919-39), um período de uma "paz fria" em que alguns problemas fundamentais da segurança não haviam sido resolvidos.[2] Do mesmo modo, 1989 foi seguido por uma crise de 25 anos, que o primeiro presidente da Rússia pós-comunista, Boris Yeltsin, chamou de paz fria (1989-2014). As debilidades das ordens de paz em ambos os casos deram lugar a novos conflitos.[3]

Carr destaca que os vitoriosos no entreguerras estavam intrigados sobre como eles haviam "perdido a paz".[4] A vitória dos Aliados havia sido decisiva, embora incompleta. A Primeira Guerra Mundial acabou com um armistício, e não com uma rendição incondicional, gerando mitos na Alemanha sobre uma "punhalada nas costas". Duas décadas depois, as potências derrotadas "deram passos largos para a recuperação", enquanto "os vitoriosos de 1918 permaneceram como espectadores indefesos", discutindo entre eles se o Tratado de Versalhes era muito punitivo ou não punitivo o bastante. Após a invasão russa da Ucrânia em 2022 um debate similar se iniciou. Críticos que iam desde neoconservadores linha dura (neocons) até intervencionistas liberais afirmavam que uma paz mais punitiva após a Guerra Fria poderia ter evitado a ressurgência das ambições de grande potência imperial russas.

---

1 Clark, A Rock of Order, crítica de Wolfram Siemann, *Metternich: Strategist and Visionary*. Publicada na *London Review of Books*, p.5-7.

2 Carr, *The Twenty Years' Crisis, 1919-1939: An Introduction to the Study of International Relations*, republicada com uma nova introdução e material adicional por Michael Cox.

3 Debatido em: Sakwa, "New Cold War" or twenty years' crisis?: Russia and international politics, p.241-67.

4 Carr, *Conditions of Peace*.

No mínimo, insistem que deveria haver uma resposta bem mais robusta à anexação da Crimeia por parte da Rússia bem como por suas incursões em Donbass em 2014. No outro lado, realistas das relações internacionais de vários matizes, junto com conservadores tradicionais, paleoconservadores e pragmáticos liberais, argumentam que foi justamente o fracasso em criar uma ordem de segurança viável e inclusiva envolvendo a Rússia que provocou o conflito. Naquela época, como agora, a questão era o caráter da paz "após a vitória" e a estrutura da política internacional.[5]

O período "entreguerra" pós-1989 durou muito mais que o dos anos 1920 e 1930, alimentando ilusões que de fato uma era de desenvolvimento pacífico permanente havia chegado. O caráter duradouro da paz se derivou em parte porque o sistema internacional aprendeu lições importantes de fracassos anteriores. O sistema da Carta foi notavelmente mais ambicioso em suas tentativas de criar uma ordem de paz pós-guerra duradoura.[6] A paz havia sido perdida após 1918 e o objetivo em 1945 era evitar a repetição de erros anteriores.[7] O sistema internacional da Carta forneceu um arcabouço dinâmico e confiável para a política internacional, mas foi ameaçado, como nunca, pela guerra entre Rússia e Ucrânia de 2022. Contudo, como um sinal de maturidade do sistema da Carta, o Sul Global se mobilizou em sua defesa. O conjunto de Estados pós-coloniais libertados não estava mais disposto a agir como procuradores nos conflitos das grandes potências tradicionais do Norte Global, passando a defender um multipolarismo genuíno e até a multipolaridade.

O sistema internacional da Carta combina respeito pela soberania ao mesmo tempo que estimula os hábitos do multilateralismo por meio do internacionalismo soberano. Este representa uma abordagem distinta ao papel das normas e do poder na política internacional. Ele se coloca em contraposição ao internacionalismo liberal, que se baseia na existência de uma comunidade de democracias liberais. Acredita-se que a segurança deles é aprimorada por meio da dinâmica expansiva do internacionalismo democrático, alcançado por meio de atividades de promoção da democracia, operações de troca de regimes e a deslegitimação de atores autoritários e não alinhados. No outro extremo, o realismo ofensivo e o neorrealismo são interpretações da política internacional baseadas no poder, preocupadas com a manutenção da hegemonia e a ampliação de *status*. O internacionalismo soberano representa uma alternativa tanto para o neorrealismo, com

---

5 Ikenberry, *After Victory: Institutions, Strategic Restraint, and the Rebuilding of Order after Major Wars*.

6 Embora o termo seja amplamente utilizado, a designação "sistema internacional da Carta" baseia-se na noção de liberalismo delineada por: Simpson, Two liberalisms; e Clunan, Russia and the liberal world order.

7 Bailey, *Woodrow Wilson and the Lost Peace*.

sua ênfase no equilíbrio de poderes, esferas de interesse, contrapesos e afins, e ao internacionalismo liberal completamente desenvolvido, que inclui um grande grupo de outros atributos, incluindo livre comércio e democracia liberal. O foco do neorrealismo está nas relações entre Estados em um ambiente global anárquico, ao passo que o internacionalismo soberano aceita a lógica de Estados contendores, mas afirma que desde 1945 isso é atenuado por uma espessa camada normativa do sistema da Carta. O internacionalismo soberano se restringe ao arcabouço legal e normativo para a condução da política internacional e deixa de lado a contenda específica entre Estados. Isso não significa que o internacionalismo soberano é livre de valores. Ser membro da ONU significa assumir compromissos extensos associados à dignidade humana, desenvolvimento e multilateralismo.

Origens do sistema

O sistema internacional da Carta nasceu nos dias sombrios da Segunda Guerra Mundial. A Carta do Atlântico, escrita por Winston Churchill e Franklin D. Roosevelt em agosto de 1941 a bordo do HMS *Príncipe de Gales* na costa de Newfoundland, permanece a pedra de toque no arco do sistema internacional pós-guerra. Seus oito "princípios comuns" estavam em total sintonia com o universalismo liberal proclamado pelo presidente dos Estados Unidos Woodrow Wilson (1913-21), a inspiração por trás da Liga das Nações, por conta disso, a ordem pós-guerra é comumente chamada de "wilsoniana". Isso deu expressão a uma visão radical do internacionalismo liberal que deveria "transformar o antigo sistema global – baseado no equilíbrio de poder, esferas de influência, rivalidade militar e alianças – em uma ordem internacional liberal única baseada em Estados-Nação e no Estado de direito".[8] A visão era abrangente e algumas das ideias não teriam sido endossadas pela Grã-Bretanha, a maior potência imperial à época, se não tivesse havido a necessidade primordial de envolver os Estados Unidos na luta contra a Alemanha nazista. Em circunstâncias desesperadoras, com a Grã-Bretanha resistindo sozinha contra os exércitos de Hitler, Churchill foi forçado a sacrificar a defesa do império no altar da vitória sobre a Alemanha nazista. A União Soviética estava se recuperando da devastadora invasão alemã da Operação Barbarossa em 22 de junho, o que levou Churchill a aceitar compromissos que ameaçavam a integridade do império. O primeiro artigo rechaçava, de forma inequívoca, anseios de expansão territorial por parte dos Estados, o segundo expressava o "desejo de não ver mudanças territoriais que não estivessem de acordo com os desejos livremente expressos dos

8 Ikenberry, *World Safe for Democracy*, p.140.

povos envolvidos", o terceiro comprometia os países a "respeitar os direitos de todos os povos em escolher a forma de governo sob a qual eles viverão", enquanto o quarto tratava de todos os Estados com "acesso, em termos igualitários, ao comércio e às matérias-primas do mundo que fossem necessários à sua prosperidade econômica"; isso colocaria fim nas preferências imperiais britânicas e abriria o império ao capitalismo estadunidense. Para Churchill, o ponto chave era o sexto parágrafo: "a destruição final da tirania nazista".[9]

O ataque japonês à frota estadunidense em Pearl Harbor em 7 de dezembro de 1941 ainda estaria por vir. Os Estados Unidos não eram uma nação combatente, portanto ainda não havia uma discussão substantiva em termos de cooperação militar. Em vez disso, o foco estava nos princípios gerais e nas fundações normativas da futura ordem de paz. A Carta do Atlântico foi assinada um mês depois pela URSS e por nove governos da Europa ocupada, essa combinação de segurança e valores (poder e normas) posteriormente reforçada pela Carta da ONU e pelo sistema internacional criado após a guerra. Estes princípios foram incorporados na Declaração das Nações Unidas de 1 de janeiro de 1942, em que 26 países em luta contra as potências do Eixo, incluindo a URSS e a China, se comprometeram com os princípios da Carta do Atlântico e com a luta por uma vitória comum. Esses Estados, assim, se tornaram membros fundadores do que se tornaria uma organização com aquele nome.

Com o apoio das potências Aliadas, a União Soviética mudou a maré da guerra. A questão da ordem de paz pós-guerra se tornava cada vez mais urgente. Uma série de conferências – em Casablanca, Teerã, Moscou, Ialta e Potsdam – procurou "definir um conceito de paz",[10] tal como a coloca Henry Kissinger em sua obra sobre a ordem mundial. As conferências criaram uma arquitetura fundacional do sistema internacional pós-guerra. Os Aliados trabalharam para construir uma "nova ordem mundial" em que a União Soviética estava ativamente envolvida. Nas conferências de Casablanca, janeiro de 1943, e Teerã, novembro do mesmo ano, as linhas gerais da recente Nações Unidas foram desenhadas. A Conferência de Dumbarton Oaks em Washington entre agosto e outubro de 1944 trouxe representantes dos "Quatro grandes" – Estados Unidos, Reino Unido, URSS e China – e alguns outros Estados para formular propostas para uma "organização internacional geral", e eles chegaram a um acordo sobre os objetivos, estrutura e funcionamento do novo órgão. As linhas gerais básicas da ONU foram adotadas na Conferência de Ialta pelo líder soviético Joseph Stalin, por Roosevelt e por Churchill em fevereiro de 1945.

---

9 *The Atlantic Charter*, 14 ago. 1941. Disponível em: <http://www.nato.int/cps/en/natolive/official_texts_16912.htm>.

10 Kissinger, *World Order: Reflections on the Character of Nations and the Course of History*, p.271.

A reunião de Ialta foi particularmente conflituosa. Os acordos reais eram razoáveis, sobretudo com relação à ONU e as petições por eleições livres na Polônia e em outros Estados do Leste Europeu, mas nenhum mecanismo estava disponível para garantir que Stalin cumpriria suas promessas. Não é de surpreender que Ialta seja condenada na região e simbolize a subjugação dos pequenos países às grandes potências e, especificamente, da Europa Central às preocupações de segurança soviéticas. Em temos de "concertos" políticos clássicos, as grandes potências afirmaram o internacionalismo soberano como o fundamento da nova ordem, que perdura (com modificações) até hoje. O princípio do internacionalismo soberano vai além da clássica defesa irrestrita dos interesses nacionais, como descrita pelos realistas clássicos, combinando a autonomia estatal com multilateralismo, o compromisso aos tratados e processos internacionais. O mundo há muito tem se movido nessa direção, com as várias tentativas de regular a conduta da guerra, ou até mesmo de proibir completamente a guerra como um instrumento da política, desde fins do século XIX. Após a devastação da Segunda Guerra Mundial, tais esforços passaram a ser muito mais intensos. Um novo equilíbrio foi alcançado entre a perseguição realista dos interesses nacionais e soberania estatal e a cooperação em instituições multilaterais.

A adoção da Carta da ONU na conferência de São Francisco de 26 de junho de 1945 pavimentou o caminho para a organização (seguida da ratificação pelos parlamentos nacionais) para ser formalmente estabelecida em outubro. As cinco grandes potências da época (à França foi concedida uma associação honorária) receberam o privilégio de exercer o veto no Conselho de Segurança da ONU (UNSC), reproduzindo a estrutura do "concerto" de Viena com o objetivo de manter a paz na Europa pós-napoleônica. O princípio fundamental era o internacionalismo soberano, mas o impulso normativo após as enormes crueldades da guerra foi profundo. A Carta menciona Direitos Humanos sete vezes, mas não especifica o que são estes direitos. Isso foi deixado para a Declaração Universal dos Direitos Humanos (UDHR), adotada pela Assembleia Geral da ONU em dezembro de 1948. A Convenção para a Prevenção e a Repressão do Crime de Genocídio adotada pela Assembleia Geral naquele mesmo mês proibia tentativas, em tempo de guerra ou de paz, de destruir "grupos nacionais, étnicos, raciais ou religiosos enquanto tal, totalmente ou em partes" e apresentava uma variedade de respostas punitivas.[11] A convenção dos refugiados da ONU de 1951 estabelece as regras neste campo. Esses documentos fundadores são posteriormente

11 *Convention on the Prevention and Punishment of the Crime of Genocide*, adotada em 9 de dezembro de 1948, entrou em vigor após ratificação em 12 de janeiro de 1951. Disponível em: <https:// www.un.org/en/genocideprevention/documents/atrocity-crimes/Doc.1_Convention%20on%20the%20Prevention%20and%20Punishment%20of%20 the%20Crime%20 of%20Genocide.pdf>.

complementados por protocolos, incluindo o Pacto Internacional dos Direitos Civis e Políticos (ICCPR) e o Pacto Internacional dos Direitos Econômicos, Sociais e Culturais (ICESCR), ambos adotados em 1966, entrando em vigor em 1976. Estes são flanqueados por acordos regionais, especialmente a Convenção Europeia dos Direitos Humanos, adotada em 1950.[12] O sistema da Carta e convenções associadas estão longe de se tornar um governo mundial. As grandes potências continuam competindo naquilo que os realistas chamam de arena internacional "anárquica" (ou seja, sem uma autoridade predominante).[13] A política internacional retém sua característica competitiva, mas a legitimidade de suas ações se deriva da conformidade aos padrões estabelecidos pelo sistema da Carta. O poder ainda excede as normas, porém, em última análise, estas agem como um limitador.

Primeira Guerra Fria

A ONU se desenvolveu à sombra de um conflito cada vez mais profundo entre os antigos aliados. A Guerra Fria foi um conflito tradicional entre as grandes potências encalacradas em uma luta entre ideologias contendoras. De acordo com John Lewis Gaddis, foi "uma disputa necessária que estabeleceu questões fundamentais de uma vez por todas".[14] Com a vitória de 1945, Stalin queria "segurança para si, para seu regime, seu país e para sua ideologia, precisamente nesta ordem".[15] Gaddis argumenta que havia pouca perspectiva para manter uma aliança dos tempos de guerra, uma vez que os objetivos soviéticos eram fundamentalmente incompatíveis com os do Ocidente.[16] Outros argumentam que a Guerra Fria foi precipitada por uma leitura equivocada das intenções soviéticas e que, em última instância, Stalin era favorável à cooperação continuada com o nascente Ocidente político, contanto que as preocupações soviéticas com relação à segurança fossem respeitadas.[17] Na guerra civil grega, a URSS manteve sua parte da negociação que consignava o país à esfera de interesses do Ocidente.[18] Tudo isso foi ofuscado pelo início de uma era nuclear, o lançamento de armas nucleares por parte dos Estados Unidos contra Hiroshima em 6 de agosto de 1945 e

12 Charvet; Kaczynska-Nay, *The Liberal Project and Human Rights: The Theory and Practice of a New World Order.*

13 Cf. Held, *Democracy and the Global Order: From the Modern State to Cosmopolitan Governance.*

14 Gaddis, *The Cold War*, p.ix.

15 Ibid., p.11.

16 Ibid., p.18.

17 Roberts, Geoffrey *Stalin's Wars: From World War to Cold War, 1939-1953.*

18 Para uma análise, ver Leffler, *A Preponderance of Power: National Security, the Truman Administration, and the Cold War*; Leffler (ed.), *Origins of the Cold War: An International History.*

em Nagasaki três dias depois. A ameaça soviética se tornou mais palpável quando o país testou sua primeira bomba atômica em 1949 e seu primeiro dispositivo termonuclear (bomba de hidrogênio) em novembro de 1955. Esforços anteriores para colocar todo o ciclo nuclear militar e civil sob uma agência internacional, a Comissão de Energia Atômica da ONU (plano de Baruch de 1946), resultaram em nada. Ao contrário, a aceleração da corrida nuclear armamentista anunciou a era de uma destruição mútua assegurada (MAD, na sigla em inglês), uma doutrina no coração da dissuasão.

Em resposta à ameaça soviética, os Estados Unidos desenharam três estratégias. A primeira foi confiar na ONU e na predominância dos aliados no Conselho de Segurança para conter Moscou. Mesmo antes de entrarem na Segunda Guerra Mundial, as elites dos EUA estavam pensando em como o país institucionalizaria seus poderes e interesses ampliados. Um novo tipo de sociedade internacional foi formulado, com o isolacionismo condenado como um recurso útil para marginalizar os oponentes.[19] Os Estados Unidos há muito haviam se apresentado como um Estado virtuoso excepcional, mas isso agora era combinado com um novo senso de missão global. Stephen Wertheim argumenta que uma das principais características do excepcionalismo estadunidense é a crença de que "a interação pacífica transcenderia o sistema de poder político emanado do Velho Mundo".[20] A primazia dos Estados Unidos não seria a do tipo clássico imperial, mas estaria embutida em um conjunto de instituições multilaterais, sobretudo na ONU.

A segunda foi a estratégia de contenção defendida pelo diplomata e acadêmico George Kennan. Em seu "longo telegrama" despachado de Moscou em 22 de fevereiro de 1946, ele argumentou que a intransigência soviética se origina das dinâmicas internas do regime stalinista. Não havia nada que o Ocidente pudesse fazer para aliviar aquele fato fundamental. Assim, o Ocidente teve de esperar até que algum outro líder do Kremlin redefinisse as prioridades do país (um argumento utilizado depois para se referir a Vladimir Putin). Nesse meio tempo, em uma versão mais desenvolvida de seu telegrama, ele defendia a "contenção, em longo prazo, vigilante, paciente, mas firme das tendências expansivas russas".[21]

Essa abordagem foi considerada muito passiva para pessoas como Dean Acheson e seu colega Paul Nitze (que substituiu Kennan na equipe de Planejamento Político do Departamento de Estado). Eles defendiam uma terceira abordagem mais robusta, afirmando que a contenção só funcionaria se os Estados Unidos mobilizassem o mundo livre sob sua liderança, "unindo toda a Europa e Japão *contra* a URSS com base na política de poder e pelo

---

19 Mayers, *America and the Postwar World: Remaking International Society, 1945-1956*.
20 Wertheim, *Tomorrow the World: The Birth of US Global Supremacy*, p.1.
21 Kennan [X], The sources of Soviet conduct, p.575.

exagero da ameaça soviética".[22] Eles também elaboraram o documento NSC-68 do Conselho Nacional de Segurança em abril de 1950, um dos mais influentes documentos do governo estadunidense da era da Guerra Fria que só veio a público em 1975. Ali se delineava uma estratégia militarizada para a primazia estadunidense expressa em uma linguagem ideologicamente carregada. Os autores alertaram para a crescente ameaça militar soviética e exigiram um enorme acúmulo das forças armadas e armamentos estadunidenses. Essa conduta linha dura prefigurava àquela adotada posteriormente pelos neocons.

Os Estados Unidos emergiram da Segunda Guerra Mundial como o Estado mais poderoso, sem sombra de dúvidas, mas como organizaria a paz? No fim das contas, criou conjuntamente o sistema internacional da Carta ao mesmo tempo que estimulava redes de poder próprias entrelaçadas, o que configurou, ao lado dos seus aliados, o Ocidente político. Os Estados Unidos tiveram um papel central em elaborar o sistema internacional da Carta, mas foi uma iniciativa cooperativa e permanece como propriedade de toda a "comunidade internacional". De fato, esta é a mais vívida manifestação da existência de tal comunidade. Durante a guerra,

> surgiu um consenso político de que uma ordem mundial pacífica e governada pelo Direito era um interesse nacional suficientemente importante para justificar o estabelecimento de compromissos de longo prazo com outros países e acomodar as próprias ações estadunidenses às exigências de tal ordem.[23]

Em vez de avançarem sozinha ou de retornarem ao isolacionismo pré-guerra, as elites estadunidenses pós-guerra compreenderam que enraizar a hegemonia em uma ordem multilateral mais ampla a dotaria com maior legitimidade e eficácia. Inevitavelmente haveria tensão entre o exercício da soberania estadunidense e as restrições do multilateralismo, embora, por fim, ambas as pernas ajudaram a manter a hegemonia estadunidense. Durante e depois da Guerra Fria os Estados Unidos se envolveram em golpes e guerras para defender seu poder, utilizando a ONU como uma fonte de legitimidade quando possível, mas, quando não, avançavam sozinhos ou em concerto com seus aliados no Ocidente político. O exercício do poder de veto no Conselho de Segurança da ONU garantia que o multilateralismo da Carta não desafiaria os interesses nacionais.

---

22 Cafruny, Alan; Fouskas, Vassilis K.; Mallinson, William D.E.; Voynitsky, Andrey. Ukraine, Multipolarity and the Crisis of Grand Strategies, *Journal of Balkan and Near Eastern Studies*, publicado *on-line* em 14 jun. 2022 (destaques no original).

23 Thompson, The appeal of "America First", p.155.

Em paralelo, Washington criou a Aliança Atlântica, o braço militar do nascente Ocidente político.[24] A aliança do tempo de guerra entre a URSS e as potências ocidentais já estava sob pressão durante as últimas batalhas contra a Alemanha nazista no início de 1945, e não duraria muito no pós-guerra. Enfrentando uma crise econômica, o Reino Unido em 1947 efetivamente transferiu suas responsabilidades aos Estados Unidos, e daí em diante Washington assumiu a liderança na luta contra o comunismo na Grécia, Turquia e em outros lugares. A Doutrina Truman anunciada ao Congresso em março de 1947 prometia apoio às nações que lutavam contra o comunismo, enquanto o Plano Marshall de abril de 1948 ajudava a reabilitar as economias de 17 nações europeias ocidentais. Em 1948, a Primeira Guerra Fria estava em pleno andamento, com a ponte aérea de Berlim preservando a parte ocidental da cidade dividida enquanto os Estados satélites soviéticos se tornavam cada vez mais stalinizados. A Guerra Fria logo assumiu dimensões realmente globais.[25] A República Popular da China (RPC) se tornou parte da aliança comunista após a vitória de Mao Zedong em outubro de 1949. A Guerra da Coreia no ano seguinte colocou as forças aliadas lutando em nome da ONU contra a União Soviética e a China. Em fins de 1950, os aliados haviam sido bem-sucedidos em evitar que o Exército Popular da Coreia tomasse o sul, mas a guerra se arrastou até 1953 e o país dividido ainda está, tecnicamente, em guerra. A derrota da França em maio de 1954 em Dien Bien Phu levou à divisão do Vietnã. A defesa estadunidense do Vietnã do Sul durou até a derrota em 1975 e a reunificação do país. A Guerra da Coreia foi a única intervenção militar estadunidense durante a Guerra Fria que aconteceu sob os auspícios da ONU.

O atlantismo pós-guerra combina o poder duro com os princípios normativos da democracia e dos direitos humanos delineados na Carta do Atlântico. O artigo 1º do Tratado de Washington compromete os signatários "a resolver qualquer disputa internacional em que possam estar envolvidos por meios pacíficos de tal maneira que a paz internacional e segurança e justiça não sejam postas em perigo", enquanto o artigo 2 os compromete a

> contribuir para um maior desenvolvimento de relações internacionais pacíficas e amigáveis por meio do fortalecimento de suas instituições livres, ao trazer à tona uma melhor compreensão dos princípios sobre os quais essas instituições são fundadas e ao promover as condições de estabilidade e bem-estar.[26]

24 Deudney; Ikenberry, The nature and sources of liberal international order, *Review of International Studies*, 25/2, p.179-96.

25 Westad, *The Global Cold War: Third World Interventions and the Making of Our Times*.

26 *The North Atlantic Treaty*, Washington DC, 4 abr. 1949. Disponível em: <https://www.nato.int/cps/en/natolive/official_texts_17120.htm/cps/en/natolive/official_ texts_17120.htm>.

Somente depois se avança para os compromissos de defesa coletiva, no artigo 5. Em outras palavras, segundo Kissinger, a comunidade atlântica representava uma nova combinação de poder e legitimidade. Os valores eram centrais para a legitimação retórica da Guerra Fria, embora obscurecidas pela lógica do confronto militar. Na era pós-Guerra Fria a fusão de segurança e valores tornou o internacionalismo democrático a norma operativa para todo sistema.[27] Ela justificava o papel contínuo da Otan e gerava várias trocas de regime e iniciativas de construção de nação em Kosovo, Afeganistão, Iraque e Líbia.

O elemento final do poder estadunidense pós-guerra se concentra na política econômica internacional, a outra metade da ordem internacional liberal. Ela foi projetada para evitar os erros do período entreguerra, quando um *boom* em meados dos anos 1920 foi seguido pelo *crash* de Wall Street em outubro de 1929, desemprego em massa e o surgimento do fascismo. Os Estados Unidos patrocinaram uma ordem econômica aberta baseada no livre comércio e nos princípios democráticos. As instituições de Bretton Woods (o Banco Mundial e o Fundo Monetário Internacional) vincularam o dólar ao ouro como padrão de valorização das outras moedas. O Acordo de Paris de 1971 pôs fim ao sistema de Bretton Woods de moedas fixas, abrindo as portas para a financeirização e uma era de recorrentes crises financeiras. As regras do Acordo Geral sobre Tarifas e Comércio (GATT) entraram em vigor em 1948, que se tornou a Organização Mundial do Comércio (OMC) em 1995, regulando o comércio internacional e alguns serviços. A luta contra o comunismo incentivou a criação de Estados de bem-estar social, descritos por John Ruggie como uma forma de "liberalismo embutido", acompanhado por ideias social-democratas de igualdade e justiça social.[28] Contudo, mesmo antes da queda do comunismo, a maré havia mudado. As ortodoxias neoliberais dos anos 1980 rechaçavam o Estado de bem-estar social, política industrial e corporativismo e eram a favor da privatização, financeirização e mercados de trabalho flexíveis.

Na Europa uma nova ordem política foi criada dentro do arcabouço de uma comunidade do Atlântico mais ampla.[29] À medida que a luta ideológica contra as ideias comunistas se intensificava, uma das condições para o desembolso referente à ajuda do Plano Marshall era que os Estados europeus se cooperassem. Isso incentivou a criação da Comunidade Europeia do Carvão e Aço, em julho de 1952, seguido pelo estabelecimento da Comunidade Econômica Europeia (CEE), em 1957, por parte da Alemanha, França, Itália

---

27 Glenn Diesen descreve isso como "interdemocrático", a fusão efetiva de instrumentos democráticos em: *EU and NATO Relations with Russia: After the Collapse of the Soviet Union.*

28 Ruggie, International regimes, transactions, and change: embedded liberalism in the postwar economic order, *International Organization*, 36/2, p.379-415.

29 Trachtenberg, *A Constructed Peace: The Making of the European Settlement, 1945-1963.*

e da Bélgica, Holanda e Luxemburgo, os Estados Benelux. O poder econômico e normativo dos Estados Unidos estava estabelecido nessas expressões do internacionalismo econômico. Após 1989, isso foi universalizado sob a forma da globalização acompanhada pela "desvinculação" neoliberal dos mercados das antigas formas de controle social-democrata. A ordem europeia pós-guerra era baseada na legitimidade e respeito pelo Direito Internacional e vários objetivos humanitários, mas também era parte de uma comunidade de segurança atlântica forjada durante a Guerra Fria. Isso ajuda a explicar por que após 1989 o atlantismo fracassou em dar lugar à unificação pancontinental como proposto por Gorbachev e seus sucessores, bem como por europeus leais a uma visão gaullista da Europa atuando como uma terceira força entre os Estados Unidos e a URSS. Ao contrário, a hegemonia liberal pós-Guerra Fria procurou criar um novo mundo a sua imagem, promovendo os interesses nacionais estadunidenses em todas as principais instituições de segurança, econômicas e normativas de nossa época.[30]

Helsinque e os direitos humanos

A União Soviética foi um membro fundador do sistema internacional da Carta, mas, assim como os Estados Unidos, ela também estabeleceu uma subordem própria. A Guerra Fria fixou a linha divisória entre os dois por uma saliente "cortina de ferro [...] de Estetino no Báltico a Trieste no Adriático", conforme Winston Churchill afirma em seu histórico "Discurso sobre a cortina de ferro" em Fulton, Missouri, em 5 de março de 1946.[31] O continente a partir daí ficou "coberto" por aquilo que se tornou as duas superpotências liderando suas respectivas alianças. O bloco soviético chegou até Berlim e Praga, enquanto uma rede de movimentos de orientação comunista e socialista se espalhava pelo mundo. Apresentado como um modelo revolucionário da ordem mundial, o dogmatismo do socialismo de Estado soviético minou seu potencial transformador. O ativismo revolucionário era ofuscado por formas diplomáticas tradicionais de interação com os Estados do mundo. À medida que o entusiasmo revolucionário diminuía, a União Soviética se comportava preeminentemente como um Estado tradicional, embora continuasse a apoiar partidos comunistas estrangeiros e diversos movimentos de libertação nacional. Gorbachev completou a transição de revolucionário ao internacionalismo soberano, acompanhado de um vigoroso reforço aos compromissos com os princípios da Carta. Tragicamente para ele, a agenda ambiciosa de transformação foi levada ao fracasso pela triunfante ordem liberal liderada pelos Estados Unidos.

---

30 Williams, *Failed Imagination? The Anglo-American New World Order from Wilson to Bush.*

31 Disponível em: <https://www.nationalarchives.gov.uk>.

Para compreender como isso aconteceu, precisamos voltar ao surgimento dos distintos modelos de segurança nos últimos estágios da Guerra Fria. Quando a *détente*, um período de amenização das tensões da Guerra Fria, se fortaleceu no início dos anos 1970, ministros de Relações Exteriores dos EUA e da Europa se reuniram em julho de 1973 para debater questões de segurança em Helsinque. O resultado foi a Conferência sobre Segurança e Cooperação na Europa (CSCE), que incluía a totalidade de questões econômicas, políticas, humanitárias e de segurança. O processo culminou na Conferência de Helsinque de agosto de 1975, reunindo 33 países europeus (exceto a Albânia) mais os Estados Unidos e o Canadá. O objetivo era criar uma ordem de segurança abrangente e inclusiva "de Vancouver a Vladivostok". Essa era a conferência pós-guerra há muito buscada pela URSS para ratificar as fronteiras de 1945, acompanhada por uma diversidade de acordos econômicos e de segurança.[32]

A ata final de Helsinque consistia em três "cestas": política e militar, incluindo a ratificação das fronteiras territoriais pós-guerra; cooperação econômica, comercial e científica; e direitos humanos, liberdade de migração e intercâmbios culturais. A primeira "cesta" delineava dez princípios fundamentais abrangendo "igualdade soberana" dos Estados, "evitar a ameaça ou o uso da força", "inviolabilidade de fronteiras", "integridade territorial dos Estados", "resolução pacífica de conflitos", "não intervenção em assuntos internos", "respeito pelos direitos humanos e liberdades fundamentais, incluindo liberdade de pensamento, consciência, religião ou credo", "direitos iguais e autodeterminação dos povos", "cooperação entre Estados" e "cumprimento, de boa-fé, das obrigações do Direito internacional".[33] Helsinque codificou as relações estatais existentes, mas também abriu o caminho para mudanças radicais. Os postulados centrais representavam uma extensão significativa dos valores subjacentes ao sistema da Carta. Contudo, a ata final de Helsinque reproduziu sob nova forma a tensão inerente daquele sistema, particularmente entre a soberania adquirida nos Estados-nação e o compromisso com os valores universais que transcendem a lógica da soberania estatal. A União Soviética alcançou seu objetivo fundamental – o reconhecimento formal das fronteiras estabelecidas em 1945, confirmando assim os resultados da Conferência de Ialta –, mas, ao mesmo tempo, a lógica da grande potência soviética foi desafiada.

A aprovação da "terceira cesta" de princípios de direitos humanos forneceu um marco legal para os movimentos dissidentes de direitos humanos

---

32 Para uma análise detalhada, ver Morgan, *The Final Act: The Helsinki Accords and the Transformation of the Cold War.*

33 Conference on Security and Cooperation in Europe, *Final Act,* 1 ago. 1975. Disponível em: <https://www.osce.org/files/f/documents/5/c/39501.pdf.>

no país responsabilizarem o governo da URSS. As conquistas com relação à modernização social e ao desenvolvimento planificado da economia foram deslegitimadas à medida que os fundamentos normativos do domínio soviético se tornaram o foco do debate. Isso, por sua vez, forneceu uma ferramenta poderosa para as potências externas exercerem mais pressão sobre Moscou. A mudança de internacionalismo soberano para o internacionalismo democrático não foi bem recebida universalmente, mesmo no Ocidente. O realista Kissinger, secretário de Estado do presidente Gerald Ford, notoriamente rejeitou o idealismo das provisões da terceira cesta. Ele observou, de maneira mordaz, que elas poderiam estar escritas "em suaíli, por mim tanto faz".[34] Apesar do receio de Kissinger, uma mudança fundamental ocorreu. Samuel Moyn descreve o novo foco como a "última utopia". As preocupações socialistas com a justiça econômica e social foram substituídas pela priorização dos direitos humanos. Em vez do foco anterior na modernização e desenvolvimento, a preocupação agora era "democracia" e o "Estado de direito".[35]

A CSCE de Helsinque foi seguida por oito conferências de revisão com relação à segurança europeia. As três realizadas durante a Guerra Fria (Belgrado 1977-78, Madri 1980-83 e Viena 1986-89) proporcionaram um arcabouço institucional para o florescimento de um novo pensamento. Em curto prazo, contudo, o espírito da *détente* não durou muito, e em fins de 1970 a Guerra Fria estava de volta a todo vapor, sugerindo uma Segunda Guerra Fria.[36] O medo de que o Afeganistão entrasse na órbita estadunidense fez que Moscou enviasse um "contingente militar limitado" em dezembro de 1979, inaugurando uma guerra que durou nove anos e custou 15 mil vidas, além de recursos incalculáveis. Esta se tornou uma clássica guerra por procuração, uma que os Estados Unidos e seus aliados armaram e apoiaram a resistência *mujahidin*.[37] A guerra soviética-afegã foi o presságio do declínio da União Soviética, inevitavelmente levando a comparações com a "operação militar especial" russa contra a Ucrânia lançada 42 anos depois.

34 Moyn, *The Last Utopia: Human Rights in History*, p.150.

35 Isso foi posteriormente formulado pelo projeto Princeton em termos de um projeto para uma "ordem mundial liberal" e um "Concerto global de democracias". Se a ONU não tivesse sido reformada, o fórum alternativo teria de ser criado para autorizar a ação coletiva. Ikenberry; Slaughter, *Forging a World of Liberty Under Law: US National Strategy Security in the Twenty-First Century*.

36 Halliday, *The Making of the Second Cold War*.

37 Para comentários sobre como os EUA iniciaram seu apoio ao *mujahidin* ainda em 3 jul. de 1979, quando Carter assinou a primeira diretiva para ajuda secreta às forças contrárias ao regime, ver Lauria, What a US trap for Russia might look like, *Consortium News*, 4 fev. 2022. Disponível em: <https://consortiumnews.com/2022/02/04/what-a-us-trap-for-russia-in-ukraine-might-look-like/>.

Novo Pensamento Político

A mudança na União Soviética foi bastante adiada, mas quando ocorreu foi com o frenesi característico de uma primavera russa. Depois de uma longa sequência de desgoverno geriátrico, Gorbachev assumiu a liderança soviética em março de 1985. Sua grande ambição era "normalizar" a política externa soviética dentro da estrutura do internacionalismo da Carta. A estratégia estava voltada para Nova York, a sede da ONU, e não para Washington, o coração do Ocidente político, embora inevitavelmente este último atuasse como o principal interlocutor. Gorbachev recorreu ao multilateralismo no núcleo do sistema da Carta e, certamente, não imaginava uma submissão ao Ocidente político.

A maior parte da elite soviética reconhecia que a reforma estava bastante atrasada, embora o objetivo fosse muito mais salvar o sistema do que subvertê-lo. Gorbachev acreditava firmemente no potencial do rejuvenescimento baseado na renovação do socialismo por meio da *perestroika*. Seu *comunismo reformista* se valia de uma longa tradição intelectual. Quando estudante na Universidade Estatal de Moscou no início de 1950, ele conheceu Zdeněk Mlynař, que se tornou um dos líderes da Primavera de Praga de 1968. Sob a liderança de Alexander Dubček, "o socialismo com uma face humana" procurou combinar liberdades políticas com mecanismos de mercado socialista. O movimento de reforma declarava lealdade à União Soviética, mas a liderança do Kremlin sob Leonid Brejnev não estava convencida. Na noite de 21 de agosto, o Tratado da Organização de Varsóvia (Pacto de Varsóvia) invadiu a Tchecoslováquia enviando 500 mil tropas e 6 mil tanques de todos os Estados socialistas "irmãos", exceto a Romênia e a Albânia.[38] Isso representa a maior autoinvasão na história. Além de destruir as reformas na Tchecoslováquia, ela bloqueou as tentativas de renovação dentro da União Soviética, preparando o terreno para o que ficou conhecido como a era da estagnação (*zastoi*) em 1970. Foi nesse período que o jovem Vladimir Putin atingia sua maturidade política. Após a destruição do comunismo reformista, faltava à sua geração o idealismo do *shestdesyatniki* (pessoas dos anos 1960, como Gorbachev), que acreditavam no potencial de reforma do socialismo leninista. Em vez disso, a geração de 1970 era intransigente e materialista, até mesmo cínica e niilista, muito mais preocupada em defender o poder de Estado que a ideologia comunista.

A dissidência política foi suprimida, mas as ideias de reforma fermentavam dentro do sistema. Isso tomou a forma do "Novo Pensamento Político", um termo que Gorbachev utilizou pela primeira vez em seu relatório ao 27º Congresso do Partido Comunista da União Soviética (CPCUS)

38 A participação das forças da Alemanha Oriental foi cancelada no último minuto.

em 25 de fevereiro de 1986, e que ele desenvolveu em seu livro *Perestroika: novas ideias para o meu país e o mundo*, 18 meses mais tarde.[39] O novo pensamento procurou se aprofundar nas conquistas do socialismo soviético renovando, ao mesmo tempo, aquilo que se acreditava ser dogmatismo ideológico, rigidez antimercado e restrições supérfluas com relação às liberdades individuais.[40] Essas visões reformistas e cosmopolitas se desenvolveram em um contexto de deterioração das relações com a China e de uma possível nova *détente* com o Ocidente.[41] O Novo Pensamento Político era produto de um período de gestação na vida intelectual soviética, especialmente em vários institutos da Academia de Ciências.[42] Gorbachev desenvolveu seu próprio conceito, embora no início ainda contivesse muitos preceitos ideológicos ortodoxos.[43] O Novo Pensamento Político rejeitava princípios de classe em favor de valores e interesses "de toda humanidade". Sua ideia fundamental era a desmilitarização das relações internacionais, os conflitos deveriam ser resolvidos por métodos políticos em vez de militares, um postulado central para o sistema da Carta. Isso exigia o fim da divisão do mundo em blocos, excluindo a ameaça da guerra nuclear, e um foco maior no meio ambiente e desenvolvimento. A política internacional deveria ser conduzida muito mais com base no equilíbrio de interesses e benefícios mútuos do que no equilíbrio de poderes. O internacionalismo soberano eliminaria os resquícios do socialismo revolucionário e a União Soviética se somaria, segundo a linguagem da época, à corrente principal da civilização humana.

O Novo Pensamento Político representava um repúdio radical aos clássicos fundamentos marxista-leninistas da política externa soviética. A predominância de ideias clássicas da geopolítica tal como esferas de influência, poder político, a correlação de forças e vácuos de poder deu lugar a uma percepção mais benigna e cooperativa das relações internacionais. Isso não era tão abrangente a ponto de acreditar em uma harmonia essencial dos interesses, mas essa visão de que os Estados capitalistas eram inerentemente agressivos e militaristas, prontos para se aproveitar de qualquer fraqueza, foi descartada. A ideologia comunista estava perdendo sua influência sobre a imaginação soviética e as antigas aspirações para "se igualar e superar" o capitalismo ocidental há muito haviam se tornado uma ilusão.[44] O novo pensamento abandonou a ideia de luta de classes e da revolução proletária

---

39 Gorbachev, *Perestroika: New Thinking for Our Country and the World.*

40 Kubálková; Cruickshank, A.A. *Thinking about Soviet 'New Thinking'.*

41 English, *Russia and the Idea of the West: Gorbachev, Intellectuals and the End of the Cold War.*

42 Em especial Lomeiko; Gromyko. *New Thinking in the Nuclear Age*. Sou grato a Alexei Gromyko (filho de Anatoly) por destacar a importância de seu livro na evolução do NPT. Para um estudo sobre o papel da *institutchiki* no fim da Guerra Fria, ver Bisley, *The End of the Cold War and the Causes of the Soviet Collapse.*

43 Chernyaev, *My Six Years with Gorbachev: Notes from a Diary*, p.51.

44 Zubok, *A Failed Empire: The Soviet Union in the Cold War from Stalin to Gorbachev*, p.344.

mundial. Os elementos clássicos do historicismo marxista (a visão de que o significado e o propósito da história são passíveis de conhecimento, logo tangíveis) foram deixados de lado, assim como as afirmações de infalibilidade e inevitabilidade histórica. O determinismo do pensamento ideológico deu lugar a uma nova abertura no país e no exterior. Paradoxalmente, assim como os postulados clássicos do historicismo marxista estavam sendo abandonados na União Soviética, o liberalismo ocidental desenvolvia sua própria versão. Isso alimentava um otimismo de que uma era de "paz perpétua" baseada no "fim da história" chegaria em breve.[45]

O novo pensamento aprofundou as ideias do físico nuclear Andrei Sakharov, que se tornou um dos líderes da revolução democrática russa durante a *perestroika*. Em fins de 1960, ele argumentava que o comunismo e o capitalismo poderiam "convergir" em uma espécie de meio termo humano e, portanto, superar o confronto nuclear.[46] Gorbachev reviveu essa ideia de convergência em seu memorável discurso na ONU em 7 de dezembro de 1988. Ele declarou que a Guerra Fria tinha acabado, rejeitou a doutrina de Brejnev da soberania limitada para os Estados do Leste Europeu e delineou as consequências de seu novo pensamento. Para ele, "o progresso mundial mais amplo só é possível agora por meio da busca por um consenso de toda a humanidade de uma nova ordem mundial". Ele prosseguiu: "É uma questão de cooperação que poderia ser chamada de maneira mais precisa 'cocriação' e 'codesenvolvimento'. A fórmula do desenvolvimento 'à custa dos outros' estava se tornando ultrapassada". Ele enfatizou a importância da "liberdade de escolha" e da "desideologização das relações interestatais", assim como sua desmilitarização. Ele traçou uma agenda abrangente na qual a nova ordem de paz deveria se basear, incluindo o fortalecimento da centralidade da ONU, a renúncia ao uso da força nas relações internacionais e uma preocupação com questões ambientais. Os princípios fundamentais eram pluralismo, tolerância e cooperação.[47] Este foi um corajoso reestabelecimento do liberalismo da Carta.

Em vez orçamentos de defesa em constante expansão, o princípio agora passou a ser o da "suficiência razoável" (*razumnaya dostatochnost*), suficiente para garantir a segurança e nada mais. O novo pensamento abriu espaço para o princípio da "liberdade de escolha" para os países do bloco soviético, tornando a disciplina do bloco redundante. A rejeição da Doutrina de Brejnev de soberania limitada para os aliados do Pacto de Varsóvia abriu

45 Fukuyama, The end of History, *National Interest*, 16, verão de 1989, p.3-17; Fukuyama, *The End of History and the Last Man*. A ideia de paz perpétua é de Immanuel Kant, Perpetual peace: a philosophical Sketch, p.93-130.

46 Sakharov, *Progress, Coexistence and Intellectual Freedom*.

47 Gorbachev's Speech to the UN, 7 dez. 1988, *AP News*. Disponível em: <https://apnews.com/article/1abea48aacda1a9dd520c380a8bc6be6>.

caminho para as revoluções de 1989 e para o fim do bloco soviético em sua totalidade. Na Polônia, o partido no governo já havia abandonado seu monopólio de poder em abril e a transição negociada viu eleições livres ao parlamento e ao senado em junho. Em novembro, o muro de Berlim caiu dando lugar à reunificação alemã. No fim do ano, as revoluções de "veludo" haviam varrido os governos comunistas do poder na Tchecoslováquia, Hungria e Bulgária, enquanto na Romênia uma luta mais violenta derrubou o regime ditatorial.

Essas revoluções expuseram Gorbachev à acusação de que estava traindo tanto os ideais comunistas quanto os interesses da URSS. Críticos o condenaram por renunciar às conquistas soviéticas alcançadas com muita luta em troca de apenas vagas promessas de cooperação.[48] Isso culminou, depois, na questão da ampliação da Otan e, em particular, no princípio da "liberdade de escolha" concedido à época da unificação alemã de 1990. Moscou acreditava que a imagem clássica do sistema de poder atlântico como hostil para sempre era falsa, dando lugar à visão de que uma relação construtiva era possível. Isso se tornou o princípio guia da nascente política externa "democrática" russa, sob a direção do ministro das Relações Exteriores Andrei Kozyrev, e foi predominante até meados de 1990.[49] A partir daí uma defesa cada vez mais intransigente da soberania russa e de supostos interesses estatais predominou. Isso foi alimentado por um sentimento de que a agenda de paz positiva delineada pela liderança de Moscou havia sido traída e que o Ocidente político havia se aproveitado da boa vontade russa.

Em direção a uma paz positiva

O Ocidente político tomou forma durante a Primeira Guerra Fria, mas estava bem distante de ser monolítico. A inquietação com o militarismo associado à Guerra Fria já havia sido manifestada há muito tempo. Os maiores líderes desde 1945 repetidamente voltavam à questão de como uma ordem de paz comum poderia ser planejada, acompanhada da preocupação sobre o pesado fardo imposto pela corrida armamentista. O presidente Dwight D. Eisenhower foi um dos primeiros a enunciar temas que ressoariam mais tarde, baseando-se em sua experiência como comandante supremo das forças aliadas na Segunda Guerra Mundial. Seu discurso "Oportunidade para a paz" de 16 de abril de 1953, apenas três meses após ter iniciado seu mandato como presidente e três semanas depois da morte

48 A acusação foi liderada por Yevgeny Primakov, ministro das Relações Exteriores de janeiro de 1996 a setembro de 1998 e, depois, primeiro-ministro até maio de 1999.

49 Vividamente descrito em suas memórias: Kozyrev, *The Firebird: A Memoir. The Elusive Fate of Russian Democracy*.

de Stalin, descrevia como as forças estadunidenses e soviéticas se reuniram no Elba em 25 de abril de 1945, inspirando um "propósito comum", mas que "durou um instante e pereceu" à medida que os dois países se separaram devido a suas visões de paz e segurança. Ele alertou que "a própria União Soviética compartilhava e sofria os mesmos medos que ela havia promovido no restante do mundo. Esse tem sido o modo de vida forjado por oito anos de medo e força". Se não fosse possível encontrar outra maneira de desviar dessa "estrada do terror", o pior a ser temido era a guerra atômica, mas o melhor não era bom: "uma vida de medo e tensão perpétuos; um fardo de armas drenando a riqueza e o trabalho de todos os povos". Ele descrevia os gastos com armas como um roubo impetrado aos povos: "Toda arma que é feita, cada navio de guerra lançado, cada míssil disparado significa, no fim das contas, um roubo àqueles que têm fome e não são alimentados, que têm frio e não têm agasalho". Ele descrevia como "sob a sombra da guerra ameaçadora, está a humanidade pendurada em uma cruz de aço". Ele ofereceu à liderança pós-Stalin uma oportunidade de se desviar do caminho do confronto e criar uma nova ordem de paz.[50]

Sua aspiração não deu em nada. Ao contrário, uma corrida armamentista sem precedentes construiu um estoque nuclear global que em seu auge, em 1985, alcançou 63.662 armas. Nos Estados Unidos uma economia de guerra ramificada se desenvolveu em paralelo à economia civil criando a sociedade do consumo que conhecemos hoje. Criou-se durante esses anos o Estado militarizado "trumaniano" da Guerra Fria que ofuscou o Estado constitucional "madisoniano". Michael Glennon descreve como o Estado trumaniano forjou conexões resilientes entre os vários ramos das agências militares e de inteligência, a classe política, a mídia, os *think tanks* e algumas universidades. Isso representou uma transformação estrutural do Estado estadunidense, em que os contratantes militares, os serviços armados e seus acólitos civis tinham um papel desmedido em detrimento do aparato estatal diplomático e tradicional. O controle constitucional definhou devido à complexidade inerente das questões de segurança nacional, assim como por conta de um duradouro consenso ideológico bipartidário com relação à primazia e hegemonia estadunidense nos assuntos mundiais.[51] Em seu discurso de despedida de 17 de janeiro de 1961, Eisenhower se referia a isso. Alertava sobre a influência corruptora do que chamava de "complexo militar-industrial", a combinação de "um imenso estabelecimento militar e uma grande indústria de armas", que observava como "algo novo na experiência estadunidense". Advertia que "o potencial para uma ascensão desastrosa de um

50 Eisenhower, Dwight D. Chance for Peace Speech, 16 abr. 1953. Disponível em: <https://www.presidency.ucsb.edu/documents/address-the-chance-for-peace-delivered-before-the-american-society-newspaper-editors>.

51 Glennon, *National Security and Double Government.*

poder mal colocado existe e persistirá".[52] Também atentava para a criação de uma economia de guerra permanente, que enviesaria as prioridades da política externa estadunidense e desviaria recursos das necessidades internas.[53] Segundo Glennon, contraditoriamente, o consenso bipartidário de uma grande estratégia militarizada estadunidense segue vigente, apesar da regular alternância da liderança política.

Isso não passou como algo ileso. Ferido pelo fracasso da invasão da Baía dos Porcos da Cuba de Fidel Castro em abril de 1961 e assustado depois que o mundo chegou à beira de uma guerra nuclear com a crise dos mísseis em outubro de 1962, o presidente John F. Kennedy retomou a questão da "paz mundial". Em seu discurso de formatura na Universidade Americana em Washington DC, em junho de 1963, ele perguntou:

> A que tipo de paz eu me refiro? Qual tipo de paz nós buscamos? Não uma *Pax Americana* imposta ao mundo pelas armas de guerra estadunidenses. Não a paz do túmulo ou da segurança do escravo. Estou falando de uma paz genuína – o tipo de paz que faz a vida na terra valer a pena –, do tipo que permite um homem e as nações crescerem e ter a esperança de construir uma vida melhor para seus filhos – não apenas uma paz para os estadunidenses, mas uma paz para todos os homens e mulheres – não somente paz em nossa época, mas paz para todas as épocas.

Kennedy falava sobre paz devido à "nova face da guerra", em que "uma única arma nuclear contém a força explosiva quase dez vezes maior que aquela utilizada pelas forças aéreas aliadas na Segunda Guerra Mundial". A paz, portanto, era "o fim racional necessário dos homens racionais" e era possível:

> Examinemos nossa atitude com relação à própria paz. Muitos de nós acreditamos que é impossível. Muitos de nós acreditamos que não é real. Mais isso é perigoso, uma crença derrotista. Isso leva à conclusão de que a guerra é inevitável – que a humanidade está condenada – que estamos presos a forças que não podemos controlar.

Ele tinha seu coração aberto à Rússia:

> Nenhum governo ou sistema social é tão mal que seu povo deva ser considerado como sem virtude. Como estadunidenses, consideramos o comunismo

52 Eisenhower, Dwight D. Military-Industrial Complex Speech, 17 jan. 1961. Disponível em: <https://avalon.law.yale.edu/20th_century/eisenhower001.asp>.

53 Há uma ampla bibliografia que sugere que isso de fato aconteceu. Ver, por exemplo, McCartney; McCartney, *America's War Machine: Vested Interests, Endless Conflicts*.

> profundamente repugnante como uma negação da liberdade e dignidade individual. Mas ainda assim podemos saudar o povo russo por suas muitas conquistas – na ciência e no espaço, no crescimento econômico e industrial, na cultura e em seus atos de coragem.

Nós vimos como ele insistia que a "paz é um processo – uma forma de resolver problemas" e exigia passos práticos no espírito daquilo que chamamos de internacionalismo soberano, incluindo um veto nos testes nucleares.[54] Kennedy foi assassinado em novembro e os Estados Unidos se afundaram no pântano da Guerra do Vietnã.[55] Uma última tentativa de amenizar as tensões durante a *détente* do início de 1970 deu lugar a uma nova Guerra Fria nos anos de Jimmy Carter, intensificada pela invasão do Afeganistão em dezembro de 1979. A paz positiva era tão evasiva naquela época quanto é hoje.

---

54 Kennedy, 1963 Commencement.
55 Prouty, *The CIA, Vietnam and the Plot to Assassinate John F. Kennedy*.

2
Tempos de grandes esperanças

O Novo Pensamento Político retomou questões levantadas por Eisenhower e Kennedy: como pôr fim à corrida armamentista e ao militarismo, e como compreender uma perspectiva de uma paz positiva. Embora tenha sido vista como um indicativo de que a União Soviética estava renunciando à sua hostilidade, a agenda de Gorbachev foi percebida por céticos em Washington como uma ameaça à liderança dos Estados Unidos. Isso deu início a uma contraofensiva ideológica para conquistar uma vantagem conceitual. No fim, os dois modelos da ordem pós-Guerra Fria colidiram, ambos com suas raízes nos desenvolvimentos desde 1945. O primeiro recorria aos princípios da Carta e ao internacionalismo soberano, que no contexto regional foi formulado como a casa comum europeia. Isso englobava a ideia de indivisibilidade da segurança – que nenhum Estado poderia alcançar a segurança à custa de outro. O segundo aprofundava a inequívoca conquista do Ocidente político de emergir intacto e ileso da Guerra Fria. No contexto regional isso foi formulado como a Europa inteira e livre, e foi desenvolvido em termos de ampliação do Ocidente político e da aplicabilidade universal do internacionalismo liberal. Aparentemente não havia limites para o sistema de poder atlântico e para o internacionalismo democrático, gerando dinâmica expansionista que foi bem recebida pelos antigos Estados do bloco soviético, mas que alarmavam Moscou cada vez mais. As duas abordagens estavam envolvidas em uma luta oblíqua ainda que declarada, com ambos os lados cientes dos altos riscos. Contudo, um dos lados estava desarmado por sua convicção de que a Guerra Fria havia realmente terminado, enquanto o outro continuou a luta – pelos melhores e piores motivos – sob novas formas. Esse fim de jogo distorcido moldou toda a época pós-Guerra Fria, alterando a realidade e os termos usados para descrevê-la.

Novo pensamento dá frutos

O otimismo radiante do presidente Ronald Reagan em 1980 deixou para trás a derrota no Sudeste Asiático e restabeleceu a confiança no futuro dos Estados Unidos. Ele construiu um poder militar estadunidense e condenou a União Soviética como um "império do mal", ainda que receptivo à tentação do novo pensamento, e trabalhou com Gorbachev e outros líderes para pôr fim à Guerra Fria.[1] Gorbachev encontrou um interlocutor imediato em Reagan e a declaração conjunta após a primeira reunião entre eles em Genebra em novembro de 1985 dizia que "uma guerra nuclear não pode ser vencida e nunca deve ser travada".[2] Em sua reunião em Reykjavik de outubro de 1986, Gorbachev propôs eliminar todas as armas nucleares até o fim do século. Os dois chegaram surpreendentemente perto de concordar sobre o tema, embora no fim a ideia tenha sido rejeitada e considerada irreal pelos Estados Unidos e, sem dúvida, os estrategistas militares soviéticos também teriam recuado. Não obstante, isso preparou o terreno para o Tratado de Forças Nucleares de Alcance Intermediário (Tratado INF) assinado em dezembro de 1987, que pela primeira vez baniu uma categoria inteira de armas estratégicas. Os Estados Unidos e a URSS eliminaram mísseis com um alcance entre 500 e 5.500 quilômetros e concordaram com relação aos limites de instalação de mísseis de cruzeiro lançados do solo.

O Tratado de Redução de Armas Estratégicas (Start, na sigla em inglês), assinado em julho de 1991, foi o acordo de controle de armas mais ambicioso da história, limitando cada lado a uma quantidade máxima de 1.600 mísseis de longo alcance. Para Moscou, esses acordos não apenas colocavam limites à corrida armamentista, mas também reduziam custos em uma época de crise orçamentária. Os fatores econômicos eram importantes, porém mais significativo era a crença compartilhada entre Gorbachev e Reagan de que as armas nucleares eram uma abominação, uma ameaça inútil à humanidade que deveria ser eliminada como categoria. Os vários

1 Brown, *The Human Factor: Gorbachev, Reagan, and Thatcher and the End of the Cold War*. O papel de George Shultz, secretário de Estado de Reagan, deve ser destacado. Ele enfrentou aqueles que se opunham ao engajamento construtivo às reformas de Gorbachev, incluindo os antissoviéticos linha-dura na gestão, como o diretor da CIA William Casey, o vice-diretor da CIA Robert Gates, o secretário de Defesa Caspar Weinberger e o secretário assistente de Defesa Richard Perle. Ver Taubman, *In the Nation's Service: The Life and Times of George P. Shultz*.

2 Joint Soviet-United States statement on the summit meeting in Geneva, 21 nov. 1985. Disponível em: <https://www.reaganlibrary.gov/archives/speech/joint-soviet-united-states-statement-summit-meeting-geneva>.

acordos fizeram que as reservas nucleares globais diminuíssem, em janeiro de 2022, a 12.705, 90% das quais pertenciam aos Estados Unidos e à Rússia. Os limites também foram postos às instalações convencionais. O Tratado sobre Forças Armadas Convencionais na Europa (CFE) foi assinado em novembro de 1990 entre a Otan e o Pacto de Varsóvia, limitando a quantidade e os tipos de armas convencionais presentes na Rússia europeia e na Europa ocidental. Os cortes foram desproporcionais, com o Pacto de Varsóvia destruindo mais de 30 mil armas enquanto os aliados ocidentais não destruíram praticamente nenhuma. Como um sinal de problemas futuros, foi "o tipo de acordo que normalmente seria imposto a um Estado derrotado após uma guerra".[3] No mesmo mês o CFE foi complementado pelo Documento da CSCE de Viena, implementando medidas edificadoras de confiança-e-segurança por meio da troca de informação e inspeções. Regularmente atualizada, a versão de 2011 se tornou extinta após o início da Segunda Guerra Fria em 2014.

De acordo com os postulados do Novo Pensamento Político, a União Soviética adotou a doutrina da "defesa de precisão", acompanhada por cortes nas forças instaladas e nos gastos em defesa, que à época alcançavam aproximadamente de 15% a 20% do PIB. Poucos meses após seu pronunciamento na ONU, Gorbachev fez seu histórico discurso "Casa comum europeia" no Conselho da Europa, em Estrasburgo, de 6 de julho de 1989. Ele enfatizou a abertura do momento histórico e a possibilidade de a União Soviética se juntar a uma Europa pacífica:

> Agora que o século XX está entrando em uma fase de conclusão e tanto o período pós-guerra quanto a Guerra Fria estão se tornando algo do passado, os europeus, de fato, possuem uma chance única – desempenhar um papel na construção de um novo mundo, um mundo que seja digno do seu passado, do seu potencial econômico e espiritual [...]. Estamos convencidos de que o que eles necessitam é uma Europa pacífica e democrática, uma Europa que mantenha toda a sua diversidade e ideias humanistas comuns, uma Europa próspera que estenda suas mãos ao restante do mundo. Uma Europa que avance de forma confiante em direção ao futuro. É nessa Europa que nós visualizamos nosso próprio futuro.[4]

Ele falava sobre criar uma única comunidade política de Lisboa até Vladivostok, mas também enfatizava o pluralismo ideológico e a coexistência de Estados de diferentes sistemas sociais. A casa que visualizava seria um lar com muitos cômodos distintos. A Comunidade (Econômica) Europeia,

---

3 Clark, *The Post-Cold War Order: The Spoils of Peace,* p.133.

4 "Europe as a Common Home": Address Given by Mikhail Gorbachev to the Council of Europe, Strasbourg, 6 jul. 1989. Disponível em: <https://chnm.gmu.edu/1989/archive/files/gorbachev-speech-7-6-89_e3ccb87237.pdf>.

que se tornaria a União Europeia com o Tratado de Maastricht de fevereiro de 1992, era parte de uma entidade pancontinental mais ampla. Embora os detalhes fossem vagos, Gorbachev estava propondo uma nova ordem mundial que não fosse ideologicamente homogênea, mas sim pluralista e diversa. Ele sugeriu "uma reestruturação da ordem internacional existente na Europa que colocaria os valores comuns europeus na linha de frente e tornaria possível a substituição do equilíbrio de forças tradicional por um equilíbrio dos interesses". Quando Putin assumiu a presidência em 2000, isso foi reformulado como o projeto de uma "grande Europa". Neste caso, o euro-atlantismo acabou por suprimir o pancontinentalismo ao estilo de Gorbachev.

As inovações ideológicas do Novo Pensamento Político melhoraram o *status* de Moscou e reforçaram sua posição com um dos principais polos na política internacional.[5] Ao colocar a União Soviética à frente do movimento pelo fim da Guerra Fria, Gorbachev mudou os termos do debate. Esse "atalho para a grandeza" pode ser considerado instrumental, com uma maneira de potencializar o *status* de Moscou desviando o foco do poder econômico material e colocá-lo em aspirações mais abstratas por uma nova ordem de paz. Isso em geral é considerado como um idealismo ingênuo, embora esteja enraizado nas mesmas aspirações que haviam possibilitado o surgimento do sistema internacional da Carta – livrar o mundo do flagelo da guerra e criar uma ordem internacional mais cooperativa. Isso foi acompanhado pelo desmantelamento das instituições do regime comunista dentro da União Soviética e pela criação de novos instrumentos de representação democrática. O infortúnio de Gorbachev foi que seu questionamento ao socialismo de Estado foi suplantado pelo questionamento de Yeltsin baseado no redespertar nacional das repúblicas, sob a liderança da Rússia. Gorbachev repudiava a lógica da Guerra Fria, mas Yeltsin repudiava a lógica da própria União Soviética.

Comunismo de reforma da China

O caminho da China para a grandeza se baseou em fundações políticas e econômicas mais sólidas. A China também apoiava a ordem de paz da Carta como uma estrutura universal para a política e desenvolvimento internacionais, e nesse aspecto se alinhava com a Rússia para rejeitar a visão "monista"

5 Larson; Shevchenko, Shortcut to greatness: The new thinking and the Revolution in Soviet foreign policy, *International Organization*, 57/1, p.77-109. Ver também Larson; Shevchenko. Russia says no: power, *status*, and emotions in foreign policy, *Communist and Post-Communist Studies*, 47/3-4, p.269-79. Larson; Shevchenko. *Quest for Status: Chinese and Russian Foreign Policy*.

de que a ordem liberal internacional é a única viável disponível. Monismo nesse contexto significa simplesmente a rejeição da visão pluralista (desenvolvida por Gorbachev) de que o mundo é feito de diferentes tipos de sistemas sociais legítimos (tipos de regimes), refletindo sociedades em diferentes níveis de desenvolvimento e com diferentes trajetórias e necessidades históricas. Ao contrário, a teoria da democratização pós-Guerra Fria restabeleceu a ideia de um desenvolvimento unilinear que evocava ideias desacreditadas da modernização de 1950 e 1960, em que as sociedades mais avançadas supostamente demonstram o seu futuro às menos desenvolvidas. A modernização àquela época foi compreendida como ocidentalização a partir do modelo estadunidense. Embora alguns aspectos fundamentais sejam comuns às sociedades desenvolvidas, a ascensão da China demonstra que a modernidade pode assumir diferentes formas.[6] Dessa perspectiva, não há um único "lado certo da história".

A China sempre rejeitou a visão de que a modernização faria todos se parecerem com os Estados Unidos, mas também rejeitava o que considerava como ingenuidade do comunismo de reforma de Gorbachev. Suas ideias encontraram pouco apoio entre as lideranças chinesas e, de fato, reforçaram sua visão de que o revisionismo ideológico e as reformas do tipo Gorbachev eram perigosas e desestabilizadoras. As relações entre a República Popular da China e Moscou nunca foram tranquilas, embora a União Soviética tenha contribuído bastante para o desenvolvimento inicial da China. O eixo Moscou-Beijing se dissolveu após a condenação de Stalin por Nikita Kruschev em seu "discurso secreto" de fevereiro de 1956. Em meio à intensificação das recriminações, os confrontos na fronteira da Ilha Damansky em 1969 levaram as duas potências comunistas à beira da guerra. Em 1973, a hábil diplomacia de Washington levou a China a um alinhamento mais próximo dos Estados Unidos, enquanto Moscou respondia com sua *détente*. Em julho de 1986, o discurso de Gorbachev "Casa comum asiática" em Vladivostok anunciou concessões, incluindo a retirada das tropas soviéticas da Mongólia, do Extremo Oriente Russo (RFE) e do Afeganistão, além do reconhecimento da definição da fronteira chinesa ao longo dos rios Amur e Ussuri.[7] Beijing abriu um consulado em Leningrado e a URSS em Xangai, além de também terem sido feitos acordos econômicos e culturais. A prejudicial cisão sino-soviética começou a ser reparada, e os dois países iniciaram um caminho de alinhamento que tem se aprofundado desde então.

Isso preparou o terreno para a visita de Estado de Gorbachev a Beijing em 1989, a primeira realizada por um líder soviético desde Kruschev em 1959. Na cúpula de 15 a 18 de maio, as relações entre os Estados foram normalizadas

6 Ver, por exemplo, Eisenstadt, Multiple modernities, *Daedalus*, 129/1, Winter 2000, p.1-29.

7 Excerpts from Gorbachev's Speech, *Nova York Times*, 29 jul. 1986. Disponível em: <http://www.nytimes.com/1986/07/29/world/excerpts-from-gorbachev-s-speech. html>.

e as conexões entre os dois partidos dominantes foi restabelecida. O lado chinês insistia que o domínio soviético não poderia retornar e em vez disso as relações se basearіam na igualdade, independência e soberania. Também se falou sobre uma frente comum contra os Estados Unidos, embora seguissem não concordando com relação ao Camboja. Os dois lados concordaram em reduzir as tensões militares ao longo das fronteiras e assinaram alguns acordos econômicos. Contudo, enquanto a reconciliação foi alcançada na esfera internacional, as trajetórias políticas dos dois países eram muito distintas.

Sob a liderança de Deng Xiaoping desde 1978, a China perseguia um caminho de desenvolvimento único, *comunismo de reforma* em que o Partido Comunista da China (PCCh) aplicou mecanismos de mercado para alcançar a modernização econômica. A China evitou as reformas econômicas de estilo russo que devido à ausência de um ambiente geopolítico favorável tiveram efeitos sociais e políticos catastróficos; ao contrário, planejou uma combinação única de estatismo com mercantilização, com resultados espetaculares.[8] Esse modelo de um capitalismo de Estado autoritário estava em contraposição direta com as desastrosas reformas econômicas perseguidas por Gorbachev. Seu modelo de comunismo reformista fracassou em meio a uma difundida alienação com relação a qualquer forma de renovação socialista. Por outro lado, o comunismo de reforma foi bem-sucedido em modernizar o país, embora algumas questões com relação à cidadania democrática e inclusão política tenham sido deixadas de lado. O modelo chinês de modernização burocrática instaurou uma tecnocracia politizada relativamente inquestionável e inamovível. Seu *ethos* meritocrático não foi capaz de superar a "armadilha leninista", em que a estabilidade é mecânica e requer incessantes intervenções. O sistema pode entregar enormes bens públicos, ainda que formas de integração social orgânica e espontânea sejam suprimidas. A visita de Gorbachev motivou aqueles que procuravam aplicar seus princípios do comunismo reformista, incluindo maior abertura e democratização, a romper com essa armadilha. Manifestações estudantis catalisadas pela morte do reformista Hu Yaobang em 15 de abril foram inspiradas pela visita de Gorbachev para pedir reformas democráticas.

A liderança chinesa tinha outras ideias e destruiu o acampamento de protesto da praça Tiananmen no centro de Beijing em 4 de junho. O domínio do PCCh foi reafirmado. Embora desde então tenha havido momentos de relativa democratização, a estratégia geral permanece a do comunismo de reforma e a direção leninista do PCCh. Isso trouxe crescimento econômico e a transformação do país, mas a liberalização política não está na agenda. O socialismo "com características chinesas" deixou o regime do partido intacto. O país evitou o destino da União Soviética, mas também impediu

8 Weber, *How China Escaped Shock Therapy: The Market Reform Debate.*

uma maior abertura e uma nova relação entre o Estado e a sociedade. A rejeição da China com relação ao Novo Pensamento Político e à consolidação burocrática alcançou um crescimento econômico sem precedentes, mas também a isolou da euforia na Europa com o fim da Guerra Fria.

A paz contestada

Como a disputa militar recuou em fins de 1980, o campo de batalha passou a ser o dos conceitos e ideias que moldariam a nova ordem. George W. Bush, sucessor de Reagan, e Brent Scowcroft, seu assessor para segurança nacional, argumentaram que os Estados Unidos deveriam se contrapor às iniciativas transformadoras de Gorbachev, caso contrário os europeus perderiam a orientação dos Estados Unidos.[9] Bush foi condenado por sua resposta medíocre às reformas soviéticas, mas de fato assumiu a iniciativa diplomática e ideológica. Criticado por não ter conseguido formular uma visão de longo prazo para uma liderança estratégica dos Estados Unidos, na prática, no entanto, impôs novamente de forma bem-sucedida a hegemonia discursiva estadunidense. Reconquistou a iniciativa intelectual ao questionar a retórica doméstica europeia comum e, com isso, a perspectiva pancontinental. A Casa Branca percebeu um desespero nas manobras de Gorbachev e se irritou com as "propostas públicas ousadas ou atos de 'demonstração de superioridade' destinados a retratar Washington como a parte recalcitrante".[10] Seguiu-se uma batalha de ideias. Isso foi um exercício de hegemonia intelectual com implicações profundas para o tipo de paz que emergiria. O desejo de Gorbachev de transcender a Guerra Fria tinha por base uma genuína transformação dialógica da relação entre a Rússia soviética e o Ocidente – na qual ambos os lados mudavam, em vez de um apenas ensinar o outro.[11] A União Soviética/Rússia estava pronta para aprender, mas recusou resolutamente se tornar parte de uma relação mestre-aprendiz. Por outro lado, a perspectiva ocidental afirmava que havia pouco espaço para tal pluralismo. Existia uma tentativa consciente de retomar a iniciativa e de reafirmar a liderança estadunidense na definição dos termos sobre os quais a nova ordem de paz seria construída. Isso foi motivado em parte pelas ambições hegemônicas, mas também foi moldado por um senso compreensível (embora limitado) de que o Ocidente político não tinha muito o que aprender da Rússia.

---

9 Bush; Scowcroft, *A World Transformed*, p.42-3.

10 Burns, *The Back Channel: American Diplomacy in a Disordered World*, p.50.

11 Sakwa, The end of the revolution: mimetic theory, axiological violence, and the possibility of dialogical transcendence, *Telos*, n. 185, p.35-66.

A lógica competitiva geradora da Guerra Fria não foi superada. Os Estados Unidos não estavam prontos para ceder a Moscou a iniciativa ideológica. Embora bem recebida pela opinião pública ocidental, Washington temia que Moscou estivesse procurando ganhar vantagem geopolítica ao expor suas ideias sobre um novo tipo de paz pós-Guerra Fria. Com relação aos Estados Unidos, este foi "um esforço de propaganda [...] programado para criar e explorar divisões na Otan".[12] Um famoso artigo da revista *Time* argumentava que as iniciativas de Gorbachev poderiam atrair "a Europa ocidental a um neutralismo estéril". O texto prosseguia notando que havia um risco de os soviéticos ganharem a iniciativa moral e que a nova ordem mundial de Gorbachev tornaria as alianças de segurança como a Otan e o Pacto de Varsóvia redundantes, transferiria recursos das forças armadas para necessidades domésticas e, o maior dos pecados (a "heresia" gaulista), incentivaria movimentações em defesa de uma integração europeia em escala pancontinental. Gorbachev recorreu a um sistema internacional da Carta fortalecido, mas Washington se contrapôs ao desenvolver seu próprio modelo de internacionalismo liberal. A retórica da "casa comum" de Gorbachev seria questionada por uma narrativa de "ideais comuns", transformando a aliança de necessidade em uma aliança de valores compartilhados.[13]

Esta análise era notavelmente presciente. A luta agora já não era apenas com relação a modelos da ordem mundial, mas também sobre quem tinha o direito de estabelecer a agenda da ordem mundial. Gorbachev apresentou de maneira eloquente sua visão de um transformado modelo de política internacional baseado na confiança e no pluralismo. Aquilo que viria a ser a União Europeia estava ocupado com sua própria transformação de uma associação sobretudo econômica para um corpo mais político, mas por fim não conseguiu apoiar a agenda pancontinental de Gorbachev. Isso não surpreende muito, uma vez que inevitavelmente diluiria a centralidade das instituições de Bruxelas e as forçaria a compartilhar o estabelecimento da agenda com Moscou. Ao contrário, a Europa se viu presa a um ciclo de subordinação às preocupações de Washington, apesar de se esforçar para aquilo que mais tarde seria chamado de "autonomia estratégica".[14] A França, como de costume, assumiu a liderança na linha da autonomia do pensamento europeu e, durante a presidência de François Mitterrand (1981-95), desenvolveu a ideia de uma "confederação da Europa", que retomou ideias gaulistas anteriores de uma Europa "do Atlântico até os Urais". Isso estava em sintonia com ideias mais amplas de uma unificação pancontinental, mas o suposto

12 Bush; Scowcroft, *World Transformed*, p.133.

13 The Gorbachev Challenge, *Time Magazine*, 132/5, 19 dez. 1988. A manchete da capa afirmava: "A mais recente ofensiva de paz de Gorbachev desafia os EUA a responderem".

14 Para uma análise, ver Streeck, Wolfgang. The EU after Ukraine, *American Affairs*, 20 maio 2022. Disponível em: <https://americanaffairsjournal.org/2022/05/the-eu-after- ukraine/>.

imperativo de uma unidade Euro-atlântica (defendida principalmente pelo Reino Unido) frustrou tais iniciativas.

Bush expôs suas ideias em um discurso em maio de 1989 em Mainz, no qual ele falava de uma "Europa inteira e livre". Ele argumentava: "As forças da liberdade estão colocando o *status quo* soviético na defensiva. E no Ocidente fomos bem-sucedidos porque temos sido leais a nossos valores e visões. E no outro lado da enferrujada cortina de ferro, a visão deles fracassou". A observação certamente estava correta, mas reintroduziu uma lógica da vitória (consequentemente a da derrota) no final da Guerra Fria. Falar de vitória gerou um ressentimento do lado dos supostos "perdedores", o que acabou enfraquecendo a própria suposta vitória. Esse tipo de linguagem era explicitamente evitado por Gorbachev e pela liderança soviética, que consideravam que houve uma vitória comum para todos – uma visão adotada por todos os líderes russos subsequentes. Abriu-se um desfiladeiro entre a visão pluralista de Gorbachev de uma Europa em que diferentes ordens sociais poderiam coexistir de forma amigável e o modelo de Bush de uma Europa unida em torno dos princípios do liberalismo e mercados concorrentes e, por fim, de uma ordem de segurança dominada pelos Estados Unidos. Essa divisão, mais tarde, destroçaria o continente.

A Primeira Guerra Fria terminou no espírito competitivo da Guerra Fria, o que, naturalmente, não era um fim. A luta assumiu um novo aspecto e foi conduzida por diferentes métodos, mas o resultado foi a perpetuação de uma paz negativa sob novas formas. Bush insistiu que "a Guerra Fria começou com a divisão da Europa. Ela só pode terminar quando a Europa estiver unificada". Ele repudiava a agenda transformadora e, ao contrário, desenvolvia um programa baseado na ampliação. A paz seria democrática liberal ou não haveria paz. No centro de sua visão estava a proposta para

> fortalecer e ampliar o processo de Helsinque na promoção de eleições livres e pluralismo político na Europa oriental. À medida que as forças da liberdade e democracia ascendiam no Oriente, o mesmo acontecia com nossas expectativas. E entrelaçar os frágeis fios da liberdade no Oriente exigirá muito das democracias ocidentais.[15]

Isso representava uma poderosa visão da unificação europeia, mas se baseava na extensão de uma ordem já existente muito mais que na transformação daquela ordem à luz de um contexto histórico transformado. A abordagem dialógica de Gorbachev foi rejeitada e, em vez dela, uma lógica expansionista foi aplicada, baseada na visão de que a história estava do lado do Ocidente, e tudo o que deveria ser feito agora era implementar um

---

15 Bush, George H.W. A Europe whole and free: remarks to the citizens in Mainz, 31 maio 1989. Disponível em: <http://usa.usembassy.de/etexts/ga6-890531.htm>.

modelo já experimentado. O "fim da história" impôs uma lógica que era tão implacável quanto a dialética marxista-leninista que substituía. As sementes de um novo conflito caíram em solo fértil.

À vitória

Poucos meses mais tarde os sistemas comunistas da Europa Oriental ruíram, e logo ficou evidente que o bloco soviético como um todo estava condenado. O aspecto coercitivo do acordo internacional pós-1945 Ialta--Potsdam foi rejeitado. A cúpula de Malta entre Bush e Gorbachev de 2-3 de dezembro de 1989 tentou dar um sentido a tudo isso. Concentrando-se no futuro das duas Alemanhas, a reunião representou não apenas uma "transição de poder", quando os Estados Unidos perceberam que a União Soviética não era mais um rival significativo, mas também uma mudança nos modelos da ordem mundial.[16] Bush e Scowcroft descrevem como eles planejaram encher Gorbachev de propostas para confundir a equipe soviética e transferir a iniciativa para o lado estadunidense. Com isso as ideias transformadoras de Gorbachev seriam marginalizadas.[17] Contudo, a contenção deu lugar para cooperação acompanhada da transformação da Otan em uma agência muito mais política e havia inclusive rumores de sua dissolução. A reunião de cúpula de Malta representa "o verdadeiro fim da Guerra Fria".[18] Questões centrais para a segurança foram tratadas, mas questões políticas também foram relevantes, incluindo um compromisso com "valores democráticos". À época, Gorbachev havia aceitado completamente tais valores, mas eles estavam embutidos em um sistema de poder expansivo liderado pelos Estados Unidos, um tema de preocupação crescente em Moscou.

À época isso se perdeu no tumultuado e urgente fluxo dos acontecimentos. Os antigos blocos políticos estavam se dissolvendo e parecia que tudo era possível. No entanto, um bloco se reconstituiu de maneira mais vigorosa. Em termos substantivos, Malta ofereceu um pouco mais que uma mudança no *status quo*.[19] A reunião foi seguida por discussões históricas se a Alemanha unificada ingressaria na Otan integral ou parcialmente, acompanhado

---

16 Refletido na transcrição dos debates, The Malta Summit and US-Soviet relations: testing the waters amidst stormy seas. New Insights from American Archives, s.d. Disponível em: <http://www.wilsoncenter.org/publication/the-malta-summit-and-us-soviet-relations-testing-the-waters-amidst- stormy-seas>.

17 Bush; Scowcroft, *World Transformed*, p.163-7.

18 Hill, *No Place for Russia: European Security Institutions since 1989* Nova York, p.39. Ver também: Service, *The End of the Cold War*, p.416-26.

19 Analisado por Garthoff, *The Great Transition: American-Soviet Relations and the End of the Cold War.*

por um persistente debate sobre a promessa dos líderes ocidentais de que a Otan não avançaria para além da Alemanha unificada, uma questão à qual retornaremos mais adiante. A promessa de 1989 para Gorbachev e depois para líderes russos foi uma lógica de poder completamente nova na Europa e no mundo. Aparentemente haveria uma oportunidade única de superar as formas específicas de enfrentamento da Guerra Fria e de transcender a lógica do conflito ideológico que havia dado origem e ele. A Europa se unificaria como uma comunidade política de nações livres baseada no internacionalismo soberano, transformando a política internacional para desenvolver o sistema da Carta e seus valores.

Bush tinha ideias um pouco distintas, clamando por uma "nova ordem mundial" em seu pronunciamento ao Congresso dos EUA de 11 de setembro de 1990. Ele enfatizou que não havia "substituto para a liderança do EUA". No contexto da crise provocada pela tomada do Kuwait por parte do Iraque no mês anterior, isso era compreensível, mas ele insistia que, mesmo em "tempos conturbados", uma

> Nova ordem mundial [...] pode surgir: uma nova era – mais livre da ameaça do terror, mais forte na busca por justiça e mais segura na busca pela paz. Uma era em que as nações do mundo, Oriente e Ocidente, Norte e Sul, podem prosperar e viver em harmonia. Centenas de gerações procuraram por esse caminho esquivo para a paz, enquanto milhares de guerras devastaram a trajetória da humanidade. Hoje um novo mundo está lutando para nascer, um mundo um tanto diferente daquele que conhecemos. Um mundo em que o Estado de direito suplanta a lei da selva. Um mundo em que nações reconhecem a responsabilidade compartilhada por liberdade e justiça.[20]

Essa era uma visão poderosa de um novo tipo de paz. Na primeira Guerra do Golfo os líderes estadunidenses e soviéticos se reuniram para reverter a ocupação de Saddam Hussein e a independência do Kuait foi restabelecida. Isso foi o internacionalismo soberano em ação, fundamentado na afirmação dos valores da Carta. Para Moscou (embora não sem divisões internas) isso foi um exemplo de gestão cooperativa de assuntos globais, mas para Washington a liderança dos EUA e sua necessidade foi reafirmada. A "nova ordem mundial" proposta por Bush "significou simplesmente que o antigo Ocidente se estenderia para todo o mundo".[21] A URSS e posteriormente a Rússia (e de fato a Europa) receberam um papel subordinado nesse sistema.

---

20 Bush, George H.W. Address Before a Joint Session of the Congress on the Persian Gulf Crisis and the Federal budget deficit, 11 set. 1990. Disponível em: <http://www.presidency.ucsb.edu/ws/?pid=18820>.

21 Zakaria, *The Post-American World*, p.35.

Quando uma promessa não é uma promessa

A questão da reunificação alemã rapidamente veio à tona. Na reunião com Gorbachev, em 9 de fevereiro de 1990, o secretário de Estado dos EUA James Baker levantou uma questão fundamental que provocou uma enxurrada de comentários. Ele perguntou:

> Você preferiria ver uma Alemanha unificada fora da Otan, independente e sem as forças dos EUA, ou você preferiria uma Alemanha unificada vinculada à Otan, com garantia de que a jurisdição da Otan se manteria em sua atual posição e não se moveria um centímetro em direção ao oriente?

Foi uma pergunta muito mais que uma promessa, e Gorbachev concordou que, naqueles termos, preferia a última opção, embora tenha insistido, "não é preciso dizer que uma ampliação da zona da Otan não é aceitável". Apesar de Baker ter apresentado a questão, era parte de uma enxurrada de ao menos trinta garantias de líderes ocidentais, incluindo o chanceler alemão Helmut Kohl, o ministro das Relações Exteriores alemão Hans-Dietrich Gernscher, o presidente da França François Mitterrand e a primeira-ministra britânica Margaret Thatcher, de que a Otan não iria além da Alemanha ampliada.[22] Gorbachev concordou com a fórmula dois mais quatro (as duas Alemanhas e as quatro potências aliadas, os EUA, Reino Unido, França e URSS) e, após intensas negociações, assentiu com a reunificação alemã em grande parte nos termos ocidentais. Aceitou a proposição ocidental que seria melhor ter toda a Alemanha na Otan do que uma Alemanha neutra fora dela. Mas as potências ocidentais haviam acordado que não haveria ampliação para além da Alemanha unificada?[23] Os aliados atlânticos temiam que uma Alemanha neutra significasse o fim da Otan. O acordo soviético de que uma Alemanha unificada seria parte da Otan representou uma importante vitória. Isso foi acompanhado por garantias verbais de que a aliança não avançaria em direção ao oriente para absorver os países do antigo Pacto de Varsóvia e que seria transformado para refletir o fim da Guerra Fria.[24] Contudo, não havia uma proibição clara para a Otan não adicionar novos membros.

---

22 Eles estão detalhados em Savranskaya, Svetlana; Blanton, Tom. NATO expansion: What Gorbachev heard, National Security Archive, George Washington University, 12 dez. 2017. Disponível em: <https://nsarchive.gwu.edu>, de onde as citações foram extraídas.

23 Ver Sarotte, *1989: The Struggle to Create Post-Cold War Europe*; Sarotte, Perpetuating US pre-eminence: the 1990 deals to "Bribe the Soviets Out" and move NATO in, *International Security*, 35/1, p.110-37; Sarotte, A broken promise? What the West really told Moscow about NATO expansion, *Foreign Affairs*, 93/5, p.90-7.

24 Como afirmado por Burns, *Back Channel*, p.55.

Segundo Mary Elise Sarotte, que escreveu uma obra importante sobre o tema, as promessas anteriores foram amenizadas pelo Tratado sobre a Regulamentação Definitiva da unificação alemã de 12 de setembro de 1990. Houve discussão sobre incluir uma estipulação de "nem um centímetro", mas o tratado, no fim, permitiu à Otan incorporar a Alemanha Oriental. A expansão nesse ponto ficou confinada à parte oriental da Alemanha unificada, mas a regulamentação não impediu uma ampliação posterior. Uma vez que o precedente da ampliação havia sido estabelecido, os EUA supunham que isso permitia uma expansão posterior, ao passo que Moscou assumiu a visão limitada de que o acordo se restringia à Alemanha.[25] Os defensores da expansão destacam que a promessa foi feita ao líder de um Estado extinto, logo não se aplicava mais. Contudo, Moscou ainda era Moscou, a capital do Estado continuador, Rússia, que assumiu o *status* legal da União Soviética. Não havia acordo formal proibindo expansões posteriores, ainda que em padrões normais uma promessa seja uma promessa e seja um exercício de má-fé sugerir o contrário.[26] A suposta traição envenenou as relações entre a Rússia e o Ocidente.

A decepção aparentemente foi estratégica e deliberada. Isso foi obscurecido pelo ritmo acelerado dos acontecimentos à época. A forma pela qual a promessa de não ampliação poderia se aplicar aos países que ainda eram parte do Pacto de Varsóvia colocou em dúvida o que Baker e outros líderes ocidentais tinham em mente.[27] Joshua Shifrinson argumenta que os líderes estadunidenses reiteradamente levantavam a questão da ampliação da Otan durante as negociações de unificação, prometendo a Moscou que haveria espaço para a União Soviética na nova arquitetura de segurança europeia. As garantias foram projetadas para explorar a fraqueza soviética e as fortalezas estadunidenses para garantir que os EUA teriam "carta branca na Europa após a unificação alemã – permitindo-lhe decidir se expandiria a presença estadunidense no continente e como o faria –, mesmo enquanto dizia aos líderes soviéticos que os seus interesses seriam respeitados". As garantias estadunidenses eram parte de um estratagema para fazer que Gorbachev endossasse a unificação, assim a expansão posterior poderia não ter violado o "espírito" dos acordos, uma vez que todo exercício foi conduzido no espírito da duplicidade. "Em uma declaração direta", Shifrinson conclui, "os Estados Unidos

---

25 Sarotte, *Not One Inch: America, Russia and the Making of Post-Cold War Stalemate.*

26 Conforme debatido por Shifrinson, Joshua R. Itzkowitz. Put it in writing: How the West broke its promises to Moscow, *Foreign Affairs*, 29 out. 2014. Disponível em: <www.foreignaffairs.com/articles/united-states/2014-10-29/put-it-writing/articles/united-states/2014-10-29/put-it-writing>.

27 Conforme nota Hill, "rios de tinta" têm sido derramados sobre o que precisamente foi prometido e ainda não há consenso com relação à questão: *No Place for Russia*, p.45. Para uma revisão desse assunto e a decisão de amplição, ver Stent, *Putin's World: Russia against the West and with the Rest*, p.113-21.

apresentaram um grande projeto cooperativo para a Europa pós-guerra em discussão com os soviéticos em 1990, embora criando um sistema dominado pelos Estados Unidos".[28]

Moscou estava sendo ludibriada nas negociações. A vitória tática abriu a porta para a ampliação da Otan, mas representava um deslize estratégico catastrófico. A oportunidade para criar uma ordem de segurança transformada, equitativa e durável, foi desperdiçada; ao contrário, a paz negativa frágil mais cedo ou mais tarde seria questionada. No fim, a revisão assumiu a forma mais catastrófica possível. Putin tem responsabilidade por ter puxado o gatilho em 24 de fevereiro de 2022 quando as forças russas invadiram a Ucrânia, mas a arma foi engatilhada pelo impasse de segurança europeu das três décadas anteriores.

A adesão de países do bloco soviético à Otan naquela época era praticamente inconcebível. Não obstante, Gorbachev tem responsabilidade no fracasso em garantir esse acordo por escrito e, com isso, abrir a porta para a ampliação do bloco em direção ao que mais tarde o secretário de Defesa Robert Gates chamou de "os subúrbios de Moscou". O Kremlin fracassou em negociar uma paz pós-Guerra Fria melhor porque os "líderes soviéticos abraçaram genuinamente ideias utópicas sobre uma nova e acolhedora comunidade europeia, não conseguindo conceber nenhuma alternativa", ainda mais com o colapso soviético logo depois.[29] O próprio Gorbachev fez afirmações contraditórias, reclamando ao jornal *Bild* em 2009 que o Ocidente havia pregado uma peça na Rússia: "Muitas pessoas no Ocidente estavam se regozijando e sentiam algo como a sensação de vitória, incluindo aqueles que haviam nos prometido 'Não avançaremos nem um centímetro a mais para o Oriente'". Contudo, em outubro de 2014, disse ao jornal *Kommersant* que em 1989-90 "o tópico da 'expansão da Otan' nunca havia sido discutido; não havia sido levantado naqueles anos. Estou dizendo isso com todo o senso de responsabilidade".[30] No entanto, vários líderes ocidentais prometeram que a Otan permaneceria, em boa medida, como havia sido formada historicamente, o que evidentemente implica uma não ampliação, embora isso não esteja formulado em termos formais em lugar nenhum. Tratou-se de um compromisso, mas não uma promessa formal.

---

28 Shifrinson, Deal or no deal?: The end of the Cold War and the U.S. offer to limit NATO expansion, *International Security*, 40/4, p.11. Shifrinson argumenta que o espírito do "acordo" foi violado, e ele está certo.

29 Essa é a visão de Fyodor Lukyanov em uma entrevista com Vladimir Pozner, Meduza, 26 jan. 2022. Disponível em: <https://www.1tv.ru/shows/pozner/vypuski/gost-fedor-lukyanov-pozner-vypusk-ot-24-01-2022>.

30 Eckel, Mike. Did the West promise Moscow that NATO would not expand?, *RFE/RL Russia Report*, 19 maio 2021. Disponível em: <https://www.rferl.org/a/nato-expansion- russia-mislead/31263602.html>.

O choque das novas ordens mundiais

Na reunião de cúpula de Malta, em 3 de dezembro de 1989, Bush e Gorbachev anunciaram que a Guerra Fria tinha terminado. Bush prometeu que os Estados Unidos não responderiam "com extravagância ou arrogância que pudesse complicar as relações com a URSS", em vez disso notou as oportunidades:

> Por quarenta anos, a aliança ocidental se manteve em defesa da liberdade e, agora, com a reforma que está ocorrendo na União Soviética, nos colocamos no limiar de uma nova era das relações entre EUA e URSS. E é nosso desejo – superar a divisão da Europa e o fim do confronto militar na região.[31]

Em julho de 1990, os líderes da Otan se reuniram em Londres e declararam:

> A Europa entrou em uma época nova e promissora. A Europa central e oriental está se libertando. A União Soviética iniciou uma longa jornada em direção a uma sociedade livre. Os muros que antes confinavam povos e ideias estão entrando em colapso. Os europeus estão determinando seu próprio destino. Eles estão escolhendo a liberdade. Eles estão escolhendo a liberdade econômica. Eles estão escolhendo a paz. Eles estão escolhendo uma Europa unificada e livre. Como consequência, essa aliança deve se adaptar e assim o fará.[32]

Naquele mesmo mês, os antigos inimigos chegaram a um acordo sobre a unificação da Alemanha. Há muito tempo presos em um confronto rígido e divididos pela cortina de ferro, a Europa estava mudando. Novas ideias e oportunidade de lideranças forneceram uma oportunidade única para a criação de uma ordem de paz positiva. Várias "novas guerras" dentro dos Estados e para além das fronteiras continuaram e a Ásia Ocidental permaneceu presa em conflito, mas as relações entre os Estados em âmbito global entraram em uma nova fase.[33] A política internacional parecia estar no limiar da transformação.

Contudo, dois modelos da ordem pós-Guerra Fria – internacionalismo soberano e o liberal (agora renomeado como hegemonia liberal) – estavam

---

31 The Malta Summit: Transcript of the Bush-Gorbachev News Conference at Malta, 3 dez. 1989, *Nova York Times*, 4 dez. 1989, p.A12. Disponível em: <https:// www.nytimes.com/1989/12/04/world/the-malta-summit-transcript-of-the-bush-gorbachev-news-conference-in-malta.html>.

32 *The London Declaration on a Transformed North Atlantic Alliance*, 6 jul. 1990. Disponível em: <https://www.cvce.eu/en/obj/the_london_declaration_on_a_transformed_ north_atlantic_alliance_6_july_1990-en-9c5fa86b-12a0-4f59-ad90- e69503ef6036.html>.

33 Kaldor, *New & Old Wars: Organized Violence in a Global Era*.

disponíveis, apresentados na linguagem atual como um "lar europeu comum" ou "Europa inteira e livre". Ambos aprofundavam os acordos pós-guerras e os princípios da Carta foram incorporados em vários documentos da época. No entanto, a contradição entre o declarado Direito soberano das nações em escolher seu próprio alinhamento com relação à segurança e a indivisibilidade da segurança estava presente nos documentos fundacionais daquilo que se tornaria a nova era, a Ata Final de Helsinque de agosto de 1975. Essa contradição foi, então, reiterada em todos os documentos fundamentais da época pós-Guerra Fria. A Carta de Paris para uma Nova Europa, adotada em 21 de novembro de 1990, anunciava "uma nova época de democracia, paz e unidade", enfatizando que "a Europa está se libertando de seu passado".[34] O foco estava no desafio temporal – superar o passado –, mas a nova ordem espacial moldou a lógica da ampliação. A tensão entre essas duas lógicas, cada uma delas racional em seus próprios termos, continha as sementes de conflitos posteriores.

À época havia "grandes esperanças" de um novo acordo de paz.[35] Em 1 de fevereiro de 1992, apenas um mês após o Estado russo independente ter formalmente nascido, Bush e Yeltsin assinaram a Declaração de Camp David anunciando que "Rússia e os Estados Unidos não se consideram mais adversários em potencial. De agora em diante, a relação será caracterizada pela amizade e parceria".[36] A Carta da Parceria e Amizade – EUA-Rússia assinada em Washington em 17 de junho de 1992 caracterizava a relação como uma "parceria estratégica". No entanto, isso entrava em contradição com os imperativos da política doméstica estadunidense. Em uma difícil luta pela reeleição naquele ano, em seu Pronunciamento sobre o Estado da União, em janeiro, Bush repudiou a noção de uma vitória comum e em vez disso argumentou, "A Guerra Fria não acabou; ela foi vencida".[37]

A linguagem de uma "parceria madura estratégica" pressupôs que de algum tipo de condomínio entre EUA e Rússia seria responsável por administrar conjuntamente os assuntos globais. Essa era, com certeza, a visão de Moscou. Como uma antiga superpotência dotada de um armamento nuclear à altura daquele dos EUA e como o "Estado continuador" herdando o assento permanente da União Soviética no Conselho de Segurança da ONU, bem como seus direitos e obrigações, havia terreno para tal crença.

---

34 *Charter of Paris for a New Europe.* Paris: CSCE, 1990. Disponível em: <https://www.oscepa.org/documents/all-documents/documents-1/historical-documents-1/673-1990-charter-of-paris-for-a-new-europe/file>.

35 Clark, *Post-Cold War Order*, prefácio e *passim*.

36 Wines, Bush and Yeltsin declare formal end to Cold War: agree to exchange Visits, *Nova York Times*, p.1; ver também Kozyrev, *The Firebird*, p.4.

37 Bush, George. H.W. State of the Union Address, 28 jan. 1992. Disponível em: <https://www.nytimes.com/1992/01/29/us/state-union-transcript-president-bush-s-address-state-union.html>.

Isso foi reforçado pelo crédito moral que Moscou acreditava ter ganhado por ter colocado um fim na Guerra Fria de forma voluntária e por ter desmantelado a "Rússia imperial". Contudo, tal crédito moral contava pouco na balança da política internacional. Em sua comum maneira não sentimental, Zbigniew Brzezinski, assessor de segurança nacional entre 1977 e 1981, criticou essas pretensões, argumentando que "era desprovido de realismo internacional ou doméstico". Os Estados Unidos "não estavam inclinados nem a dividir o poder global com a Rússia, nem poderiam fazê-lo, mesmo se tivessem tido vontade".[38] A nova Rússia estava muito fraca e diminuída para ser um parceiro real de Washington. Quando se tornou mais forte, era vista menos como um aliado e mais como um rival. A retórica da parceria permaneceu até 2012, embora a queda da Rússia no autoritarismo tenha tornado o país um colaborador menos atraente. A relação se tornou marcada pela hostilidade e confronto.

As antigas linhas de batalha foram restabelecidas pela Europa e moldaram a Segunda Guerra Fria global. Essa é a "paz perdida" a que nos referimos no título deste livro. Céticos argumentam que essas aspirações eram uma ilusão desde o início, reminiscências de antigas promessas de que uma nova era havia despontado. Quando os EUA entraram na Primeira Guerra Mundial em 1916, o presidente Wilson assegurou que essas era "a guerra para acabar com todas as guerras", mas pouco mais de duas décadas depois o mundo se viu envolvido em um novo conflito. Após a terrível devastação daquela guerra houve um novo compromisso após 1945 para criar um sistema internacional que pudesse evitar outra catástrofe, agravada pela sombra crescente de um apocalipse nuclear. O ano de 1989 trazia uma outra conjuntura como aquela, embora não houvesse inovação conceitual ou institucional. Ao contrário, os princípios e normas no coração do sistema criado em 1945 foram afirmados. Essa deveria ser a "nova ordem mundial" da qual tanto se falava naquela época.

No entanto, o sistema da Carta alimenta duas versões de uma ordem multilateral mais cooperativa. Após 1989, as duas novas ordens de paz estavam disponíveis, ambas desdobramento do acordo de 1945 e de acordos subsequentes, mas que enfatizavam aspectos diferentes. Ao mesmo tempo que os EUA e seus aliados destacavam o caráter "democrático" de um mundo pós-Guerra Fria, enfatizando o Estado de Direito, mercados competitivos e globalização, a Rússia olhava para o lado da soberania da equação e a autonomia que ela havia recentemente conquistado com o colapso da União Soviética. Isso colocou o internacionalismo democrático contra o soberano. Ambos aprofundavam o multilateralismo com base na Carta, mas um tinha como foco aplicar as regras universais e liberdades de

---

38 Brzezinski, *The Grand Chessboard: American Primacy and Its Geostrategic Imperatives*, p.100.

escolha, enquanto o outro alertava para a interferência em assuntos internos dos Estados e destacava a indivisibilidade da segurança. As formulações concorrentes estavam explícitas na Ata Final de Helsinque e na Carta de Paris. Os internacionalistas democratas insistiram no direito dos novos Estados pós-comunistas recém-libertados de escolher seus próprios aliados e seu sistema de aliança; ao passo que a Rússia insistia no princípio de que um Estado não deveria aprimorar sua segurança à custa de outro. Isso levantou, de forma inevitável, o espectro das antigas esferas de influência, dos Estados-tampão e da soberania limitada para países intermediários, ideias que haviam perdido credibilidade nas guerras do século XX. Moscou respondeu que o bloco político associado com o direito de escolha da filiação a um sistema de aliança reproduzia o pensamento da Guerra Fria e antigas hostilidades. As grandes esperanças foram frustradas.

3
Como a paz foi perdida

A vitória comum ao fim da Primeira Guerra Fria logo se dissolveu em interpretações conflituosas sobre qual tipo de paz emergiria. Isso também aconteceu depois da Segunda Guerra Mundial e, em ambos, os casos o resultado foi Guerra Fria. O sistema internacional estabelecido em 1945 fornece o marco geral para a política internacional, mas dentro de um sistema mais amplo foram criadas várias subordens. Até 1989 a União Soviética tinha seu próprio bloco de aliados, enquanto os Estados Unidos bancavam uma ordem liberal internacional combinando a aliança militar atlântica e um sistema econômico baseado em mercados abertos e interdependência econômica. Este era o Ocidente político, uma criação específica da era da Guerra Fria mas com raízes que remontavam pelo menos ao internacionalismo wilsoniano do período entreguerras. O colapso soviético abria, agora, oportunidades sem paralelo para o Ocidente político, que se as utilizasse com sabedoria e parcimônia poderia se tornar um pilar fundamental de uma ordem de paz positiva. Em vez disso, facções mais ambiciosas do Ocidente político (neoconservadores e intervencionistas liberais) se juntaram para afirmar a narrativa da vitória de um dos lados. A Guerra Fria foi perpetuada sob novas formas. Em retrospecto, o ano de 1989 não marca tal ruptura. Em vez de uma mudança transformadora voltada à "paz como um processo" dentro do marco do internacionalismo soberano, as práticas da Guerra Fria geraram uma paz negativa – uma paz definida como a expansão de uma ordem específica, muito mais que o fim de todas as subordens (blocos) em sua totalidade. O antipluralismo liberal do Ocidente político em expansão estava associado com liberdade política, mercados competitivos e o Estado de direito, mas também com um sistema de poder geopolítico focado nos EUA. Isso provocou a resistência de internacionalistas soberanos e de liberais da Carta. Um confronto histórico estava sendo preparado.

O arco da ambição

Quem definiria o caráter da paz? As duas ordens de paz disponíveis ao fim da Guerra Fria tinham a mesma raiz, mas projetos separados. Um clamava à universalidade por meio de sua institucionalização pelo sistema internacional da Carta, enquanto o outro procurava generalizar a experiência do Ocidente político como um modelo para seu sucesso no desenvolvimento político e econômico. O Ocidente político é a comunidade de segurança que se formou durante a Guerra Fria, mas representa apenas o componente mais recente e contingente do "Ocidente" como um todo. O Ocidente cultural remonta à Antiguidade, enquanto o Ocidente civilizacional exerceu o domínio global por 500 anos na era do imperialismo. O Ocidente político é um constructo geopolítico, embora não esteja limitado pela geografia à região do Atlântico e inclui a Ásia e outros aliados. Em seu núcleo está o sistema de poder estadunidense, que após 1989 acreditava que seu triunfo sobre o adversário soviético demonstrava a necessidade de difundir seu poder e valores globalmente. O projeto estava impregnado de arrogância e condenado não apenas ao fracasso, mas também a corroer os pilares do próprio Ocidente político.[1]

Essa consequência levou algum tempo para se manifestar. No início as duas ordens de paz – a da soberania internacional e a da hegemonia liberal – apareciam como compatíveis e até mesmo se reforçavam mutuamente. As duas tinham muito em comum, e foi sob essa base que as reformas de Gorbachev foram conduzidas. Ele acreditava que o comprometimento comum ao sistema da Carta permitiria que diferentes países e sistemas sociais poderiam não apenas coexistir, mas prosperar juntos. Teoricamente atrativa, ela não levou em conta o fato de que após 1945 os EUA tinham criado sua própria subordem dentro do sistema da Carta, assim como a União Soviética. Somente porque Moscou desistiu de seu próprio sistema, em boa medida pelo fato de a ordem não conseguir entregar os bens públicos que havia prometido, isso não queria dizer que Washington tinha de fazer o mesmo. De fato, o caos que acompanhou os anos finais da União Soviética e a desintegração do país em dezembro de 1991 apenas confirmou a superioridade do sistema liderado pelos EUA. A Rússia que surgiu dos escombros da URSS era uma potência significativamente reduzida e pôde se reafirmar só depois de uma década de muitas dificuldades.

1 Mearsheimer, Bound to fail: the rise and fall of the liberal international order, *International Security*, 43/4, p.7-50.

Os EUA e seus aliados europeus triunfaram, mas a vitória plantou as sementes da arrogância.[2] Poder e valores eram reforçados mutuamente, com ideias de liberdade, democracia e mercados abertos reforçados por um sistema de segurança dominante. O pacote se mostrou irresistível ao outro lado da antiga "cortina de ferro". A ordem de paz liberal após 1989 se expandiu ideológica e politicamente e depois militarmente para o Oriente. Emergindo de seu longo mergulho no projeto comunista soviético, a Rússia também procurou se tornar parte da paz liberal, mas desenvolveu suas próprias ideias sobre como a nova paz deveria ser moldada. Era uma potência muito enfraquecida, mas insistiu à época (e depois com um vigor crescente) em um modelo de paz que se referenciava muito mais no internacionalismo soberano do que no liberal. Moscou argumentava que o sistema internacional da Carta não era propriedade de um único Estado ou de uma constelação deles, por mais atraentes e bem-sucedidos que fossem, mas era patrimônio de toda a humanidade. A imparcialidade e a universalidade dos princípios embutidos na Carta da ONU e o corpo de leis humanitárias internacionais desenvolvidas a partir dela foram afirmados. Essa perspectiva mais tarde se tornou a base do neorrevisionismo russo: condenar a suposta usurpação de princípios universais por um sistema de poder particular enquanto afirma uma lealdade duradoura ao próprio sistema da Carta. Essa tentativa de longo prazo para tecer o fio da resistência ao Ocidente político ao mesmo tempo que apelava a um universalismo do internacionalismo da Carta não conseguiu encontrar uma formulação política efetiva no curto prazo.

O Novo Pensamento Político concebia um novo tipo de política internacional, mas as realidades da potência falaram mais alto à medida que a União Soviética se desintegrava. O confronto armado em outubro de 1993 entre Yeltsin e o parlamento foi seguido da imposição de uma Constituição hiperpresidencial em dezembro daquele ano. A guerra brutal na Chechênia a partir de dezembro de 1994 expôs a fraqueza das forças armadas russas e o caráter rudimentar de sua política. A Rússia mal podia ser considerada equivalente à União Soviética, muito menos comparável ao Ocidente político, o que explica a postura paternalista e depreciativa adotada por este. O país se tornou o Estado continuador e assumiu o assento permanente da URSS no Conselho de Segurança da ONU, bem como suas obrigações legais e financeiras. Embora contasse com armas nucleares, sua reivindicação de *status* de grande potência carecia da musculatura econômica e política de sua antecessora.

O unilateralismo da ordem de paz liberal foi condenado por usurpar as prerrogativas do sistema da Carta. A credibilidade da crítica foi minada pela brutalidade com a qual Moscou conduziu as duas guerras da

2 Ikenberry, *Liberal Leviathan: The Origins, Crisis, and Transformation of the American World Order*, p.70.

Chechênia (1994-96, 1999-2002), o caos doméstico e a desordem nos anos 1990 seguido por um autoritarismo crescente a partir de 2000. A transição ao mercado levou ao empobrecimento, acompanhado por uma repetida perda das economias das pessoas (1992 e 1998). A pobreza, insegurança, criminalidade e corrupção se tornavam mais bruscas devido à ascensão das oligarquias – indivíduos que se aproveitavam de sua proximidade com o governo para construir impérios de negócio baseados na apropriação dos antigos bens soviéticos. As aspirações democráticas de 1991 foram ainda mais subvertidas quando, em 1996, Yeltsin se candidatou à reeleição. À época ele estava fisicamente debilitado, mas após uma feroz campanha (apoiada financeiramente pelos oligarcas e por tecnólogos eleitorais estadunidenses) ele foi devidamente reeleito.[3] Yeltsin criticou repetidamente a arbitrariedade estadunidense e se opôs à ampliação da Otan, mas o então presidente dos EUA Bill Clinton entendeu que deveria ser mais maleável que seu adversário comunista. Apesar das dificuldades, no fim dos 1990, os rudimentos de uma economia de mercado haviam sido estabelecidos. Em 2000, a Rússia desfrutou de um crescimento econômico sem precedentes de 7% anuais à medida que se beneficiava do aumento global nos preços das *commodities* alimentado pela demanda insaciável da China. O *boom* terminou com a crise financeira global de 2008-9 e, a partir daí, o crescimento da Rússia nunca voltou aos níveis anteriores, indicando a necessidade de um paradigma econômico menos estatista. Isso envolveu reformas estruturais, algo que Putin se recusava a assumir uma vez que isso inevitavelmente desafiaria o seu modelo de democracia guiada. A política externa russa se desenvolveu nas sombras de sua realidade. Pelas três décadas seguintes, a política transitava entre aquiescência e resistência, mas com o passar do tempo a cooperação deu lugar a um conflito enraizado. A transição relativamente pacífica do regime soviético para o russo perpetuou a geopolítica tradicional e impulsos estatistas. A cultura estratégica é formada por uma preocupação predominante com a segurança derivada da posição geográfica vulnerável do país em uma vasta planície com poucas fronteiras estáveis e defensáveis, algo que naturalmente demanda cuidado mais elevado em países sem proteção por oceanos e vizinhos amigáveis. A Rússia havia sido invadida repetidamente a partir do Ocidente (Polônia, Suécia, França, duas vezes pela Alemanha, além da intervenção dos Aliados durante a Guerra Civil de 1918-20), somado a vários conflitos por procuração durante a Guerra Fria. As estruturas da elite soviética foram herdadas quase em sua totalidade, sobretudo na segurança e nas Forças Armadas, garantindo alto grau de continuidade com as tradições anteriores. A transformação doméstica não se tornou um projeto de

---

3 Connell, Seth. Flashback: Time Magazine Brags about US Interfering in Russian Election, *Federalist Papers*, 17 jul. 2017. Disponível em: <https://thefederalistpapers.org/us/time-magazine-interfered-russia>.

paz próprio, em vez disso as preocupações com a segurança foram predominantes. Um regime administrativo consolidou seu poder ao se apresentar como defensor do Estado, mas, ao fazê-lo, minou a autonomia dos procedimentos e regras constitucionais. A democracia foi cada vez mais dirigida, enquanto o Estado de Direito deu lugar ao uso instrumental do Direito para alcançar os objetivos do regime. A consolidação do autoritarismo doméstico reforçou a desconfiança exterior.

Reféns da geopolítica

Os EUA se deleitaram com o tipo de domínio que nunca haviam desfrutado antes. Em 1945 os EUA eram de longe o Estado mais poderoso, mas foram desafiados pela União Soviética e, após 1949, pela China e pelo mundo comunista. O comunismo como uma ideologia e sua manifestação geopolítica na Europa agora se dissolviam, e a democracia liberal parecia ser a onda do futuro. A literatura democratizante da época estava repleta de uma visão linear da história na qual cedo ou tarde todos os países acabariam como democracias. Havia muita discussão sobre as melhores organizações institucionais para alcançar a transição, somada a uma literatura sobre as vantagens de economias abertas em vez do desenvolvimento econômico dirigido pelo Estado. Tratava-se de questões importantes e os argumentos em favor da democracia e de mercados competitivos eram bem elaborados e conservam sua relevância ainda hoje. Contudo, a prática da democracia se mostrou muito mais complicada do que o imaginado.

Na Rússia, a preocupação com o *status* e o anseio em ser reconhecida como grande potência de primeiro escalão nunca foram abandonados. Stephen Kotkin argumenta que a geopolítica vai predominar até que os

> governantes russos façam a escolha estratégica de abandonar a impossível jornada em se tornar uma grande potência igual à do Ocidente e, em vez disso, escolher conviver com ela e se concentrar no desenvolvimento interno da Rússia.[4]

Em termos estritamente pragmáticos, o argumento está correto – a resistência em expandir o Ocidente político perpetuou comportamentos da Guerra Fria. Dessa perspectiva, a ideia de algum tipo de parceria substantiva entre o Ocidente e a Rússia não era muito mais que uma "miragem".[5]

---

4 Kotkin, The Cold War never ended: Ukraine, the China challenge, and the revival of the West, *Foreign Affairs*, 101/3, p.67. Ver também o seu Russia's perpetual geopolitics: Putin returns to the Historical pattern, *Foreign Affairs*, 95/3, p.2-9.

5 Wohlforth; Zubok, An abiding antagonism: realism, idealism, and the mirage of Western – Russian Partnership after the Cold War, *International Politics*, 54/4, p.405-19.

Se os líderes, de Gorbachev a Putin, houvessem aceitado que tinham perdido a Guerra Fria, então nada poderia impedir a Rússia de se incorporar ao Ocidente gozando de seus benefícios. O preço teria sido o *status* reduzido de uma grande potência legada, como França, Alemanha ou Japão.

Três fatores impediram a Rússia de consentir dessa maneira. Primeiro, a perspectiva gorbacheviana afirmou que os princípios universais incorporados no sistema internacional da Carta forneciam o enquadramento para algum tipo de paz positiva, em que a Rússia se tornaria parte de uma comunidade europeia transformada. Em outras palavras, a resistência estava ideológica e normativamente fundamentada, imbuindo a liderança russa nesse sentimento de que estavam com a moral elevada. Desse ponto de vista, a demonização crescente pelo Ocidente não fazia sentido; era, como o Kremlin argumentava repetidamente, o Ocidente político que estava agindo como uma potência revisionista em seus ataques unilaterais à Sérvia, Iraque e Líbia, ao passo que a intervenção da Rússia, como na Síria em agosto de 2015, ocorreu sob a solicitação da liderança de Damasco. Segundo, mesmo quando a Rússia tentou ingressar nas instituições do Ocidente político, principalmente a Otan e a União Europeia, não foi aceita. A Rússia não era como os outros países pós-comunistas, seu tamanho, suas tradições e potência significavam que Moscou exigiria um papel de liderança que as potências ocidentais, sobretudo Washington, não desejavam conceder. Em parte, isso foi motivado pelo terceiro fator, o fato de a Rússia não ter se submetido a uma transformação democrática como exigido pela aliança atlântica. A democracia russa nos anos 1990 era brutal e impiedosa, mas existia. O modelo de Putin de "democracia soberana" corroeu muitos dos ganhos anteriores tais como eleições concorrenciais, responsabilidade executiva e relativa independência jurídica.

Augúrios de um novo conflito estavam presentes desde o início. Os críticos do novo pensamento político aceitaram alguns de seus postulados, incluindo a necessidade de acabar gradualmente com a Guerra Fria em condições de uma relativa estagnação econômica e concorrência com a China, mas rejeitaram o que acreditavam ser uma visão ingênua da possibilidade de alguma harmonia essencial entre a URSS e os Estados ocidentais. Gorbachev foi condenado por abrir mão das conquistas duramente obtidas pelo regime soviético, e antes disso do império russo, em troca de ganhos insignificantes, se é que houve algum. O retrato geral foi bem apresentado por Jack Matlock, embaixador dos EUA na URSS de 1987 a 1991, que trabalhou muito próximo ao presidente Ronald Reagan e a Gorbachev para pôr fim à Guerra Fria. Ele nota como "mitos e falsas ideologias" levaram os EUA a se desviar:

> Em vez de trabalhar para criar uma ordem internacional que tratasse as questões mais importantes para sua própria segurança – uma ordem em que poder e

> responsabilidade fossem compartilhados, conflitos locais fossem contidos e armas de destruição em massa fossem colocadas sob um controle confiável – os Estados Unidos permitiram se distrair. Envolveram suas forças militares em lutas pouco relevantes para o bem-estar estadunidense [...]. A decisão do governo Clinton em expandir a Otan para o Oriente em vez de estabelecer um acordo cooperativo com a Rússia para garantir a segurança europeia minou as perspectivas de democracia na Rússia.[6]

Apesar de várias declarações de amizade, permaneceu o enquadramento institucional e ideológico de uma paz negativa. O espectro da Guerra Fria não havia sido enterrado e ainda assombrava os bastidores. Moscou chegou à visão de que um novo tipo de "paz dos vencedores" havia sido imposto, assim como a Alemanha após 1918 (*Das Diktat*), espalhando novamente a "síndrome de Versalhes" de ressentimento e senso de traição. Assim como os setores da sociedade alemã pós-guerra acreditavam que o armistício de novembro de 1918 representava uma traição, parte da elite russa alimentava rancores latentes. O Ocidente político permaneceu praticamente o mesmo que havia sido durante a Guerra Fria e se expandiu para o Oriente, invadindo aquilo que a Rússia considerava sua esfera de segurança, ou até de interesse. Nada que se aproximasse a "um lar europeu comum" havia sido estabelecido, em vez disso novas linhas divisórias surgiram à medida que os Estados do Leste Europeu ingressaram no Ocidente em expansão.

A ordem mundial ao avesso

John Ikenberry argumenta que a ordem liberal pós-guerra não começou como uma ordem global, mas foi criada "dentro" de metade do sistema bipolar, parte de um "projeto geopolítico maior de travar uma Guerra Fria global". Suas instituições e compromissos eram, portanto, parte do desenvolvimento do que chamamos de "Ocidente político", uma combinação única de poder e normas vinculadas à ascensão dos EUA como uma potência global. Ikenberry levanta uma questão crucial: "Quando a Guerra Fria terminou, a ordem interna se tornou a ordem externa". O colapso soviético removeu a outra metade do sistema bipolar e permitiu que o internacionalismo liberal se globalizasse: "a ordem estadunidense se expandiu para fora".[7] Uma subordem projetada para lutar a Guerra Fria agora reivindicava ser um sistema em si. Isso trouxe à luz a "grande substituição", com consequências fatais para a política internacional pós-Guerra Fria e para o próprio

---

6 Matlock, *Super-Power Illusions: How Myths and False Ideologies Led America Astray – and How to Return to Reality*, p.xi.

7 Ikenberry, *World Safe for Democracy*, p.257. Para uma versão mais ampliada do argumento, ver Ikenberry, The end of liberal international order?, *International Affairs*, 94/1, p.7-23.

internacionalismo liberal. Isso significava que o poder e as normas passavam a ser intrinsecamente ligados, relegando o internacionalismo soberano a segundo plano em favor do democratismo – a aplicação instrumental da promoção de democracia para atingir objetivos geopolíticos. Isso não significa que a luta por democracia, dignidade humana e governos constitucionais – o núcleo dos princípios do internacionalismo da Carta – se tornou menos importante, mas estava, agora, intrinsecamente ligada às considerações sobre o poder estadunidense.[8] Alinhamentos contra-hegemônicos procuram devolver o *status* de "interno" à ordem internacional baseada nas regras regidas pelos EUA: como uma subordem entre outras, subordinada aos imperativos do sistema da Carta e seu correlato liberalismo.

O aparente triunfo do Ocidente político e a ausência de alternativas ideológicas e geopolíticas radicalizaram a hegemonia estadunidense. Sem ser contida por seu caráter "interno", procurou se tornar a totalidade do "externo". Charles Krauthammer expressou a perspectiva neoconservadora em seu discurso de 18 de setembro de 1990, posteriormente publicado como "O momento unipolar", que tratava da primazia estadunidense. Ele rejeitou de forma concisa a visão de que a estrutura bipolar da Guerra Fria daria lugar à multipolaridade, em vez disso argumentava que os EUA haviam se tornado a superpotência inquestionável.[9] Segundo David Calleo, aquela foi uma proposição "revolucionária", uma vez que um mundo dominado por uma única superpotência "significaria [...] pela primeira vez na história moderna um mundo sem um equilíbrio geral de poder".[10] Se a multipolaridade é derivada apenas da distribuição das capacidades materiais, então a primazia dos EUA era inquestionável. Uma década depois, Krauthammer argumentava que ele havia sido muito modesto em propor um "momento unipolar": na verdade tratava-se de uma "era unipolar".[11] Na prática, essa "era" terminou com a Rússia e a China contestando a primazia dos EUA, inaugurando algo similar à multipolaridade, enquanto a polarização política doméstica minou a confiança das ambições hegemônicas no exterior.[12] Segundo Calleo, os EUA "demoraram a ver, muito menos a aceitar, o que para muitos parece ser um futuro desejável mais provável – um mundo plural com vários centros de poder".[13]

---

8 Sakwa, The perils of democratism, *Polis: Political Studies*, n.2, p.88-102.

9 Krauthammer, The unipolar moment, *Foreign Affairs*, 70/1, p.23-33.

10 Calleo, *Follies of Power: America's Unipolar Fantasy*, p.4.

11 Krauthammer, The unipolar moment revisited, *National Interest*, 70, p.17.

12 Como previsto por Layne, The unipolar illusion: why great powers will arise, *International Security*, 17/4, p.5-51; e para uma análise posterior, ver o seu The unipolar illusion revisited: the coming end of the United States' unipolar moment, *International Security*, 31/2, p.7-41.

13 Calleo, *Follies of Power*, p.4.

Krauthammer rejeitou "o discurso piedoso sobre um novo mundo multilateral e a promessa da ONU como garantidora de uma nova ordem pós-Guerra Fria".[14] Em vez disso, segundo ele:

> A estabilidade internacional nunca está dada. Nunca é a norma. Quando alcançada, é o produto de uma ação autoconsciente de grandes potências, e em especial das maiores potências, que agora e num futuro próximo são os Estados Unidos. Se os EUA querem estabilidade, vão ter de criá-la. O comunismo de fato acabou; a última das crenças messiânicas que assombraram esse século está praticamente morta. Mas constantemente haverá novas ameaças perturbando nossa paz.[15]

As ameaças que ele identificou incluem a proliferação de armas de destruição em massa (WMD, na sigla em inglês) e o surgimento de Estados pária, como o Iraque, Coreia do Norte e Líbia. Sua conclusão foi inequívoca:

> a alternativa à unipolaridade [...] não é um mundo multipolar estático e estável. Não é um mundo do século XVIII em que as potências maduras como a Europa, Rússia, China, América e Japão disputam no jogo das nações. A alternativa à unipolaridade é o caos.[16]

Essa é uma representação crua da paz hegemônica. Somente uma potência dominante pode impor ordem na política internacional, e a alternativa não é um multilateralismo genuíno dentro da estrutura da multipolaridade, mas sim a anarquia.

Uma década depois, ele voltou à questão, mas agora falando do surgimento da resistência à unipolaridade estadunidense. Nos anos 1990, "era principalmente a China e a Rússia que denunciavam a unipolaridade em seus eventuais comunicados conjuntos", mas nos 2000 o coro incluía até a França.[17] O ministro das Relações Exteriores Hubert Védrine popularizou o termo *hyperpuissance* (hiperpotência) para descrever um Estado que supera todos os outros nos domínios militar e cultural.[18] Krauthammer rejeitou críticas da tese unipolar e concordou com a formulação fornecida pelo secretário de Defesa na gestão de George W. Bush (2001-9), Donald Rumsfeld, que argumentava durante a "guerra ao terror" e a invasão ao Afeganistão em 2001 que "a missão determina a coalizão".[19] Krauthammer foi contundente

---

14 Krauthammer, Unipolar moment, p.25.
15 Ibid., p.29.
16 Ibid., p.32.
17 Ibid., p.7.
18 To Paris, US looks like a "hyperpower", *New York Times*, 5 fev. 1999. Disponível em: <https://www.nytimes.com/1999/02/05/news/to-paris-us-looks-like-a-hyper-power.html>.
19 Krauthammer, Unipolar moment revisited, p.10.

em sua crítica à escola internacionalista liberal que acredita no multilateralismo como núcleo da política estadunidense. Em vez disso, ele enfatizava que o multilateralismo e o sistema de alianças tinham o objetivo de garantir que os aliados não seguiriam seu próprio caminho e deixariam os EUA "isolados", e assim estavam subordinados aos objetivos estratégicos dos EUA. Nas palavras de Krauthammer, isso estava "a serviço de uma visão mais ampla: refazer o sistema internacional à imagem de uma sociedade civil doméstica" – o objetivo do internacionalismo democrático. No que toca aos neoconservadores e aos intervencionistas liberais mais assertivos, isso às vezes deveria ser alcançado pela força das armas.[20] Essa ambição era impressionante:

> O imperativo multilateralista procura estabelecer uma ordem internacional baseada não na soberania e no poder, mas na interdependência, uma nova ordem que, como disse o secretário de Estado Cordell Hull ao retornar da conferência de Moscou em 1943, abole a necessidade de "esferas de influência, de alianças, de equilíbrio de poder".

Krauthammer, ao contrário, afirmava as prerrogativas do Estado-nação e condenava o internacionalismo liberal por tentar "por meio do multilateralismo transcender os poderes políticos, limitar os interesses nacionais e, por fim, o Estado-nação em si". Internacionalistas liberais viam o Estado-nação "como um tipo de resíduo de um passado anárquico, uma afronta à visão de uma arena internacional domesticada".[21]

Rússia, China e mesmo a França poderiam se solidarizar com sua defesa da política de grande potência e oposição à corrosão da soberania nacional, mas a rejeição brutal ao multilateralismo expôs o caráter dual da liderança estadunidense pós-guerra. Os princípios e instituições do sistema internacional da Carta eram dispensáveis quando se chocavam com os interesses nacionais dos EUA. Krauthammer enfatizava que os internacionalistas liberais, sobretudo na Europa, procuravam envolver os EUA em uma "teia emaranhada de interdependência", e rejeitava o princípio liberal do "mundialismo de bom grado" representado pelos acordos de "papel" em favor da realidade do "poder".[22] O objetivo era evidente:

> [o] foco principal é manter a estabilidade e a relativa tranquilidade do sistema internacional atual reforçando, mantendo e estendendo a paz em curso. A forma do realismo que estou defendendo – chamado de novo unilateralismo – é evidente em sua

20 Rieff, *At the Point of a Gun: Democratic Dreams and Armed Intervention.*
21 Krauthammer, Unipolar moment revisited, p.12.
22 Ibid., p.13.

determinação em empregar de forma autoconsciente e com confiança o poder estadunidense na perseguição desses fins globais.[23]

O "novo unilateralismo" requer "explícita e desavergonhadamente [...] manter a unipolaridade para sustentar o domínio sem concorrentes dos EUA num futuro próximo".[24] Em outras palavras, o momento unipolar dos anos 1990 devia se tornar permanente. O ataque da Al-Qaeda às Torres Gêmeas em Nova York e no Pentágono em Washington de 11 de setembro de 2001 (11/9) destruíram algumas das ilusões, que desapareceram completamente quando ocorreu a invasão anglo-estadunidense do Iraque em março de 2003, apesar da ausência de uma autorização da ONU, desencadeando anos de caos e destruição na região. Segundo Slavoj Žižek, na "nova ordem mundial" que surgiu após o 11/9, "os EUA basicamente descartaram o resto do mundo como um parceiro confiável". O objetivo final não era "mais a utopia de Fukuyama de expandir a democracia liberal universal, mas a transformação dos EUA em [...] uma superpotência solitária isolada do resto do mundo" para proteger sua segurança e seus interesses econômicos.[25] Isso respondia à questão de Krauthammer sobre o que deveria ser feito "se o Conselho de Segurança se recusasse a dar apoio". A resposta era simples: faça sozinho. Essa era a "grande substituição" na prática, em que os EUA se arrogavam o direito de se colocar acima da legislação nacional e das restrições do sistema internacional pós-1945. Isso exige uma afirmação inegociável do princípio do "direito à escolha", minando, assim, a "indivisibilidade" da segurança europeia.

Paradoxos da ampliação

Os acontecimentos de 1989 foram significativos, mas não estabeleceram uma ruptura decisiva com o padrão de política estabelecida em 1945. O marco institucional permaneceu o mesmo, ou seja, o sistema internacional da Carta; e o marco dominante da política internacional também persistiu, a luta entre a afirmação da potência hegemônica representada pelos EUA e seus aliados contra a resistência de outras supostas grandes potências. As nações não alinhadas permaneceram às margens, embora eventualmente explorassem as divisões. Essa continuidade mais profunda também permeou as políticas de todos os presidentes estadunidenses pós-Guerra Fria, operando dentro do mesmo conjunto de restrições estruturais. As preferências individuais importam e os estilos diferem, mas todos perpetuaram

23 Ibid., p.14.
24 Ibid., p.17.
25 Žižek, *Iraq: The Borrowed Kettle*, p.5-6.

de forma geral a luta da Guerra Fria pela preeminência dos EUA dentro do Ocidente político ao mesmo tempo que continha os adversários em potencial. O colapso da União Soviética mudou a retórica, ainda que reforçando padrões duradouros. A URSS pode ter desaparecido, mas a estrutura institucional da Guerra Fria permaneceu.[26] A ampliação da Otan ao Oriente se tornou parte integrante do projeto de paz do Ocidente político e foi considerada "um meio para acabar com a Guerra Fria de uma vez por todas".[27] Na prática, a apenas acelerou a nova Guerra Fria e colidiu com a visão alternativa da Rússia de como a paz deveria ser organizada. Em um caso clássico de como a tragédia é encenada na vida, o choque das ordens de paz gerou guerra.

O confronto pós-guerra não era uma "uma guerra propriamente dita", logo a paz que se seguiu não era uma "paz propriamente dita".[28] Essa é a paz negativa, como definido anteriormente. A Primeira Guerra Fria foi acompanhada de várias guerras por procuração pontuadas por momentos de trégua. A ausência de meios reais para transcender o conflito significava que eram apenas momentos passageiros, e não culminações. No que toca à Washington, a *détente* em inícios dos anos 1970 foi uma "manobra tática" e não representou uma "mudança estratégica permanente na relação EUA-URSS".[29] A mesma lógica aplicada, por fim, no período pós-1989 em que a linguagem da reconciliação não conseguiu transcender a lógica da contestação. Após 1989 nenhuma conferência de paz substantiva foi organizada, em vez disso, as instituições e as práticas da Guerra Fria assumiram novas formas, acompanhadas nos primeiros anos por vibrantes declarações de parcerias estratégicas e novas ordens de paz. A chocante incompatibilidade de perspectivas logo se tornou aparente. As ambições expansionistas das potências do Atlântico encontraram resistência dos Estados que defendiam interpretações tradicionais do internacionalismo soberano. O impasse estratégico da Primeira Guerra Fria foi reproduzido sob novas formas, dando lugar à paz fria. Assim como nos anos entreguerras, isso foi tão somente a paz negativa de um armistício.

Esse foi o contexto em que a Otan se ampliou. Havia e ainda há uma demanda genuína para Estados candidatos, gerados por uma amarga experiência de subjugamento pela URSS/Rússia, assim como o caráter incompleto e contestado de uma paz negativa. Essa demanda foi ainda mais motivada pelo crescente dilema da segurança. Fazia sentido para países inseguros ingressar em uma aliança que havia demonstrado força e viabilidade.

26 Lynch, *In the Shadow of the Cold War: American Foreign Policy from George Bush Sr. to Donald Trump*, p.9.
27 Lynch, *Shadow of the Cold War*, p.83.
28 Clark, *Post-Cold War Order*, p.4, 7.
29 Bush; Scowcroft, *World Transformed*, p.12.

Contudo, isso não seria de graça. Sem qualquer tipo de compromisso de segurança abrangente, a expansão alienou a Rússia e gerou uma paz fria que se converteu em uma nova Guerra Fria. O universalismo da ordem de paz da Carta entrou em nítida contradição com o sistema de poder do Atlântico, que passou a se autodenominar "ordem baseada em regras". A segurança indivisível prometida da primeira colidiu com a exclusividade desta última. A lógica dessa hierarquia foi questionada por Gorbachev e o Novo Pensamento Político, e foi sobre essa base que a Rússia se opôs de forma consistente à ampliação da Otan.

Após a morte de Gorbachev em agosto de 2022, ele foi celebrado no Ocidente como o homem que acabou com a Guerra Fria e liderou o colapso relativamente pacífico da União Soviética. Contudo, o outro lado de seu legado foi esquecido: sua condenação da política externa dos EUA, particularmente com relação à Rússia, e sua visão de que as tomadas de decisão em Washington desestabilizaram o sistema internacional. Às vésperas da Guerra da Ucrânia, ele criticou o "clima de triunfo no Ocidente, sobretudo nos EUA", após a desintegração da URSS: "Eles se tornaram arrogantes e autoconfiantes. Declararam a vitória na Guerra Fria". O resultado, ele afirmou em outro lugar, foi a reivindicação dos EUA para monopolizar a liderança em assuntos mundiais. O fim da Guerra Fria foi equiparado ao colapso da União Soviética, quando de fato o conflito havia terminado dois anos antes.[30] A arrogância provocou conflitos, que, no fim, prejudicaram a segurança de todos.

Para Bush pai e seus conselheiros, a Otan não era apenas uma aliança militar, mas "o veículo primeiro para o contínuo envolvimento dos EUA na Europa [...] a emergente identidade europeia de segurança seria coordenada com a subordinação à Otan".[31] Contra expectativas realistas, a aliança da Otan sobreviveu e se tornou a pedra angular da primazia ocidental. Na falta de uma ameaça unificadora, a teoria do equilíbrio de poder previa o rompimento das alianças da Guerra Fria. O Pacto de Varsóvia havia sido criado em maio de 1955 em resposta à adesão da Alemanha Ocidental à Otan, mas mal sobreviveu à unificação alemã em outubro de 1990. A Alemanha Oriental imediatamente recuou e, em uma reunião na Hungria em fevereiro de 1991, os seus outros membros declararam o fim da aliança. A Organização do Tratado de Varsóvia acabou formalmente em 1° de julho, com o seu fim, o decano do neorrealismo, Kenneth Waltz, previu repetidamente o desmembramento proporcional da Otan. Ele anteviu que os EUA recuariam para se

30 Marcetic, Branko. Ignoring Gorbachev's Warnings, *Current Affairs*, 7 set. 2022. Disponível em: <https://www.currentaffairs.org/2022/09/ignoring-gorbachevs-warnings>. O artigo fornece um compêndio de referências em que Gorbachev condena as ambições exageradas da política externa dos EUA e da ampliação da Otan.

31 Hill, *No Place for Russia*, p.60, 65.

tornar um fiel da balança externa – intervindo como a Grã-Bretanha fazia anteriormente em assuntos regionais se uma potência ameaçasse se tornar tão forte a ponto de colocar em risco a segurança dos outros.[32] Ao contrário, os EUA permaneceram comprometidos a suas alianças regionais. Do mesmo modo, o muito antecipado equilíbrio contra a potência estadunidense foi bastante adiado e se constituiu muito mais como um alinhamento informal do que como uma contra aliança. Pelo menos nesse aspecto, a Segunda Guerra Fria difere – até agora – da primeira.

O correlato lógico do novo pensamento era o pancontinentalismo. A repartição do território acordada na conferência de Ialta em fevereiro de 1945 foi confirmada pela Ata Final de Helsinque, mas ao mesmo tempo a lógica de Ialta – em que o destino de pequenas potências e cidadãos era ditado pelas grandes potências – foi superada. Isso lançou um processo de toda Europa com o potencial de fundar uma ordem de segurança pós-Guerra Fria. A CSCE de dezembro de 1994 em Budapeste se transformou na Organização para a Segurança e Cooperação na Europa (OSCE), embora mantivesse elementos de sua estrutura de conferência. A Rússia esperava transformar a OSCE em uma organização de segurança genuinamente abrangente e inclusiva, rival à Otan, acompanhada da criação de algum tipo de conselho de segurança. Os membros da OSCE são considerados iguais e a organização funciona por consenso. Ela serve como um modelo da abordagem transformadora desenvolvida por Gorbachev e por outros líderes russos após ele, mas também serve como um caso exemplar de resistência a mudanças radicais. A lógica era impecável. No fim das contas, a democracia ocidental havia triunfado e sua aliança militar resistiu ao desafio soviético. Por que Bruxelas, a capital da União Europeia e da Otan, deveria "perder a centralidade" por uma formulação tão vaga como "um lar comum europeu" ou por um corpo amorfo como a OSCE?

O fim da União Soviética promoveu a visão de que a estratégia de contenção militar e política de longo prazo da Otan havia sido responsável. O inimigo colapsou e os Estados sucessores imploraram para ingressar na aliança opositora. Isso certamente pareceu uma vitória, mas isso sempre foi algo enganoso. O fim pacífico da Guerra Fria havia sido alcançado devido a algumas escolhas corajosas das lideranças, mas sempre foi algo frágil. O discurso de "vitória" prejudicava a conquista que ele celebrava. A vitória substantiva – o fim da Guerra Fria – seria desperdiçada a não ser que fosse formalizada em acordos e instituições vinculantes. Ao contrário, a ordem de segurança do Ocidente foi consolidada em uma base seletiva e exclusiva. A visão gaullista de que a expansão da Otan poderia prejudicar a segurança

32 Waltz, The emerging structure of international politics, *International Security*, 18/2, p.75-6; idem, Structural realism after the Cold War, *International Security*, 25/1, p.19.

europeia foi ignorada. Em vez disso, o internacionalismo hegemonizado pelos EUA predominou sem deixar "lugar para a Rússia":

> nem a Rússia, nem as principais potências europeias, nem os EUA foram bem-sucedidos desde 1989 em definir um lugar para a Rússia na arquitetura de segurança europeia ou euro-atlântica, ou em integrar a Rússia nas principais instituições de segurança europeias.[33]

Na subsequente Guerra Fria mimética, as concepções opostas da ordem internacional europeia colidiram.[34]

A expansão da Otan

Houve conquistas substantivas no estabelecimento de uma nova ordem de paz no fim da Guerra Fria, mas a tensão entre a transformação e ampliação alimentou conflitos que no fim provocaram a Segunda Guerra Fria. As potências atlânticas tomaram o caminho da expansão, mas o potencial para transformação se tornou parte da mitologia da política externa russa. Ela recorreu à universalidade da Carta contra a ampliação da hegemonia liberal.

No início a Rússia não foi excluída da Otan. Quando em dezembro de 1991 a Otan criou o Conselho de Cooperação do Atlântico Norte (NACC) como um fórum para diálogo e cooperação com os antigos adversários da Otan, os membros do Pacto de Varsóvia, Yeltsin redigiu uma carta expondo sua posição. Argumentou que a transição da Rússia para democracia estabelecia uma nova relação baseada na confiança mútua e em valores comuns, e concluía: "Hoje não pedimos a adesão da Rússia à Otan, mas consideramos isso como nosso objetivo político de longo prazo".[35] Yeltsin procurava aderir ao que ele chamava de "comunidade civilizada" das nações, "seu termo para os países pacíficos e economicamente desenvolvidos do Ocidente".[36] A questão óbvia então surgiu: e se a transição democrática russa falhasse – qual seria então a relação? Mesmo antes disso, o primeiro-ministro do Exterior pós-comunista da Rússia, Andrei Kozyrev, fornece exemplos vívidos de como a preocupação com uma Rússia ostensivamente democrática, mas fraca, era ignorada. Ele recorda uma reunião ministerial da CSCE em 1992 em que a Rússia sequer foi mencionada. A questão foi o conflito Nagorno-Karabakh entre o Azerbaijão e a Armênia e o papel das forças de

---

33 Hill, *No Place for Russia*, p.3.

34 Sakwa, The Cold Peace: Russo-Western relations as a mimetic Cold War, *Cambridge Review of International Affairs*, 26/1, p.203-24.

35 Kozyrev, *Firebird*, p.63.

36 Ibid., p.136.

manutenção da paz, um assunto central para a Moscou. Kozyrev reclamava com os ministros ocidentais, argumentando que eles "deveriam estar acima de tal traição". Alertou que "tentativas de isolar a Rússia serviriam apenas os interesses dos imperialistas russos, que questionavam a política de parceria com o Ocidente".[37] Ele deu voz ao medo perene de que caso o Ocidente não acolhesse as preocupações da liderança existente no Kremlin, acabaria enfrentando uma alternativa nacionalista muito mais agressiva.

Um dos "imperialistas" em questão era o veterano diplomata e acadêmico soviético Yevgeny Primakov, que sucedeu Kozyrev como ministro do Exterior em janeiro de 1996. Primakov argumentava "que os interesses nacionais básicos da Rússia permaneciam os mesmos de antes" e, com isso, rejeitava a noção de Kozyrev de "reinventar" as "interações [russas] com o Ocidente e o Oriente".[38] O acadêmico Sergei Karaganov argumentava que a Rússia tinha de evitar repetir os erros de Gorbachev e precisava "agir e pensar de maneira sistemática". Alertava que "os pontos fracos da atual formulação de políticas não devem ser mal utilizados pelo mundo externo para exacerbar o sentimento de fraqueza nacional e humilhação dentro da Rússia", e identificaram uma crescente "síndrome de Versalhes" entre a população.[39] Kozyrev, ao contrário, tentou persuadir Yeltsin a "parar de jogar partidas de hegemonia global à moda antiga" e focar no "trabalho árduo de construir confiança e parcerias práticas com o Ocidente".[40] Essa era uma estratégia admirável, mas expôs Kozyrev à crítica (tal como Gorbachev antes) de que isso deixava Moscou numa posição de um suplicante. Como ele logo aprenderia, "jogos de hegemonia" e "confiança" eram um assunto de mão dupla. Tradicionalistas como Primakov argumentavam que não fazia muito sentido desistir de relações de longo prazo para agradar ao Ocidente sem qualquer garantia de benefício além do que consideravam o duvidoso privilégio de se tornar um parceiro secundário de Washington.[41]

A agenda de ampliação da Otan moldou a relação da presidência de Bill Clinton (1993-2001) e a dos seus sucessores com a Rússia até Donald Trump interromper a narrativa. Clinton delegou a responsabilidade sobre a Rússia ao vice-presidente Al Gore, ao vice-secretário de Estado Strobe Talbott e ao funcionário do Departamento do Tesouro Lawrence Summers.[42] Juntos formularam políticas que moldaram as reformas econômicas da Rússia

37 Ibid., p.93.

38 Ibid., p.123.

39 Karaganov, *Russia: The New Foreign Policy and Security Agenda*, p.8.

40 Kozyrev, *Firebird*, p.130.

41 Primakov, *A World Challenged*.

42 Lozansky, The roots of US-Russia crisis that could lead us to WWIII, *Washington Times*, 28 out. 2020. Disponível em: <https://www.washingtontimes. com/news/2020/oct/28/roots-us-russia-crisis-could-lead-us-wwiii-can- doo/>.

nos anos 1990, condenadas, à época e depois, como um ato de irresponsabilidade injustificada que desencadeou uma das mais profundas crises econômicas e sociais na história, acompanhada pela criação de uma classe de oligarcas que capturaram partes do Estado.[43] A restauração de Putin é fundada na narrativa da exclusão das tomadas de decisão global e os terríveis anos 1990.[44] O dano político causado à confiança necessária para as relações internacionais cooperativas é um legado duradouro, intensificada pela questão primordial da ampliação da Otan. Esta lançou a Parceira pela Paz (PfP) em 1994 como uma série de acordos bilaterais com diferentes países em que eles escolhiam o nível e a intensidade da cooperação. Yeltsin acreditava que a PfP agiria com a alternativa à ampliação, mas quando se tornou evidente que não seria isso, sentiu-se traído. A gestão Clinton passou a colocar a questão sobre a ampliação da Otan não em termos de possibilidades, mas sim de prazo.[45] Para os críticos, ao ratificar a PfP, a Rússia legitimou a existência contínua da Otan.[46]

Clinton e Yeltsin gozavam de uma forte relação pessoal, abrindo espaço para a dupla "Bill e Boris", mas Clinton sempre esteve de olho em seu público interno. No fim, "a subordinação da política externa às fortunas oscilantes da política interna o impediu de ser o tipo de amigo consequente que o presidente Yeltsin necessitava desesperadamente".[47] Foi oferecida à Rússia uma "cartilha" de conselhos sobre o básico da economia de mercado, quando o que aquele país necessitava era de uma assistência prática.[48] Pior ainda, o apoio financeiro estadunidense era escasso e a assistência prática se resumiu a conselhos que apenas intensificaram os problemas econômicos e a injustiça social, tudo isso "acompanhado por destaques autoelogiosos sobre a vitória na Guerra Fria", uma visão que foi explorada pelos tradicionalistas para argumentar que a Rússia estava sendo tratada "não como um parceiro igual na construção de um novo mundo, mas como um inimigo derrotado que havia de se submeter às intenções do vencedor".[49] Isso ficou bastante evidente nos Balcãs, onde Lord David Owen ressalta que as propostas da Rússia para regular a crise da Bósnia foram aniquiladas, "porque

43 Para uma crítica devastadora, ver Cohen, *Failed Crusade: America and the Tragedy of Post-Communist Russia*.

44 Sharafutdinova, *The Red Mirror: Putin's Leadership and Russia's Insecure Identity*.

45 Goldgeier, *Not Whether but When: The US Decision to Enlarge NATO*. Ver também Goldgeier; McFaul, *Power and Purpose: US Policy toward Russia after the Cold War*.

46 A opinião do general coronel da reserva Leonid Ivashov, entrevistado por Yevgeny Senshin, One year ago, I warned that invading Ukraine will hurt Russia, Republic.ru, 9 fev. 2023, MEMRI *Special Dispatch*, n.10489, 14 fev. 2023. Disponível em: <https://www.memri.org/reports/retired-russian-colonel-general-ivashov-one-year-ago-i-warned-invading-ukraine-will-hurt>.

47 Kozyrev, *Firebird*, p.192.

48 Ibid., p.193.

49 Ibid., p.197.

foi uma iniciativa russa, e eles [os estadunidenses] desconfiavam que havia motivações russas".[50] Kozyrev insistiu que, "sendo uma grande potência, a Rússia precisava de um lugar visível nos assuntos mundiais".[51] De acordo com ele, a visão conservadora em Moscou era a de que os EUA "sempre discriminariam a Rússia, independente das reformas que realizasse ou de quantas concessões fizesse na política externa".[52] O próprio Kozyrev fornece muitas evidências para justificar seu ponto de vista.

Os EUA bloquearam as tentativas russas de aprimorar a CSCE, e Yeltsin também se sentiu enganado por Clinton nesse episódio.[53] É por isso que na cúpula de dezembro de 1994, Yeltsin alertou que se a Otan fosse se sobrepor a todas as organizações e fosse ampliar sua adesão, "a nova Europa seria jogada novamente, se não na Guerra Fria, em uma paz fria".[54] Kozyrev acreditava que "nenhum novo membro deveria ser aceito até que a Rússia e a Otan desenvolvessem uma parceria firme ou uma aliança mútua melhor".[55] A sensação de desapontamento, até de traição, em Moscou era palpável. Yeltsin foi irredutível quando disse a Clinton: "Para mim, concordar com a expansão das fronteiras da Otan até a Rússia constituiria uma traição de minha parte ao povo russo". A conversa foi gravada por William Burns, conselheiro político da embaixada estadunidense em Moscou à época. Logo depois disso, ele relatou a Washington que a "hostilidade à expansão anterior da Otan é sentida quase universalmente por todo o espectro político aqui".[56]

Brzezinski, um defensor apaixonado da ampliação da Otan, compreendia as implicações de repartir a segurança europeia, contrária às promessas de "indivisibilidade" na Ata Final de Helsinque, na Carta de Paris e em vários outros textos. Ele argumentava que deveria ter sido oferecido à Rússia um "negócio irrecusável", ou seja, "uma relação especial de cooperação com a Otan".[57] Sua ideia era "criar um novo sistema transcontinental de segurança coletiva que fosse além da expansão formal da Otan".[58] Isso teria sido uma expressão genuína da "parceria madura" e teria amenizado o sentimento de exclusão de Moscou. A questão também é levantada por Burns, que observava a "crescente preocupação russa sobre a expansão da Otan". Ele, um dos diplomatas mais capazes de sua geração, pedia "cautela" e argumentava:

---

50 Citado por Kozyrev, *Firebird*, p.200.

51 Kozyrev, *Firebird*, p.201.

52 Ibid., p.205.

53 Ibid., p.201.

54 O discurso é resumido por Kozyrev, *Firebird*, p.283. Para o ponto de vista dele, ver Kozyrev, Partnership or Cold Peace?, *Foreign Policy*, n.99, p.3-14.

55 Kozyrev, *Firebird*, p.271.

56 Burns, *Back Channel*, p.108.

57 Brzezinski, *Grand Chessboard*, p.101.

58 Brzezinski, A plan for Europe, *Foreign Affairs*, 74/1, p.35.

> Antes de se pensar seriamente em estender ofertas de adesão formal à Otan para Polônia e outros Estados da Europa central, recomendamos considerar outras formas de cooperação com os antigos membros do Pacto de Varsóvia e talvez um novo "tratado de relacionamento" entre a Otan e a Rússia.[59]

Em um telegrama um mês após a visita de Clinton a Moscou em maio de 1995, Burns observou que

> em nenhum lugar as sensibilidades russas sobre ser excluída ou aproveitada são mais acentuadas do que na questão geral da segurança europeia. Há um sólido consenso na elite russa de que a expansão da Otan é uma má ideia, ponto final.[60]

William J. Perry, que posteriormente se tornou secretário de Defesa, estava preocupado com o fato de que

> a ampliação formal da Otan minaria as esperanças de uma parceria mais duradoura com a Rússia, prejudicando os reformadores que veriam isso como um voto de desconfiança em seus esforços, uma proteção contra o provável fracasso da reforma.[61]

Como mais tarde ressalta, ele se opunha à expansão não apenas pelos efeitos danosos nas relações entre Rússia e EUA, mas também pelo que representava: "um fracasso generalizado por parte dos governos ocidentais em respeitar a importância vital dessa potência nuclear para a ordem mundial". Antes da ampliação, as duas nações estavam desenvolvendo "uma relação que poderia ter resultado em uma verdadeira parceria global", mas à medida que aquela ganhava corpo, a "Rússia começou a se retirar de seus programas cooperativos com a Otan". O pior é que era desnecessário um novo confronto, pois, em sua opinião, "não havia nenhuma razão orgânica para a Rússia ser nossa inimiga".[62]

Apesar dos alertas, depois da reeleição de Yeltsin em junho-julho de 1996 e do retorno de Clinton à Casa Branca em novembro daquele ano, a ampliação da Otan tornou-se a prioridade da agenda. O comitê estadunidense para expansão da aliança, dirigido por Bruce P. Jackson, diretor do Planejamento Estratégico para Lockheed, assumiu a liderança na mobilização política e no apoio corporativo para a tarefa.[63] A rota estava definida e a assinatura

59 Burns, *Back Channel*, p.92.
60 Ibid., p.105.
61 Ibid., p.107.
62 Perry, William J. How the US lost Russia – and how we can restore relations, *Outrider*, 5 set. 2022. Disponível em: <https://outrider.org/nuclear-weapons/articles/how-us-lost-russia-and-how-we-can-restore-relations>.
63 Gerth, Jeff; Weiner, Tim. Arms makers see bonanza in selling NATO expansion, *New York Times*, 29 jun. 1997. Disponível em: <https://www.nytimes. com/1997/06/29/world/

da Ata Fundacional de Relações Mútuas Otan-Rússia, em maio de 1997, ao lado da criação de um Conselho Conjunto Permanente (PJC), administrou muito mais os sintomas do que o problema em si. Ao assinar a Ata Fundacional, a Rússia de fato pavimentou o caminho para a ampliação da Otan. A histórica Cúpula da Otan de Madri em julho fez os primeiros convites. O artigo 10 do Tratado do Atlântico Norte estabelece que a adesão está aberta a qualquer "Estado europeu em posição de aprofundar os princípios deste Tratado e contribuir para a segurança da área do Atlântico Norte". Em 1949 havia doze membros fundadores, Grécia e Turquia ingressaram em 1952, Alemanha Ocidental em 1955, Espanha em 1982 e agora os portões estavam abertos para os Estados antes comunistas. A República Tcheca, Hungria e Polônia ingressaram na primeira onda em março de 1999, tendo como pano de fundo o bombardeio da Otan na Sérvia, em que cerca de 500 civis foram mortos. A criação do Conselho Rússia-Otan (NRC) em maio de 2002 ainda foi outra tentativa de mitigar as preocupações russas, mas embora Moscou possa ter ganho voz, lhe faltava cada vez mais uma participação no sistema de segurança centrado nos EUA. Apesar das declarações de parceria, a segurança europeia foi cada vez mais construída contra a Rússia, e não com ela. Quatro ondas posteriores de expansão se seguiram: o alargamento "*big bang*" de 2004 incorporou Bulgária, Estônia, Letônia, Lituânia, Romênia, Eslováquia; Eslovênia, Albânia e Croácia ingressaram em 2009; Montenegro em 2017; e Macedônia do Norte em 2020, chegando a um total de 30. Em resposta à invasão russa da Ucrânia em 2022, Finlândia e Suécia fizeram seu pedido de adesão.

Várias alternativas haviam sido discutidas, incluindo um tratado especial de aliança. Ao contrário, as adesões dobraram e a paz fria se tornou uma realidade. Não obstante o PJC de 1997 e o NRC de 2002,

> os russos amargaram seu ressentimento e sua sensação de desvantagem, uma tempestade crescente de teorias de "traição" foi lentamente se formando deixando uma marca nas relações da Rússia com o Ocidente que perduraria por décadas.[64]

Burns considerava a ampliação da Otan "na melhor das hipóteses prematura e, na pior, desnecessariamente provocadora".[65] A versão russa da síndrome de Versalhes alimentou a crença de que as potências ocidentais haviam traído Moscou, valendo-se da fraqueza do país para se expandir apesar das garantias de que não o fariam e em oposição ao espírito da ordem de paz cooperativa antecipada no fim da Guerra Fria. Karaganov

---

arms-makers-see-bonanza-in-selling-nato-expan sion.html>.

64 Burns, *Back Channel*, p.109.

65 Ibid., p.110.

argumentava que a ordem de paz pós-1989 foi construída contra a Rússia: "Tentamos nos integrar nela, mas vimos que era um sistema de Versalhes número 2".[66] Moscou acreditava que a ideia cooperativa nunca ganhou uma forma institucional. Como tanto Brzezinski quanto Burns destacaram, se a expansão da Otan houvesse sido mediada por algum tipo de enquadramento pancontinental, tanto as arestas com a Rússia quanto uma nova guerra europeia poderiam ter sido evitadas.

Sarotte segue a mesma argumentação ao afirmar que a "própria expansão era uma resposta justificável à geopolítica dos anos 1990", mas "a expansão da aliança sem levar em consideração a realidade geopolítica foi imprudente". Quanto mais a Otan movia sua infraestrutura – incluindo bases, tropas e mesmo armamento nuclear – para arredores de Moscou, "maior o custo político para as recentes relações cooperativas com a Rússia".[67] As duas realidades eram importantes. A primeira é que não haveria liderança compartilhada na Otan, uma questão que também afeta a França e outros países que aspiram à própria liderança, assim como os mais recentes esforços da União Europeia por uma "autonomia estratégica". Os EUA certamente não estavam dispostos a conceder a uma Rússia caótica e enfraquecida o poder de veto sobre questões de segurança europeia, algo que não queriam conceder nem mesmo a seus aliados; ainda mais porque a Rússia não reconhecia a necessidade de uma presença política e militar estadunidense duradoura na Europa. Segundo, os EUA estavam comprometidos em manter o amplo sistema euro-atlântico e se isso significasse sacrificar uma melhor relação com a Rússia "o primeiro tem prioridade incomparavelmente maior para os EUA".[68] Essas prioridades foram aplicadas na gestão de vários conflitos na antiga Iugoslávia e em assuntos globais de forma mais geral. Isso alimentou a "difundida decepção com as consequências do fim da Guerra Fria. Em vez de uma 'nova ordem mundial' baseada no consenso e harmonia, 'coisas que pareciam pertencer ao passado' de repente haviam se tornado o futuro".[69] A oportunidade para uma reconciliação genuína foi destruída e a paz foi perdida.

---

66 Fubini, Federico. Sergey Karaganov: we are at war with the West. The European security order is illegitimate, *Corriere della Sera*, 8 abr. 2022. Disponível em: <https://www.corriere.it/economia/aziende/22_aprile_08/we-are-at-war-with-the-west-the-european-security-order-is-illegitimate-c6b9fa5a-b6b7-11ec- b39d-8a197cc9b19a.shtml>.

67 Sarotte, Containment beyond the Cold War: how Washington lost the post-Soviet peace, *Foreign Affairs*, 100/6, p.23.

68 Brzezinski, *Grand Chessboard*, p.201.

69 Ibid., p.213.

4
O CAMINHO PARA GUERRA

Em 1998 o acadêmico russo Sergei Kortunov defendia que a Guerra Fria não havia acabado. Em defesa de seu ponto de vista, que era chocante à época mas algum tempo depois se tornou lugar comum, argumentava que Moscou venceu a Segunda Guerra Mundial "como a Grande Rússia, não como um Império Vermelho". Ele alegava que, após 1945, nem a União Soviética, nem Stalin tinham quaisquer ambições que não a recuperação, mas o Ocidente rejeitou toda as tentativas de Moscou de amenizar o conflito e a luta seguiu, não mais centrada em Berlim, mas sim em Washington. Assim, consentir que o Ocidente havia estado "certo" durante a Guerra Fria significava não apenas "a renúncia ao comunismo", mas a aceitação da "falácia de toda a ideia histórica russa – de toda a ideia ortodoxa russa na história". Significaria aceitar a visão do Ocidente sobre a Rússia, de que se tratava de um "império do mal", ou mesmo a visão um tanto extrema de Brzezinski da Rússia como um "país redundante". Kortunov lamentou o fato de que "a maior parte dos democratas" na Rússia não negou a "derrota" da Rússia na Guerra Fria, fechando os olhos à "luta implacável do Ocidente contra nossa antiga pátria, Rússia-URSS, e que destruímos o 'império do mal' apenas com nossos próprios esforços". A Rússia estava "lutando" contra a URSS ao lado do Ocidente e somente após o colapso soviético em 1991 que de fato alguns russos reconheceram que estavam ajudando o Ocidente a perseguir uma estratégia antirrussa em vez de uma estratégia antissoviética.[1]

---

1 Kortunov, Is the Cold War really over?, *International Affairs*, Moscow, 44/5, p.141-54; resumido por Goble, Cold War continued, *The New Presence*, p.6.

Desse ponto de vista, a Guerra Fria só acabaria quando o Ocidente aceitasse a legitimidade russa como uma moral igual. O questionamento sobre o caráter da "vitória" no fim da Guerra Fria, e a quem ela de fato pertencia, forjou uma narrativa nacional de um erro a ser corrigido.

A lógica do conflito

O fator de "atração" no processo de ampliação da Otan foi crucial e se intensificou na ausência de qualquer alternativa convincente. Os países e alguns Estados do antigo bloco soviético procuraram ingressar na aliança para garantir sua segurança e para se proteger de um potencial ressurgimento do imperialismo russo. Algo compreensível dada a história do conflito na região e a experiência da dominação soviética. Um exemplo disso é Václav Havel, o dramaturgo que se tornou o último presidente da Tchecoslováquia e cumpriu mandato presidencial na República Tcheca de 1993 a 2003. A princípio era cético com relação à ampliação da Otan, acreditando que uma genuína ordem de paz pós-Guerra Fria tornasse tais alianças redundantes. Isso estava alinhado com o conceito de lar comum europeu e representava a transformação que Gorbachev aspirava. Essa visão do pancontinentalismo europeu marginalizou os EUA e um modelo de paz da "Europa inteira e livre" passou a predominar. Já em março de 1991, Havel mencionava a insegurança como a base para a expansão das instituições ocidentais:

> É do interesse do próprio Ocidente buscar a integração da Europa oriental e central na família da democracia europeia, porque caso contrário arrisca-se a criar uma zona de desesperança, instabilidade e caos, que ameaçaria a Europa Ocidental tanto quanto as divisões de tanques do Pacto de Varsóvia no passado.[2]

Ele estava certo, mas a integração somente mais tarde passou a significar a ampliação da Otan.

A ambiguidade sobre o que precisamente foi prometido à época da unificação alemã gera um debate contínuo. Robert Gates, então diretor da CIA à época, depois argumentou que "Gorbachev e outros foram levados a acreditar que [a expansão] não aconteceria".[3] O último comentário de Gorbachev sobre a questão foi contraditório, mas na essência ele era inequívoco:

> A decisão dos EUA e de seus aliados em expandir a Otan para o Oriente foi tomada de maneira decisiva em 1993. Eu chamei isso de um grande erro desde o

2 *The Independent*, 21 mar. 1991, p.11. In: D'Anieri, *Ukraine and Russia: From Civilized Divorce to Uncivil War*, p.59.

3 Savranskaya; Blanton, NATO expansion.

começo. Definitivamente foi uma violação do espírito das declarações e garantias feitas a nós em 1990.[4]

A ampliação foi condenada em Moscou e por algumas figuras importantes de Washington. Em fevereiro de 1997, George Kennan fez um alerta profético e contundente:

> Por que, com todas as possibilidades esperançosas gestadas pelo fim da Guerra Fria, as relações Oriente-Ocidente deveriam se tornar centradas na questão de quem seria aliado de quem e, consequentemente, contra quem, em um muito improvável conflito militar futuro, extravagante e completamente imprevisível? [...] de maneira direta [...] expandir a Otan seria o erro mais fatal da política estadunidense de toda a era pós-Guerra Fria. Pode-se esperar que tal decisão inflame as tendências nacionalistas, antiocidentais e militares da opinião russa; que tenha um efeito adverso no desenvolvimento da democracia russa; que remonte a atmosfera da Guerra Fria nas relações Oriente-Ocidente, e que impila a política exterior russa em uma direção que definitivamente não é da nossa preferência.[5]

Um grupo de 50 políticos estadunidenses de todo o espectro político condenou a expansão da Otan como "um erro político de proporções históricas".[6] Essa não foi a primeira vez que profissionais experientes fizeram alertas com relação à expansão da Otan ao oriente. Em maio de 1995, um grupo alertou que:

> [essa política] arriscava prejudicar a viabilidade de longo prazo da Otan, exacerbando significativamente a instabilidade que agora existe na zona que fica entre Alemanha e Rússia, e convencendo a maior parte dos russos que os Estados Unidos e o Ocidente [estavam] tentando isolá-los, cercá-los e subordiná-los, e não integrá-los em um novo sistema europeu de segurança coletiva.[7]

A ampliação foi contestada por membros do *establishment* dos EUA com "credenciais impecáveis da Guerra Fria", incluindo Paul Nitze, um defensor de ações militares de longa data, Sam Nunn, um influente linha dura no Congresso, senador Daniel Patrichk Moynihan, um ex-embaixador na

---

4 Gorbachev, Mikhail. I am against all walls, *Russia beyond the Headlines*, 16 out. 2014. Disponível em: <https://www.rbth.com/international/2014/10/16/mikhail_ gorbachev_i_ am_against_all_walls_40673.html>.

5 Kennan, A fateful error, *New York Times*, 5 fev. 1997, p.A23.

6 Former policy-makers voice concern over NATO expansion, *Global Beat*, 26 jun. 1997. A carta e o comentário estão disponíveis em: <https://www. armscontrol.org/act/1997-06/ arms-control-today/opposition-nato-expansion>.

7 MccGwire, NATO expansion: "a policy error of Historic importance", *Review of International Studies*, 24/1, p.23-42; reimpresso em *International Affairs*, 84/6, p.1282-301.

ONU, e até Richard Pipes, um historiador de Harvard antirrusso. Todos argumentavam que a expansão envenenaria as relações com a Rússia e impulsionariam forças de linha dura e reacionárias lá.[8] Mais tarde, Kennan chamou isso de "erro trágico", alertando, durante o processo de ratificação pelo Congresso, que "as referências à Rússia como um país ávido por atacar a Europa Ocidental" eram equivocadas:

> As pessoas não compreendem? Nossas diferenças na Guerra Fria eram com o regime comunista soviético. E agora estamos dando nossas costas ao próprio povo, que organizou a maior revolução na história sem uma gota de sangue para remover aquele regime soviético.[9]

Ele alertou que cedo ou tarde a Rússia responderia. Novamente, estava certo. Gorbachev fez coro à condenação geral da ampliação da Otan, argumentando que era desnecessário e desestabilizador. Em um discurso em Washington, em 1997, ressaltava: "Eu acredito que isso é um erro. É um grande erro", e acrescentava, "não estou convencido das promessas que escutamos de que a Rússia não tem nada com o que se preocupar". Gorbachev alertava sobre uma reação violenta em Moscou e via a expansão como uma tentativa de se criar um novo império. Retomando 2021, ele destacava que "tivemos dez anos, após a Guerra Fria, para construir uma nova ordem mundial, mas os desperdiçamos" porque "os Estados Unidos não podem tolerar que ninguém aja de forma independente".[10] À época ele criticava o caminho autoritário na política interna, mas com relação à política exterior ele estava de acordo com Putin. Em 2016, ele afirmou que "uma Ucrânia democrática e não alinhada é do interesse do povo ucraniano" e pediu que a neutralidade fosse consagrada na Constituição ucraniana. Em vez disso, em 2019 a futura entrada na Otan foi inscrita na Carta Magna. Tudo isso representou uma traição da perspectiva multilateral de Gorbachev, na qual a expansão da Otan e "sua transformação de uma aliança defensiva a um veículo para força militar proativa" representou "um golpe em uma ordem mundial emergente na qual os problemas seriam resolvidos por meio da legislação internacional, diplomacia e instituições como a Organização das Nações Unidas". Como ele colocou em 2011, a expansão da Otan a fronteiras russas ao mesmo tempo que se apresentava com uma "polícia pan-europeia ou mesmo global [...] usurpou as funções da ONU e, com isso, a

---

8 Menon, Rajan. The strategic blunder that led to today's conflict in Ukraine, *The Nation*, 10 fev. 2022. Disponível em: <https://www.thenation.com/article/world/ nato-clinton-ukraine-russia/>.

9 Friedman, Thomas. Foreign Affairs; now a word from X, *New York Times*, 2 mai. 1998.

10 Marcetic, Ignoring Gorbachev's warnings.

enfraqueceu".[11] Essa é uma reafirmação eloquente do argumento da grande substituição delineado neste livro.

A ampliação da Otan expôs a contradição entre as duas ordens de paz e é a expressão mais concentrada daquela tensão. No fim, ambas se mostraram insuficientes. O modelo baseado na soberania do Estado protegida pelo sistema internacional da Carta não bastava a menos que fosse reforçado por alguma estrutura específica e pelo compromisso das grandes potências com seus direitos humanos e normas legais. A PfP combinada com a OSCE poderia ter preenchido a lacuna da segurança, mas em vez disso a expansão da Otan se tornou o prato principal do menu. A Carta de Paris proclamava o direito de todos os Estados a escolher seus próprios acordos de segurança, e os Estados do Leste Europeu, agora, procuravam exercer essa prerrogativa. A Carta também destacava a indivisibilidade da segurança, portanto a ampliação inevitavelmente promovia um conflito com a Rússia. A ampliação gerou precisamente ameaças à segurança que tentava evitar. Cada um dos países do Leste Europeu poderia ter aumentado sua proteção ao se aliar com Estados de posição similar na Otan se colocando, formalmente, sob o guarda-chuva protetor dos EUA, mas a ampliação contribuiu para uma degradação coletiva de longo prazo da segurança europeia. A defesa coletiva prejudicou a segurança comum.

Os arquitetos da ampliação eram bem conscientes desse problema. Embora desdenhassem das preocupações que eram despertadas, procuraram amenizar os medos russos. Considerando que a Otan era uma aliança defensiva, a Rússia não tinha com o que se preocupar. Havia pouco compromisso com o núcleo do argumento russo – que a segurança europeia deveria ser indivisível e inclusiva, embora medidas paliativas fossem tomadas. Algumas das preocupações de Moscou podem ter sido egoístas e autoglorificantes, sobretudo quando afetaram a segurança dos vizinhos, ainda que, em última instância, a própria Rússia, e não o Ocidente, decidiria sobre o que ameaçava sua segurança. Logo, Moscou recorreu, repetidamente, à outra metade da Carta de Paris, que defendia que a segurança de um Estado não deve ser feita em detrimento da de outro. Os proponentes da ampliação da Otan acreditavam que os dois princípios poderiam ser aplicados simultaneamente, uma vez que não havia intenção de excluir a Rússia por completo. Contudo, o princípio da ampliação não seria revisto, e sim moderado por acordos especiais. Assim, a Ata Fundadora Otan-Rússia de maio de 1997 colocou a Rússia formalmente em conselhos de aliança pela primeira vez, sob a forma do Conselho Conjunto Permanente, acompanhado por uma proibição da mobilização permanente de forças da Otan nos novos Estados

11 Ibid.

membros do Leste Europeu.[12] Porém, a declaração de que a "Otan e a Rússia não se consideram adversários" foi testada em seguida.

A campanha dos EUA na Bósnia no verão de 1995 foi autorizada pela ONU e sugeria que a intervenção humanitária com a sanção da ONU seria o caminho do futuro. Para alguns, como Samantha Power, o compromisso era muito pequeno e acontecera muito tarde.[13] Para outros, expunha uma posição anti-Sérvia, ainda que em geral as convenções da legislação internacional fossem observadas e reforçadas. Na mesma época ocorreu a intervenção da Iugoslávia em 1999, a divergência entre objetivos autodefinidos das potências atlânticas e a ordem legal multilateral foi exposta. A Otan bombardeou a Sérvia em 4 março ignorando as objeções russas e sem a sanção da ONU. A crise ocorreu no contexto da admissão da Polônia, Hungria e República Tcheca à Otan na cúpula de aniversário em Chicago. A campanha de 78 dias foi justificada pela necessidade de evitar o genocídio em Kosovo, embora o caminho diplomático ainda não houvesse se esgotado. O Acordo de Rambouillet de início de 1999 impôs condições onerosas à Sérvia, incluindo o posicionamento de 30 mil tropas da Otan em Kosovo, a livre passagem das forças da Otan pela Sérvia e a imunidade para forças da Otan com relação à legislação iugoslava, condições provocadoras que o líder sérvio, Slobodan Milošević, previsivelmente recusou.

A campanha de bombardeio forçou a Sérvia a deixar Kosovo com pelo menos 200 mil refugiados sérvios. A violação da soberania da Sérvia e o desrespeito ao Direito internacional refletiu muito mais um novo paradigma de "soberania como responsabilidade" do que o modelo tradicional de "soberania como autonomia".[14] Para o primeiro-ministro Tony Blair e para Clinton, "as demandas da moralidade internacional" excederam o instrumento de legalidade internacional, a ONU.[15] Isso representava uma nova forma da doutrina de soberania limitada, aquela instituída por Brejnev após a invasão da Tchecoslováquia em 1968. Mais preocupante ainda, aparentemente a Otan havia suplantado a ONU como árbitro do Direito internacional. O objetivo proclamado era o de evitar uma catástrofe humanitária, mas também demonstrar a credibilidade da Otan. No fim das contas, não alcançou nenhum dos dois. Isso prejudicou a afirmação de que a Otan era uma aliança de segurança puramente defensiva e levantou medos em Moscou de que um dia a Rússia poderia ser alvo de uma decisão arbitrária similar. A campanha do Kosovo foi um ponto de inflexão crítico nas relações da Rússia com o Ocidente.

---

12 *Founding Act on Mutual Relations, Cooperation and Security between NATO and the Russian Federation*, 27 maio 1997. Disponível em: <https://www.nato.int/cps/su/natohq/ official_texts_25468.htm>.

13 Power, *A Problem from Hell: America and the Age of Genocide*.

14 Cunliffe, *The New Twenty Years' Crisis: A Critique of International Relations, 1999-2019*, p.48.

15 Lynch, *Shadow of the Cold War*, p.92.

Para o jornalista David Ignatius,

> O que torna o caso da Rússia tão triste é que a gestão Clinton pode ter desperdiçado um dos mais preciosos bens que se possa imaginar – o idealismo e a boa vontade do povo russo ao sair de 70 anos de regime comunista. O fracasso da Rússia pode nos assombrar por gerações.[16]

A ampliação da Otan foi um risco calculado, que no fim não conseguiu garantir segurança para o continente. Os fatos da geografia forçaram a Finlândia, após 1945, a se abster de alianças militares, embora gozasse de uma completa autonomia interna, e o Tratado do Estado Austríaco, em 1955, permitiu que as forças de ocupação soviéticas e dos Aliados se retirassem, salvando assim a Áustria do mesmo destino de Berlim. Estados neutros como a Áustria, Irlanda, Finlândia prosperaram em tal estrutura, com uma completa autonomia e soberania interna. Ao contrário, após 1989, a opção de neutralidade foi rejeitada e as preocupações de uma Rússia debilitada foram ignoradas. A ampliação da Otan alienou a Rússia de seus vizinhos e impôs novas linhas divisórias na Europa.

A Otan havia sido estabelecida como uma aliança antissoviética e, agora, era compreendida como antirrussa. Quando os bombardeios começaram, Yeltsin alertou:

> Um precedente perigoso foi estabelecido com a criação de uma política de ditame por meio da força, colocando em risco toda a estrutura contemporânea do Direito internacional. De fato, falamos de uma tentativa da Otan entrar no século XXI com o uniforme de uma polícia mundial. A Rússia jamais concordará com isso. O Conselho de Segurança da ONU deveria considerar essa situação cada vez mais problemática e demandar um cessar imediato da atividade militar da Otan.[17]

Hill destaca que esse foi "de longe o maior ato e o fator mais importante na erosão da confiança que servia como base das relações da Rússia com o Ocidente e com o sistema de segurança europeu nos anos 1990".[18] As reconhecidas limitações da Ata Fundadora foram ostensivamente remediadas em 2002 por meio do estabelecimento de um Conselho Otan-Rússia, um fórum para tomadas de decisão conjunta em questões que dizem respeito à segurança comum. Na fórmula da época, foi dada à Rússia a voz, mas não o veto. Contudo, o Conselho Otan-Rússia se mostrou um fórum inadequado

16 Ignatius, Who robbed Russia?, *Washington Post*, op-ed, 25 ago. 1999.

17 Text of Yeltsin statement after start of bombing, *Reuters*, 24 mar. 1999. In: Johnson's Russia List, n.3109, 25 mar. 1999. Disponível em: <http://www.russialist.org/archives/3109.html##2>.

18 Hill, *No Place for Russia*, p.169.

mesmo para que a voz da Rússia fosse ouvida, levando Putin a apelar repetidas vezes para que o Ocidente considerasse mais atentamente as preocupações russas.

A divergência entre o exercício do poder e as normas proclamadas vieram novamente à tona com a invasão do Iraque em março de 2003 e da Líbia em 2011. No que toca à Moscou, essa bifurcação entre aquilo que as potências atlânticas chamavam de "ordem internacional baseada em regras" e o sistema de Direito internacional fundamentado na ONU definiram a paz perdida. O conflitou foi edificado na própria lógica da ampliação, embora houvesse tentativas de mitigar as consequências. A adesão da Rússia foi excluída por razões geográficas e normativas, e isso explica por que as sondagens iniciais de Putin sobre a possibilidade de ingresso da Rússia foram rejeitadas. Ele procurou aliviar a tensão entre uma aliança militar em expansão e a exclusão de um importante vizinho. Washington não aceitou e, quando a informação sobre os contatos informais em Bruxelas em 2000-2001 se tornou pública, interrompeu as discussões.[19] Ainda havia possibilidade para algum tipo de tratado de relação entre Rússia e a Otan que teria estabelecido regras fundamentais básicas para a segurança na região euroasiática. A Otan e a Rússia seriam tratadas como iguais, e vários caminhos seriam elaborados para a cooperação para segurança. Essa ideia também foi natimorta, em vez disso várias estratégias de mitigação foram adotadas. Nenhuma delas resolveu o dilema de fundo de um clube de membros criando um ser externo, com todas as fronteiras e "alteridade" físicas e ideacionais que isso gerou. A OSCE não foi transformada da maneira em que a Rússia esperava, e nenhuma nova instituição de segurança foi estabelecida. A Parceria pela Paz teria criado um guarda-chuva de segurança para transformar a paisagem geopolítica europeia. Os temores russos do país ser excluído teriam sido amenizados e a prática da "paz como um processo" teria sido promovida. Críticos argumentam que isso não conseguiria oferecer as garantias de segurança buscadas pelos membros do Pacto de Varsóvia. A decisão foi de ampliar a aliança da Otan para o Oriente, minando a própria ordem de paz que ela dizia representar.

Passos fatais

A tensão entre uma política de portas abertas (liberdade de escolha) e a indivisibilidade da segurança se tornou a questão central da época. A reunião da OSCE de Istambul em novembro de 1999 adotou a Carta para a Segurança Europeia, reafirmando os princípios fundamentais da Carta de

19 Informação de um dos principais participantes, que prefere manter o anonimato.

Paris.[20] A sétima OSCE das lideranças de Estado em dezembro de 2010 adotou a celebrativa Declaração de Astana, que falava em termos de estabelecimento de uma comunidade de segurança. Na reunião na capital do Cazaquistão onze anos após a cúpula de Istambul, as lideranças se comprometeram novamente

> com uma visão de uma comunidade de segurança euro-atlântica e euroasiática livre, democrática, comum e indivisível de Vancouver a Vladivostok, enraizada em princípios acordados, compromissos compartilhados e objetivos comuns.[21]

O ministro do Exterior russo Sergei Lavrov destacou repetidas vezes que ambas as declarações comprometiam os Estados-membros "a uma segurança indivisível e seu compromisso a honrá-la sem hesitar". A liberdade dos Estados em escolher suas alianças militares foi equilibrada pela "obrigação de não fortalecer sua segurança à custa da segurança de outros Estados".[22]

A adesão à Otan contribuiu pouco para moderar a animosidade dos membros do antigo bloco soviético e, de fato, a hostilidade se intensificou. Com um lugar seguro sob a proteção estadunidense, estavam livres para perpetuar antigas queixas sob novas formas. Isso apenas intensificou o abandono do arcabouço de "segurança indivisível" em favor de uma afirmação unilateral da agenda expansionista. Nem as instituições de 1997, nem as de 2002 transcenderam a lógica conflitiva inerente à expansão. Elas eram conciliatórias, e não transformadoras, estavam voltadas a manter a Rússia a bordo de um navio em direção a um destino que não havia escolhido. A declaração unilateral de independência do Kosovo em fevereiro de 2008 e seu reconhecimento imediato pelos EUA e por algumas outras potências importantes elevaram mais as tensões, embora a independência não tenha sido reconhecida, de maneira significativa, por alguns Estados da Otan com questões de secessão, como a Espanha.

Nikolai Sokov, ex-diplomata russo que atuou no Ministério das Relações Exteriores entre 1987 e 1992, argumenta que nem o Conselho Conjunto Permanente, nem o Conselho Otan-Rússia impediram a aliança de tomar medidas

> que afetassem a segurança russa ou regional da aliança ou que garantissem a segurança na Europa sem consultar Moscou [...] a Otan toma uma decisão e depois tenta

20 OSCE, *Istanbul Document 1999*. Disponível em: <https://www.osce.org/files/f/documents/6/5/39569.pdf>.

21 OSCE, *Astana Commemorative Declaration: Towards a Security Community*. Dez. 2010. Disponível em: <https://www.osce.org/files/f/documents/b/6/74985.pdf>.

22 Russian Foreign Ministry, *Foreign Minister Sergey Lavrov's Answer to a Media Question*, 27 jan. 2022. Disponível em: <https://www.rusemb.org.uk/fnapr/7060>.

convencer a Rússia de que [a] decisão é boa e deve ser aceita. Essa é a fórmula para o desastre.

Não obstante, tem sido possível tanto ampliar a Otan, quanto evitar o conflito por meio do estabelecimento de algum tipo de pacto abrangente entre a Otan e a Rússia, tal como o sugerido por Brzezinski e Burns, com uma tomada de decisão genuinamente igual. Pode-se compreender a relutância em dar a Moscou tal poder, uma vez que isso envolveria uma transformação fundamental na Otan e poderia potencialmente diluir seus padrões democráticos. Assim, Sokov reconhecia que "a expansão da Otan [...] representa uma séria provocação que reduz o nível de confiança mútua".[23] O Ocidente não pretendia enganar, mas, como todas as potências dominantes, acreditava que a ampliação era do interesse de todos, ao mesmo tempo que coincidentemente desenvolvia seus próprios interesses. O euroatlantismo pressupunha uma duradoura interconexão entre a Otan e a União Europeia, algo que os eurocontinentalistas questionavam. À época, a expansão do Ocidente político reproduziu a lógica da Guerra Fria na Europa.

O Ocidente político estava longe de ser monolítico, com as potências da "antiga Europa" França e Alemanha se opondo à invasão ao Iraque em 2003, enquanto a chamada "nova Europa" no Oriente era favorável. Outra divisão endêmica foi a questão da divisão de encargos dentro da Otan. Os EUA tradicionalmente arcavam com uma parte desproporcional dos custos, sendo responsável por três quartos de todas as capacidades da Otan, permitindo que os países europeus focassem no desenvolvimento de Estados de bem-estar social. A cúpula de Riga em 2006 adotou a fórmula 2/20, com os países da Otan se comprometendo em alocar pelo menos 2% do PIB para defesa, com 20% destes destinados especificamente à tecnologia. A questão mais polêmica, no entanto, foi o persistente debate com relação aos limites da ampliação da Otan. Isso veio à tona por conta da perspectiva da adesão da Geórgia e da Ucrânia. Burns, que por ora havia retornado à Moscou como embaixador, alertava que:

> A entrada da Ucrânia na Otan é a mais destacada de todas as linhas vermelhas para a elite russa (não apenas Putin). Em mais de dois anos e meio de conversas com figuras-chave russas, desde os mais radicais nos bastidores do Kremlin até os críticos liberais mais incisivos de Putin, ainda não encontrei ninguém que veja a Ucrânia na Otan como algo que não seja um desafio direto aos interesses russos. [...] A Rússia de hoje responderá. As relações russo-ucranianas serão completamente congeladas [...]. Criará um solo fértil para uma intervenção russa na Crimeia e na Ucrânia oriental.[24]

---

23 Eckel, Did the West promise Moscow that NATO would not expand?

24 Burns, *Back Channel*, p.233. Ele mais cedo havia advertido que a "Ucrânia permanecia sendo a mais vermelha das linhas vermelhas para Putin" (ibid., p.222).

Putin também alertou que o reconhecimento da independência do Kosovo "encoraja o conflito" e estabelece um precedente para outros Estados multiétnicos.[25] Ele demonstrou desdém em relação à Ucrânia, alertando, em março de 2008, que a ampliação da Otan poderia causar instabilidade: "Seu governo não sabe que a Ucrânia é politicamente instável e imatura e que a Otan é uma questão de bastante dissenso? Você não sabe que a Ucrânia não é sequer um país real? Parte dela é de fato do Leste Europeu e a outra parte é de fato russa".[26] Pela primeira vez, Putin verbalizou um questionamento sobre a integridade do Estado ucraniano, que seria amplificada posteriormente.

Apesar dos alertas, a cúpula da Otan em Bucareste em abril de 2008 resolveu que a "Otan saúda as aspirações euro-atlânticas de adesão da Ucrânia e da Geórgia. Concordamos hoje que esses países se tornarão membros da Otan". A resolução falava de um desejo nacional de ingresso, mas era algo enganoso, uma vez que apenas 20% dos ucranianos, à época, estavam favoráveis.[27] Putin repetiu seu discurso sobre o caráter não real da Ucrânia, ao mesmo tempo que a oposição da Alemanha e da França impediram que fosse lançado o Plano de Ação de Adesão (MAP). Como destaca Burns, a cúpula de Bucareste

> nos deixou com o pior dos dois mundos – infundindo esperanças aos ucranianos e georgianos do ingresso na Otan que muito pouco provavelmente seriam atendidas, ao mesmo tempo que reforçava o sentimento de Putin que estávamos determinados a perseguir um caminho que ele via como uma ameaça existencial.[28]

Posteriormente Burns notou que a Rússia "temia consequências imprevisíveis e incontroláveis" devido às "fortes divisões na Ucrânia com relação ao ingresso na Otan, sendo que boa parte da comunidade étnica russa era contrária a isso". Ele advertiu que a consequência poderia ser uma separação maior, resultando em violência ou mesmo em guerra civil, na qual a "Rússia teria de decidir sobre sua intervenção; uma decisão que ela não queria tomar".[29] Se a análise de Burns está correta, então a Rússia foi relutantemente atraída para o imbróglio, em vez de tentar cumprir algum tipo de missão predeterminada para restaurar a grandeza imperial.

---

25 Ibid., p.237.

26 Ibid., p.238.

27 Haran, Olexiy; Zolkina, Mariia. The demise of Ukraine's "Eurasian vector" and the rise of pro-NATO sentiment, PONARS Eurasia Policy Memo n.458, 16 fev. 2017. Disponível em: <https://www.ponarseurasia.org/the-demise-of-ukraine-s-eurasian-vector-and-the-rise-of-pro-nato-sentiment/>.

28 Burns, *Back Channel*, p.239.

29 Dos telegramas americanos do WikiLeaks publicados em 2010. Fernandes, *What Uncle Sam Wants: US Foreign Policy Objectives in Australia and Beyond*, p.62. Burns desenvolve esses pontos posteriormente em suas memórias *The Back Channel*.

O efeito imediato foi o de encorajar a liderança da Geórgia a uma tentativa infeliz de reclamar a separação da província da Ossétia do Sul em 7 de agosto, provocando uma guerra de cinco dias com a Rússia. Isso resultou em uma alienação permanente não apenas da Ossétia do Sul, mas também de Abecásia, cerca de 20% do território da Geórgia. Em uma premonição de eventos posteriores na Ucrânia, a Rússia reconheceu a independência das duas repúblicas em 26 de agosto. A declaração unilateral de independência do Kosovo em fevereiro daquele ano foi citada como um precedente. De forma mais ampla, a perspectiva da Ucrânia na Otan trouxe temores similares àqueles provocados pelo envio de mísseis soviéticos a Cuba em outubro de 1962. O problema chegou ao ápice em 2014 e depois novamente em 2021. Nessa época, Burns era o diretor da CIA e uma das poucas pessoas no *establishment* da política externa de Washington de Biden com um profundo conhecimento da região.

O sistema de poder atlântico em expansão mais cedo ou mais tarde enfrentaria a realidade da geopolítica euroasiática. Sua vanguarda encontraria resistência na Europa Oriental ou nas estepes da Ásia. Neste caso, a linha de frente irregular ia do lago da Masúria, passando pelos Cárpatos até as montanhas caucasianas. Gorbachev esperava transcender a Cortina de Ferro com a transformação da segurança europeia, mas a lógica territorial da ampliação foi predominante. Apesar dos alertas de que o modelo era excludente e provocaria resistências, a equipe de Clinton estava convencida de que o problema seria apenas de administração, conforme Strobe Talbott descreve em suas memórias. Acreditou-se que as preocupações russas poderiam ser mitigadas não por um debate genuíno sobre a estrutura da ordem pós-Guerra Fria, mas por concessões simbólicas, tal como o ingresso no G-8 e no Conselho Conjunto Permanente.[30] Isso não abordou as consequências fundamentais da ampliação em termos de poder. Segundo Noam Chomsky, em vez de uma nova ordem mundial, a época pós-Guerra Fria consistia no Novo Mundo dando ordens.[31]

A Otan se estendeu até as fronteiras russas, acompanhada de um estilo discursivo que se concentrava na unidade de bloco e coesão. A preocupação primordial era a sobrevivência da aliança militar, transcendendo até mesmo o propósito pelo qual iniciativas do gênero foram criadas – ou seja, com a finalidade de maximizar a segurança de todos. Isso foi equilibrado por mudanças políticas que enfatizavam funções pacificadoras da aliança e sua contribuição para a reconstrução de nações fora de sua área, como no Afeganistão. Ao mesmo tempo, o fator coercivo foi desencadeado com a campanha de bombardeio da Sérvia em 1999 e o extensivo bombardeio

30 Talbott, *The Russia Hand: A Memoir of Presidential Diplomacy*, 2003.
31 Chomsky, *World Orders Old and New*.

aéreo da Líbia, em 17 de março de 2011, que excedia em muito a resolução de restrição aérea da ONU de 1973. Nesse meio tempo a Europa gozava de um período de paz sem precedentes. Os Estados europeus aproveitaram os dividendos da paz para cortar gastos com defesa, fazendo que sua capacidade militar se atrofiasse. As tropas estadunidenses na Europa se reduziram de 300 mil em 1989 para o ponto mais baixo de 61 mil em 2014. Tropas britânicas e canadenses deixaram completamente o território continental. A maior parte dos países terminou a conscrição, ao mesmo tempo que Alemanha cortava a sua força numérica em dois terços, degradando suas capacidades militares. A crise da Ucrânia de 2014 sinalizou uma grande reviravolta e o engajamento de tropas aumentou, acompanhando a intensificação da Segunda Guerra Fria, embora a Otan ainda lutasse para construir a capacidade militar no território continental. A guerra russo-ucraniana de 2022 sinalizou a volta em escala máxima do confronto armado.

O dilema da segurança

A Otan perseguiu uma política de portas abertas para todos os países na região, exceto um – a Rússia. Tratava-se de um "clube" cujo acesso estava vetado.[32] As diversas propostas de Moscou para se associar de forma substantiva à Otan foram rejeitadas, praticamente uma garantia que em algum momento haveria uma retaliação. A duplicação dos integrantes da Otan tinha consequências fatais para a segurança europeia e para as relações entre Rússia e EUA. Nenhuma relação de segurança substantiva estava estabelecida. Ao contrário, como Bill Clinton destacou mais tarde, "minha política era trabalhar para o melhor, ao mesmo tempo que expandia a Otan se preparando para o pior".[33] Defensores da ampliação viam isso como um "meio de construir a democracia, economias de mercado, paz étnica e estabilidade na Europa Central e Oriental", mas "basicamente esperavam ter o seu próprio bolo e comê-lo também"; para alcançar tudo isso e ao mesmo tempo, apesar de todos os alertas, incluir a Rússia de alguma maneira nesse processo, "sem danos irreparáveis às relações com a Rússia ou com o processo de reforma dentro da Rússia".[34] A ampliação buscou uma proteção contra a possibilidade de a Rússia emergir novamente como uma grande potência hostil; mas a própria ampliação, como Kennan alertou de forma profética, garantiu justo este retorno.

32 Cf. Ikenberry, *World Safe for Democracy*, p.181.

33 Clinton, Bill. I tried to put Russia on another path, *Atlantic*, 7 abr. 2022. Disponível em: <https://www.theatlantic.com/ideas/archive/2022/04/bill-clinton-nato-expansion-ukraine/629499/>.

34 Hill, *No Place for Russia*, p.116.

Um dilema da segurança cada vez mais profundo estava em curso. As medidas tomadas para aumentar a segurança de um lado eram percebidas como em detrimento do outro, aprofundando o dilema inicial. Como criador do termo, John Herz ressalta que, em um cenário no qual os grupos "convivem sem estarem organizados por uma unidade maior", uma condição de anarquia prevalente desde o surgimento dos registros históricos, a preocupação deles gira em torno de serem atacados pelos outros:

> Esforçando-se para buscar a segurança de tal ataque, eles foram levados a adquirir mais poder para escapar do impacto de outros. Isso, por sua vez, traz mais insegurança para o outro, e os leva a se preparar para o pior. Uma vez que ninguém pode se sentir sempre completamente seguro em tal mundo de unidades competitivas, prevalece a competição pelo poder, e o círculo vicioso da segurança e da competição pelo poder se inicia.[35]

Mais uma vez, a Europa estava presa em um ciclo gerado pela presunção de que não havia saída do impasse sem a derrota ou sem uma transformação sistêmica do outro. O fatalismo que tomou o continente em 1914 estava mais uma vez nítido. Mesmo "as iniciativas mais agressivas [foram apresentadas] como basicamente defensivas".[36] Como antes, os tomadores de decisão "escondem, até mesmo de si próprios, sua responsabilidade pelos resultados de suas ações".[37] Os membros orientais da Otan demandavam "reafirmação" contra a ameaça vislumbrada, que nunca poderia ser suficiente, intensificando medidas de "dissuasão" para garantir "credibilidade", mas provocando respostas proporcionais. A lógica, depois, foi aplicada à região do Mar da China meridional, onde o país asiático se armou para garantir sua segurança, levantando temores nos outros atores que, de forma correspondente, procuravam reforçar sua segurança. As ações defensivas de um lado intensificavam os medos do outro lado, cujos movimentos defensivos posteriores levantam a percepção de ameaça do outro lado, estabelecendo assim, um ciclo destrutivo.[38] A ausência de confiança provocou a Guerra Fria original, mas a crença na sinceridade dos parceiros da negociação permitiu a Gorbachev e Reagan/Bush pôr um fim nela. "Confie, mas verifique" era o mantra de Reagan, entretanto, hoje não há mais confiança e nada mais a verificar.

Como podemos explicar por que as aspirações por paz acabaram promovendo a guerra? Pelo menos quatro fatores podem ser identificados.

---

35 Herz, Idealist internationalism and the security dilemma, *World Politics*, 2/2, p.157.

36 Clark, *The Sleepwalkers: How Europe Went to War in 1914*, p.333.

37 Ibid., p.350.

38 Sobre a prática do dilema de segurança, ver Jervis, *Perception and Misperception in International Politics*.

O primeiro é o fracasso em criar uma "unidade superior" ideológica e organizativa abrangente entre as duas visões contraditórias da segurança do pós-Guerra Fria na Europa. Diferentes representações da política internacional geraram conflitos. A proposta de Moscou em criar um conselho de segurança europeu sob a égide da OSCE teria lhe dado um veto sobre decisões fundamentais sobre a segurança na Europa.[39] A ideia foi firmemente rejeitada pelas potências atlânticas, considerando que isso representaria uma reconstituição da dominação sobre os Estados menores ao estilo de Ialta e daria à Rússia direito de veto na nova ordem de segurança europeia. Isso certamente iria contra a lógica da ampliação, cuja premissa se baseava na homogeneização do espaço político. A Otan (em um grau menor que a UE), de fato, se tornou o sistema de segurança europeu, no qual a "Rússia não tinha voto, nem qualquer chance de conquistá-lo".[40] Do mesmo modo, as ideias neogaulistas sobre estabelecer algum tipo abrangente de "sindicato dos sindicatos" pan-europeu, englobando a totalidade das 800 milhões de pessoas, ganhou pouca atenção, pois tiraria a centralidade de Bruxelas e marginalizaria Washington. Supunha-se que a lógica de Moscou ao promover tais ideias era a de criar uma "cisão" entre as duas asas do sistema Atlântico. Os dois sistemas de poder entraram em confronto, cada um deles alimentado por paixão, idealismo e medo.

O segundo fator é a radicalização da hegemonia liberal, uma consequência inerente de uma ordem sistêmica unipolar. A Guerra Fria se estabilizou como um sistema bipolar, mas, com o colapso soviético, os EUA emergiram como a única potência proeminente e permaneceram comprometidos com a manutenção de sua supremacia inquestionável. No fim das contas, isso levou a uma "superestimação" contra uma ameaça vinda da Rússia que à época não existia, mas que o próprio processo de equilíbrio ajudou a criar. A superestimação foi encorajada pela maior parte dos Estados do antigo bloco soviético comunista, temendo um renascimento do imperialismo russo, intensificando o dilema da segurança que, por fim, minou sua segurança. O idealismo de Gorbachev foi condenado não apenas como impraticável, mas também como um fator desestabilizador da triunfante expansão da ordem liberal, ameaçando, assim, os padrões habituais de hegemonia e hierarquia na política internacional. Subestimar uma potencial ameaça é, sem dúvidas, um risco, mas superestimá-la mantendo um sistema de alianças projetado para outras épocas e outras ameaças geram seus próprios perigos. A formação de uma aliança comparável no período anterior à Primeira Guerra Mundial levou à catástrofe.

O terceiro fator é uma "transdemocracia" – a combinação de segurança e democracia dentro do marco teórico de uma paz democrática. Se as

---

39 Hill, *No Place for Russia*, p.169.
40 Ibid., p.193.

democracias de fato não travassem guerras entre si, faria sentido criar tantas democracias quanto possível, garantindo, com isso, a segurança euro-atlântica. Essa combinação de um realismo severo e idealismo democrático ficou atado ao intervencionismo liberal e à promoção democrática. Como parte da grande substituição, o internacionalismo democrático suplantou o internacionalismo soberano. A ordem liberal internacional efetivamente repudiou o pluralismo que outrora havia caracterizado o liberalismo, o antipluralismo liberal identificado anteriormente. As intervenções precipitaram o fracasso do Estado no Iraque e na Líbia, e engoliram a Síria e a Ucrânia. Quando a defesa da democracia se expressa em termos de uma luta para reverter uma "onda autoritária", os riscos geopolíticos se multiplicam e os aspectos mais sutis da estratégia estatal e da diplomacia são prejudicados. A política internacional se torna uma cruzada, em que a geopolítica é recrutada para servir propósitos antagônicos ao "idealismo superior" que ele pratica conscientemente. Yascha Mounk argumenta que

> qualquer tentativa de deter o ressurgimento autoritário deve ao mesmo tempo impedir que democracias sitiadas como a Índia e a Polônia ingressem nas fileiras das ditaduras mundiais e impedir que países como China e Rússia remodelem a ordem mundial.[41]

Índia e Polônia seguiram uma direção não liberal, mas não está claro como isso poderia ser impedido.

O último fator é a Rússia como o espinho na garganta da hegemonia liberal, mais tarde reforçada pela China. Nos anos 1990, as preocupações russas sobre a ampliação da Otan e a intervenção estadunidense nos vários conflitos dos Balcãs poderiam ser ignoradas. Contudo, à medida que se beneficiava da inesperada alta dos preços das *commodities* nos anos 2000 e reavivava sua capacidade de potência, o Kremlin passou a ser mais assertivo. No entanto, o que estava sendo desafiado era a hegemonia liberal, e não o sistema internacional do qual ela fazia parte. Isso representa muito mais o *neorrevisionismo*, a tentativa de mudar a forma pela qual o sistema opera, do que um revisionismo completamente desenvolvido que procura mudar o sistema em si. Há uma continuidade inegável na estratégia, com Yeltsin condenando, em dezembro de 1994, o nascente modelo unipolar de política internacional como uma "paz fria", mas Putin tinha o poder (ou pensava que tinha) para fazer algo com relação a isso. Apesar da reputação de ser um realista obstinado, até 2012 a política externa de Putin permaneceu dentro dos limites da matriz gorbacheviana, ainda leal a algum tipo de versão de uma

41 Mounk, Democracy on the defense: turning back the authoritarian tide, *Foreign Affairs*, 100/2, p.168.

ordem de segurança pós-Guerra Fria transformadora e idealista baseada na reaproximação com o Ocidente. O fracasso em reconciliar as duas visões de segurança reforçou o dilema da segurança.

Dois acertos geram um erro

Para uma abordagem focada no equilíbrio de poderes e capacidades, os defensores da expansão eram notavelmente negligentes com relação às consequências decorrente de suas ações. O poder nunca é absoluto, mas relativo. Uma ação em um lado terá consequências no outro, incluindo respostas assimétricas. As reações também são moldadas como os atores veem as questões internacionais. A Rússia e seus aliados (em particular, a China) acreditam que o sistema internacional é maior do que qualquer ordem particular dentro dele, ao passo que partidários da hegemonia liberal acreditam que sua ordem particular é universal e aplicável globalmente, reservando aos EUA uma missão especial dentro dessa ordem. Como Madeleine Albright, secretária de Estado de Bill Clinton resumiu, de forma memorável, os EUA eram uma "nação indispensável. Nós nos mantemos firmes. Enxergamos mais longe no futuro".[42]

Na Rússia, também, a onda estava a favor da autoafirmação. O atlantismo da era Kozyrev tinha acabado há muito, e o ministro que lhe sucedeu, Primakov, reviveu uma versão da teoria da coexistência que era popular nos anos 1950. A *coexistência competitiva* pressupunha que a luta com as potências do Atlântico estava longe do fim, mas seria possível administrar para se evitar o conflito. Oportunidades para cooperação deveriam ser exploradas, mas, por fim, a Rússia tinha que encontrar aliados no Sul Global e afirmar sua hegemonia na Eurásia. Ao chegar ao poder em 2000, Putin acreditava que poderia se sair melhor e, como de costume, procurou reconciliar os pontos de vistas concorrentes. Sua política do *novo realismo* anunciou que a política externa trabalharia para alcançar desenvolvimento econômico e modernização, uma perspectiva que perduraria (com uma convicção em declínio; ver Capítulo 7) até 2012. A política era nova a ponto de moderar o tradicional realismo intransigente de Primakov para chegar ao argumento de que algum tipo de relação substantiva poderia ser alcançado com o Ocidente, e nisso Putin acompanhou a tradução do Novo Pensamento de Gorbachev. Era realista, contudo, por conta da política, tinha uma visão mais substantiva e assertiva dos interesses nacionais russos, e com isso perdeu um pouco daquilo que havia sido visto como um idealismo excessivo de Gorbachev. Uma política externa militante não necessariamente se iguala

42 Madeleine Albright, entrevista ao NBC's *Today*, exibida em 19 fev. 1998.

ao revisionismo – a tentativa de mudar as regras do jogo. Foi nesse espírito que Putin compreendeu que a questão da ampliação da Otan precisava ser enfrentada diretamente. Caso contrário, haveria novas linhas divisórias na Europa, e era inevitável que a Rússia estaria do outro lado. Putin sugeriu, repetidas vezes, que a Rússia poderia ingressar na Otan, ou ao menos se tornar parte de algum tipo de comunidade de segurança ampliada. Essas iniciativas, como vimos, foram rejeitadas.

Após o ataque da Al-Qaeda aos EUA em 11/09/2001, Putin foi o primeiro presidente a ligar para Bush oferecendo apoio. Desconsiderando o conselho das forças armadas, Putin concordou em compartilhar a inteligência, as bases estadunidenses na Ásia Central e outras assistências.[43] O ataque terrorista catalisou os mais ambiciosos elementos da política estadunidense levando a política internacional a um enquadramento mais militarista. A Guerra Global ao Terror (GWOT) foi lançada como uma luta civilizatória contra as forças do mal (no caso sob a forma do Islamismo), com quem não se poderia ter qualquer compromisso, do mesmo modo que as operações policiais lidam com gangues criminosas. A própria noção de guerra contra adversário tão nebuloso como "terror" significava que a luta era difusa e praticamente interminável (repetida posteriormente na guerra contra a "desinformação"). Isso também significava que a luta seria conduzida por métodos emergenciais, que tornaram possíveis a subversão dos próprios princípios em cujo nome a guerra estava sendo travada. Aquela é também a lógica da Guerra Fria, e outra camada foi adicionada à dimensão de cruzada da política internacional.

O apoio à insurgência *mujahidin* contra as forças soviéticas no Afeganistão nos anos 1980 gerou o Talibã, que assumiu o poder em 1996 em Kabul, que, por sua vez, desencadeou o terrorismo islâmico que atacou os EUA.[44] O Afeganistão foi invadido no outono de 2001 na caçada por Osama Bin Laden, o mentor do 11/9, mas ele escapou e se escondeu no Paquistão antes de ser capturado pelas forças estadunidenses e morto em abril de 2011. O governo Talibã foi deposto, mas antes mesmo que o Afeganistão estivesse um pouco estabilizado, Washington voltou suas atenções ao Iraque. A invasão em março de 2003 logo removeu Saddam Hussein, mas o desmantelamento do exército, do partido Ba'ath e outros instrumentos do regime jogou o país em décadas de caos do qual ele ainda não se recuperou. Tanto no Afeganistão quanto no Iraque, obstinados movimentos de resistência foram catalisados levando os EUA e seus aliados para aquilo que ficou conhecido como "guerras eternas". O chamado Estado Islâmico se espalhou pelo norte do Iraque e da Síria no verão de 2014, deixando um

---

43 Stent, *The Limits of Partnership: US-Russian Relations in the Twenty-First Century*, p.49-81.

44 Lynch, *Shadow of the Cold War*, p.73.

rastro de destruição por onde passou. Quando o Talibã retomou Kabul em agosto de 2021, estava claro que a guerra ao terror havia sido um monumental – custoso – fracasso.[45]

Burns considera o período após o 11/9 e a invasão do Iraque, 18 meses depois, como um "ponto de inflexão na história". Se os EUA tivessem evitado "o desastre no Iraque e, em vez disso, tivessem projetado seu poder e seus propósitos de maneira mais sábia, parece ser óbvio que hoje os interesses e valores estadunidenses estariam mais bem empregados".[46] Como Putin disse a Burns, embaixador dos EUA em Moscou em agosto de 2005, "vocês, estadunidenses, precisam ouvir mais". "Vocês não podem fazer tudo apenas do seu jeito. Nós podemos ter relações efetivas, mas não apenas nos seus termos."[47] A ordem liberal radicalizada, ao contrário, se sobrepôs ao sistema internacional e procurou novos inimigos para aniquilar, os quais foram encontrados sob a forma do fundamentalismo e autoritarismo islâmico. Isso também ajudou a reavivar o antigo estilo de confronto da grande potência. A ladainha de reclamações russa ficou ainda maior. A campanha de bombardeio da Otan contra a Sérvia em 1999 já havia feito soarem os sinos de alarme. Agora a lista incluía a revogação unilateral, em junho de 2002, por parte dos EUA do Tratado de Mísseis Antibalísticos (ABM) de 1972; a falta de uma estratégia de cooperação significativa após o apoio russo à guerra ao terror com o 11/9; a invasão do Iraque em 2003 sem um mandato formal da ONU; o apoio de Washington às várias "revoluções coloridas", incluindo a Revolução Rosa na Geórgia em dezembro de 2003, e a Revolução Laranja na Ucrânia em fins de 2004; e o *big bang* da ampliação da Otan e da UE naquele ano, seguido pelo plano para instalar mísseis de defesa balístico (BMD) na Europa Oriental.

O discurso de Putin na Conferência de Segurança de Munique em fevereiro de 2007 delineou suas queixas. Ele afirmou o "caráter universal, indivisível da segurança" e condenou tentativas de estabelecer "um mundo unipolar [...] em que há apenas um senhor, uma soberania. E que no fim do dia isso é pernicioso não apenas para todos aqueles que estão dentro desse sistema, mas também para a própria soberania porque ela destrói a si mesmo a partir de dentro".

Ele destacou que "aqueles que nos ensinavam [sobre democracia] não querem aprender" e condenou a marginalização da ONU ao mesmo tempo que alertava que o processo de ampliação da Otan representava "uma séria provocação que reduz o nível de confiança mútua" acompanhado "pela

45 Lieven, Anatol. How the "Global War on Terror" failed Afghanistan, *National Interest*, 1 jan. 2022. Disponível em: <https://nationalinterest.org/feature/how-%E2%80%98 global-war-terror%E2%80%99-failed-afghanistan-198735>.

46 Burns, *Back Channel*, p.197.

47 Ibid.

quase desmedida superutilização da força – militar – nas relações internacionais, o que está levando o mundo a um abismo do conflito permanente". Ele alertou: "estamos vendo um desdém cada vez maior pelos princípios básicos do Direito internacional".[48] Putin fez uma defesa da autonomia do sistema internacional da Carta contra a arbitrariedade das potências atlânticas, mas o seu rechaço contra as políticas de substituição alienou depois a Rússia do Ocidente.

O programa de BMD se tornou um tema de preocupação crescente. Em 2007, Washington anunciou que instalaria Sítios de Interceptação Europeus na Polônia e na República Tcheca como parte de um sistema de defesa contra um suposto ataque de mísseis do Irã. Moscou considerou que se tratava do início de um processo que poderia ameaçar as bases russas do Míssil Balístico Intercontinental (ICBM) em Kozelsk e Tatishevo. Em resposta a essas preocupações, em setembro de 2009 Obama anunciou a Abordagem Adaptativa europeia em fases, com instalações na Turquia e Espanha, bem como na Europa Oriental. As principais bases do BMD foram construídas na Romênia e Polônia, equipadas com aquilo que a Rússia temia ser o sistema Mk-41 Aegis Ashore com capacidade nuclear, implantando o interceptador de mísseis Aegis Standard Missile-3 (SM-3). A base de Radzikow na Polônia fica a apenas 300 quilômetros da fronteira russa (Kaliningrado) e a 1.300 quilômetros de Moscou. A Otan insistiu que o BMD está voltado à defesa contra ameaças potenciais vindas de fora da área euroatlântica e não "está dirigida contra a Rússia e não prejudicará a estratégia de dissuasão russa".[49] Moscou não estava convencida e temia que pudesse ser utilizado contra as capacidades de retaliação russa, embora aparentemente estivesse destinado a proteger contra mísseis iranianos. No caso de um conflito seria impossível saber se os mísseis estavam carregados com armas convencionais ou nucleares. Quando fossem detectados, seria tarde demais. Mesmo a Rússia mais benigna e democrática reagiria com irritação ao estilo De Gaulle diante da situação.

A desconfiança passou a permear a relação. Em seu discurso de Munique, Putin notou que o tratado CFE, adaptado na Cúpula da CSCE de Istambul em novembro de 1999 para considerar a eliminação do Pacto de Varsóvia e incluir novos limites dos flancos, havia sido ratificado até então apenas por quatro Estados, incluindo a Rússia, com o argumento de que as forças russas não haviam sido retiradas da Geórgia e da Moldávia. Naquele ano, Moscou suspendeu sua participação e, em março de 2015, se

---

48 Russian President Vladimir Putin's Speech at the 2007 Munich Conference on Security Policy, Kremlin.ru, 10, 2007. Disponível em: <http://en.kremlin.ru/text/ appears/2007/02/118109.shtml>.

49 NATO, *Brussels Summit Communiqué*, 14 jun. 2021, parágrafos 43, 44. Disponível em: <https://www. nato.int/cps/en/natohq/news_185000.htm>.

retirou completamente, citando o fracasso da Otan em ratificar o tratado emendado. A ampliação da aliança atlântica provocou uma mudança qualitativa no próprio sistema de segurança. A adesão de um grupo de países profundamente desconfiados das intenções e aspirações russas agravaram o tom da relação. Moscou viu isso como uma organização cada vez mais antagônica. Isso foi intensificado pela nomeação sucessiva de secretários gerais de países pequenos que não tinham o peso ou a capacidade de sustentar iniciativas diplomáticas próprias. A Rússia considerou que a organização havia se tornado hermética – impenetrável às suas preocupações e crescentemente radical em sua retórica. Embora as promessas de Bucareste para Geórgia e Ucrânia não houvessem sido acompanhadas por estratégias de adesão, as repetidas garantias de ingresso caíram no cada vez mais profundo dilema da segurança, sobretudo quando a Ucrânia, depois de 2014, foi rearmada pelos Estados da Otan.

Tratado de segurança europeu

Ao final de seus dois mandatos constitucionais sucessivos, em 2008, Putin abriu caminho para o presidente Dmitry Medvedev. Antes de sair, Putin instruiu o ministério das Relações Exteriores para elaborar uma proposta com a finalidade de consagrar no Direito internacional o "princípio da segurança internacional, uma obrigação legal, sob a qual nenhum Estado ou organização internacional da área euroatlântica poderia fortalecer sua segurança à custa de outros países ou organizações".[50] A instrução exigia de forma específica que a proposta estivesse em conformidade com a Carta da ONU. Medvedev em Berlim, em junho, exigiu um Tratado de Segurança Europeu (EST). Propôs que a OSCE deveria assumir prioridade com relação à Otan para garantir "a unidade de todo o espaço euro-atlântico". Sugeriu transformar "a OSCE em uma organização regional completamente desenvolvida".[51] Em um pronunciamento em Evian, na França, Medvedev forneceu mais detalhes de seu possível tratado e destacou a renúncia do uso da força na política internacional, reiterando o princípio da "segurança indivisível" baseada em "três negativas": "não garantir a própria segurança à custa de outros"; nenhum ato de alianças militares ou coalizões que pudessem minar as unidades do espaço euroatlântico comum; e "nenhum

50 Aris, Ben. It's time for a new pan-european security treaty, *Intellinews*, 9 abr. 2021. Disponível em: <https://www.intellinews.com/moscow-blog-it-s-time-for-a-new-pan-european-security-treaty-207608/>.

51 Medvedev, Dmitry. Speech at meeting with German political, parliamentary and civic leaders, Berlin, 5 jan. 2008. Disponível em: <https://www.europarl.europa.eu/meetdocs/2004_2009/documents/dv/d_r u_20080617_04_/D_ RU_20080617_04_en.pdf>.

desenvolvimento de alianças militares que ameaçassem a segurança de outras partes ao [novo] tratado [de segurança proposto]". Isso foi reforçado pela injunção de que "nenhum Estado ou organização internacional pode ter o direito exclusivo de manter a paz e a estabilidade na Europa".[52]

A primeira versão apresentada em novembro de 2009 recorreu aos princípios delineados na Carta da ONU e na Ata Final de Helsinque, sinalizando claramente que o objetivo era restaurar a primazia do internacionalismo soberano dentro da estrutura dos princípios da Carta. O objetivo político imediato era administrar (ou até mesmo entravar) a ampliação da Otan, com o Artigo 1 apelando aos "princípios de segurança indivisíveis, igualitários e irredutíveis". Ele prosseguiu:

> Quaisquer medidas de segurança tomadas por uma parte do tratado individualmente ou junto com outras partes, incluindo na estrutura de qualquer organização, aliança militar ou coalizão internacionais, devem ser implementadas considerando os interesses de segurança de todas as outras partes.[53]

Diante disso, essa era uma proposição razoável, mas garantindo efetivamente a Moscou o direto de veto com relação à ampliação da Otan, algo evidentemente inaceitável para as potências atlânticas. Esse ponto foi reiterado quando uma conferência das partes signatárias foi posta em debate como um mecanismo de adjudicação de conflito, com decisões vinculantes tomadas por consenso (Artigo 6.3). Havia algum compromisso por meio do "processo de Corfu", um fórum para os Estados da OSCE discutirem a proposta, mas a iniciativa logo ruiu. A proposta refletia a prontidão da Rússia em questionar o modelo de segurança europeia existente, algo que faria com mais vigor posteriormente.[54] O objetivo era deslocar os parâmetros normativos da hegemonia expansiva liberal de volta ao internacionalismo soberano, retornando, assim, ao modelo de uma grande Europa e distanciando-se de uma "Europa inteira e livre". As tentativas de Moscou em ampliar a agenda de segurança europeia eram um evidente questionamento da hegemonia regional estadunidense. O paradoxo da segurança europeia pós-Guerra Fria também era evidente. O foco nas relações EUA-Rússia demonstrou que a Europa definitivamente não era uma potência quando se tratava de assuntos globais e até mesmo da sua própria segurança.

---

52 Medvedev Address at the World Policy Forum, Evian, 8 out. 2008. Apud Lo, Bobo. Medvedev and the new European security architecture, Centre for European Reform (CER), jul. 2009, p.4. Disponível em: <https://www.cer.eu/sites/default/files/publications/attachments/pdf/2011/pbrief_medvedev_july09-741.pdf>.

53 President of Russia, Draft of the European Security Treaty, 29 nov. 2009. Disponível em: <http://en.kremlin.ru/events/president/news/6152>.

54 Para o debate completo, ver: Hill, *No Place for Russia*, p.290-6.

O recomeço e depois

Nem tudo piorou. Em 7 de fevereiro de 2009, na Conferência de Segurança de Munique, o vice-presidente Joseph Biden entregou à nova gestão Obama a primeira declaração mais importante na política externa. Para ele, "é hora de apertar o botão de reiniciar e revisitar muitas áreas onde estamos e deveríamos estar trabalhando ao lado da Rússia".[55] Os dois países discordavam com relação à ampliação da Otan e à política transcaucásia, mas o recomeço [*reset*] subsequente registrou algumas conquistas significativas. Estas incluíam o Novo Tratado START, que limitava as armas nucleares estratégicas, embora como condição para a ratificação o Senado estadunidense tenha imposto um programa de modernização nuclear de muitos trilhões de dólares. A Rússia apoiou as sanções contra o Irã e o subsequente Plano de Ação Conjunto Global (JCPOA) de julho de 2015 restringindo as capacidades de Teerã para desenvolver armas nucleares. Entre 2009 e 2015, a Rede de Distribuição do Norte facilitou o trânsito de material do Afeganistão pela Rússia e Ásia Central. Os EUA apoiaram a adesão da Rússia na OIT, que finalmente ocorreu em agosto de 2012 (a primeira intenção de ingresso foi registrada em junho de 1993). O recomeço, não obstante, não conseguiu superar as raízes mais profundas de desconfiança, intensificadas por crescentes desacordos com relação à Primavera Árabe e a virada conservadora na própria Rússia.[56]

O Strategic concept [Conceito estratégico] da Otan de 2010 refletia tanto o espírito cooperativo do recomeço, quanto suas limitações. O *conceito* reafirmou os princípios fundadores da democracia e da segurança e destacava que "hoje, a área euroatlântica está em paz e a ameaça de um ataque contra a Otan é pouco provável". A aliança reivindicava crédito para si própria: "é um sucesso histórico para as políticas de defesa robusta, a integração euroatlântica e a parceria ativa que haviam orientado a Otan por mais de meio século".[57] O relatório encorajou a futura redução de armas nucleares e a maior transparência com relação às armas estratégicas russas na Europa. A política de "portas abertas" foi reiterada em meio à afirmação controversa de que "a ampliação da Otan contribuiu substantivamente para a segurança dos aliados". A estratégia declarava que:

---

55 The White House, Remarks by Vice President Biden at 45th Munich Conference on Security Policy, 7 fev. 2009. Disponível em: <https://obamawhitehouse. archives.gov/the-press-office/ remarks-vice-president-biden-45th-munich- conference-security-policy>.

56 Para uma visão panorâmica, ver: Stent, *Limits of Partnership*, p.211-34.

57 NATO, *Strategic Concept: Active Engagement, Modern Defence*, adotado pela Cúpula de Lisboa, 19-20 nov. 2010, p.10. Disponível em: <https://www.nato.int/nato_static_fl2014/assets/ pdf/pdf_publications/20120214_strategic-concept-2010-eng.pdf>.

> A cooperação Otan-Rússia é de importância estratégica uma vez que contribui para criar um espaço comum de paz, estabilidade e segurança. A Otan não oferece nenhuma ameaça à Rússia. Ao contrário: queremos ver uma verdadeira parceria estratégica entre a Otan e a Rússia, e agiremos nesse sentido, com a expectativa de uma reciprocidade.[58]

O caráter de "parceria estratégica" nunca foi completamente articulado e não foi, em essência, o suficiente para retomar as relações. O objetivo permaneceu "uma Europa inteira e livre", que "seria mais bem servida por uma eventual integração de todos os países europeu que assim o desejassem nas estruturas euroatlânticas".[59] A lógica era impecável e, no que toca às potências atlânticas, a expansão da aliança melhorava a segurança da Rússia ao atar seus vizinhos a uma ordem de paz robusta. Porém, de seu ponto de vista, Moscou considerava nem tão benigno o avanço de uma aliança militar que havia bombardeado a Sérvia, destruído o Iraque e a Líbia, travado uma guerra fútil e em última instância sem efetividade no Afeganistão e que procurava afastar seus vizinhos. Essa é a lógica que levou à pane da segurança europeia em 2014 e à guerra em 2022.

A gestão Obama não guardou segredo de sua preferência por Medvedev e seu programa de modernização, a ponto de o próprio presidente dos EUA dizer que Putin era um homem do passado. Isso por si só já seria o suficiente para arruinar as chances de Medvedev concorrer a um segundo mandato. Contudo, para Putin, a gota d'água foi a deposição de Muammar Gaddafi na Líbia. A ordem de Medvedev para a Rússia se abster em seu voto na ONU em março de 2011, impondo uma zona de restrição aérea na Líbia, criou uma ruptura com Putin, que considerou a movimentação imprudente. Por fim, Putin se mostrou certo, pois, sob o disfarce de uma intervenção humanitária, as forças anglo-francesas, com a liderança dos EUA "na retaguarda", destruíram rapidamente a força aérea líbia e suas instalações, além de permitir que as forças insurgentes depusessem o governo e assassinassem brutalmente Gaddafi em outubro. A Líbia gozava dos mais altos padrões de vida na África, e agora estava jogada em uma guerra civil. A desordem resultante afetou os países vizinhos à medida que uma onda de armas e combatentes sem ocupação se espalharam pela região e abriram uma rota de imigração para o Sul da Europa. A troca de regime "pode ter alcançado importantes objetivos de segurança" para o Ocidente, mas por suas próprias ações a "aliança intensificou e acelerou a deterioração de suas relações com o seu maior e possivelmente o mais importante parceiro europeu – a Rússia".[60]

---

58 Ibid., p.29.
59 Ibid., p.25.
60 Hill, *No Place for Russia*, p.311.

Após se encontrar com Putin na Eslovênia em junho de 2001, Bush afirmou: "eu o olhei nos olhos. Achei que ele é bastante direto e digno de confiança. Tivemos um ótimo diálogo. Fui capaz de ter uma ideia de sua alma; um homem profundamente comprometido com os maiores interesses de seu país".[61] Ele se arrependeria desse comentário, mas depois Biden retomou o tema mais tarde, dizendo a Putin em 2011 que "não acho que você tenha alma", a que aparentemente Putin respondeu: "nós nos entendemos".[62] Se esse intercâmbio bizarro de fato aconteceu, refletia a pane nas relações mais profundas para além da geopolítica englobando dimensões existenciais. O colapso se confirmou quando Putin acusou a secretária de Estado Hillary Clinton de incitar os protestos da "fita branca" contra a falsificação de votos nas eleições parlamentares de dezembro de 2011. Nas maiores manifestações políticas da era Putin, os marchantes exigiam "eleições honestas" e "Rússia sem Putin". A eleição presidencial de março de 2012 trouxe Putin de volta ao Kremlin e ele retrocedeu até nas mais modestas políticas de liberalização de seu predecessor.[63]

O recomeço não conseguiu resolver os problemas subjacentes que continuaram a envenenar a relação. A lista de reclamações da Rússia continuava a crescer, mas os críticos argumentavam que essas questões estruturais e políticas não eram fundamentalmente causais. Para eles, a questão central era o sistema doméstico russo. Desse ponto de vista o poder autoritário da elite promoveu pretensões da grande potência neossoviética, relações sociais corruptas e a motivação para estabelecer uma legitimidade interna por meio de um aventureirismo externo. Essa leitura "diversionista" da política externa russa inclui a tentativa de criar uma "esfera de influência" na Eurasia pós-soviética ao mesmo tempo que persegue políticas agressivas em outros lugares, incluindo a subversão de políticas do Ocidente por meio de "medidas ativas" de desinformação e campanhas de "discórdia" nas redes sociais.[64] O acadêmico que se tornou diplomata Michael McFaul, como membro da gestão Obama, apoiou o recomeço, mas quando foi a Moscou em 2012 na condição de embaixador comandou o seu término. Para McFaul, Putin é motivado mais por fatores ideológicos do que por interesses materiais ou de segurança. Ele argumenta que o custo-benefício das várias intervenções na Ucrânia, Síria assim como nos EUA foi desconsiderado em busca de benefícios intangíveis de *status*, prestígio e legitimidade.[65] A estratégia

61 C-Span, Bush saw Putin's soul, 17 jun. 2001. Disponível em: <https://www.c-span.org/video/?c4718091/user-clip-bush-putins-soul>.

62 US Vice President Biden says Putin has no soul, *Reuters*, 21 jul. 2014. Disponível em: <https://www.reuters.com/article/us-usa-russia-biden-idUSKBN- 0FQ1CU20140721>.

63 Sakwa, *Putin Redux: Power and Contradiction in Contemporary Russia*.

64 Rid, *Active Measures: The Secret History of Disinformation and Political Warfare*.

65 McFaul, Putin, Putinism, and the domestic determinants of Russian foreign policy, *International Security*, 45/2, p.95-139.

de sobrevivência do regime burocrático certamente é parte dessa história, e suas manipulações e supressões para se manter no poder se intensificaram ao longo dos anos. A independência das instituições do Estado constitucional foi consideravelmente reduzida.

Contudo, essa visão é em si parte da narrativa da Guerra Fria sobre a Rússia e imediatamente desconsidera as abordagens estruturais da política externa dela. Nesta última perspectiva o país é visto enfrentando desafios reais a partir do sistema de poder atlântico em expansão e radicalizado do pós-Guerra Fria se aproximando de suas fronteiras em várias direções.[66] Foi muito mais o aprofundamento do dilema da segurança que alimentou a crise geopolítica, e não as políticas domésticas cada vez mais conservadoras e repressivas do novo império russo. São também desconsideradas as diferenças políticas reais com relação às ações apropriadas no Oriente Médio e em outros locais. Por exemplo, a intervenção militar da Rússia na Síria em setembro de 2015 ocorreu após um intenso envolvimento diplomático das partes implicadas e diante do risco iminente das forças islâmicas derrotarem Damasco, com consequências incalculáveis, mas certamente prejudiciais para a própria Rússia.[67]

A ordem liberal se considera orientada por motivos benignos, logo qualquer divergência não é apenas equivocada, mas inerentemente malevolente. Do outro lado, o enrijecimento do autoritarismo na Rússia prejudicou a credibilidade de sua defesa do sistema internacional da Carta. Na falta de algum tipo de estrutura de segurança europeia abrangente, suas preocupações com segurança não eram sem fundamento. A tensão entre o princípio de uma Europa "inteira e livre" e a insistência decorrente disso de que os Estados poderiam ingressar no sistema de aliança de sua escolha foram contrapostas por ideias de uma "Grande Europa" e a insistência na "indivisibilidade da segurança". Ambos se valeram do repertório de normas consagradas no sistema internacional da Carta e nas declarações pós-Guerra Fria, mas enfatizavam aspectos distintos. As diferenças estavam inerentes ao que acabou por se tornar ambições geopolíticas irreconciliáveis e uma alienação existencial cada vez mais profunda. O caminho para a guerra não foi direto, mas era inevitável.

66 Eloquentemente articulado por Mearsheimer, Why the Ukraine crisis is the West's fault: the liberal delusions that provoked Putin, *Foreign Affairs*, 93/5, p.77-89.

67 Para uma análise detalhada, ver: Averre, *Russian Strategy in the Middle East and North Africa.*

Parte II

CONFLITO DAS GRANDES POTÊNCIAS

5
Os Estados Unidos
entre a liderança e a primazia

Há um persistente debate sobre os fins e propósitos da política externa dos EUA.[1] O país passou a exercer a supremacia global durante a Segunda Guerra Mundial, mas não se tratou nem de uma ambição cultivada há muito tempo, nem de uma aceitação relutante do destino manifesto. Foi uma opção política moldada pela guerra.[2] O plano para a ascensão dos EUA ganhou forma por volta de 1940 e, no fim, foi formulado em termos de promover a concepção de ordem estadunidense de maneira global, apoiada por um surpreendente poder militar. A política e a opinião pública interna foram transformadas e aqueles que se opuseram foram taxados de "isolacionistas". De fato, em boa parte eram internacionalistas conservadores, se envolvendo nos assuntos internacionais de maneira prudente, mas concentrados sobretudo no desenvolvimento doméstico. Os novos globalistas formataram uma nova forma de internacionalismo, combinando liderança em instituições multilaterais e domínio de sua própria ordem. Esse globalismo expansivo se manteve sob controle pela existência de uma ordem de poder alternativo, o bloco militar e ideológico dirigido pela União Soviética. A cooperação dos tempos de guerra abriu espaço para o confronto. O fim da Primeira Guerra Fria em 1989 e o colapso da União Soviética em 1991 deixou a passagem livre para as ambições expansivas do globalismo

---

1 Debatido em Heilbrunn, Jacob. What is the purpose of American foreign policy?, *National Interest*, 20 dez. 2020. Disponível em: <https://nationalinterest.org/feature/what-purpose-american-foreign-policy-174848>.

2 Argumento de Wertheim, *Tomorrow the World*. Ver também: Ikenberry, *World Safe for Democracy*, p.177-211.

pós-guerra. O "século estadunidense" ganhou vida própria.[3] No entanto, a predominância unipolar se mostrou algo transitório e a capacidade de Washington para impor seu desejo a outros países ficou cada vez mais restringida pela "ascensão do resto".[4]

A grande estratégia dos EUA

Um dos temas recorrentes da grande estratégia dos EUA é o excepcionalismo, a visão de que são o povo escolhido com uma missão única para civilizar o resto do mundo. Isso pode assumir a forma dos EUA como um modelo, caso em que o foco está no desenvolvimento doméstico e na luta para viver de acordo com os ideais, descritos por John Winthrop em 1630 "como uma cidade sobre uma montanha" para os outros aprenderem e observar. Essa é a versão hegemônica da liderança dos EUA, em que convence pelo poder do exemplo. Como alternativa, há a versão intervencionista mais ativa, que depois assumiu a forma de combater pela primazia. Foi evocada pela primeira vez por aqueles que pediam ao EUA para ajudar a luta grega por independência nos anos 1820. Isso levou John Quincy Adams a argumentar em seu famoso pronunciamento de 4 de julho de 1821 que os Estados Unidos "havia se abstido de interferir em questões dos outros, mesmo quando o conflito tenha sido por princípios aos quais eles se prendem [...] eles não vão ao exterior em busca de monstros para destruir". Ele terminou afirmando que a "glória [dos EUA] não é o *domínio*, mas a *liberdade*".[5] A Doutrina Monroe de 1823 declarou os limites dos EUA com relação às outras potências, afirmando que toda a região deveria ser uma "esfera de influência" exclusivamente estadunidense. Depois de 1989, o internacionalismo democrático aplicou o princípio globalmente. Todo o mundo foi efetivamente tratado com uma única esfera de interesse, e qualquer tentativa de forjar uma zona de "interesses privilegiados" por outras potências era percebido como um desafio a essa supremacia.

O conceito de contenção moldou a grande estratégia da época da Guerra Fria, embora fornecesse pouca orientação sobre políticas concretas. O lançamento do satélite soviético Sptunik em 1957 provocou um momento de insegurança acompanhado de temores exagerados de uma "defasagem de míssil", ao mesmo tempo que as lições da derrota no Vietnã eram minimizadas por Reagan. O fim da Guerra Fria revigorou os conceitos

---

3 O termo foi cunhado por Henry Luce em 1941, quando o novo modelo de internacionalismo hegemônico estava sendo forjado. Luce, The American Century, p.61-5.

4 Zakaria, *Post-American World.*

5 Disponível em: <https://www.jhwolfanger.com/uploads/2/3/1/1/23113918/primary_ source_ john_q_adams_fourth_july_address.pdf> (destaque no original).

estadunidenses de liderança global. O poder dos EUA foi restaurado e parecia que o momento unipolar duraria indefinidamente. Contudo, a questão fundamental permaneceu sem solução, ou seja, as relações apropriadas entre os três componentes desse poder: o multilateralismo do sistema internacional da Carta, que conferiu legitimidade ao poder dos EUA e uma base no Direito internacional; e as duas pernas de seu poder hegemônico, o sistema de poder do Atlântico e a ordem econômica crescentemente globalizada. Os presidentes do pós-Guerra Fria enfatizaram diferentes aspectos, mas todos concordavam com relação à liderança estadunidense, até Donald Trump remodelá-la em termos mais diretamente materiais e transacionais. O fenômeno Trump refletiu a preocupação subjacente sobre o que a globalização havia feito aos EUA, acompanhada de temores sobre o tipo de sociedade que haviam se tornado.[6]

A grande estratégia descreve os propósitos abrangentes e as metas definíveis da política externa, combinando defesa, segurança e aspirações nacionais com os meios e planos para persegui-los. No pós-guerra, a grande estratégia dos EUA continha dois elementos fundamentais: a manutenção da primazia, contida pelos anos da Guerra Fria mas com maior expansão a partir dela; e a manutenção do sistema internacional pós-1945, que o país fez tanto para criar e que legitimou sua hegemonia. Isso implicou uma tensão permanente entre o compromisso com o multilateralismo e a busca por interesses nacionais mais limitados, uma contradição definida como aquela entre a liderança hegemônica e a primazia. A hegemonia depende principalmente do consentimento e da crença nos valores proclamados por aquele que a detém, ao passo que a primazia implica a predominância e a tentativa consciente de impedir as ambições alheias. Esses aspectos do poder dos EUA pós-guerra têm sido mutuamente alimentados e reforçados.[7] Se alguém cresce de maneira excessiva à custa de outro, essa grande estratégia é posta em xeque. A luta para manter a primazia no pós-Guerra Fria representou precisamente tal período de turbulência, colocando o domínio em grande risco. Diplomacia racional e a avaliação realista do núcleo dos interesses nacionais dos EUA foram questionados. Isso, por sua vez, provocou pedidos de "restrição", uma questão à qual voltaremos adiante.[8]

A primazia foi mantida por uma rede de alianças de segurança e poder econômico e financeiro bruto. Foi uma consistente estratégia para defender o domínio dos EUA nas regiões mais estrategicamente relevantes do mundo: Europa, Oriente Médio e Ásia Oriental.[9] A hegemonia foi mantida pelo compromisso com as instituições e procedimentos multilaterais

6 Norris; Inglehart, *Cultural Backlash: Trump, Brexit, and Authoritarian Populism.*
7 Hoffmann, *Primacy or World Order: American Foreign Policy since the Cold War.*
8 O caso clássico é o de Posen, *Restraint: A New Foundation for US Grand Strategy.*
9 Layne, *The Peace of Illusions: American Grand Strategy from 1940 to the Present.*

assim como influência cultural difusa. Esta última é definida como "poder brando", a capacidade de atrair e cooptar, logo, de projetar o poder sem recorrer a meios militares.[10] Isso foi acompanhado pela criação de uma rede global de cerca de 800 bases militares em 80 países, reforçada por vários tratados de segurança multilaterais e bilaterais. De acordo com Stephen Brooks e William Wohlforth, não há desafio real a essa primazia e as duas constantes do pós-guerra permanecem: os EUA como o Estado mais poderoso do mundo; e sua escolha estratégica de permanecer profundamente envolvido no mundo. Apesar dos pedidos domésticos para contenção, eles argumentam que a retirada desse modelo profundo mas judicioso de globalismo ameaçaria a segurança estadunidense e os interesses econômicos, colocando em risco o que chama de "ordem mundial".[11] De maneira correta, destacam a importância da liderança dos EUA, mas quando se eximem das normas da Carta, correm o riso de prejudicar a própria ordem que procuram defender.

Para Scowcroft, o colapso soviético e a dissolução de seu império "trouxe para perto a maior transformação do sistema internacional desde a Primeira Guerra Mundial", mas a contradição permaneceu.[12] Bush pai argumentou que os EUA tinham uma "responsabilidade desproporcional na utilização do seu poder na perseguição do bem comum. Também temos a obrigação de liderar". Ele destacou que os EUA

> são vistos principalmente como benigno, sem ambições territoriais, desconfortáveis com o exercício do nosso considerável poder [...]. Não precisamos, de fato não devemos, nos envolver em cada levante, mas devemos ajudar a desenvolver respostas multilaterais a eles.

Contudo, sua visão da cena internacional como "praticamente uma tábula rasa tal como a história raramente proporciona" foi um alerta antecipado sobre o potencial do excesso.[13] À medida que a ordem liberal se tornou hegemonia liberal, as prerrogativas do sistema internacional foram usurpadas. A defesa da primazia impedia a Rússia de desenvolver hegemonia regional e, mais tarde, procurou restringir o exercício do poder chinês. Em contraste direto com a visão benigna de Bush, os críticos argumentam que a política externa dos EUA desde 1945 tem sido um longo "equívoco", levando a muito sofrimento e a onerosas intervenções militares fracassadas. Uma política de complacência e apaziguamento teria funcionado melhor.[14] Para Kennan, "em

---

10 Nye, *Soft Power: The Means to Success in World Politics.*

11 Brooks; Wohlforth, *America Abroad: Why the Sole Superpower Should Not Pull Back from the World.*

12 Bush; Scowcroft, *World Transformed*, p.564.

13 Ibid., p.565-6.

14 Mueller, *The Stupidity of War: American Foreign Policy and the Case for Complacency.*

um mundo menos que perfeito [...] é natural que evitar o pior seja, muitas vezes, uma empreitada mais prática do que alcançar o melhor".[15] Dessa perspectiva, não há nada virtuoso no consenso bipartidário da política externa dos EUA. Ao contrário, a volta a uma tradição estadunidense pré-wilsoniana de liberalismo republicano, uma versão anterior do internacionalismo soberano, teria servido mais aos interesses nacionais estadunidenses.[16]

A grande substituição implicava uma mudança linguística do Direito internacional para "a ordem baseada em regras", acentuando a contradição entre a imparcialidade do sistema internacional e a particularidade da primazia estadunidense. O universalismo proclamado pela ordem liberal internacional implicava a imposição de normas hegemônicas representadas por aquela ordem, prejudicando a igualdade formal consagrada no sistema internacional da Carta. A primazia dos EUA implicava a contenção de outras potências, uma situação obviamente inaceitável para a Rússia e para a China e consentida de modo relutante pelos Estados não atlânticos (e muitas vezes até por aqueles dentro do sistema atlântico). O caráter hermético da ordem internacional liberal – a visão antipluralista liberal de que não pode haver nada legítimo fora dela – reduziu todos os "outros" a antagonistas em potencial ou adversários absolutos. A escolha parecia estar entre a subordinação à ordem liberal liderada pelos EUA, como "parte interessada responsável" ou alguma outra formulação, ou resistência, caso em que todo o arsenal da coerção e demonização seria utilizado. As formas tradicionais de diplomacia foram marginalizadas e a condução dos assuntos internacionais tornou-se mais ríspida. A Primeira Guerra Fria estava longe da época de ouro da diplomacia, mas pelo menos certa etiqueta foi observada e algumas propriedades respeitadas. Por outro lado, a Segunda Guerra Fria é acompanhada de denúncias incisivas, sanções e campanhas de propaganda corrosivas, que normalmente são retratadas como a exposição de informações equivocadas, *fake news* e desinformação. Os sistemas de poder em luta retratam sua própria verdade e a imparcialidade abre caminho para a polarização e o partidarismo.

Hegemonia liberal e primazia estadunidense

Os neoconservadores acreditam que a manutenção da primazia dos EUA é um fim em si, embora os intervencionistas liberais procurem utilizar o

15 Kennan, Morality and foreign policy, *Foreign Affairs*, 64, p.212.

16 Hendrickson, *Republic in Peril: American Empire and the Liberal Tradition*. Para debate, ver Lawrence, Patrick. David Hendrickson: we need a "New Internationalism", *The Nation*, 2 nov. 2018. Disponível em: <https://www.thenation.com/article/david-hendrickson-foreign-policy-interview/>.

poder dos EUA para promover os direitos humanos e liberais. Poder e normas convergiram em um efeito devastador. A linguagem da hegemonia – regras, normas e a prevenção de danos – disfarçava o idioma da primazia. Na primeira, os EUA são contidos por corpos multilaterais que tiveram o cuidado de criar, ao passo que na última os interesses de segurança nacional são priorizados. A fusão permitiu que os EUA interpretassem as regras conforme seus propósitos. Ambos exaltavam a excepcionalidade estadunidense, embora para diferentes propósitos: os intervencionais liberais para manter a hegemonia e os neoconservadores para garantir a dominação.

A gestão de Bush filho estava repleta de expoentes de ideias neoconservadoras, incluindo Donald Rumsfeld, Richard Perle, Michael Ledeen, Paul Wolfowitz, Elliott Abrams e Scooter Libby, com o militante Dick Cheney como vice-presidente agindo como se fosse o presidente. A autoconfiança persistente e a excessiva convicção no poder dos EUA para mudar o mundo assumiram um lugar peculiar nessa presidência "baseada na fé". A intuição e a confiança substituíram a racionalidade e a dúvida.[17] Conforme Kaplan, Washington perdeu a "sensibilidade trágica" e não conseguiu compreender que, em assuntos internacionais, "nem tudo pode ser corrigido", logo o mundo deveria ser aceito como ele é.[18] Líderes sábios devem "pensar tragicamente para evitar a tragédia".[19]

A Estratégia de Segurança Nacional de setembro de 2002 refletiu o que se tornou conhecido como doutrina Bush, observando que os EUA gozavam de "uma posição de força militar sem paralelos e uma grande influência política e econômica". Estavam autorizadas ações militares preventivas contra Estados e grupos hostis na busca por armas de destruição em massa. Os EUA não permitiriam que nenhuma potência estrangeira hostil os enfrentasse militarmente. Apesar de afirmar o seu compromisso com o multilateralismo, a *Estratégia* deixou evidente que os EUA "não hesitarão em agir sozinhos, se necessário". O documento também proclamava o objetivo de difundir a democracia e os direitos humanos globalmente, para desenvolver "sociedades livres e abertas em todos os continentes".[20] Autorizou ainda a guerra preventiva contra o Iraque no ano seguinte, violando a norma fundamental, presente na Carta, de guerra apenas em autodefesa. Esse era o internacionalismo democrático em ação. Nesse mesmo espírito, Ledeen advertiu que, "a cada dez anos, mais ou menos, os Estados Unidos precisam escolher algum país pequeno e insignificante e jogá-lo contra a parede, apenas para

17 A racionalidade da administração é defendida por Lynch, *Shadow of the Cold War*, p.103-61.

18 Kaplan, *Tragic Mind*, p.97.

19 Ibid., p.xiii.

20 *The National Security Strategy of the USA*, 17 set. 2002. Disponível em: <https://2009-2017.state.gov/documents/organization/63562.pdf>.

demonstrar ao mundo que estamos falando sério".[21] O jornalista Ron Suskind citou um funcionário anônimo da Casa Branca logo depois da guerra:

> O assistente disse que homens como eu estávamos "naquilo que chamamos de comunidade baseada na realidade", que ele definiu como sendo as pessoas que "acreditam que as soluções surgem do seu estudo criterioso da realidade discernível". Eu concordei e murmurei algo sobre os princípios iluministas e o empirismo. Ele me interrompeu. "O mundo não funciona mais assim", ele prosseguiu. "Agora somos um império e, quando agimos, criamos nossa própria realidade. E enquanto você estiver estudando aquela realidade – de maneira judiciosa, como farão – agiremos novamente, criando outras realidades, que vocês também poderão estudar, e é assim que as coisas vão se organizar. Nós somos atores da história [...] e você, todos vocês, ficarão relegados a estudar apenas o que nós fazemos".[22]

A presidência de Obama se voltou a um exercício da hegemonia liberal mais cauteloso. Ele seguiu a orientação da secretária de Estado Hillary Clinton em 2011 na intervenção na Líbia, mas resistiu a pedidos de bombardear a Síria, mesmo após Damasco ter ultrapassado o "limite" utilizando armas químicas em Ghouta em agosto de 2013. Trump tinha pouco interesse nas atividades de promoção de democracia de seu predecessor, mas sua equipe de segurança nacional estava repleta de expoentes da primazia neoconservadora, marginalizando os liberais. Trump expressou a primazia em termos de "grandeza" estadunidense, mas o resultado foi praticamente o mesmo. No que toca à hegemonia, não tinha compreensão da relação sutil com a primazia e no fim das contas minou ambos. Para Trump, as regras representavam limitações com relação ao exercício de poder dos EUA na busca por "negócios" que fossem unicamente vantajosos para o seu país, mas esse mercantilismo raso não serviu nem para primazia, nem para a hegemonia.

Há uma notável continuidade na grande estratégia estadunidense.[23] As vozes que pediam moderação foram abafadas por aquelas que insistiam que os EUA eram uma "superpotência, gostem ou não".[24] Para Robert Kagan, uma retirada das responsabilidades globais significaria que o mundo cairia

21 Citado por Blake Hounshell, Russia's splendid little war, *Foreign Policy*. Disponível em: <https://foreignpolicy.com/2008/08/12/russias-splendid-little- war/>.

22 Suskind, Ron. Faith, certainty and the presidency of George W. Bush, *New York Times Magazine*, 17 out. 2004. Disponível em: <https://www.nytimes.com/2004/10/17/magazine/faith-certainty-and-the-presidency-of-george-w-bush.html>.

23 Como enunciado por H. R. McMaster, The retrenchment syndrome: a response to "Come Home America"', *Foreign Affairs*, 99/4, p.183-6.

24 Kagan, A superpower, like it or not: why Americans must accept their global role, *Foreign Affairs*, 100/2, p.28-39. Ver também o seu: The price of hegemony: can America learn to use its power?, *Foreign Affairs*, 101/3, p.10-19.

na desordem e no caos. A "selva", em suas palavras, cresceria novamente.[25] Ele não conseguiu distinguir entre liderança, que para uma grande potência é apropriado, e primazia, que era cada vez mais contestada. Para Glennon, como vimos, a explicação reside na criação de um "Estado profundo" trumanista como uma função da Guerra Fria, expandindo os serviços de inteligência e o militarismo corporativo.[26] O vasto complexo militar industrial e o ramificado sistema de alianças no exterior não apenas persistiram, mas também se acentuaram depois que a causa original – a Guerra Fria com a União Soviética – havia acabado. Ben Rhodes, membro da equipe de Obama na Casa Branca, explica a continuidade dessa política com o termo "a mancha" [*the blob*], ou seja, a influência persistente do *establishment* da política externa.[27] Esse grupo, localizado principalmente em Washington e seus arredores, procurou impedir a derrocada da primazia, que viam sob permanente ameaça. Logo a necessidade perene de aumentar os gastos militares para suprir essa ou aquela "defasagem": mísseis, navios ou aviões. De acordo com Rhodes, a mancha

> tem chamado a atenção por sua falta de vontade, ou incapacidade, em reconsiderar ou repriorizar os interesses nacionais que foram anteriormente definidos após a Segunda Guerra Mundial e que continuam, em geral, no piloto automático depois do fim da Guerra Fria.[28]

Naquela época, a ex-embaixadora estadunidense na ONU Jeane Kirkpatrick clamava para que os EUA se tornassem uma potência mais "normal". Pedia um foco maior nas questões domésticas, porque "uma sociedade boa é definida não por sua política externa, mas por suas qualidades internas [...] pelas relações entre os cidadãos, o tipo de caráter cultivado, e a qualidade da vida que se vive".[29] Em vez disso, o "pensamento de grupo" do *establishment* continuou a promover uma visão "excepcionalista" do poder estadunidense. Dessa perspectiva, os EUA estão sempre do lado dos bons. A primazia do país é inerentemente benigna, mesmo quando se cometem "erros" e milhões morrem. Da forma que realistas clássicos como Hans Morgenthau destacaram, mesmo a mais benevolente das políticas pode gerar resultados catastróficos.[30]

---

25 Kagan, *The Jungle Grows Back: America and Our Imperiled World.*

26 Glennon, *National Security and Double Government.*

27 Stephen M. Walt dedica um capítulo instrutivo para "definir a 'mancha' [*the blob*]" em: *The Hell of Good Intentions: America's Foreign Policy Elite and the Decline of US Primacy*, p.91-136.

28 DeRensis, Hunter. The blob strikes back, *National Interest*, 23 out. 2019. Disponível em: <https://nationalinterest.org/feature/blob-strikes-back-90476>.

29 Para suas opiniões, ver: Kirkpatrick, A normal country in a normal time, *National Interest.* Para sua perspectiva geral, ver: Kirkpatrick, *Making War to Keep Peace.*

30 Um argumento desenvolvido por Lieven; Hulsman, Ethical realism and contemporary challenges, *American Foreign Policy Interests*, n.28, p.413-20.

Essa visão benigna foi questionada por Trump a partir de uma perspectiva bastante diferente. Sua crítica se baseava na estreita posição mercantilista e semi-isolacionista, logo era fácil desacreditar. O fracasso em gerar uma crítica mais substantiva e popular do excepcionalismo estadunidense, e seu militarismo associado, é um dos fatores que perpetuaram os piores aspectos da paz negativa pós-Guerra Fria.[31] Patrick Porter está correto em notar a "trágica natureza da vida internacional", em que "em um mundo inerentemente não seguro, a ordem é um processo não liberal", no qual devem existir compromissos "entre os valores liberais e a política de poder brutal".[32] A questão, contudo, é o caráter dessa ordem. Compromisso é uma característica essencial da diplomacia baseada na "ética da responsabilidade", mas a boa liderança também exige a capacidade de contenção.

Primazia se converte em dominação

A ascensão da Al-Qaeda e o ataque islâmico nos EUA em 11/9 anunciaram uma nova era no ativismo militar global. A guerra ao terror assumiu muitas formas, incluindo a invasão do Afeganistão no outono de 2001, a guerra no Iraque em 2003, o ataque à Líbia em 2011 e o apoio às forças insurgentes na Síria em 2011. Isso ajuda a explicar a rigidez da política estadunidense. Sanções a Cuba e ao Irã, com variações no ritmo, persistem por décadas. Cuba, um país de 11 milhões de pessoas, tem enfrentado um embargo ilegal imposto pelos EUA por mais de seis décadas. Nos últimos dias, a gestão Trump colocou Cuba de volta à lista de países que patrocinam o terrorismo, embora Havana tenha mediado o processo de paz na Colômbia.[33] A Rússia ingressou no "eixo do mal" em 2014 por conta de suas ações contra a Ucrânia. Moscou reconheceu a liderança dos EUA e mesmo sua hegemonia em determinadas questões, mas se recusou a aceitar o domínio que era visto como ameaçador à soberania nacional. A grande estratégia estadunidense pós-guerra, as redes de trabalho ideacionais impulsionadas por ela e o *establishment* de segurança que ela mantém criaram um sistema resistente à mudança. Em consonância com a radicalização do internacionalismo democrático, o Estado trumanista no pós-Guerra Fria manteve sua primazia doméstica, agora reinterpretada como a luta das democracias contra as autocracias.

---

31 Há críticas substantivas dos movimentos de esquerda antimilitares e pacifistas, e de conservadores tradicionais de direita, mas sua capacidade de mudar o consenso chegou ao limite.

32 Porter, *The False Promise of Liberal Order: Nostalgia, Delusion and the Rise of Trump*, p.21.

33 Para mais detalhes, ver Chomsky, Noam; Prashad, Vijay. Cuba is not a State-sponsor of terrorism, *CounterPunch*, 14 fev. 2023. Disponível em: <https://www.counterpunch.org/2023/02/14/cuba-is-not-a-state-sponsor-of-terrorism/>.

Trump questionou o que ele considerava ser os formatos multilaterais anacrônicos do Estado de segurança nacional no exterior, sobretudo a Otan, mas sua crítica mercantilista não se estendeu a questionar as estruturas e o privilégios do Estado trumanista. As corporações militares continuam a financiar *think tanks* como o Conselho Atlântico com sede em Nova York, criado em 1961 para promover, como seu nome sugere, a comunidade transatlântica, assim como análogos no exterior, como o Instituto Australiano de Estratégia Política (ASPI), que assumiu a liderança no aumento da retórica de contenção contra a China. Muitos dos democratas de comitês de perfil relevante no Congresso são financiados pelas mesmas corporações. Há uma "porta giratória" entre o emprego nas corporações de defesa, política e *think tanks*. O Estado trumanista persiste e, embora após 1989 tenha havido redução nos gastos militares acompanhados pela retirada da maior parte das forças estadunidenses da Europa, a rede de bases no exterior quase não foi reduzida. Novas justificativas foram encontradas para manter a surpreendente predominância militar.

À medida que a Segunda Guerra Fria se intensificou, as estruturas ideológicas retomaram a centralidade que tinham anteriormente. Estas incluem a Agência para Desenvolvimento Internacional dos EUA (USAID), os Corpos de Paz, a Voz da América, a Rádio Ásia Livre, a Rádio Europa Livre-Rádio Liberdade (RFE/RL), o Movimento Nacional pela Democracia (NED) e muitas outras, cujo objetivo é promover internacionalismo democrático de distintas maneiras.[34] Carl Gershman, o presidente do NED, foi desconcertantemente aberto sobre suas ambições de troca de regime, admitindo em setembro de 2013 que a Ucrânia foi "o maior prêmio".[35] O que a CIA havia tentado conquistar anteriormente pela subversão agora foi feito abertamente. Segundo uma pesquisa escrita logo após o fracasso do golpe em Moscou em agosto de 1991:

> Preparando o terreno para o triunfo da ação pública do último mês havia uma rede de operativos visíveis que, ao longo dos últimos 10 anos, tem silenciosamente mudado as regras da política internacional. Fazem em público aquilo que a CIA costumava fazer no privado – fornecer apoio financeiro e moral para grupos pró-democracia, formando lutadores da resistência, trabalhando para subverter o regime comunista.

As funções subversivas da CIA haviam sido transferidas para instituições de defesa como o NED. Allan Weinstein, um dissidente soviético,

---

34 McFaul, *Advancing Democracy Abroad: Why We Should and How We Can.*

35 Klarenberg, Kit. US regime-change Agency NED admits its role in the strife in Belarus, RT.com, 21 maio 2021. Disponível em: <https://www.rt.com/russia/524296-western-meddling-belarus-power-change/>.

cofundador do comitê para monitorar os Acordos de Helsinque e fundador, em 1984, do Centro para Democracia, concordou que: "Muito do que fazemos hoje era feito clandestinamente 25 anos atrás pela CIA".[36] Em vez de golpes, operações de troca de regime foram conduzidas dentro da estrutura do que mais tarde ficou conhecido como "revoluções coloridas". A Rússia alegou o envolvimento do NED na deposição do presidente ucraniano Viktor Yanukovych em fevereiro de 2014.[37]

A Agência Global para Mídias dos EUA (USAGM) foi reconfigurada e generosamente refinanciada para travar novas lutas contra o poder brando e contra a ideologia de supostos adversários. A Rússia e a China foram acusadas de promover governos autoritários, logo a suposta necessidade de defender "direitos humanos, liberdade e democracia como regras universais".[38] Estes países responderam na mesma moeda. A China estabeleceu Institutos Confúcio em mais de 100 países, enquanto o trabalho cultural da Fundação Russikiy Mir (Mundo russo) foi reforçado pela organização Rossotrudnichestvo (cooperação russa). Moscou e Beijing não mais propunham o comunismo, mas de fato condenavam o internacionalismo democrático. Da perspectiva dos EUA, sua postura em defesa dos princípios da Carta não era menos culpada do padrão de dois pesos e duas medidas do que ela própria era acusada. Violam-se direitos humanos fundamentais e (para a Rússia) promove-se um não liberalismo conservador.[39] A acusação é justa, mas, quando respinga na difamação de perspectivas políticas alternativas com relação aos assuntos globais ou visões sobre modelos apropriados de desenvolvimento ou política econômica, então a hegemonia cede lugar ao domínio e a glorificada liberdade à intolerância. Diferenças políticas legítimas vistas de um prisma maniqueísta da Guerra Fria se tornaram atos hostis e subversivos.[40]

A defesa bipartidária e o consenso da segurança persistem. Obama e Trump, de modos distintos, questionaram os elementos do consenso, mas

---

36 Ignatius, David. Innocence abroad: the new world of Spyless Coups, *Washington Post*, 22 set. 1991. Disponível em: <https://www.washingtonpost.com/ archive/opinions/1991/09/22/ innocence-abroad-the-new-world-of-spyless-coups/92bb989a-de6e-4bb8-99b9-462c76b59 a16/>.

37 Klarenberg, Kit. Anatomy of a coup: the NED in Ukraine, *The Scrum*, 26 maio 2022. Disponível em: <https://thescrum.substack.com/p/anatomy-of-a-coup>. Ver também: Luhn, Alec. National Endowment for Democracy is first "undesirable" NGO banned in Russia, *Guardian*, 28 jul. 2015. Disponível em: <https://www.theguardian.com/ world/2015/jul/28/ national-endowment-for-democracy-banned-russia>.

38 McFaul, Cold War lessons and fallacies for US-China relations today, *Washington Quarterly*, 43/4, p.16.

39 Para uma análise, ver Headley, Challenging the EU's claims to moral authority: Russian talk of "double standards", *Asia Europe Journal*, 13/3, p.297-307.

40 Diesen, The EU, Russia and the manichean trap, *Cambridge Review of International Affairs*, 30/2-3, p.177-94.

não conseguiram gerar uma alternativa coerente às grandes estratégias. No fim, ambos se curvaram à continuidade e ao "Estado profundo". O preço para conseguir que o Senado ratificasse o tratado Start-2 com a Rússia foi Obama autorizar a mais extensa e cara modernização das forças estratégicas dos EUA desde os anos 1960. Trump aumentou o orçamento militar e negou sua promessa de campanha para transferir recursos para a modernização de infraestruturas. O debate sobre se os EUA devem exercer a "contenção" e se limitar a um "equilíbrio exterior" – intervindo somente quando um equilíbrio de poder regional está ameaçado – ou manter os compromissos da Guerra Fria é algo que está longe de ser resolvido. A "saída da hegemonia" estadunidense sob Trump foi parcial, enquanto a afirmação da primazia persiste.[41]

A ruptura de Trump

A eleição de Trump à presidência em novembro de 2015 representou um grande golpe para o consenso, interpretada como o fim da era Wilsoniana.[42] Tratava-se de alguém de fora do *establishment* político, que nunca havia ocupado um cargo público eleito até antes de sua vitória inesperada. Trump promoveu uma agenda mal definida, mas poderosa, o *America First* [Estados Unidos primeiro], condenando os efeitos deletérios da globalização no emprego e na economia local. Sua palavra de ordem *Make America Great Again* [torne os EUA grande novamente] prometeu investimento na infraestrutura estadunidense e apoio para as indústrias em dificuldade (como a mineração de carvão) para conduzi-las a uma nova era de prosperidade. Na política externa, a "doutrina Trump" combinava a *America First* e o "realismo de princípios", no qual os Estados perseguiriam seus próprios interesses embora respeitando princípios comuns de comportamento internacional.[43] Isso se aproximava do internacionalismo soberano, mas a inflexão populista e a prontidão para utilizar guerras comerciais e outros instrumentos políticos coercivos repudiaram o multilateralismo.[44] Para a Casa Branca de Donald Trump, os EUA haviam se tornado "refém da ordem internacional que eles criaram, e a libertação [estava] atrasada".[45] Isso ameaçou os fundamentos da teoria da estabilidade hegemônica, que afirma que a liderança

41 Cooley; Nexon, *Exit from Hegemony: The Unravelling of the American Global Order.*

42 Mead, The end of the Wilsonian era: why liberal internationalism failed, *Foreign Affairs*, 100/1, p.123-37.

43 Anton, Michael. The Trump doctrine, *Foreign Policy*, 20 abr. 2019. Disponível em: <https://foreignpolicy.com/2019/04/20/the-trump-doctrine-big-think-america-first-nationalism/>.

44 Ettinger, Principled realism and populist sovereignty in Trump's foreign policy, *Cambridge Review of International Affairs*, 33/3, p.410-31.

45 Burns, *Back Channel*, p.9.

benevolente de um Estado dominante é uma condição necessária e suficiente para uma economia mundial aberta e liberal.

A ascensão de Trump refletia uma mudança de longo prazo "se afastando do internacionalismo engajado que caracterizou os 75 anos anteriores [...] e se aproximando de algo mais próximo ao isolacionismo".[46] Essa tendência já havia aparecido durante a presidência de Bush filho, quando muitos funcionários do governo eram "diretamente hostis ao sistema multilateral, baseado em regras que os EUA haviam moldado e lideravam".[47] Contudo, o nacionalismo trumpista representou algo novo: o repúdio fundamental ao internacionalismo liberal que havia dominado a política externa estadunidense nos anos pós-guerra. Ele questionava não apenas a forma da hegemonia liberal que predominou a partir de 1989, mas também as premissas fundamentais da grande estratégia dos EUA tal como posta em prática desde a guerra. A abordagem de Trump representou não um retorno a um internacionalismo soberano do sistema da Carta, mas a algo mais visceral e nacionalista, que lembrava o isolacionismo pré-guerra de Charles Lindbergh ou mesmo o pré-1914, época do imperialismo e da concorrência entre as grandes potências. Os EUA estavam se tornando uma potência revisionista.[48]

O ataque de Trump ao "globalismo" era abrangente. Em outubro ele argumentou que:

> Estamos colocando os EUA em primeiro lugar, isso não acontece há muitas décadas, estamos colocando eles em primeiro lugar, estamos cuidando de nós mesmos por uma mudança, mas os democratas radicais querem voltar no tempo e restaurar o regime dos globalistas corruptos, sedentos de poder. Vocês sabem o que é um globalista, certo? Um globalista é uma pessoa que quer que o mundo vá bem sem, francamente, se importar tanto com o nosso país. Não podemos ter isso. Eles têm uma palavra, que se tornou um tanto antiquada – é o nacionalismo. De fato, não esperam que usemos essa palavra, sabe o que eu sou? Sou um nacionalista, certo? Sou um nacionalista, use essa palavra.[49]

Para confirmar essa posição, dois dos principais assessores de Trump afirmaram "que o mundo não é uma 'comunidade global', mas uma arena

---

46 Kirshner, Gone but not forgotten: Trump's long shadow and the end of American credibility, *Foreign Affairs*, 100/2, p.22.

47 Ikenberry, The rise of China and the future of the West: can the liberal system survive?, *Foreign Affairs*, 87/1, p.33-4.

48 Chan, Challenging the liberal order: the US Hegemon as a revisionist power, *International Affairs*, 97/5, p.1335-52.

49 Baker, Peter. "Use that word!": Trump embraces the "nationalist" label, *New York Times*, 23 out. 2018. Disponível em: <https://www.nytimes.com/2018/10/23/us/politics/nationalist-president-trump.html>.

em que as nações competem por vantagem [...]. Em vez de negar essa natureza elementar dos assuntos internacionais, devemos incorporá-la".[50] A premissa fundamental do internacionalismo liberal foi questionada, a visão dos

> regimes multilaterais, instituições democráticas, interdependência econômica e a exportação de valores e normas estadunidenses como o meio mais efetivo e apropriado de promover os interesses dos EUA e fazer que os outros queiram e faça aquilo que os estadunidenses querem.[51]

O pacote completo agora foi rejeitado e se passou a promover a afirmação pura e simples dos interesses dos EUA. Os apoiadores de Trump questionam o "revisionismo sob a aparência de hegemonia liberal" do pós-Guerra Fria. Naquele modelo, "todos os Estados, incluindo as principais potências autoritárias como a Rússia e a China, se tornariam suplicantes em uma ordem mundial dominada pelos EUA".[52] De fato, Trump defendia o "equilíbrio externo", por meio do qual os EUA não agiriam mais como a polícia universal; em vez disso, interviria estrategicamente para prevenir a ascensão de coalizões de rivais regionais.[53] Em seu país, o nacionalismo econômico de Trump ressoou tanto na classe trabalhadora, quanto na classe média cuja renda real havia estagnado há uma geração.

A reafirmação da soberania foi o princípio orientador do governo Trump. Isso não significou a renúncia da primazia, mas isso não se expressava mais em termos de liderança ou mesmo de hegemonia. Para afirmar a primazia, Trump utilizou métodos brutais, recusando aliados e se envolvendo em diplomacia pessoal de alto risco com os adversários. Criticou operações de reconstrução de países [*nation building*], exigiu que os aliados pagassem mais pela sua própria defesa, mas desenvolveu o que ele alegou ser um exército estadunidense subfinanciado. Trump evitou a linguagem do "excepcionalismo", e com isso repudiou tanto o messianismo que dominou a política externa de Bush filho, quanto a versão mais pragmática que caracterizou a liderança de Obama. Em junho de 2017, anunciou que os EUA deixariam o Acordo do Clima de Paris de 2015, compromisso em reduzir a emissão de carbono para evitar um aumento catastrófico na temperatura da Terra em mais de 2°C. Também retirou o país da Unesco (Organização das Nações Unidas para a Educação, a Ciência e a Cultura), e em maio de 2018

50 H. R. McMaster, conselheiro de segurança nacional, e Gary Cohn, diretor do Conselho Econômico Nacional, America First does not mean America alone, *Wall Street Journal*, 30 maio 2017. Disponível em: <https://www.wsj.com/articles/america-first-doesnt-mean-america-alone-1496187426>.

51 Schweller, Why Trump now, p.23.

52 Ibid., p.25.

53 Layne, From preponderance to offshore balancing: America's future grand strategy, *International Security*, 22/1, p.86-124.

ele deixou o acordo nuclear com o Irã (JCPOA), negociado por Obama e que havia se efetivado em 2015. Em junho de 2018, os EUA saíram do Conselho de Direitos Humanos das Nações Unidas (UNHRC, que até 2006 era a Comissão de Direitos Humanos) no meio de seu mandado, o primeiro país a fazer isso. O embaixador dos EUA na ONU Nikki Haley argumentou que o conselho era um "protetor de abusadores dos direitos humanos e um fosso de parcialidade política", logo "os EUA não deveriam dar a ele qualquer credibilidade", mencionando sua suposta parcialidade contra Israel.[54] Em maio de 2020 Trump anunciou que os EUA deixariam de cooperar com a Organização Mundial da Saúde (OMS), justamente quando o país entrou em uma fase devastadora da pandemia da Covid-19. Em meados de 2022, o SARS-CoV-2 havia matado um milhão de estadunidenses, mais que o dobro das 416.800 mortes militares na Segunda Guerra Mundial.

A ruptura trumpista não apenas prejudicou a liderança nos assuntos globais, mas também converteu o país em uma potência "vilã", desertando da ordem liberal global que havia construído tão assiduamente. Suas políticas ameaçaram até mesmo as fundações do sistema internacional pós-guerra, que forneceu a estrutura normativa para a administração dos assuntos internacionais. A prontidão de Trump para questionar o consenso pós-guerra levantou esperanças em Moscou de que colocaria novas ideias na mesa. As elites russas estavam bastante cientes de que era instável em seus pontos de vista, temperamental e desleal nas relações pessoais e imprevisível em seu comportamento, ainda assim parecia que sua liderança ofereceria uma nova alternativa à Guerra Fria. Ao contrário, Hillary Clinton, sua adversária democrata, representava a política da continuidade da incansável hostilidade à Rússia.[55] Trump observou que a "Otan é obsoleta e extremamente cara para os Estados Unidos, de forma desproporcional" e "deveria ser reajustada para lidar com o terrorismo".[56] Mais tarde, alertou que só ajudaria as nações europeias durante a invasão russa se antes "cumprissem com as obrigações delas conosco". Também ressaltou que os EUA tinham de "arrumar nossa própria bagunça antes de tentar alterar o comportamento de outras nações": "não acredito que temos o direito de dar lições".

Trump argumentou que sua palavra de ordem "*America First*" era um "termo novo em folha, moderno", e não sinalizava isolacionismo como

---

54 Wolfe, Lauren. Trump's insidious reason for leaving the UN Human Rights Council, *Atlantic*, 20 jun. 2018. Disponível em: <https://www.theatlantic.com/international/archive/2018/06/trump-haley-un-human-rights-israel-venezuela-with- drawal/563246/>.

55 Delineado em Clinton, *Hard Choices: A Memoir*.

56 Trump: NATO Is obsolete and expensive, "doesn't have the right countries in it for terrorism", entrevista no ABC's *This Week*, 27 mar. 2016. Disponível em: <http:// www.realclearpolitics.com/video/2016/03/27/trump_europe_is_not_safe_lots_of_the_free_world_has_become_weak.html>.

aquele defendido por Lindbergh.[57] Acima de tudo, adotou uma posição radical:

> Desejamos viver de maneira pacífica e fraterna com a Rússia [...]. Temos sérias diferenças [...]. Mas não somos obrigados a ser adversários. Devemos procurar um terreno comum baseado nos interesses compartilhados. A Rússia, por exemplo, também viu o horror do terrorismo islâmico. Eu acredito que seja possível amenizar as tensões e melhorar as relações com a Rússia – de uma posição de força. O senso comum diz que esse ciclo de hostilidade deve terminar. Alguns dizem que os russos não serão razoáveis. Eu pretendo descobrir. Se não pudermos fazer um bom negócio para os EUA, então rapidamente deixaremos a mesa.[58]

Na ocasião, as alegações do Russiagate do conluio entre Putin e Trump e a interferência russa nas eleições de 2016 ameaçaram a legitimidade de sua presidência e limitaram o espaço de Trump para iniciativas diplomáticas.[59] A percepção da Rússia como um agente malévolo foi confirmada, e a tendência para uma Guerra Fria total se acelerou.

A *Estratégia de Segurança Nacional* dos EUA revelada em 18 de dezembro de 2017 (NSS-2017) representou um retorno a elementos da "doutrina Bush" da primazia estadunidense, incluindo um papel mais amplo para as armas nucleares contra "ataques estratégicos não nucleares". O documento alertava contra "as potências revisionistas da China e da Rússia", listadas ao lado de "potências vilãs do Irã e da Coreia do Norte" e as "organizações de ameaça transnacional, sobretudo os grupos jihadistas".[60] A versão anterior publicada por Obama listava a Rússia como uma ameaça, ao lado do vírus Ebola e do chamado Estado Islâmico, no entanto sua elevação ao *status* de membro do grupo de "Estados vilão" refletia a transição do moralismo internacional liberal para o realismo do conflito entre grandes potências. A *Estratégia* refletia essas preocupações do *establishment* de segurança nacional tradicional republicano com relação aos intervencionistas neoconservadores e liberais. Essa nova estratégia não tinha nada a dizer sobre promover a democracia, um tema central das presidências de Bush e Obama, ao contrário refletia as preocupações antiglobalistas do *America First* de Trump. O documento delineou quatro pilares da segurança nacional: proteger a

57 Sanger, David E.; Haberman, Maggie. Donald Trump sets conditions for defending NATO allies against attack, *New York Times*, 20 jul. 2016. Disponível em: <https://www.nytimes.com/2016/07/21/us/politics/donald-trump-issues. html?_r=0>.

58 Transcript: Donald Trump's foreign policy speech, *New York Times*, 27 abr. 2016. Disponível em: <https://www.nytimes.com/2016/04/28/us/politics/transcript-trump-foreign-policy.html?_r=0>.

59 Sakwa, *Deception: Russiagate and the New Cold War*.

60 *National Security Strategy of the United States*, dez. 2017, p.25. Disponível em: <https://www.whitehouse.gov/wp-content/uploads/2017/12/NSS-Final-12-18- 2017-0905.pdf>.

pátria; promover a prosperidade dos EUA; preservar a "paz por meio da força", um tema promovido antes por Reagan e Bush pai; e a influência dos EUA. Embora crítico à Rússia, o documento reservou linguagem mais dura para a China.

Ao apresentar o documento, Trump reafirmou seu desejo de "construir uma grande parceria" com a Rússia e outros países, "mas de um modo que sempre proteja nossos interesses nacionais". Reconheceu a ligação de Putin, agradecendo-o pelas informações fornecidas pela CIA que impediram um ataque terrorista em São Petersburgo, observando que "é assim que as coisas devem funcionar". Ele insistiu que "não devemos procurar impor nosso modo de vida a ninguém" e acrescentou que ele "não permitiria que uma ideologia rígida se tornasse um obstáculo para a paz".[61] Reiterou a questão da "paz por meio da força" e enfatizou seu edifício militar, que aumentou o orçamento de defesa em 2018 para 700 bilhões de dólares.[62] O orçamento de defesa russo para aquele ano havia sido de apenas 46 bilhões de dólares, 2,8% do PIB.[63] O documento foi preparado por H. R. McMaster, conselheiro de Trump para segurança nacional e uma das suas principais assistentes, Nadia Schadlow. Em resposta, o porta-voz do Kremlin Dmitry Peskov afirmou

> Analisando [a estratégia], particularmente aquelas partes que dizem respeito ao nosso país, pode-se ver a natureza imperial do documento, assim como uma persistente indisposição para abandonar a ideia de um mundo unipolar e aceitar um mundo multipolar.

Peskov rejeitou a designação da Rússia como uma ameaça à segurança estadunidense.[64] A China também se opôs à agenda globalista e intervencionista dos EUA, rechaçando a insinuação de que seria um "Estado revisionista" e instando os EUA a "abandonar sua mentalidade de Guerra Fria".[65]

Esses temas eram preeminentes na *Estratégia de Segurança Nacional*, uma versão pública de onze páginas daquela lançada em 19 de janeiro de 2018. O documento notava que nas décadas de unipolaridade, os EUA "gozavam de uma superioridade incontestável ou dominante em todos os domínios de operação", seguido por um período de "atrofia estratégica". Os EUA

61 Donald Trump delivers a speech on National Security Policy, 18 dez. 2017. Disponível em: <https://factba.se/transcript/donald-trump-speech-national-security- december-18-2017>.

62 Borger, Julian. Trump says US could use nuclear weapons against conventional attacks, *Guardian*, 19 dez. 2017, p.16.

63 Números fornecidos por Putin em sua coletiva de imprensa anual em 14 dez. 2017.

64 Washington's new security strategy has "imperial nature" – Kremlin, 19 dez. 2017. Disponível em: <https://www.rt.com/news/413625-us-security-strategy-peskov/>.

65 "Abandon Cold War mentality": China hits back at Trump's "selfish" national strategy', 19 dez. 2017. Disponível em: <https://www.rt.com/news/413630-china-us-national-security-strategy/>.

enfrentaram "uma crescente desordem global" em que "a concorrência estratégica interestatal, não o terrorismo, é agora a principal preocupação na segurança nacional dos EUA". A China estava no topo da lista dos adversários, caracterizada como "um concorrente estratégico utilizando economia predatória para intimidar seus vizinhos ao mesmo tempo que militariza as características do Mar Meridional da China". No que toca à Rússia, "ela violou as fronteiras das nações próximas e perseguiu poder de veto sobre as decisões econômicas, diplomáticas e de segurança de seus vizinhos".[66] Os dois Estados, do mesmo modo que na NSS-2017, foram rotulados como "potências revisionistas". A lista de acusações contra a Rússia era bastante extensa:

> A Rússia procura autoridade de veto sobre as nações em sua periferia com relação às suas decisões governamentais, econômicas e diplomáticas para estilhaçar a Otan e transformar as estruturas de segurança e econômicas europeias e do Oriente Médio em seu favor. O uso de tecnologias emergentes para desacreditar e subverter processos democráticos na Geórgia, Crimeia e Ucrânia oriental é preocupação suficiente, mas quando unida com seu crescente e moderno arsenal nuclear o desafio é evidente.

O documentou observava uma "ordem internacional resiliente, mas enfraquecida, do pós-Segunda Guerra Mundial", e alertava que a competição com a China e a Rússia ameaçavam a predominância global dos Estados Unidos e corroía sua vantagem militar.[67] O documento vai direto ao ponto de suas preocupações com relação à perda da superioridade militar, que costumava ser total e inquestionável: "Nós geralmente podíamos mobilizar nossas forças quando quiséssemos, reuni-las onde quiséssemos e operá-las como quiséssemos. Hoje, qualquer domínio é contestado – aéreo, terrestre, marítimo, espacial e ciberespacial".[68] Tais dias não retornariam e a Rússia e a China eram de fato os principais adversários.

A *Revisão da Postura Nuclear*, publicada em 27 de janeiro de 2018, novamente lamentou que os EUA haviam "continuado a reduzir o número e a relevância das armas nucleares", enquanto os outros, "incluindo a Rússia e a China, tinham se movido na direção oposta".[69] O documento afirmava que os "Estados Unidos não queriam considerar a Rússia ou a China um adversário e procuravam relações estáveis com ambos".[70] No entanto, eles começaram a delinear um programa ambicioso para a modernização

---

66 *Summary of the 2018 National Defense Strategy: Sharpening the American Military's Competitive Edge*, Department of Defense, 2018, p.1. Disponível em: <https://dod.defense.gov/Portals/1/Documents/pubs/2018-National-Defense-Strategy-Summary.pdf>.

67 Ibid., p.2.

68 Ibid., p.3.

69 Secretary of Defense, *Nuclear Posture Review*, fev. 2018, p.1. Disponível em: <https://www.defense.gov/News/SpecialReports/2018NuclearPostureReview.aspx>.

70 Ibid., p.2.

das forças nucleares dos EUA (iniciado sob a gestão Obama), que alimentou uma nova corrida armamentista. As opções nucleares dos EUA foram ampliadas, incluindo ogivas de baixo rendimento lançadas de submarino (SLBM) e o desenvolvimento de mísseis de cruzeiro lançados do mar com armamento nuclear (SLCM). O limiar para a utilização de armas nucleares permaneceu ambíguo. Em consonância com a política dos EUA de longo prazo, não houve compromisso com a proibição do primeiro uso, forçando a Rússia e outros países a manter a prontidão nuclear permanente. O pensamento estratégico evocava os piores períodos da Guerra Fria, afirmando que "esses suplementos aumentarão a dissuasão ao negar aos adversários em potenciais qualquer crença equivocada de que o uso limitado de armas nucleares possa proporcionar uma vantagem útil sobre os Estados Unidos e seus aliados".[71] Retornaremos a essa questão do controle de armas, ou a falta dele, no Capítulo 9.

Como de costume

Biden assumiu a presidência com o compromisso de "enfrentar" a Rússia e todas suas ações.[72] Há muito ele estava bastante envolvido nas questões ucranianas, em particular durante os estágios finais da insurgência *euromaiden* de 2013-14 e depois na escolha do novo governo pró-EUA. Seu filho, Hunter, estava no conselho da Burisma, companhia de energia ucraniana de propriedade do controverso oligarca Mykola Zlochevsky. Em seu primeiro telefonema em julho de 2019, Trump pediu ao recém-eleito presidente Volodymyr Zelensky para investigar se havia alguma conduta ilegal envolvida. A insinuação de que a transferência de armas dependia do consentimento de Zelensky em participar na tentativa de difamar Biden, seu possível adversário nas eleições de 2020, levou ao [pedido de] *impeachment* de Trump. Na campanha eleitoral, Biden prometeu que:

> A agenda da política externa de Biden colocará os Estados Unidos de volta à liderança, em uma posição para trabalhar com seus aliados e parceiros na mobilização de ações coletivas em resposta a ameaças coletivas. O mundo não se organiza por si só. Por 70 anos, os Estados Unidos, com presidentes democratas e republicanos, desempenharam um papel de protagonista na formulação das regras, forjando os acordos, animando as instituições que orientavam as relações entre as nações, bem como promovendo segurança e prosperidade coletiva – até Trump.[73]

---

71 Ibid., p.7.
72 Biden Jr.; Carpenter, How to stand up to the Kremlin, *Foreign Affairs*, 97/1, p.44-57.
73 Biden Jr., Why America must lead again: rescuing US foreign policy after Trump, *Foreign Affairs*, 99/2, p.71.

O retorno à hegemonia liberal foi bem recebido pelos partidários do ativismo da política externa estadunidense.[74] A política bipartidária da primazia foi restaurada, acompanhada agora pelo ritual de condenação da Rússia e da China – a linguagem da "parceria" havia acabado há bastante tempo. Biden prometeu "impor os custos reais à Rússia por sua violação das normas internacionais e apoiar a sociedade civil russa, que tem se posicionado corajosamente contra o sistema autoritário cleptocrático de Vladimir Putin".[75] Ele alertou que as regras da era digital não deveriam ser escritas pela China e pela Rússia, em vez disso: "é hora de os Estados Unidos liderarem a construção de um futuro tecnológico que permita que as sociedades democráticas prosperem e que a prosperidade seja compartilhada amplamente".[76] A política externa, Biden prometeu, seria dirigida às preocupações domésticas, aos interesses da classe média estadunidense e à recuperação da pandemia da Covid-19. A prioridade era criar empregos, promover o crescimento econômico e modernizar a decadente infraestrutura do país. Para isso, a ambiciosa agenda "reconstruir melhor" previa gastar 1,9 trilhão de dólares no auxílio com relação à Covid, 2,3 trilhões de dólares em infraestrutura e clima e aproximadamente 2 trilhões extras em educação, família e saúde. Após a caótica retirada do Afeganistão em agosto de 2021, a agenda anterior de construção de nações [*nation-building*], a tentativa de refazer Estados e sociedades, foi abandonada, mas a ideologia do internacionalismo democrático, não. Nos EUA, a ambiciosa mas mal nomeada Lei de Redução da Inflação de agosto de 2022 forneceu 490 bilhões de dólares para gastos e corte de impostos para apoiar a tecnologia de segurança energética e verde, incluindo subsídios para veículos elétricos. Isso foi uma estratégia industrial que não era vista há décadas.

Biden enfrentou uma escolha fundamental entre a restauração e a renovação, ambas dependentes da reconstrução da credibilidade estadunidense. Embora as bases da grande estratégia perdurem, a política externa do país muda a cada líder. Isso gera "um perigoso jogo de roleta estadunidense, lidando com um Estados Unidos que pode mudar de uma postura de política externa para seu oposto de forma imprevisível".[77] Algumas questões persistem, tal como a nova corrida armamentista nuclear com a China e a Rússia acompanhada pelo que se tornou um programa de modernização nuclear de 1,7 trilhão de dólares.[78] A "síndrome da Rússia", na qual a política

---

74 Power, The can-do power: America's advantage and Biden's chance, *Foreign Affairs*, 100/1, p.10-24.

75 Biden, Why America must lead again, p.73.

76 Ibid., p.75.

77 Mathews, Present at the re-creation? US Foreign Policy must be remade, not restored, *Foreign Affairs*, 100/2, p.12.

78 Ibid., p.14.

carecia de direção estratégica e basicamente reagia aos acontecimentos como resultado de uma luta interna doméstica partidária, se repetiu com a China. Nenhum país poderia deixar os EUA falar por eles "a partir de uma posição de força", como Lavrov havia colocado. Com relação à China, as opções eram repetir a Guerra Fria e representar a luta como sendo ideológica, ou "identificar os interesses legítimos da China na Ásia e no mundo e determinar o que Washington deveria aceitar, onde deveria tentar prevalecer, e o que deve confrontar".[79] No que toca à Rússia, a escolha depende de

> Como o governo Biden define com destreza seus interesses fundamentais – seja como um império hegemônico democrático, determinado e obrigado a implementar as regras internacionais do jogo; ou como uma potência preeminente, mas com restrições geopolíticas e econômicas, preparada para definir aqueles interesses de maneira mais limitada que permita a outras nações viverem mais ou menos de acordo com seus próprios padrões, contanto que não desafiem diretamente os EUA.[80]

Em outras palavras, para usar a linguagem delineada anteriormente, a escolha era entre o internacionalismo democrático (antipluralismo liberal), a tentativa de reconstruir o mundo à imagem dos EUA, ou o internacionalismo soberano (liberalismo da carta), em que os EUA exercem uma liderança restrita na cooperação com outros ao mesmo tempo que respeita sua autonomia e escolhas. Isso oferece uma saída da "pregação unipolar", em que a afirmação da primazia bloqueava o desenvolvimento doméstico ao mesmo tempo que prejudicava as relações de cooperação com outras potências.[81]

O discurso de posse de Biden em janeiro de 2021 prometeu "reparar nossas alianças", um tema que desenvolveu em seu pronunciamento no Departamento de Estado em 4 de fevereiro. Biden delineou os principais objetivos da política externa de seu governo e declarou que os "Estados Unidos voltaram". Isso incluía restaurar o acordo nuclear com o Irã e voltar ao Acordo do Clima de Paris e à OMS. Ele trabalhou para reconstruir as relações com a Otan e parceiros europeus, prometendo restaurar "a forma das alianças democráticas que se atrofiaram nos últimos anos de negligência e, eu diria, abuso". Suspendeu as retiradas de tropas da Alemanha planejadas por Trump, mantendo todo o contingente de 38 mil. Classificou a China como "nosso mais sério concorrente", mas boa parte de seu discurso foi dedicada

79 Ibid., p.15.
80 K. Simes, Dimitri. Getting serious about Russia, *National Interest*, 25 fev. 2021. Disponível em: <https://nationalinterest.org/feature/getting-serious-about-russia-178832>.
81 Bhadrakumar, M. K. Biden has adult conversations with China, Russia on Iran, *Asia Times*, 18 fev. 2021. Disponível em: <https://asiatimes.com/2021/02/biden-has-adult-conversations-with-china-russia-on-iran/>.

à Rússia, insistindo que os EUA deveriam parar de "ceder diante de ações agressivas".[82] É difícil entender isso, já que o governo Trump não poderia ser acusado de "ceder" à Rússia, apesar dos comentários pessoais elogiosos a Putin. O novo envolvimento dos EUA com as agências e políticas multilaterais restauraram o *status quo*, mas o fenômeno Trump expôs elementos de crise na velha ordem.

Não era possível retornar à fórmula anterior, como de costume. Embora parte do dano ao sistema da aliança infligido pelo governo anterior pudesse ser reparado de maneira relativamente fácil, as fontes mais profundas da ruptura trumpista permaneceram. Defensores da contenção estavam decepcionados, com a promessa de Biden de mais do mesmo para um país já sobrecarregado. A ideia de manter forças estadunidenses na Arábia Saudita e a chegada de mais tropas no nordeste da Síria mantiveram os EUA envolvidos em vários conflitos por todo o Oriente Médio: "os formuladores de políticas devem pôr fim à ocupação interminável do Oriente Médio e priorizar os próprios interesses dos EUA, em vez de manter uma postura de força global atuando como defensor da hegemonia liberal".[83] Sua ordem para retirar as forças estadunidenses do Afeganistão em 2021 revelaram um radicalismo inesperado. Contudo, a maneira precipitada e caótica em que foi conduzida permitiu o Talibã ocupar Cabul em 15 de agosto, produzindo cenas que lembram a evacuação de Saigon em abril de 1975. Esse golpe na credibilidade do governo Biden pode ter influenciado a formulação de políticas sobre a Ucrânia nos meses subsequentes. A derrota no Afeganistão representava ainda outro fracasso dos ambiciosos esforços de construção de nação do pós-Guerra Fria. A guerra mais longa dos EUA levantou algumas questões fundamentais sobre a coerência geral da grande estratégia estadunidense.

Ao discursar na Conferência de Munique em fevereiro de 2021, Biden prometeu apoio "inabalável" à aliança atlântica, como parte de uma luta definidora de época para salvaguardar a democracia. Ele, mais uma vez, declarou que os "Estados Unidos estão de volta", e ele até utilizou o termo "Europa inteira e livre", o lema da liderança hegemônica dos EUA no pós-comunismo. Renovou o compromisso com a aliança atlântica e com o trabalho conjunto com parceiros europeus para enfrentar desafios comuns. Alertou que o mundo estava em um "ponto de inflexão" entre aqueles que viam a "autocracia" como o futuro e "aqueles que compreendem que a

---

82 Remarks by president Biden on America's place in the world, State Department, 4 fev. 2021. Disponível em: <https://www.whitehouse.gov/briefing-room/speeches-remarks/2021/02/04/remarks-by-president-biden-on-americas-place-in-the-world/>.

83 Krumholz, Willis L. Biden's "America is back" speech misunderstands how overstretched America is abroad, *National Interest*, 16 fev. 2021. Disponível em: <https://nationalinterest.org/blog/skeptics/biden%E2%80%99s-%E2%80%98america-back%E2%80%99-speech-misunderstands-how-overstretched- america-abroad-178269>.

democracia é essencial – essencial para enfrentar esses desafios". Entre os desafios estava a "competição estratégia de longa duração com a China", incluindo o rechaço aos "abusos econômicos do governo chinês e a coerção que solapam as fundações do sistema econômico internacional". Com relação à Rússia, ele destacou que "o Kremlin ataca nossas democracias e utiliza a corrupção como arma para tentar enfraquecer nosso sistema de governança". Biden alertou que

> Putin procura enfraquecer a Europa – o projeto europeu e nossa aliança da Otan. Ele quer minar a unidade transatlântica e nossa determinação, porque é muito mais fácil para o Kremlin intimidar e ameaçar os Estados individualmente do que negociar com uma comunidade transatlântica forte e bastante unida.

O democrata prometeu apoio contínuo à Ucrânia, embora tenha advertido que não poderia haver um retorno à reflexiva "oposição e blocos rígidos da Guerra Fria". A concorrência não deveria "bloquear a cooperação em questões que afetam todos nós" e elencou a pandemia de Covid, Ebola, mudanças climáticas e proliferação nuclear.[84]

A *Orientação Estratégica Provisória de Segurança Nacional*, de março de 2021, estabeleceu as prioridades do governo.[85] O documento combinou a necessidade de "reconstruir melhor" após a pandemia e a ruptura trumpista com a renovação da liderança global estadunidense. Isso envolveu revitalizar "a rede de alianças e parcerias ímpar dos EUA", como está dito na introdução. O documento descrevia "um mundo de crescente nacionalismo, democracia em declínio, rivalidade crescente com a China, Rússia e outros Estados autoritários e uma revolução tecnológica que está remodelando todos os aspectos de nossas vidas" (p.6). Três objetivos centrais foram estabelecidos: primeiro, os EUA têm de "defender e alimentar as fontes subjacentes da força estadunidense"; segundo, isso permitiria "promover uma distribuição de poder favorável para deter e evitar que adversários diretamente ameacem" o país e seus aliados; e terceiro, os EUA "liderariam e sustentariam um sistema internacional aberto e estável, subscrito por alianças e parcerias democráticas fortes, instituições multilaterais e regras" (p.9). Em suma, o documento retornou a questões persistentes do pós-Guerra Fria. Embora buscasse desfazer os estragos feitos por Trump ao prestígio e às relações dos EUA, oferecia bem pouco no modo de repensar a grande estratégia estadunidense. Esse modelo de hegemonia liberal já estava ruindo antes de Trump.

---

84 Remarks by president Biden at the 2021 virtual Munich Security Conference, 19 fev. 2021. Disponível em: <https://www.whitehouse.gov/briefing-room/speeches-remarks/2021/02/19/remarks-by-president-biden-at-the-2021-virtual-munich-security-conference/>.

85 White House, *Interim National Security Strategic Guidance*, mar. 2021. Disponível em: <https://www.whitehouse.gov/wp-content/uploads/2021/03/NSC-1v2.pdf>.

A recusa em planejar um modelo de ordem mundial cooperativo baseado na colaboração com outras potências soberanas, e não apenas aliados, reproduziu atitudes da Guerra Fria. Ainda mais perigoso, o espírito triunfalista induziu um *ethos* arrogante e sem sensibilidade aos riscos.

Em consonância com as prioridades trumpistas, se dedicou muita atenção à China, caracterizada como "o único competidor potencialmente capaz de combinar seu poder econômico, diplomático, militar e tecnológico para levar adiante um desafio constante a um sistema internacional aberto e estável". A Rússia foi substantivamente mencionada apenas uma vez, descrita como "determinada a aprimorar sua influência global e a desempenhar um papel de ruptura no cenário mundial". Os dois países "investiram bastante em esforços voltados a bloquear as forças dos EUA e nos impedir de defender nossos interesses e os dos aliados no mundo" (p.8). Em outras palavras, não havia muitos sinais de um novo pensamento, em vez disso a lógica da substituição e o pensamento de uma paz fria se intensificaram. O documento declarava que os EUA "não podem voltar à lógica anterior como de costume, e a ordem passada não pode ser simplesmente restaurada" (p.8), mas era precisamente isso que estava disponível. Essa afirmação indicava algum reconhecimento para a necessidade de uma mudança, acima de tudo para terminar o que se chamava de "guerras eternas" (p.15), e reconhecer a concorrência estratégica não "excluía trabalhar com a China quando é nosso interesse nacional fazê-lo" (p.21), embora o compromisso em "revitalizar a democracia no mundo" em uma época em que "o autoritarismo está em sua marcha global" (p.19) sugeria uma ofensiva ideológica no estilo da Guerra Fria.

A *Estratégia de Defesa Nacional*, de março de 2022, se concentrou na China mesmo com a destruição da guerra na Ucrânia. O documento justificava o orçamento de defesa de 773 bilhões de dólares para 2023 ao priorizar a ameaça chinesa no Indo-pacífico, enquanto a Rússia era apresentada como uma ameaça grave.[86] A China permaneceu o inimigo número um, apesar da guerra na Europa. A questão foi reiterada por uma figura central no Conselho Atlântico que argumentava que os EUA tinham de se preparar para a guerra contra a Rússia e a China.[87] O problema imediato foi o acordo nuclear com o Irã. Trump havia tirado os EUA do JCPOA em maio de 2018 de maneira brusca, como parte da estratégia de "pressão máxima", ao mesmo

86 Gould, Joe; Eckstein, Megan. Russia, first in the headlines, is Pentagon's n.2 challenge, *Defense News*, 29 mar. 2022. Disponível em: <https://www.defensenews.com/pentagon/2022/03/29/russia-first-in-the-headlines-is-pentagons-no-2-challenge/>.

87 Kroenig, Matthew. Washington must prepare for war with both Russia and China: pivoting to Asia and forgetting about Europe is not an option, *Foreign Policy*, 18 fev. 2022. Disponível em: <https://foreignpolicy.com/2022/02/18/us-russia-china-war-nato-quadrilateral-security-dialogue/>. Para essa formulação, ver: Kroenig, *The Return of Great Power Rivalry: Democracy versus Autocracy from the Ancient World to the US and China*.

tempo que prometia negociar um "acordo melhor", embora basicamente nada estivesse em vista. O Irã se voltou à China e negociou uma parceria estratégica de 25 anos, incluindo uma cooperação econômica de 400 bilhões de dólares, conseguindo uma tábua de salvação econômica. Além disso, em outubro de 2019, o Irã assinou um acordo de preferência comercial com a União Econômica Eurasiática (EEU), acelerando significativamente as exportações apesar do bloqueio econômico estadunidense. O trabalho começou com a construção de um segundo reator nucelar na usina de Bushehr em novembro de 2019 para adicionar 1.000 megawatts à rede elétrica do Irã. A visita do presidente iraniano Ebrahim Raisi a Moscou em janeiro de 2022 foi acompanhada pela declaração de uma "cooperação estratégica" e a condenação do que foi descrito como a estratégia de dominação estadunidense. Em seu pronunciamento à Duma estatal, Raisi condenou impiedosamente a ampliação da Otan e delineou uma estratégia conjunta de resistência.[88]

À época estava evidente que um retorno à JCPOA era improvável. Em novembro de 2020, o parlamento iraniano aprovou uma lei obrigando o governo a restaurar os elementos do programa nuclear que haviam sido suspensos como parte do JCPOA. Centrífugas mais avançadas foram instaladas nas plantas de Natanz e Fordow, as quais em fins de 2022 haviam aumentado o enriquecimento de urânio em 60%, sendo 90% o limite para fabricação de uma bomba atômica. A lei também obrigava o governo a parar a implementação do Protocolo Adicional da Agência Atômica Energética Internacional (IAEA), que garantia a ampla verificação sobre o programa nuclear iraniano. Ao mesmo tempo que Moscou procurava restaurar a JCPOA, rejeitava as tentativas dos EUA de acrescentar outras questões, como os mísseis iranianos ou o apoio para aliados regionais, que considerava assuntos estranhos.[89] Nas negociações com Genebra, o Irã exigia a suspensão universal das sanções e que todo acordo fosse consagrado no Direito internacional. Não acreditava mais que Washington manteria sua palavra. Os EUA argumentavam que algumas sanções não estavam associadas com o acordo nuclear, mas sim com abusos dos direitos humanos e terrorismo. Com o início da guerra na Ucrânia, a Rússia estava menos disposta a ver o petróleo iraniano de volta ao mercado, e pediu aos EUA que se comprometessem a não impor sanções a qualquer comércio entre a Rússia e o Irã se o acordo fosse retomado. À medida que a guerra avançava, Rússia e Irã estreitaram relações econômicos e militares.

88 President of Iran addressed members of the State Duma, 20 jan. 2022. Disponível em: <http://duma.gov.ru/en/news/53251/>.

89 Azizi, Hamidreza; Notte, Hanna. Where are Russia's red lines on Iran's nuclear brinkmanship?, Carnegie Moscow Center, 19 fev. 2021. Disponível em: <https://carnegie.ru/commentary/83915>.

Sinais de alerta

Ao ingressar no escritório em 2021, Antony Blinken, secretário de Estado, falou sobre recomeçar as relações com a China e sobre um "diálogo estratégico" com a Rússia. O governo Biden combinou estratégias de recuo com diplomacia. Em abril de 2021, ele convidou Putin e Xi para uma conferência *on-line* sobre os desafios ambientais globais. Ao mesmo tempo, dobrou seu apoio para Ucrânia. Em março de 2021, o Pentágono anunciou um novo pacote de 125 milhões de dólares para fornecer "armas defensivas letais" dentro da estrutura da Iniciativa de Assistência de Segurança da Ucrânia, além dos 150 milhões de dólares já alocados pelo Congresso. Entre 2014 e 2021, os EUA forneceram mais de 2 bilhões de dólares em "assistência de segurança".[90] Foi concedido à Ucrânia o *status* de Parceiro de Oportunidades Aprimoradas da Otan em reconhecimento ao progresso feito com relação à reforma de defesa, e a cúpula da Otan em junho de 2021 reafirmou o compromisso estratégico da sua adesão. À época a Ucrânia tinha 250 mil homens armados, com um gasto em defesa perto de 6% do PIB, e mais de 400 quilômetros de estruturas de engenharia complexas haviam sido construídas ao longo das linhas de contato em Donbass, junto a uma segunda linha de fortificações.[91] O confronto assumiu um caráter pessoal severo em meio a uma linguagem marcadamente não diplomática. Em uma entrevista para a TV em 16 de março, Biden concordou que Putin era "um assassino" e repetiu a ideia de que ele "não tinha alma". Em paralelo seguia com a ameaça de que a Rússia "pagaria o preço" por supostamente ter ajudado Trump na eleição presidencial de 2020. O diretor da inteligência nacional publicou um Dossiê da Comunidade de Inteligência afirmando que a Rússia conspirou para ajudar Trump a difamar Biden sob o comando direto de Putin.[92]

O recrudescimento geral da condução dos assuntos internacionais foi demonstrado pouco tempo depois na primeira reunião do primeiro escalão dos governos chinês e estadunidense da era Biden, em Anchorage, Alasca, em 18 de março. O ministro das Relações Exteriores chinês publicou uma declaração estabelecendo os termos, pedindo aos EUA para "descartar o

---

90 US announces $125 million aid package for Ukraine, condemns Russia, Warsaw Institute, 19 abr. 2021. Disponível em: <https://warsawinstitute.org/us-announces-125-million-aid-package-ukraine-condemns-russia/>.

91 Zagorodnyuk, Andriy; Frolova, Alina; Midtunn, Hans Petter; Pavliuchyk, Oleksii. Is Ukraine's reformed military ready to repel a new Russian invasion?, Ukraine Alert, Atlantic Council, 23 dez. 2021. Disponível em: <https://www.atlanticcouncil.org/blogs/ukrainealert/is-ukraines-reformed-military-ready- to-repel-a-new-russian-invasion/>.

92 Office of the Director of National Intelligence, Foreign threats to the 2020 US Federal elections: Intelligence Community Assessment, 10 mar. 2021. Disponível em: <https://www.dni.gov/files/ODNI/documents/assessments/ICA-declass-16MAR21.pdf>.

pensamento da Guerra Fria e da soma zero".[93] Embora a China estivesse relutante em categorizar o confronto como uma Guerra Fria, cada vez mais utilizava este termo, como nessa ocasião. Blinken abriu a sessão levantando

> profundas preocupações com as ações da China, incluindo em Xinjiang, Hong Kong, Taiwan, ciberataques nos EUA e coerção econômica contra nossos aliados. Cada uma dessa ações ameaça a ordem baseada em regras que mantém a estabilidade global.

O ministro das Relações Exteriores Wang Yi não estava com disposição para palestras e retrucou com uma falta de elegância bastante incomum: "Não acreditamos na invasão por meio da força ou em derrubar outros regimes por vários meios, ou massacrar o povo de outros países, porque tudo isso apenas causaria turbulência e instabilidade nesse mundo".[94] Esse ponto foi reiterado por Yang Jiechi, membro do politiburo e diretor do Comissariado Central de Relações Exteriores do Partido Comunista Chinês, em palavras que ressoaram a afirmação anterior do Ministério das Relações Exteriores. Disse que a China faria o que fosse preciso para resistir à intimidação e à interferência em seus assuntos internos, e exigiu que os EUA mantivessem padrões normais de cortesia em assuntos diplomáticos:

> Acredito que superestimamos os Estados Unidos. Exigimos que os EUA tratem a China e as relações sino-estadunidenses de modo objetivo e racional, que abandonem o pensamento da Guerra Fria e de soma zero e respeitem a soberania, segurança e os interesses de desenvolvimento da China.

Isso refletiu uma mudança histórica na abordagem chinesa e uma profunda desilusão com o comportamento dos EUA em meio àquilo que era supostamente dois pesos, duas medidas. Yang não mediu suas palavras:

> Deixe-me dizer que, diante da parte chinesa, os Estados Unidos não têm qualificação para dizer que querem falar com a China a partir de uma posição de força. A parte dos EUA tampouco estava qualificada para dizer tais coisas mesmo há 20 ou 30 anos, porque essa não é a forma de lidar com o povo chinês. Se os Estados Unidos querem tratar de forma adequada com a parte chinesa, então vamos seguir os protocolos necessários e fazer as coisas do modo correto.

---

93 Carden, James W.; Lawrence, Patrick. Our cold, two-front war: we're already losing this one, *The Scrum*, 21 mar. 2021. Disponível em: <https://thescrum.substack.com/p/our-cold-two-front-war>.

94 Goldman, David P. Biden's firing squad stands in a circle, *Asia Times*, 22 mar. 2021. Disponível em: <https://asiatimes.com/2021/03/bidens-firing-squad-stands-in-a-circle/>.

O ponto central era defender a autonomia do sistema internacional:

> O que a China e a comunidade internacional seguem ou sustentam é o sistema internacional centrado na ONU e a ordem internacional apoiada no Direito internacional, não aquilo que é defendido por poucos países da chamada ordem internacional baseada em regras.[95]

O intervencionismo global dos EUA e a antidiplomacia encontraram aqui uma resistência séria e substantiva. Apesar da saída de Trump, a postura dos EUA não mudou. Isso confirmou a regra que governos democráticos, "por uma longa tradição, consideram que devem ser ainda mais linha-dura que os adversários republicanos de modo a bloquear qualquer acusação de que são 'brandos' nas questões de segurança nacional".[96]

O rechaço aos EUA ressoou "com a crença de muitos chineses de que seu país encontrou seu lugar no palco global". O novo tom refletia uma "mudança de paradigma" em que a "China acredita que sua ascensão a *status* de grande potência a credencia para um novo papel nos assuntos mundiais", um papel que é incompatível com o domínio estadunidense.[97] Era uma visão há muito sustentada por Moscou. O ministro das Relações Exteriores Lavrov visitou a China pouco depois de celebrar o 20º aniversário do tratado de amizade sino-russo de 2001. Em seu discurso de abertura da reunião na cidade de Guilin, declarou que

> precisamos mobilizar nossos apoiadores ao mesmo tempo que defendemos a justiça e os princípios da Carta da ONU que, como tenho dito repetidas vezes, são crescentemente ignorados pelos colegas ocidentais. Eles estão tentando inventar suas próprias regras e impô-las a todos os outros.

Lavrov insistiu que a ordem liberal liderada pelos EUA "não representa o desejo da comunidade internacional".[98] Os dois lados condenaram a "intimidação hegemônica" e em uma declaração conjunta afirmaram que nenhum país deveria procurar impor sua forma de democracia a qualquer outro: "interferência nos assuntos internos de uma nação soberana sob a desculpa

95 Asia, How It happened: transcript of the US-China opening remarks in Alaska, 19 mar. 2021. Disponível em: <https://asia.nikkei.com/Politics/International-relations/US-China-tensions/How-it-happened-Transcript-of-the-US-China-opening-remarks-in-Alaska>.

96 Lawrence, Patrick. (In)competence, *The Scrum*, 26 mar. 2021. Disponível em: <https://thescrum.substack.com/p/incompetence>.

97 Xuetong, Yan. Becoming strong: the new Chinese Foreign Policy, *Foreign Affairs*, 100/4, p.40.

98 Foreign minister Sergey Lavrov's opening remarks during talks with Foreign minister of the People's Republic of China Wang Yi, Guilin, 23 mar. 2021. Disponível em: <https://www.mid.ru/en/foreign_policy/news/-/asset_publisher/cKNonkJE02Bw/content/id/4647593>.

de 'promover a democracia' é inaceitável".[99] Eles concordaram em se manter firmes contra as sanções ocidentais e a reduzir a dependência do dólar em acordos comerciais internacionais. Lavrov observou que "ambos acreditamos que os EUA têm um papel desestabilizador. Eles dependem de alianças militares da Guerra Fria e estão tentando iniciar novas alianças para minar a ordem mundial".[100] Ambos os lados reconhecem que isso é uma Guerra Fria de um novo tipo, embora reproduza características da original.

Novos desafios

A reafirmação da liderança estadunidense estava prestes a passar por um período difícil. O equilíbrio pós-Guerra Fria estava cedendo espaço para uma situação mais competitiva. Até alguns aliados dos EUA, incluindo a França, Hungria e Itália, estavam cansados de ficar presos na lógica da hostilidade à Rússia e à China. A Alemanha em particular rechaçou as tentativas estadunidenses de bloquear os 1.230 quilômetros do gasoduto Nord Stream 2 de Ust-Luga em Leningrado até a região da Pomerânia, uma questão que estava "se configurando como o maior choque entre a Europa e os Estados Unidos desde o fim da Segunda Guerra Mundial". Washington continuou sua política da Guerra Fria de oposição a uma parceria energética entre a Rússia e a Europa Ocidental, temendo que isso escalasse a influência política e econômica de Moscou na Europa, ao mesmo tempo que fornecesse recursos para uma modernização militar.[101] O apoio da chanceler alemã Angela Merkel ao projeto não diminuiu, com base no fato de que se tratava de um empreendimento puramente comercial, apesar da pressão política para cancelá-lo. A resistência dela foi considerada um indicador de que "os países europeus estão firmemente menos subservientes a Washington".[102] No fim, para ajudar a melhorar as relações com a Alemanha, uma isenção presidencial em maio permitiu que o gasoduto fosse finalizado em setembro de 2021. Contudo, como a liderança de Merkel deu lugar a um governo de

99 AP, China, Russia officials meet in show of unity against EU, US, 23 mar. 2021. Disponível em: <https://apnews.com/article/joe-biden-europe-beijing-wang-yi-corona-virus-pandemic-b8797b405a609945eef3a8dade8b12e1>.

100 Foreign minister Sergey Lavrov's remarks and answers to media questions following talks with Foreign minister of China Wang Yi', Guilin, 23 mar. 2021. Disponível em: <https://www.mid.ru/en/foreign_policy/news/-/asset_publisher/cKNonkJE02Bw/content/id/4647898>.

101 Para uma análise, ver Casier, Russia's energy leverage over the EU: myth or reality?, *Perspectives on European Politics and Society*, 12/4, p.493-508; Casier, Great game or great confusion? The Geopolitical understanding of EU-Russia energy relations, *Geopolitics*, 21/4, p.763-78.

102 Kinzer, Stephen. Europe Is rebelling against American power, *Boston Globe*, 16 mar. 2021. Disponível em: <https://www.bostonglobe.com>.

coalização liderado pelo social-democrata Olaf Scholz e, mais tarde naquele ano, o processo de certificação foi interrompido. O projeto foi congelado em resposta à invasão da Ucrânia pela Rússia e, então em 26 de setembro de 2022, ambas as linhas do Nord Stream 1 e do Nord Stream 2 foram explodidas em um ato de sabotagem por partes desconhecidas.[103]

Em sua revisão quadrianual das tendências globais publicada em março de 2021, o Conselho de Inteligência Nacional dos EUA alertou que, nas décadas seguintes, "o mundo enfrentará desafios globais mais intensos e em cascata".[104] Rússia e China foram consideradas como

> potências em ascensão e revisionistas [...] procurando reformular a ordem internacional para refletir mais seus interesses e ser mais tolerante com seus sistemas de governo [...], por uma ordem destituída de normas de origem ocidentais que lhes permitem agir com impunidade em seu país e em suas supostas esferas de influência.

O relatório também ressaltou uma crescente concorrência ideológica com a China, que na "concorrência geopolítica em curso" pouco provável ganharia a mesma intensidade que na Guerra Fria, mas "a liderança da China já a vê como envolvida em uma luta ideológica de longo prazo com os Estados Unidos".[105] A Rússia "provavelmente permanecerá uma potência disruptiva por boa parte das próximas duas décadas, ou durante todas elas, mesmo com o declínio de suas capacidades materiais em relação a outros atores importantes". Suas vantagens incluem

> um considerável poderio militar convencional, armas de destruição em massa, recursos energéticos e minerais, uma geografia extensa, demografia e a disposição para utilizar a força no exterior [que] lhe permitirá continuar desempenhando o papel de desestabilizador e mediador de poder no espaço pós-soviético e, em algumas ocasiões, além dele.[106]

A *Global Posture Review* do governo foi apresentada em novembro de 2021, mas acrescentou pouco à combinação de políticas existentes. Ela reafirmou o compromisso dos EUA em fortalecer a Otan, mas deixou aberta a questão estratégica de equilibrar os compromissos entre a Europa e a Ásia

---

103 O experiente e respeitado repórter Seymour Hersh argumenta que os EUA foram responsáveis, trabalhando com os noruegueses: How America took out the Nord Stream Pipeline, 8 fev. 2023. Disponível em: <https://seymourhersh.substack.com/p/how-america-took-out-the-nord-stream>.

104 US National Intelligence Council, *Global Trends 2040: A More Contested World*, mar. 2021, p.1. Disponível em: <https://www.dni.gov/files/ODNI/documents/assessments/GlobalTrends_2040.pdf>.

105 Ibid., p.98.

106 Ibid., p.95.

e a instalação de novas armas terrestres na Europa. A infraestrutura militar dos EUA pela região seria ampliada, incluindo na Austrália, Guam e nas Ilhas do Pacífico, enquanto o limite de 25 mil soldados ativos na Alemanha foi suspenso.[107]

Ao chegar ao poder, Biden declarou que os EUA não estavam mais "procurando iniciar um ciclo de escalada e conflito com a Rússia. Queremos uma relação previsível e estável".[108] Moscou foi receptivo, mas cético, acreditando agora que os EUA haviam se tornado um Estado "vilão". O vice-ministro das Relações Exteriores Sergei Ryabkov insistiu que a "narrativa estadunidense" havia perdido não apenas o contato com a realidade, mas também havia "perdido sinais de bom senso". Procurou normalizar relações, mas "não será possível conduzir uma conversa com a Rússia a partir de uma posição de força".[109] Agora Moscou estava convencida de que era impossível chegar a qualquer acordo com Washington. Os EUA em seu ponto de vista haviam se tornado "impossíveis de negociação" (*nedogovorsposobnyi*). Biden iniciou o recomeço, mas havia se tornado extremamente crítico. A Rússia também estava adotando uma postura mais descompromissada. O impasse refletiu não apenas os fracassos da política, suscetível a mudar por meio de negociações, mas também uma separação existencial mais profunda. Os dois lados careciam de uma linguagem comum. Os comentários ocidentais de que o sistema da ONU estava fracassando foi interpretado na Rússia como uma indicação a mais de que o Ocidente político procurava se livrar das restrições multilaterais pós-guerra. Não obstante, quando Biden sugeriu uma reunião de cúpula, Moscou aceitou depois de hesitar um pouco.

As contradições entre os dois países não eram "antagônicas" ao mesmo estilo da antiga Guerra Fria, quando seus respectivos sistemas sociais eram baseados em valores e princípios fundamentalmente distintos. Compromissos e acordos deveriam ser mais fáceis, mas interpretações divergentes da ordem pós-Guerra Fria aprofundaram o distanciamento. A transição da Rússia ao autoritarismo não ajudou, mas os EUA mantêm relações cordiais com vários sistemas autoritários – se a geopolítica estiver alinhada. Diferenças estratégicas eram compostas de fatores subjetivos, incluindo animosidades pessoais e percepções.[110] O conflito se enraizou e o escopo da diplomacia foi restringido. Em seu país, Biden era acusado de estar "pegando leve com

---

107 Department of Defense, Biden approves global posture review recommendations, 29 nov. 2021. Disponível em: <https://www.defense.gov/News/News-Stories/Article/Article/2856053/biden-approves-global-posture-review-recommendations/>.

108 Citado por Stent, Trump's Russia legacy and Biden's response, *Survival*, 63/4, p.72.

109 Ryabkov: Rossiya mozhet pereiti k politike aktivnogo sderzhivaniya SShA, Radio Sputnik, 17 fev. 2021. Disponível em: <https://radiosputnik.ria.ru/20210217/ryabkov-1597805761.html>.

110 Khudoley, Konstantin. Russia and the USA: in search of a new model of relations, Valdai Discussion Club, 25 maio 2021. Disponível em: <https://valdaiclub.com/a/highlights/russia-and-the-usa-in-search-of-a-new-model/>.

Putin".[111] O democrata radical e campeão de xadrez Garry Kasparov alertou que a "história havia demonstrado mais de uma vez que apaziguar um ditador apenas o convence de que você é muito fraco para se opor a ele, provocando mais agressões".[112]

A reunião de cúpula de 16 de junho de 2021 em Genebra não escondeu as diferenças embora tenha sinalizado um envolvimento construtivo. Grupos de trabalho foram estabelecidos para discutir armas estratégias e questões cibernéticas, e a declaração conjunta reafirmou o princípio (na linguagem utilizada por Reagan e Gorbachev em sua reunião de 1985 em Genebra) que "uma guerra nuclear não pode ser vencida e nunca deve ser travada". Diferente da antiga Guerra Fria, as duas potências não moldam mais a política internacional sozinhas. Não obstante, Biden afirmou explicitamente que a Rússia era uma "grande potência", um reconhecimento da realidade bastante tardio. Parecia que um retorno às relações no estilo da Guerra Fria, em que o conflito era aceito e administrado, estabilizaria a relação e reduziria a temperatura ideológica. Os dois países focariam em suas respectivas preocupações. Os EUA se concentrariam em consolidar o Ocidente político contra desafios autoritários, em lidar com seus problemas domésticos e em redefinir sua liderança global na luta contra a China. Contudo, para a Rússia havia uma questão pendente significativa – a inadequação do sistema de segurança europeu e o impasse na Ucrânia. Moscou se recusou a ingressar no Ocidente político como um subordinado, embora seja possível que a história julgue isso como um erro de proporções históricas. A aliança com um sistema dinâmico e inovador teria permitido o país a se concentrar no desenvolvimento doméstico. Em vez disso, o Kremlin voltou-se para resolver de forma energética um conhecido dilema de segurança.

A Lei de Autorização da Defesa Nacional (NDAA) de dezembro de 2021 alocou 778 bilhões de dólares na defesa em 2022, um aumento de 5% com relação ao ano anterior. O Congresso acrescentou muitas emendas anti-Rússia, adicionando 4 bilhões para deter a Rússia na Europa, para apoiar a Ucrânia e para impedir a Rússia de interferir na Interpol. Contudo, as tentativas de declarar a Rússia como um Estado "patrocinador do terrorismo" não foram aprovadas. As condições foram criadas para uma guerra por procuração entre a Rússia e o Ocidente político. Os Estados Unidos "haviam desperdiçado sua vitória da Guerra Fria".[113]

---

111 Kramer, David J. Is Biden going soft on Putin?, *Kyiv Post*, 24 maio 2021. Disponível em: <https://www.kyivpost.com/article/opinion/op-ed/david-j-kramer-is-biden-going-soft-on-putin.html>.

112 Kasparov, Garry. Has Biden lost his nerve with Putin?, *Wall Street Journal*, 1 jun. 2021. Disponível em: <https://www.wsj.com./articles/has-biden-lost-his-nerve-with-putin-11622566741?page=1>.

113 Bacevich, *The Age of Illusions: How America Squandered Its Cold War Victory*.

6
China global

A China tenta evitar cometer os erros que destruíram a União Soviética. A ideologia marxista-leninista havia se tornado um dogma entorpecente e não conseguiu fornecer um enquadramento adequado para analisar os desafios enfrentados pelo país. Moscou, repetidas vezes, perdeu oportunidades para conduzir reformas que poderiam ter rejuvenescido a economia e a sociedade soviética. Em vez disso, as reformas transformadoras, mas confusas, de Gorbachev de fins dos anos 1980 precipitaram a dissolução do sistema comunista e a desintegração do país. O Ocidente político não terá a mesma sorte com seu novo protagonista, e é improvável que a China desista da mesma maneira. Ela será um desafio mais sólido e formidável que a União Soviética.[1] Beijing tem sido mais hábil em definir e promover seus interesses enquanto se adapta aos desafios tecnológicos e societários. A China se tornou a principal alternativa à hegemonia liberal, dançando conforme a música quando necessário, mas firme na resolução no que diz respeito aos princípios e interesses centrais. Isso deriva em parte de uma autoconfiança civilizacional que não havia na União Soviética, bem como de mudanças na política internacional. Robert Gilpin argumenta que, conforme um país aumenta seu poder, procura moldar seu ambiente.[2]

1 Hillman, *The Emperor's New Road: China and the Project of the Century*.

2 Gilpin, *War and Change in World Politics*. Ver também: Kennedy, *The Rise and Fall of the Great Powers: Economic Change and Military Conflict from 1500 to 2000*. Confirmando o argumento, já em 2009 Fareed Zakaria identificou um alerta entre os neoconservadores e o Pentágono "sobre a ameaça chinesa, falando amplamente sobre isso em termos militares" (Zakaria, *Post-American World*, p.126).

Em vez da liberalização antecipada por alguns observadores ocidentais, o regime político consolidou seu poder.[3] Não houve um comunismo de reforma *à la* Gorbachev, menos ainda uma democratização de estilo ocidental aqui – ao menos, não num futuro previsível. O comunismo de reforma dirigido pelo partido permanece a ideologia dominante e, em várias formulações originais, reforçou seu domínio. Isso não significa que a China evitará os problemas que originaram o comunismo de reforma na União Soviética. O regime de partido único pode trazer bens públicos, mas a armadilha leninista não desaparece com isso. Problemas de inclusão política, *accountability* e governança não corrupta permanecem. Críticos argumentam que a China poderia, por fim, sofrer a mesma sina da União Soviética, embora por caminhos distintos.[4]

China chega à maturidade

Xi Jinping foi nomeado secretário-geral do Partido Comunista da China (PCCh), em novembro de 2012 e presidente do país em março de 2013. Em 2016 o PCCh consagrou Xi como líder "central" e o elevou, com isso, a um *status* superior ao do seu predecessor imediato e o igualou a Mao Zedong e Deng Xiaoping. Nos cinco anos anteriores, a dura campanha anticorrupção de Xi havia abatido seus potenciais rivais e consolidou o poder em suas mãos. Ao assumir o governo, estabeleceu dois objetivos principais: fazer da China uma "sociedade moderadamente próspera", dobrando o PIB *per capita* entre 2010 e 2021, ano em que chegou a 10 mil dólares no centenário da fundação do PCCh (sob as condições da Covid, ficou logo abaixo de 9 mil dólares); e tornar a China uma nação "completamente desenvolvida, rica e poderosa" no centenário do estabelecimento da República Popular da China em 2049.[5] O discurso de abertura de Xi ao 19º Congresso do Partido em 18 de outubro de 2017 explicitou ambições globais para uma China reemergente que havia entrado em uma "nova era" e se "aproximaria do centro do palco" nos assuntos mundiais. Em seu pronunciamento de quatro horas, Xi descreveu "uma nova conjuntura histórica no desenvolvimento da China". Ele definiu a "principal contradição" (utilizando uma expressão maoísta) como aquela "entre o desenvolvimento desequilibrado e inadequado e a crescente necessidade do povo por uma vida melhor". Na cerimônia de

3 Para expectativas anteriores, ver Thornton, Long time coming: the prospects for democracy in China, *Foreign Affairs*, 87/1, p.2-22.

4 Gordon G. Chang afirmou isso longamente de forma notória: *The Coming Collapse of China*.

5 Jie, Yu. China's communist century: an Ongoing Balancing Act, *The World Today*, 4 jun. 2021. Disponível em: <https://www.chathamhouse.org/publications/the-world-today/2021-06/chinas-communist-century-ongoing-balancing-act>.

encerramento de 24 de outubro, anunciou-se que os "Pensamentos de Xi sobre o socialismo com características chinesas para uma nova era" haviam sido escritos na Carta do PCCh. Com isso, ele foi elevado ao panteão dos grandes líderes.[6] Com a abolição do limite formal de dois mandatos presidenciais de cinco anos na Constituição e a suspensão da convenção informal do partido sobre uma nova nomeação, o 20º Congresso do Partido em outubro de 2022 estendeu sua liderança.

Xi acredita que a ideologia chinesa é superior à da URSS, que não conseguiu compreender o método marxista e o caráter da ameaça vinda do Ocidente. Subestimar o caráter ideológico da segurança nacional e a "confusão ideológica", acima de tudo ao aceitar "valores universais", minou o papel "principal e de guia" do Partido Comunista da URSS (PCUS), provocando o colapso soviético. O comunismo de reforma chinês reforçou o papel central do Partido e evitou a forma soviética dogmática e, por fim, autodestrutiva. No 19º Congresso do Partido, Xi formulou um plano de 14 pontos para transformar a China em um "grande país socialista moderno" que seria "próspero, forte, democrático, culturalmente avançado, harmonioso e belo", enquanto sua política externa defendia o internacionalismo soberano. Em seu discurso de abertura, Xi argumentou que conforme a China se tornasse "uma sociedade moderadamente próspera", no cenário internacional "será uma era que vê a China se aproximar do centro do palco e que trará grandes contribuições para a humanidade". Ele conclamou aos "povos de todos os países a se unirem ao esforço chinês de construir um destino comum para a humanidade, uma paz e estabilidade duradouras".[7]

A estratégia de "dupla circulação", anunciada em maio de 2020, procurou reduzir a dependência de mercados estrangeiros. A demanda interna e a substituição de importações equilibrariam cada vez mais a "circulação externa" (ou seja, comércio internacional e laços econômicos). Em vez de permitir que a globalização esvaziasse sua economia, a China voltaria a "caminhar com as duas pernas" (tentativa de Mao de equilibrar a indústria e a agricultura). O país propunha sua própria lista de normas e procurava moldar a agenda global. É bastante conhecido o argumento de Giovanni Arrighi de que era apenas uma questão de tempo até o poder econômico se converter em ambições globais para moldar a ordem, e ele estava certo.[8]

O governo chinês lançou várias iniciativas para aumentar seu *soft power*, embora o uso instrumental do termo represente seu caráter de forma

6 Phillips, Xi pledges brilliant new era as he becomes most powerful Chinese leader since Mao, *Guardian*, p.17.

7 Xi Jinping's Report at 19th CPC National Congress, 18 out. 2017. Disponível em: <http://www.xinhuanet.com>.

8 Arrighi, *Adam Smith in Beijing: Lineages of the Twenty-First Century*.

equivocada.[9] A ênfase passou do poder brando para o "discursivo".[10] Os Institutos Confúcio foram criados em 2004 e, em 2021, já haviam sido inauguradas 516 unidades em 140 países. A internacionalização da educação superior chinesa viu dezenas de milhares de chineses estudarem no exterior, embora impedimentos financeiros e de outra ordem, incluindo serviço de vigilância de segurança nos EUA e em outros lugares, tenham revertido essa tendência mesmo antes do início da pandemia da Covid-19 no começo de 2020. Isso foi acompanhado de controles sociais mais rígidos no país. A campanha anticorrupção afastou os rivais de Xi, enquanto as liberdades políticas e de imprensa foram limitadas. As iniciativas de reforma acabaram fortemente suprimidas. Enquanto isso a Rússia se aproximou da China em termos políticos, com ambos preocupados com protestos vindo de baixo e com a democracia sendo promovida a partir do exterior. Os desenvolvimentos internos na China e sua postura internacional mais assertiva, assim como a Rússia antes, provocou uma reação adversa. Algumas preocupações reais foram abordadas, enquanto as ameaças foram exageradas. Clive Hamilton, por exemplo, argumenta que a China está exportando seu autoritarismo para a Austrália e está se infiltrando no Ocidente para subverter a democracia liberal.[11]

Em termos políticos estruturais, há semelhanças com a URSS, acima de tudo o regime político do forte PCCh com 92 milhões de membros que sob a liderança de Xi intensificou o controle sobre a sociedade e restringiu as modestas medidas liberalizantes anteriores. No entanto, a China é um Estado desenvolvimentista muito mais eficaz do que a URSS. Está muito mais integrada à economia global e é muito mais um "concorrente igualitário". O governo dos EUA estimou que, em seu auge em fins de 1975, o PIB da URSS alcançou 57% do PIB estadunidense, mas depois disso a economia soviética cresceu mais lentamente e a proporção diminuiu.[12] Com a URSS comprometida com a autossuficiência, em 1984 o comércio exterior respondeu por apenas 4% do PIB soviético, a maior parte do qual era realizado com outros países do bloco soviético.[13] Por outro lado, quando a

---

9 Nye argumentou amplamente que ultimamente os EUA apenas desfrutam do *soft power*, tal como ele o define naquele ponto: Nye, Joseph S. What China and Russia don't get about soft power, *Foreign Policy*, 29 abr. 2013, Disponível em: <http://foreignpolicy.com>.

10 Leksyutina, Yana. Chinese transfer: from soft to discursive power, Valdai International Club, 15 fev. 2023. Disponível em: <https://valdaiclub.com/a/highlights/chinese-transfer-from-soft-to-discursive-power>.

11 Hamilton, *Silent Invasion: China's Influence in Australia*; Hamilton; Ohlberg, *Hidden Hand: Exposing How the Chinese Communist Party Is Reshaping the World*.

12 Directorate of Intelligence, A comparison of the US and Soviet economies: evaluating the performance of the Soviet system, *CIA Historical Review Program*, out. 1985. Disponível em: <https://www.cia.gov/library/readingroom/docs/DOC_0000497165.pdf>.

13 Stewart, James B. Why Russia can't afford another Cold War, *New York Times*, 8 mar. 2014. Disponível em: <https://www.nytimes.com/2014/03/08/business/why-russia-cant-afford-another-cold-war.html>.

China superou os EUA em termos de Poder de Paridade de Compra (PPC) em 2014, tinha um PIB de 17,6 trilhões de dólares, comparado aos 17,4 trilhões dos EUA.[14] Em fins de 2020, o PIB nominal chinês alcançou 71% do PIB dos EUA. O 14º plano quinquenal de desenvolvimento, 2021-25, antecipou que em 2027-28 a China superará os EUA e se tornará a maior economia do mundo em termos nominais, embora ainda levará mais tempo para atingir a paridade em renda *per capita*. O plano previa dobrar o PIB até 2035 em comparação com o de 2020 para alcançar o *status* de um país de alta renda. A China também cresceu rapidamente em poderio militar. O gasto nominal de defesa chinês equivale a um quarto do estadunidense (em 2020, 178,2 bilhões de dólares em comparação com 738 bilhões dos EUA), mas os recursos são empregados de maneira mais concentrada e em termos de compra são muito maiores.

China e a ordem mundial

A questão parece ser aquela colocada por Ikenberry: "A China derrubará a ordem existente ou se tornará parte dela?"[15] Essa é uma maneira basicamente equivocada de se colocar o tema. A China já se considera um membro do sistema internacional por direito, então não pode haver dúvida se vai "ingressar" em qualquer outra coisa. Não obstante, Ikenberry está certo em perguntar como a China se comportará dentro do sistema internacional. Depois de 1945, os EUA assumiram a liderança em criar instituições da ordem internacional liberal, que mais tarde forneceram a estrutura para globalização – promovendo, com isso, a ascensão da China. A ordem liberal é um sistema de poder, mas também tem suas próprias regras, que são compatíveis, sobretudo, com o sistema internacional mais amplo dentro do qual ele está abrigado. A China é acusada, principalmente pelos EUA, de violar algumas dessas regras. Essas infrações incluem uma pobre defesa dos direitos de propriedade intelectual, acesso parcial ao mercado doméstico chinês, a dominação e o efeito distorcivo de empresas de estatais (SOEs), militarização do Mar da China Meridional e intimidação de países em que ela investiu para evitar que critiquem a China.

Além disso, tem havido uma grande repressão na região autônoma de Xinjiang Uyghur, justificada por Beijing como sendo em resposta a atos de terrorismo do Movimento Islâmico do Turquestão Oriental (ETIM) vinculado à Al-Qaeda. A repressão tem afetado grandes parcelas da população

14 Weiwei, *The China Horizon: Glory and Dream of a Civilizational State*, p.13.
15 Ikenberry, Rise of China, p.23.

islâmica que não tinham qualquer relação com a militância separatista.[16] Advogados internacionais debatem se as ações ali, incluindo o encarceramento de até 1 milhão de pessoas em campos de "reeducação", a destruição de mesquitas e o abuso contra mulheres, podem configurar genocídio.[17] Xinjiang é crucial para o desenvolvimento da China, com três dos seis principais corredores do Cinturão e Rota (ver adiante) passando pela região, incluindo o Corredor Econômico China-Paquistão (CPEC) de 60 bilhões de dólares que fornece à China o acesso ao Oceano Índico por meio do porto de Gwadar, financiado pela Iniciativa Cinturão e Rota (BRI). Em julho de 2020, uma lei de segurança nacional draconiana foi imposta a Hong Kong em resposta à instabilidade provocada pela tentativa de introdução de uma nova lei de extradição em 2019. Os anteriores protestos do "guarda-chuva" em 2014 defendiam eleições mais abertas, mas na visão de Beijing isso ultrapassava os limites do acordo de transferência de 1997 com o Reino Unido. Taiwan é um persistente pomo da discórdia com o Ocidente. Quando as forças nacionalistas sob a liderança de Chiang Kai-shek se retiraram para a ilha em 1949 após perderem a guerra civil, todos os lados a consideravam parte do Estado chinês. Os EUA se comprometeram com o princípio de uma Única China quando assinaram o Comunicado de Xangai em 1972. A República da China (como Taiwan é oficialmente conhecida) tem gozado de um extraordinário sucesso econômico, e nos anos 1980 fez a transição para a democracia. A Província de Taiwan está comprometida com a reunificação pacífica no aniversário de 2049, mas a opção militar não pode ser desconsiderada. Uma série de visitas provocativas por funcionários do alto escalão do governo estadunidense desde o verão de 2022 agravaram a situação, assim como a aprovação de 10 bilhões de dólares da Lei para Resiliência Aprimorada de Taiwan em dezembro daquele ano. Os EUA mantiveram um grau de "ambiguidade estratégica" sobre até onde iria a defesa da ilha, mas recentemente têm se aproximado de um envolvimento militar.

O sucesso de Beijing em conter a pandemia da Covid-19 logo no início foi acompanhada, na primavera de 2020, pela radicalização da retórica da política externa (a chamada diplomacia do "lobo guerreiro"), que exaltava as conquistas chinesas ao mesmo tempo que respondia duramente aos críticos, uma abordagem que se mostrou profundamente contraprodutiva. O país foi além do esforço legítimo para a paridade de estima no sistema internacional e promoveu seu modelo de governança como superior àquilo que acredita ser um declínio do Ocidente político. A China mais assertiva

---

16 O relatório do Escritório do Alto Comissariado das Nações Unidas para os Direitos Humanos, preparado pela comissária Michelle Bachelet e publicado em seu último dia no cargo, em 31 de agosto de 2022, sintetiza as acusações de violações sistemáticas e em larga escala aos direitos humanos: <https://news.un.org/en/story/2022/08/1125932>.

17 Kennedy, China cannot stop me from speaking out, *Guardian Opinion*, p.4.

de Xi equivale àquilo que Elizabeth Economy chama de "a terceira revolução", uma nova fase no desenvolvimento no comunismo da China seguindo o *élan* revolucionário de Mao Zedong e a "ascensão silenciosa" planejada por Deng Xiaoping. Ela nota que ao se tornar líder, Xi falou sobre o rejuvenescimento do "sonho chinês", que foi definido não como uma reforma política ou o constitucionalismo, mas "um pedido para a China dirigida pelo PCCh para reivindicar a grandeza do país".[18] Economy argumenta que Beijing procura uma mudança radical na política internacional por meio da qual os EUA são basicamente expulsos do Pacífico e se tornam apenas uma potência atlântica.[19] Dado o peso econômico da região da Ásia-Pacífico, isso levaria a China a uma nova hegemonia global.[20] O objetivo não é mais apenas simplesmente exercitar a ampliada força econômica chinesa; a visão de Xi da centralidade da China "conota uma ordem internacional radicalmente transformada".[21]

Essa pode ser a ambição, mas sua conquista está longe de ser garantida. Há algumas restrições físicas ao desenvolvimento posterior, com a mudança climática e a falta de água afetando a urbanização do país, enquanto as consequências demográficas da política do filho único imposta entre 1980 e 2016 implicam uma população envelhecida com maiores necessidades de assistência médica, além de uma força de trabalho em declínio.[22] Os fatores estruturais que impediam a Rússia de se tornar parte do Ocidente político em expansão depois de 1989 se aplicam com maior força à China, que nunca se considerou parte do Ocidente histórico, que dirá do político. Ikenberry defende que a ordem liberal se torne "tão expansiva e tão institucionalizada que a China não tenha escolha a não ser se tornar membro pleno dela", mas as condições de entrada na "ordem liberal" foram problemáticas para a Rússia e são proibitivas para a China. Beijing não entrará em uma relação hierárquica com Washington, tampouco se tornará subalterna como os Estados europeus do pós-guerra. Ikenberry está certo em defender que o poder da China seja exercido dentro "das regras e instituições que podem proteger os interesses de todos os Estados em um mundo mais populoso no futuro".[23] Essas regras não são as da ordem liberal liderada pelos EUA, mas as do sistema internacional, que em boa parte se sobrepõem: mas a outra parte é um

18 Economy, *The Third Revolution: Xi Jinping and the New Chinese State*, p.4.

19 Economy, *The World According to China.*

20 Como defendido por Doshi, *The Long Game: China's Grand Strategy to Displace American Order.*

21 Economy, Xi Jinping's new world order: can China remake the international system?, *Foreign Affairs*, 101/1, p.52-67.

22 Mitter, Rana. Xi Jinping has rewritten China's History, but even he can't predict its global future, *Guardian*, 14 nov. 2021. Disponível em: <https://www.theguardian.com/commentisfree/2021/nov/14/xi-jinping-has-rewritten-chinas-history-but-even-he-cant-predict-its-global-future>.

23 Ikenberry, Rise of China, p.37.

sistema de poder dominado pelos EUA no qual a China e a Rússia resistirão em aderir como "vassalos". A primeira fornece amplo marco para o desenvolvimento soberano e uma ordem de paz comum, trabalhando em parceria com os EUA e com o Ocidente político – se for possível encontrar uma fórmula apropriada para cooperação.

Horizontes chineses

A "terceira revolução" se baseia na premissa de superar a fraqueza e a humilhação enfrentadas pela China desde meados do século XIX. Seu *status* internacional relativamente baixo é considerado um "erro histórico" que precisa ser reparado.[24] O notável caminho de desenvolvimento da China é expresso de modo contundente na vigorosa defesa de Zhang Weiwei da abordagem da China com relação aos assuntos nacionais e internacionais. O tema central de sua famosa trilogia – *The China Ripple* [A marola chinesa], *The China Wave* [A onda chinesa] e *The China Horizon* [O horizonte chinês] – é que a China é um Estado civilizacional com uma história contínua que remonta a 5 mil anos, em comparação com a qual todos os outros Estados são insignificantes.[25] Esse enorme recurso cultural e político agora está combinado com um "Estado moderno muito grande", um "novo modelo de desenvolvimento" e um "novo discurso político".[26] Embora críticos condenem os arranjos institucionais da China, acima de tudo a liderança contínua do PCCh, Zhang os considera uma fonte de força, sobretudo em comparação com a disfuncionalidade pela qual passa a democracia no Ocidente, em sua visão. Ele destaca a sábia liderança de Deng Xiaoping, que permitiu à China entrar na lista das principais potências. Em consonância com o argumento de Zhang, Daniel Bell em *The China Model* [O modelo chinês] fornece uma análise sofisticada da abordagem chinesa à meritocracia política e aos limites da democracia.[27]

Zhang condena o "fundamentalismo de mercado" e o "fundamentalismo da democracia" e demonstra, meticulosamente, suas falhas. Ele descreve o declínio geral na qualidade da governança, particularmente nos EUA.[28] Essa crítica não está mais formulada na ultrapassada linguagem ideológica do marxismo-leninismo, mas na linguagem vigorosa de um poder confiante decorrente de conquistas visíveis na transformação de um país sobretudo camponês em um gigante industrial e tecnológico no decorrer de duas

---

24 Economy, *Third Revolution*, p.189.
25 Para uma análise do conceito, ver Coker, *The Rise of the Civilizational State*.
26 Zhang, *China Horizon*, p.xiii.
27 A. Bell, *The China Model: Political Meritocracy and the Limits of Democracy*.
28 Zhang, *China Horizon*, p.43.

gerações. Na verdade, em uma inversão hábil, Zhang condena o modo que as "políticas externas adotadas pelos países do Ocidente, sobretudo pelos EUA, são extremamente ideológicas", que não estão mais imbuídos com o espírito de "buscar a verdade dos fatos".[29] Deste ponto de vista, é o Ocidente que tem se tornado revolucionário, enquanto a Rússia e a China eram potências conservadoras do *status quo*.

Acima de tudo, Zhang promove uma vigorosa defesa do papel do PCCh, que argumenta fornecer uma liderança efetiva de longo prazo como um "Partido de Estado [...] que representa os interesses da grande maioria da população chinesa".[30] Ele fornece um plano de desenvolvimento de longo prazo, estabilidade social e política e uma estrutura meritocrática para o desenvolvimento profissional. Ele rejeita o "discurso da autocracia contra a democracia", argumentando que isso deveria ser substituído pelo discurso da "boa governança contra a má governança".[31] Com relação aos direitos humanos, ele levanta a questão persistente de se tais direitos estão acima da soberania de Estado, destacando que as intervenções deveriam ser apenas exercidas em conformidade com "os procedimentos estipulados no Direito internacional e pela ONU". Não havia espaço aqui para direitos humanos como a "última utopia" (assumindo prioridade com relação aos direitos sociais); em vez disso, a China inventou sua própria utopia. Em palavras que ecoam os sentimentos de Moscou, Zhang observa que:

> Alguns países do Ocidente, no entanto, têm tentado agir tanto como juiz quanto como gendarme do mundo, intervêm em assuntos internos de outros países e imediatamente iniciam guerras contra outros sob o pretexto de "intervenção humanitária".[32]

Do seu ponto de vista, "talvez seja hora de o Ocidente pensar para além da mentalidade da Guerra Fria e acompanhar a mudança dos tempos".[33]

O ponto é reiterado pelo diplomata de Singapura Kishore Mahbubani. Ele ressalta que a guerra comercial e tecnológica de Trump contra a China se tornou um consenso em Washington, com o país asiático condenado por ser uma potência revisionista. No entanto, ele argumenta que "os Estados Unidos estão cometendo um grande erro estratégico ao lançar sua competição com a China sem primeiro desenvolver uma estratégia ampla e global para lidar com a China".[34] A luta durará muitos anos, e ele levanta a questão fundamental se "o objetivo principal dos EUA seria melhorar a qualidade

29 Ibid., p.47, 46.
30 Ibid., p.78.
31 Ibid., p.89, 145.
32 Ibid., p.107.
33 Ibid., p.137.
34 Mahbubani, *Has China Won? The Chinese Challenge to American Primacy*, p.2.

de vida dos seus 330 milhões de cidadãos ou preservar sua primazia no sistema internacional".[35] Mahbubani sustentou que as grandes democracias na região, tal como Índia e Indonésia, não se sentiram ameaçadas pela China, e que o PCCh funciona não como a vanguarda do marxismo-leninismo, mas como o "partido da *civilização* chinesa", reforçando o que Zhang havia colocado.[36] O diplomata de Singapura enfatiza acima de tudo que "não há um conflito de interesse fundamental entre os Estados Unidos e a China", sublinhando os interesses comuns em manter as vias marítimas livres para navegação[37] e também observa que a população chinesa de 1,4 bilhão somada à dos EUA chegam a 1,74 bilhão, menos de um quarto da população mundial.

Ele destaca que a China cometeu os erros estratégicos, principalmente em não perceber "as fortes convicções entre as principais figuras estadunidenses de que a China tem sido basicamente injusta em muitas de suas políticas econômicas: demanda de transferência tecnológica, roubo de propriedade intelectual, imposição de barreira não tarifadas".[38] No Mar da China Meridional há uma rede de ilhas conflitantes e reivindicações marítimas envolvendo a China, Taiwan, Brunei, Indonésia, Malásia, Filipinas e Vietnã. Os quatro últimos reclamantes supostamente começaram a pleitear terras e coisas do gênero, mas quando a China se envolveu, o fez de forma agressiva tornando o "Mar da China Meridional uma ferramenta útil de propaganda negativa".[39] O diplomata sublinha que a China deve "abandonar sua mentalidade de reinado médio de 2 mil anos e decidir se tornar uma sociedade mais aberta em termos de envolvimento econômico com o resto do mundo".[40] Já em relação aos "erros estratégicos" estadunidenses, são vários e provavelmente transformaram o país em uma "superpotência vilã".[41] Em suma, Mahbubani argumenta que "uma competição geopolítica maiúscula entre EUA e China é tanto inevitável quanto evitável".[42] A China havia alienado a comunidade de negócios, enquanto os EUA necessitavam de um bode expiatório externo para seus graves problemas. Os líderes da China procuraram rejuvenescer sua civilização, mas "não tinham impulsos missionários para dominar o mundo e fazer todos se tornarem chineses".[43] Não há contradições fundamentais entre os dois países, logo em seu ponto de vista há espaço para esperança e até para o otimismo.

---

35 Ibid., p.4.
36 Ibid., p.7. Destaques no original.
37 Ibid., p.21.
38 Ibid., p.33.
39 Ibid., p.35.
40 Ibid., p.42.
41 Mahbubani, *Has China Won?*, p.57, citando Wolf, How We lost America to greed and envy, *Financial Times*.
42 Mahbubani, *Has China Won?*, p.253.
43 Ibid., p.254.

Martin Jacques desenvolve o tema da China como um Estado-civilização e argumenta que as expectativas de o país se desenvolver como uma nação clássica no estilo europeu sempre foram excêntricas. A ascensão chinesa levantaria algumas questões persistentes. Jacques desenvolve três argumentos cruciais. Primeiro, que o desafio terá um caráter muito além do econômico, transbordará para abarcar questões culturais, o caráter da autoridade política e a qualidade das relações nos assuntos internacionais. Segundo, a ideia de que uma China modernizada se tornará mais "ocidentalizada" e gradualmente adotará normas liberal-democráticas é basicamente algo mal concebido. Ao contrário, a potência da autoridade do PCCh perdurará. Terceiro, que a ascensão da China pode ser incorporada ao sistema internacional tal como está atualmente constituído. Jacques se refere à ordem liberal liderada pelos EUA, mas como vimos o sistema internacional é algo distinto, em que a China já está bem acomodada, acima de tudo como um membro permanente do Conselho de Segurança da ONU. Na verdade, a China luta para promover e preservar a autonomia do sistema internacional. Não obstante, sua questão fundamental está correta: "a ascensão da China transformará o mundo de maneira muito profunda".[44] A mudança será para o modo como a política internacional é conduzida, considerando a emergência do país asiático como um concorrente à mesma altura dos EUA, e não do sistema em que está embutido.

Jacques argumenta que a China exemplifica da melhor maneira a ideia de modernidades alternativas – é possível haver várias formas de ser moderno.[45] Como ele observa, "a modernidade chinesa será bem diferente da ocidental".[46] Isso já foi ilustrado pelo Japão, altamente desenvolvido e profundamente tradicional.[47] A multiplicidade de civilizações abrirá espaço para modernidades múltiplas, um argumento levantado, de modo distinto, por Samuel Huntington.[48] Com sua longa história, a China funciona em um calendário distinto daquele do Ocidente e de outras civilizações. A modernidade chinesa alternativa é mais altamente ramificada, o que sugere que ela pode ser tornar um modelo de ordem internacional por si só. O sistema tributário centrado na China poderia ser reinventado sob novas formas. O comércio tributário "é uma antiga estratégia de dominação chinesa e é mais adequado para descrever a China que o conceito estadunidense de 'poder brando'".[49] Os instrumentos de tal poder são comércio, investimento

44 Jacques, *When China Rules the World: The End of the Western World and the Birth of a New Global Order*, p.16.
45 Argumento desenvolvido por Eisenstadt, *Multiple Modernities*.
46 Jacques, *When China Rules the World*, p.579.
47 Eisenstadt, *Japanese Civilization: A Comparative View*.
48 Huntington, The clash of Civilizations?, *Foreign Affairs*, 72/3, p.23-49; Huntington, *The Clash of Civilizations and the Remaking of World Order*.
49 Economy, *Third Revolution*, p.222.

em transporte e em infraestrutura de manufatura, e conversão da força econômica em influência.

Poder e propósito

A China tem seu próprio modelo de legitimidade política (o "mandado do paraíso"), sugerindo que o regime do PCCh persistirá contanto que ele se adapte e permaneça flexível, como as dinastias bem sucedidas do passado, ao mesmo tempo que fornece bens públicos como o mandato exige. A grande escala, poder, senso de propósito e a base histórica tornarão a China uma potência muito mais formidável do que a União Soviética em toda sua história. A China é provavelmente o centro de seu próprio modelo de ordem mundial, incorporando uma versão modificada de internacionalismo soberano em uma espécie de sistema tributário recriado. Essa ordem centrada na China subverterá de maneira sutil e corrosiva as normas e princípios do sistema internacional da Carta, embora sem repudiá-lo formalmente. Essa é a principal acusação feita por seus críticos no Ocidente. Sem dúvida, a volta do país asiático à proeminência global é um processo de quebra de paradigma. No entanto, embora a China teste os limites do sistema internacional da Carta, ainda permanece dentro dele, defendendo a globalização e o Direito internacional ao mesmo tempo que goza dos privilégios e proteções que lhe são garantidos. O choque EUA-China até agora está entre interpretações da ordem dentro do sistema internacional, mas o conflito erode a viabilidade daquele sistema.

Se a China está começando a criar seu próprio modelo de ordem mundial, o que isso significa para seus parceiros? O país permanecerá alinhado em parte com a Rússia e alguns outros Estados em defesa do internacionalismo soberano, mas não seria esse próprio modelo também muito frágil para descrever a grandeza do desafio que o poder da China coloca ao funcionamento do sistema internacional? Está surgindo um novo modelo de globalismo, centrado na China e funcionando como uma espécie de análogo ao sistema tributário? Nesse caso, teríamos que repensar sobre nossos pressupostos. Primeiro, o alinhamento com a Rússia ganha um novo matiz. De uma associação de iguais, a Rússia é rebaixada a uma condição subalterna [*tributary*]. Segundo, o confronto com os EUA se torna ainda mais sistêmico: um Estado-nação emergente enfrentaria um Estado-civilização poderoso e historicamente fundamentado, cujo poder e coerência gradualmente colocarão os EUA em segundo plano. Nenhuma medida a não ser a guerra pode parar o processo – a chamada "armadilha de Tucídides". Terceiro, os princípios que regem as relações entre Beijing e o resto do mundo, embora formalmente ainda sejam conduzidas dentro da estrutura do sistema internacional da Carta, assumirão um caráter distinto. Quarto, o marco temporal relevante de 1945 é muito breve para englobar as qualidades da mudança de sistema da reemergência chinesa. Os 200 anos de supremacia militar europeia e os 500 anos de dominação cultural sem dúvida estão terminando, mas mesmo isso é colocado em segundo plano pelos 3 mil anos da demonstrada continuidade cultural chinesa. O "século estadunidense" após 1945 e seu período de primazia sem comparação entre 1989 e 2014 não foram "uma espécie de estado natural", mas uma "anomalia histórica": "o movimento de longo prazo em direção a um mundo pós-Ocidental foi interrompido, mas não foi desviado de modo fundamental pelo breve e fugaz período de unipolaridade dos EUA".[50] Estender o horizonte temporal muda as perspectivas com relação aos conflitos das grandes potências dos nossos dias.

Esse cenário faz da China (como da Rússia) uma potência revisionista (caso esse termo tenha qualquer significado nesse marco temporal mais amplo)? Em sua retórica, ocorre o oposto, e Beijing procura garantir que o sistema internacional se torne menos hierárquico e mais equilibrado. Isso significa desafiar a hegemonia liberal, e logo a China (assim como a Rússia) se tornam neorrevisionistas: defender o sistema internacional contra as transgressões de uma subordem particular. A China é uma firme defensora do internacionalismo soberano pós-1945 e, dessa forma, condena mudanças de regime pela força. Xi enfatiza que a China foi um "partícipe e construtor" do sistema internacional, mas, no mesmo discurso de setembro de 2015, destaca que "a China apenas procura reformar e aperfeiçoar o sistema internacional existente, e isso não significa criar uma nova ordem, mas apenas se mover em uma direção mais justa".[51] Esse foi um dos argumentos usados no Fórum Econômico Mundial de Davos, em janeiro de 2017, quando Xi defendeu abertamente a globalização e declarou, mais uma vez, que defendia o sistema internacional existente, afirmando com isso a China como um líder central na política internacional.[52] A consequência é o questionamento da seletividade e arbitrariedade da hegemonia liberal – daí o conflito com os EUA.

Isso também forçou a China a assumir uma posição de liderança mais forte, embora o país tenha hesitado de fazê-lo antes. A ruptura trumpista tornou isso mais urgente, jogando o internacionalismo liberal em uma desordem ao mesmo tempo que enfraqueceu formas tradicionais de consenso da liderança dos EUA – criando assim espaço para a China. No entanto, a resposta de Trump foi apenas um episódio em uma mudança mais ampla no pensamento dos EUA. A capacidade da China de se beneficiar da ordem

50 Hurrell, Beyond the BRICS: power, pluralism, and the future of global order, *Ethics & International Affairs*, 32/1, p.93.

51 Tang, China and the future international order(s), *Ethics and International Affairs*, 32/1, p.34.

52 Full text of Xi Jinping keynote at the World Economic Forum, Davos, 17 jan. 2017. Disponível em: <https://america.cgtn.com/2017/01/17/full-text-of-xi-jinping-keynote-at-the-world-economic-forum>.

liberal e ao mesmo tempo manter seu modelo de economia de mercado regulado pelo Estado, mas com restrições e regulações que distorcem o mercado, além de sua resistência à mudança política, minou o anterior consenso interno sobre as relações com a China. Para Beijing, isso certamente causou atritos com a agenda expansiva internacional do internacionalismo democrático, e ainda mais com a hegemonia liberal, mas estava um tanto confortável com a estrutura mais modesta do sistema internacional da Carta, defendendo assim seus princípios.[53] A guerra na Ucrânia de 2022, no entanto, ameaçou a viabilidade do sistema internacional da Carta mais que qualquer outro acontecimento desde 1945, com uma guerra interestatal provocada pelo choque entre interpretações daquela ordem, provocando uma volta à política brutal das grandes potências que o multilateralismo da Carta fora projetado justamente para evitar. A China está presa entre seu alinhamento com a Rússia e seu compromisso declarado às normas da Carta.

A Guerra ocorre em um contexto de uma crescente narrativa do declínio do Ocidente político em Beijing e Moscou. A crise financeira global de 2008 expôs um problema persistente no desenvolvimento social e político nos EUA, fazendo que alguns na China (assim como na Rússia) exagerassem sobre o declínio do Ocidente capitalista. Se a maré da história estava mudando, então por que não investir contra uma ordem política que estava se esvaindo? O perigo de uma reação exagerada era evidente, acompanhado por alguns retrocessos de reformas técnicas lançadas em resposta para justificar as críticas do Ocidente aos comportamentos do comércio, investimentos e economia chineses. À medida que a confiança evaporou, tornou-se mais difícil resolver essas questões por meio da negociação e do acordo. Isso refletiu profundas consequências da mudança no equilíbrio de poder. Como Jacques observa,

> potências hegemônicas procuram projetar seus valores e instituições para nações subordinadas e estas, em resposta, a depender das circunstâncias, se adaptarão ou se curvarão a seus modos; se não o fizeram, as potências hegemônicas em geral procuram impor aqueles valores e compromissos a eles, mesmo *in extremis* pela força.[54]

A China começou a exercer seu próprio campo de força, oferecendo uma suposta alternativa à hegemonia liberal liderada pelos EUA. Considerando que a ordem liberal estava tão profundamente interligada ao sistema internacional pós-guerra, não seria fácil rejeitar uma ao mesmo tempo que defendia a outra. O neorrevisionismo por definição tem o potencial de se transformar em um revisionismo em grande escala.

---

53 Para um exame da dinâmica, ver: Weiss; Wallace, Domestic politics, China's rise, and the future of the liberal international order, *International Organization*, n.75, p.635-64.

54 Jacques, *When China Rules the World*, p.12.

A China no mundo

No período inicial de reformas pós-Mao de 1978, a tradicional mentalidade do centro do mundo deu espaço para a busca por "um reconhecimento legítimo da sociedade internacional".[55] Esse processo foi acompanhado de várias afirmações de modéstia: "manter um perfil discreto, esperar o momento certo", "potência responsável", "ascensão pacífica", "desenvolvimento pacífico", entre outras. As reformas econômicas de Deng repudiaram o radicalismo revolucionário e representaram uma virada pragmática na política externa, que se valeu da multipolaridade para garantir a independência da China e o "desenvolvimento pacífico".[56] A visão da elite era que a China estava muito mais recuperando seu *status* internacional anterior do que ganhando algo novo, logo preferiu o termo "retorno" à "ascensão" da China. A referência ao "século da humilhação" não apenas reforçou a legitimidade nacionalista do PCCh, mas também pintou a hostilidade ocidental como parte de um padrão histórico que se recusava a conceder à China o *status* que o país merecia.[57]

Em consonância com o internacionalismo soberano e os princípios do não alinhamento da Declaração de Bandung (abril de 1955), em 2018 Xi anunciou a política das cinco negativas: "não interferência nos caminhos do desenvolvimento, não interferência em assuntos internos, não imposição da vontade a outros, não vinculação de condições políticas e não interesse político egoísta em investimentos e financiamento".[58] A China (assim como a Rússia) se considera sobretudo membro fundador do sistema internacional da Carta. Além disso, como o ministro das Relações Exteriores Wang Yi recordou em sua audiência na Conferência de Segurança de Munique em 2020, a China foi um membro fundador da ONU e "permaneceu leal às aspirações fundadoras da ONU e defendeu firmemente os propósitos da Carta da ONU e do Direito internacional. A missão da política externa da China é promover a paz mundial e o desenvolvimento comum". O país não copiaria o modelo ocidental, mas seguiria "o caminho do socialismo com características chinesas", e "não buscaria hegemonia mesmo quando tivesse mais força".[59]

A ordem de Deng para "ascender em silêncio" foi descartada quando a China potencializou seus vastos ganhos econômicos em maior influência na

---

55 Yong, *China's Struggle for Status: The Realignment of International Relations*, p.6.

56 Ibid., p.5.

57 Ibid., p.121.

58 Full text of Chinese President Xi Jinping's Speech at opening ceremony of 2018 FOCAC Beijing Summit, 3 set. 2018. Disponível em: <http://www.xinhuanet.com/english/2018-09/03/c_137441987.htm>.

59 Wang Yi delivers a speech at the 56th Munich Security Conference, 15 fev. 2020. Disponível em: <https://www.mfa.gov.cn/ce/ceus//eng/zgyw/t1746135.htm>.

região e além dela. Xi expandiu o que considerava os "interesses centrais" da China e os afirmou de maneira firme. Com base em planos anteriores, a Iniciativa do Cinturão e Rota estava no núcleo do novo globalismo. Xi Jinping anunciou o Cinturão Econômico da Rota da Seda (SREB) em 7 de setembro de 2013 em um discurso na Universidade de Nazarbayev, em Astana, no Cazaquistão.[60] Um mês depois, em 3 de outubro em Jacarta, capital da Indonésia, reforçou isso com a Rota da Seda marítima. Juntas, tornaram-se conhecidas como BRI, agora chamadas simplesmente de Cinturão e Rota, um amplo plano de infraestrutura para conectar a China com o resto do mundo por meio de portos, ferrovias, rodovias e instalações de energia. Essa foi uma iniciativa ambiciosa para promover a cooperação regional, integração econômica e rede de transportes e comunicação. O cinturão marítimo que o acompanha deveria ser apoiado por melhorias nos portos e nos centros de transporte.[61] Ele preencheu a lacuna no desenvolvimento da finanças globais e, em janeiro de 2023, 151 países haviam ingressado por meio da assinatura de um memorando de entendimento. Isso foi seguido pela inauguração de nós regionais como a parceria 16+1 na Europa central e oriental em 2012, desde então reduzida com a saída da Lituânia. O Cinturão e Rota logo ultrapassou seus corredores originais para alcançar o mundo. Agora também inclui uma Rota da Seda digital para melhorar a telecomunicação, inteligência artificial, computação em nuvem e sistemas de pagamento eletrônico em parceria com Estados bem como, de modo mais controverso, sistema de monitoramento. Há também uma Rota da Seda da saúde para promover ideias chinesas sobre governança da saúde global, com centenas de projetos nesta categoria. Estes programas encontram "uma necessidade legítima de uma nova infraestrutura em todo o mundo para preencher a lacuna no financiamento e construção de infraestrutura de modo que as beneficie", em meio ao fracasso das instituições com sede em Washington para fornecer tal apoio. Houve apelos nos EUA para forçar a China a mudar suas práticas de Cinturão e Rota e para que Washington oferecesse uma "alternativa efetiva".[62] Isso ainda se tornaria uma outra arena de contestação.

O plano grandioso procurava vincular a China com o resto do mundo por meio de "rotas da seda" terrestres e marítimas. O Cinturão e Rota refletiu as necessidades da economia chinesa, procurando por novas oportunidades

---

60 Fallon, The new Silk Road: Xi Jinping's grand strategy for Eurasia, *American Foreign Policy Interests*, 37, p.140-7.

61 Cooley, Alexander. *New Silk Route or Developmental Cul-de-Sac?*, PONARS Eurasia, PONARS Eurasian Policy Memo n.372, jul. 2015.

62 Council on Foreign Relations, *China's Belt and Road: Implications for the United States*, mar. 2021, p.4-5. Disponível em: <https://www.cfr.org/report/chinas-belt-and-road-impli-cations-for-the-united-states/>.

de investimento para o enorme acúmulo de capital, embora a estratégia de dupla circulação procurou, posteriormente, garantir que o investimento interno também fosse potencializado. As relações eram baseadas na conectividade, e não na integração, permitindo que entidades se unissem e, ao mesmo tempo, mantivessem suas identidades separadas, ao passo que a integração sugere um ponto final de fusão e de se tornar um só.[63] Essa abordagem está em consonância com o internacionalismo soberano, em que os países se envolvem com outros, mas mantêm sua autonomia. No entanto, críticos também detectam elementos de um leve imperialismo do sistema tributário, em que a suserania exige apenas a obediência formal, e não a renúncia completa da soberania. Apesar da crítica ocidental, esse foi um projeto grandioso e transformador. Em *Chinna Connects the World* [A China conecta o mundo], Wang Yiewei argumenta que o Cinturão e Rota abre espaço para uma completa "nova civilização humana" e para a domesticação do "dualismo" ocidental, que está preso em um ciclo de "estranhamento e confronto". Em vez da "maldição da hegemonia dos EUA", Cinturão e Rota abre a perspectiva de um mundo sem hegemonia. Diferentes Estados e culturas estariam conectados, mas separados.[64] A ambição é ampla e transregional, criando uma nova ordem espacial e de desenvolvimento ao mesmo tempo que defende o internacionalismo soberano pós-guerra. Esse é o internacionalismo de um novo tipo, embora permaneça na forma tradicional.[65]

O Cinturão e Rota é condenado por vários motivos, incluindo a acusação controversa e contestada de "diplomacia da armadilha da dívida", por meio da qual os países que recebem se tornam devedores da China, além de negligenciar as salvaguardas ambientais e a sustentabilidade econômica. A China foi acusada de "extrativismo", a extração de recursos naturais em bolhas fechadas de pouco benefício para as comunidades anfitriãs, e de arrogância arbitrária ao fornecer a seus próprios trabalhadores, guardas de segurança, matérias-primas e até mesmo cozinheiros. A visão oposta argumenta que, na verdade, os países contemplados moldam ativamente seu envolvimento no programa. Em vez de ser uma estratégia consistente para aprisionar países na teia chinesa, a Iniciativa Cinturão e Rota avançou de forma gradual e por partes. Houve alguns projetos mal concebidos e gerenciados, principalmente no Sri Lanka e em Montenegro, mas a

63 Um argumento desenvolvido por Kribbe, *The Strongmen: European Encounters with Sovereign Power*, p.157.

64 Citado por Kribbe, *The Strongmen*, p.157.

65 Cf. Maçães, *Belt and Road: A Chinese World Order*, p.5, que argumenta que o Cinturão e Rota "são o plano chinês para construir uma nova ordem mundial substituindo o sistema internacional liderado pelos EUA".

resposta adequada era aprimorar a gestão de risco e avaliação do projeto.[66] O Banco Asiático de Investimento em Infraestrutura (AIIB), inaugurado em 2012, já avançou nessa direção, incorporando exigências de boa governança em suas principais práticas. Os EUA se opuseram à sua inauguração, mas Washington não conseguiu impedir que aliados ingressassem. Em 2022 o AIIB possuía 86 membros e havia se tornado um dos maiores bancos de investimento em infraestrutura do mundo.

O governo Obama negociou a Parceria Transpacífica (TPP), mas a iniciativa foi sumariamente cancelada por Trump em seu primeiro dia no governo. Seus supostos membros seguiram adiante sem os EUA e criaram o Acordo Abrangente e Progressivo para a Parceria Transpacífica (CPTPP), englobando um mercado de 500 milhões e 14% da economia global. Foram modificadas as cláusulas controversas que permitiriam às empresas processarem governos se conseguirem demonstrar que uma mudança na política governamental lhes causou danos materiais. Essa é a notória cláusula de conflito entre investidor e Estado da era da hiperglobalização, que fundamentalmente mina a soberania econômica em favor das corporações transnacionais. Em suma, foi menos ambicioso que o projetado TPP, mas marcou um passo importante na integração regional. Isso foi complementado em novembro de 2020 quando a Associação das Nações do Sudeste Asiático (Asean), assim como cinco países parceiros (China, Japão, Coreia do Sul, Austrália e Nova Zelândia), assinaram a Parceria Econômica Regional Abrangente (RCEP), uma ideia da Asean discutida inicialmente em 2011. Menos ambiciosa que o projetado TPP, a RCEP, no entanto, criou a maior zona de livre comércio do mundo. É criado um marco para a China resolver questões regionais contenciosas, incluindo disposições sobre propriedade intelectual, telecomunicações, fluxos financeiros e *e-commerce*. A RCEP não uniformiza normas trabalhistas e padrões ambientais, além de preservar áreas vulneráveis de economias nacionais. Embora a Índia não tenha assinado, desempenhou parte ativa na formulação do acordo. A integração econômica dirigida pelos EUA era, agora, sistematicamente desafiada por um modelo alternativo de globalização.

A China se esforça para se tornar uma economia de espectro total e autossuficiente, reduzindo assim exposição à pressão externa. A proibição de Trump da exportação da tecnologia de semicondutores para a China serviu como um aviso de que a dependência de fornecedores externos deixa o país vulnerável a sanções. O país havia há muito incentivado a transferência tecnológica de empresas ocidentais (por meios legais ou não), mas isso

66 Jones, Lee; Hameiri, Shahar. *Debunking the Myth of 'Debt-Trap Diplomacy': How Recipient Countries Shape China's Belt and Road Initiative*, Chatham House Research Paper, ago. 2020. Disponível em: <https://www.chathamhouse.org/2020/08/debunking-myth-debt-trap-diplomacy>.

ganhou novas cores quando Beijing anunciou o programa Made in China 2025, estabelecendo dez áreas prioritárias para a economia chinesa, que incluem a aeroespacial e aviação, maquinário e robótica, veículos de energia renovável, tecnologia da informação avançada, equipamentos médicos de alto desempenho, entre outros.[67] O objetivo foi criar uma base nativa para as principais tecnologias do futuro dentro de uma estrutura da Quarta Revolução Industrial. A China acelerou a inovação interna para concorrer em âmbito global, ao mesmo tempo que reduz a dependência de tecnologias estrangeiras. Isso foi acompanhado por um impulso por um maior controle estatal da economia e o endurecimento do sistema de "crédito social", leis cibernéticas mais severas e uma nova ênfase no papel dos quadros do PCCh nos conselhos administrativos das empresas. As práticas de separação, condenação e controle interno da Guerra Fria foram intensificadas.

Relações sino-estadunidenses

Em 2005, Robert Zoellick, o funcionário público estadunidense que assumiu a presidência do Banco Mundial, argumentou de forma notória que a China deveria se tornar "um ator responsável" no sistema internacional. Isso reflete o enigma no centro das relações sino-estadunidenses. Mas a China sempre foi um ator naquele sistema; na verdade, foi um membro fundador (embora seu assento na ONU tenha sido ocupado por Taiwan até 1971). O país tinha reservas com relação a seu *status* na ordem internacional liberal liderada pelos EUA, e aqui vieram à tona algumas das mesmas questões relacionadas à Rússia. Ambos os países globalizaram suas economias, embora a China tenha se integrado na economia mundial de uma maneira muito mais ampla, mas ambos rejeitavam a primazia dos EUA. Washington argumentava que havia facilitado a ascensão da China na expectativa de que obedeceria às regras das economias de mercado competitivas, respeitaria os direitos de propriedade intelectual e abandonaria subsídios estatais anticompetitivos e o dumping de exportação. Esse é um argumento justo, embora a China possa contra-argumentar que, na condição de uma economia em desenvolvimento, precisa apoiar suas indústrias para que possam competir em pé de igualdade com as sociedades avançadas. O desenvolvimento acelerado exige certo grau de protecionismo para proteger indústrias emergentes da intensa concorrência de economias mais estabelecidas. No entanto, essas práticas não competitivas agora eram vistas como uma ameaça aos interesses dos EUA, causando uma mudança fundamental na estratégia estadunidense.

---

67 Economy, *Third Revolution*, p.119.

À medida que o país asiático ganhava poder, Brzezinski argumentava que a única relação em política internacional que realmente importava era aquela entre os EUA e a China. Em 2009, de maneira explicitamente enérgica, defendeu a criação do Grupo de Dois (G2) para que eles governassem o mundo juntos.[68] A história, no entanto, tomou outro caminho. Em outubro de 2011, a secretária de Estado Hillary Clinton anunciou o nascimento do Século Pacífico Estadunidense, retratando a região da Ásia-Pacífico como aquela que requer a "liderança" dos EUA.[69] Poucos meses depois, o Pentágono emitiu seu *Defense Strategic Guidance* [Guia de defesa estratégica] que delineou um "pivô para Ásia". Apelou-se a uma "dissuasão plausível" e à necessidade de "projetar poder apesar dos desafios de acesso/ negação de área [A2/AD]", logo seguido de exercícios militares com o Japão, do estabelecimento de uma base de fuzileiros navais dos EUA na Austrália, do aumento na venda de armas na região, e de operações de Liberdade de Navegação (Fonops) mais frequentes etc., tudo isso era, naturalmente, considerado como uma ameaça à China. Isso chegou ao ápice com o ataque do bombardeiro estadunidense B-2 à embaixada chinesa em Belgrado em 7 de maio de 1999, que matou três jornalistas chineses e feriu 27 pessoas, um incidente que ainda não foi completamente explicado.

A situação de Taiwan é um persistente pomo da discórdia. Desde a visita de Nixon à China em 1972 e da assinatura do Comunicado de Xangai, os EUA se comprometeram com a política de "uma só China", mas, como vimos, isso foi acompanhado por uma ambiguidade estratégica no que toca à defesa da ilha. As relações com Taipei foram rompidas em 1979, e a República Popular da China foi reconhecida como único Estado chinês legítimo. Em 1982, Washington concordou em encerrar a venda de armas para Taiwan, um reconhecimento implícito de que, por fim, a ilha deveria se reunificar com o continente. Nos anos de Trump, contudo, contatos de alto escalão com Taipei sugeriram uma solidariedade com a independência taiwanesa, uma ameaça àquilo que Beijing considera "interesse central". Elementos do tratado de defesa mútua que haviam prescrito foram restaurados em 1979. Para Beijing, isso parecia ser um rechaço mais amplo aos interesses chineses. A tentativa de converter o Diálogo de Segurança Quadrilateral (o Quad), que compreendia os EUA, Índia, Japão e Austrália, em uma aliança militar patentemente dirigida contra a China apenas se somou às preocupações de Beijing.

---

68 Brzezinski, Zbigniew. The Group of Two that could change the world, *Financial Times*, 13 jan. 2009. Disponível em: <https://www.ft.com/content/d99369b8-e178-11dd-afao-0000779fd2ac>.

69 Clinton, Hillary. America's Pacific Century, *Foreign Policy*, 11 out. 2011. Disponível em: <http://foreignpolicy.com/2011/10/11/americas-pacific-century/>.

Exercendo a recém-descoberta força chinesa, Xi apresentou a ideia de "construir um novo tipo de relações das principais potências" com os EUA e outros Estados.[70] Em sua visita à Washington em 2012, Xi propôs "um novo tipo de relação entre os principais países do século XXI". Isso estava em consonância com o princípio do internacionalismo soberano, em que nações coordenam suas ações nos assuntos internacionais ao mesmo tempo que perseguem seus interesses. Os EUA se recusaram a aceitar esse modelo, em vez disso insistiram em sua liderança e começaram a conter a China.[71] Inicialmente analistas chineses pressupunham que isso refletia apenas uma preferência individual dos líderes dos EUA, porém mais tarde compreenderam que o problema era sistêmico.[72] A falta de empatia (que não é o mesmo que simpatia) às sensibilidades chinesas repetiram o padrão do pós-Guerra Fria com a Rússia e resultou na mesma ação/reação do ciclo de escalada do dilema de segurança. A diplomata veterana Fu Ying notou que a questão da China era "como avaliar a mudança estratégica dos EUA" e enfatizou que, "com base nos princípios fundamentais da política externa, a China gostaria que a relação fosse de uma cooperação efetiva", que a competição fosse "benigna" e limitada. No entanto, alertou que a "China também deve se preparar para um possível confronto mais amplo".[73]

A presidência de Biden considerou a relação como definidora de época. Às vésperas da cúpula de Cornwall do G7 em junho de 2021, Biden escreveu: "As alianças e instituições democráticas que moldaram boa parte do último século provarão sua capacidade contra as ameaças e adversários dos dias modernos?". Competição entre as democracias do mundo e os regimes autoritários – com a China na vanguarda destes – definiu o período, e o presidente estadunidense acreditava que, para vencer, "o campo democrático terá de mostrar uma maior coesão e ambição em resposta aos maiores problemas do mundo – mudança climática e a pandemia".[74] Mas o que "vencer" significa nesse contexto? Do outro lado, o Ministério das Relações Exteriores da China emitiu uma série de críticas contundentes à política estadunidense que fizeram as palavras de Putin parecerem bem-comportadas. O documento *Hegemonia estadunidense e seus perigos*, de fevereiro de 2023, listou as má-condutas dos EUA desde sua fundação, e em particular o abuso de sua posição hegemônica em todas as esferas, incluindo um padrão de subversão de regimes e intervenções. Os Estados Unidos foram acusados de exercer um padrão de dois pesos e duas medidas nas regras internacionais, "colocando

70 Zhang, *China Horizon*, p.25-6.
71 Kashin; Lukin, China's approach to relations with the United States: the military aspect, p.16.
72 Ibid., p.17.
73 Ying, *Seeing the World*, p.iii.
74 Borger, The challenge of China, *Guardian*, p.23.

seu próprio interesse em primeiro lugar", dando as costas para organizações internacionais que não conseguiam controlar e renegando obrigações internacionais. Foram condenados como "a nação mais belicosa na história mundial". Desde 2001, a guerra ao terror causou "mais de 900 mil mortes, sendo 335 mil de civis, e criou mais de 37 milhões de refugiados em todo mundo". Os EUA também foram acusados de abusar de sua preeminência econômica e financeira, com o dólar desfrutando de um "privilégio exorbitante" (termo cunhado em 1960 por Valéry Giscar d'Estaing quando foi ministro da Economia francês) de acumular '*seigniorage*'".[75] Os países precisam de dólares para o comércio internacional, que os EUA "vendem" emitindo títulos do tesouro.

Os EUA repetiram com a China o padrão de relações que havia fracassado de forma desastrosa com a Rússia. Muitos dos mesmos fatores estavam operando. A relação havia sido baseada em dois princípios centrais. Primeiro, que o desenvolvimento da China também beneficiaria o Ocidente. Por muito anos foi o que de fato aconteceu, com a China sendo a locomotiva de um período sustentável do crescimento econômico global nos anos 2000 e livrando o mundo da recessão após a crise financeira de 2008.[76] O país tirou milhões da pobreza, mas também beneficiou a comunidade internacional mais ampla. No entanto, o seu próprio interesse econômico não é suficiente por si só para superar imperativos políticos e estratégicos divergentes. O segundo postulado era que o envolvimento levaria à transformação do sistema na China, na mesma linha da estratégia alemã de "mudança por meio do comércio" com a União Soviética nos anos 1960. As limitações de tal abordagem foram expostas quando Xi mudou a grande estratégia da China de uma postura essencialmente defensiva para um avanço ativo dos interesses globais da China.

A primeira posição está, em geral, correta, mas a segunda é mais contenciosa: a China não é a União Soviética e está sustentada por pilares muito mais firmes. A ideologia soviética, no fim, era em última instância uma versão renegada da modernidade europeia, logo estaria sempre suscetível aos valores da democracia liberal, assim como a Rússia estava nos anos 1990 e provavelmente estará no futuro. No caso chinês, a crença no triunfo da democracia de estilo ocidental se baseia em uma percepção estratégica equivocada. Em um país em que a fonte de legitimidade por centenas, ou milhares, de anos operou de acordo com uma lógica diferente, dificilmente pode-se esperar que haja uma convergência sistêmica. Se isso deveria assumir uma forma específica de regime do PCCh é algo certamente passível de debate. Questões como dignidade humana, Estado de Direito, governança

---

75 Ministry of Foreign Affairs, *US Hegemony and Its Perils*, 20 fev. 2023. Disponível em: <https://www.fmprc.gov.cn/mfa_eng/wjbxw/202302/t20230220_11027664.html>.

76 Para os efeitos de longo prazo, ver Tooze, *Crashed: How a Decade of Financial Crises Changed the World*.

legítima e constitucionalismo têm sido parte do discurso político há bastante tempo, mas foi claramente um erro acreditar que a China se tornaria uma espécie de pálida imitação do Ocidente histórico, que dirá do Ocidente político tal como constituído durante a Guerra Fria. No fim, os dois pilares desmoronaram: relações econômicas com a China se tornaram crescentemente percebidas como soma zero; e a decepção com o fracasso da China em se "reformar" no mesmo estilo de Gorbachev estimulou a desconfiança e, por fim, a hostilidade.

A lógica do conflito

Diferentemente do Japão, a China não era uma potência derrotada e estava longe do sistema de aliança estadunidense. Era inevitável que sua ascensão, cedo ou tarde, desafiaria Washington, como o principal arquiteto e guardião da ordem liberal que atuava como uma potência rival à autonomia do sistema internacional da Carta. Graham Allison observa que a ideia de uma época de competição entre grandes potências, colocando a Rússia e a China como atores importantes, não consegue apreender a única característica do desafio chinês, que é algo que os EUA nunca haviam enfrentado anteriormente. Para ele, a China é mais que apenas outra grande potência competidora (categoria que serve para a Rússia), mas um genuíno rival tucidiano – analogia ao desafio colocado a Atenas com a ascensão de Esparta, como descrito em *História da Guerra do Peloponeso*, de Tucídides. Allison define tal rival como um Estado com capacidade não apenas para alterar o equilíbrio global de poder, mas também para desafiar a identidade do poder dominante e sua concepção de ordem global.[77] O colapso soviético removeu um competidor geopolítico, mas sobretudo um competidor geoideológico, e aparentemente confirmou a crença estadunidense de que "liberdade política e prosperidade vieram no mesmo pacote. Não poderia haver qualquer empreendimento sem mercados, nenhum mercado sem regras justas e nenhuma regra executável sem democracia". A novidade da situação agora era que "o modelo híbrido de capitalismo autoritário do Partido Comunista da China parece ter desacreditado aquela teoria".[78]

Em consonância com seu modelo de realismo ofensivo, John Mearsheimer vai além e enfatiza não apenas a possibilidade do conflito, mas também sua inevitabilidade. A lógica estrutural da política internacional força Estados a perseguir uma política competitiva de um contra o outro, para garantir que o equilíbrio de poder permaneça distorcido a seu favor. Mearsheimer

77 Allison, *Destined for War: Can America and China Avoid Thucydides's Trap?*.
78 Behr, Joe Biden's G7 Mission: recruit allies for the next Cold War, *Guardian Review*, p.3.

não tem tempo para a ideia de um sistema internacional, menos ainda para uma sociedade internacional, uma vez que para ele as relações das grandes potências *são* o sistema.[79] O propósito da política externa estadunidense é maximizar sua segurança e prosperidade, e a melhor forma de conquistar isso é permanecer como uma hegemonia regional, definida como dominante em sua área do mundo, e evitar a emergência de outra hegemonia regional que poderia agir como um competidor à altura. Mearsheimer argumenta que uma melhor forma de fazê-lo seria por meio do equilíbrio de *offshore*, com isso depois da Primeira Guerra Fria não haveria necessidade de manter a grande estratégia da primazia ou hegemonia global.[80] O desafio para os EUA é que a China representa tal competidor, que para Mearsheimer ao tentar dominar a Ásia imitaria o comportamento dos EUA em relação ao mundo atlântico. Como ele previu, Beijing rapidamente construiu uma marinha de águas profundas e capacidade de projeção de poder global e se posicionou para desafiar o domínio dos EUA no Golfo e em outros lugares.

Mearsheimer aplaude a intolerância dos EUA com relação a competidores à mesma altura e insiste que isso deriva não de um excepcionalismo especial, mas de uma perseguição racional e brutal da política das grandes potências, assim como qualquer outra grande potência tradicional em sua posição o faria – algo que os chineses compreendem bem desde o seu ponto de vista. No século XX, os EUA entraram em confronto com potências hegemônicas regionais: a Alemanha imperial, o Japão imperial, a Alemanha nazista e a União Soviética, e foram fundamentais para superar todas elas. Dessa perspectiva de sangue frio, os EUA erroneamente ajudaram a China a crescer e, com isso, alimentaram precisamente o que deveria ser evitado. Em boa medida, ele acrescenta que os EUA se perderam ao tentar difundir a democracia pelo mundo, um erro tolo não apenas fadado a fracassar, mas que também causou o caos e a desordem por todo o Oriente Médio e alienou a Rússia. Os EUA não conseguiram estimular seu próprio crescimento como Estado-nação, e sua negligência com o nacionalismo minou sua capacidade de defender sua segurança e prosperidade.[81] As grandiosas ambições da ordem liberal internacional estavam "prestes a fracassar".[82]

Trump respondeu a esse desafio, mas de maneira rudimentar e incoerente. Nos anos 1980, alertou para a ascensão do Japão e sua ameaça aos interesses econômicos estadunidenses, mas como presidente ele voltou seu poder de fogo contra a China. Em seu segundo pronunciamento na

79 Mearsheimer, *The Tragedy of Great Power Politics*, p.xi.

80 O argumento foi elaborado em: Mearsheimer; Walt, The case for offshore balancing, *Foreign Affairs*, 95/4, p.70-83.

81 Mearsheimer, *The Great Delusion: Liberal Dreams and International Realities*.

82 Mearsheimer, Bound to fail.

Assembleia Geral da ONU de 25 de setembro de 2018, afirmou: "Nós rejeitamos a ideologia do globalismo e aceitamos a doutrina do patriotismo".[83] Na reunião do Conselho de Segurança da ONU no dia seguinte, para o evidente constrangimento da delegação chinesa, Trump declarou que:

> A China tem tentado interferir em nossa próxima eleição [de meio mandato] de 2018 [...] contra nosso governo. Eles não querem que eu ou nós ganhemos, porque eu sou o primeiro presidente a desafiar a China em termos comerciais. E nós estamos vencendo no comércio. Estamos vencendo em todos os âmbitos. Não queremos que eles se intrometam ou interfiram em nossas próximas eleições.[84]

O ataque foi retomado pelo vice-presidente Mike Pence em um contundente pronunciamento no Instituto Hudson em 4 de outubro de 2018. Ele considerou a China responsável por metade do déficit comercial dos EUA (um montante de 375 bilhões de dólares), por roubo de tecnologia, agressão na política externa, repressão à liberdade religiosa e mobilização de "agentes secretos, grupos de fachada e veículos de propaganda para mudar a percepção dos estadunidenses" com relação às políticas chinesas, além de influenciar eleitores. Para ele, a suposta interferência russa nas eleições do país era "insignificante em comparação" com a da China, com Beijing sempre tentando retirar Trump da presidência.[85]

Se tivesse acontecido isso, então Trump teria sido eleito pela China, e não pela Rússia: "O ataque econômico da China aos Estados Unidos fez que os eleitores votassem em Trump".[86] Em vez de se concentrarem na "intromissão" russa nas eleições de 2016, as supostas políticas comerciais predatórias da China "tomaram o bolo dos estadunidenses", incluindo "manipulação de moeda, práticas injustas de comércio e, a mais danosa de todas, roubo de propriedade intelectual", levando a um enorme déficit comercial que chegou a 1 trilhão de dólares em 2022. Os democratas não haviam feito nada conforme os empregos saíam do país, e foi Trump que reconheceu a precariedade dos trabalhadores na indústria de manufatura estadunidense, com isso eles votaram por Trump mesmo nos estados mais

83 Read Trump's Speech to the UN General Assembly, *Vox*, 25 set. 2018. Disponível em: <https://www.vox.com/2018/9/25/17901082/trump-un-2018-speech-full-text>.

84 Haltiwanger, Trump accuses China of attempting to meddle in the midterms, tells world leaders "They do not want me or us to win", *Business Insider UK*, 26 set. 2018. Disponível em: <http://uk.businessinsider.com/trump-accuses-china-of-attempted-meddling-in-2018-midterms-2018-9?r=US&IR=T>.

85 Vice President Mike Pence's remarks on the administration's policy towards China, *Hudson Institute*, 4 out. 2018. Disponível em: <https://www.hudson.org/events/1610-vice-president-mike-pence-s-remarks-on-the-administration-s-policy-towards-china102018>.

86 Walker, James. China – not Russia – elected Trump, *National Interest*, 27 ago. 2018. Disponível em: < https://nationalinterest.org/feature/china-not-russia-elected-trump-29877>.

tradicionalmente "azuis" (democratas).[87] Como era de se esperar, Trump foi ingrato, seu governo ordenou o fechamento do consulado chinês em Houston para proteger a "propriedade intelectual e a informação privada estadunidense". O consulado, que atendia vários estados sulistas, foi considerado um "centro de espionagem". Beijing condenou essa ação como "revoltante" e sem fundamento, acusando os EUA de constranger seus diplomatas, inclusive com a abertura de suas bolsas sem permissão.[88] Os funcionários chineses tiveram apenas 72 horas para partir, o mesmo tempo dado à equipe do consulado russo em São Francisco quando este foi fechado em setembro de 2017. Em resposta, a China fechou o consulado dos EUA em Chengdu. Os repetidos ataques a práticas e instalações diplomáticas distinguem a Segunda Guerra Fria da primeira.

A "estratégia do Indo-Pacífico" dos Estados Unidos foi aprovada por Trump em fevereiro de 2018. Isso incluía a Estratégia do Indo-Pacífico livre e aberto (FOIP, na sigla em inglês) dirigida pelos EUA, que procurou conter o desafio da China por meio do Cinturão e Rota. Como parte disso, o Japão abraçou a Iniciativa de Dissuasão Pacífica de Washington, o posicionamento de mísseis de ataque de precisão contra a China. A estratégia estadunidense do Indo-Pacífico gerou críticas tanto por parte de Moscou quanto de Beijing. A formulação foi controversa, indicando um abandono da terminologia neutra "Ásia-Pacífico" (que exclui o sul da Ásia) para utilizar uma que vincula a Índia a um novo construto geopolítico. Houve até mesmo pedidos para a Otan ampliar seu alcance até a Ásia-Pacífico, levantando a perspectiva de importar a divisão dos blocos políticos em estilo europeu para a região.[89] Somente em 2021 se estabeleceu uma linha direta como da Primeira Guerra Fria entre Washington e Beijing para diminuir um erro de cálculo acidental em uma das crises periódicas com relação a Taiwan e ao Mar da China Meridional. Em fevereiro de 2022, o governo Biden lançou a Estratégia do Indo-Pacífico que, mais uma vez, enfatizava que a região era "vital para nossa segurança e prosperidade", reiterando a perspectiva "livre e aberta". A estratégia descrevia uma "rede coletiva de coalizões que se reforçam", todas dirigidas à contenção da China. A República Popular da China foi descrita como "combinando seu poder econômico, diplomático, militar e tecnológico à medida que persegue uma esfera de influência no Indo-Pacífico e procura se tornar uma das potências mais influentes do mundo". Os cinco tratados de defesa mútua regional – com Austrália, Japão, Coreia do Sul, Filipinas e Tailândia – deveriam ser aprofundados, ao mesmo

---

87 Ibid.

88 Kuo; Borger. Tension rises as US closes Chinese Consulate in Houston, *Guardian*, p.27.

89 Examinado em *NATO and the Asia-Pacific*, NATO Association of Canada, outono de 2020. Disponível em: <https://natoassociation.ca/wp-content/uploads/2020/12/NAOC-Fall-2020-Issue.pdf>.

tempo que as parcerias de segurança com muitos outros Estados regionais, incluindo Taiwan, deveriam ser fortalecidos.[90]

Vozes mais sóbrias defendiam a contenção, notando que os EUA haviam lidado pacientemente com a ameaça da União Soviética, e uma abordagem similar funcionaria com a China.[91] No entanto, a escala e o caráter do desafio nesse caso eram diferentes, assim como as respostas – embora derivassem da caixa de ferramentas da Guerra Fria. Desde o "pivô para Ásia" de 2011, os EUA "resistiram à expansão da, completamente legítima, influência econômica chinesa no mundo". Isso incluiu "a total recusa em permitir que a China tivesse voz" no Banco Mundial e no FMI "proporcional ao seu peso econômico no mundo".[92] A China não está interessada em exportar sua ideologia, mas defende suas posições e princípios. Acredita, cada vez mais, que a resposta dos EUA não é mais uma questão de melhorar sua posição de negociação para alcançar algum compromisso no futuro, mas "visa isolar a China, excluindo-a das cadeias de valor agregado de alta tecnologia, diminuindo seu crescimento, levando-a a uma corrida armamentista e marginalizando-a nos assuntos internacionais".[93] Certamente, este era o sentimento da *Strategic Approach* [Abordagem estratégica] da Casa Branca de Trump em 2020, ao lamentar que 40 anos após a restauração das relações diplomáticas, Washington não poderia mais esperar que a China se tornasse um mercado democrático completamente desenvolvido. Ao contrário, a China representava uma ameaça para a economia, valores, segurança e liderança dos EUA, e a resposta tinha de ser uma abordagem e pressão mais competitiva para defender a prosperidade estadunidense, embora isso não devesse cruzar a linha para um conflito aberto.[94]

Desacoplagem

Uma separação histórica estava acontecendo. As economias chinesa e estadunidense haviam se tornado interligadas e até mesmo interdependentes,

90 Indo-Pacific Strategy of the United States, fev. 2022. Disponível em: <https://www.whitehouse.gov/wp-content/uploads/2022/02/U.S.-Indo-Pacific-Strategy.pdf>.

91 Zakaria, The New China scare: why America shouldn't panic about Its latest challenger, *Foreign Affairs*, 99/1, p.52-69.

92 Lieven, Anatol. Euro tour notes for Biden: "Listen" on China, don't tell, *Responsible Statecraft*, 9 jun. 2021. Disponível em: <https://responsiblestatecraft.org/2021/06/09/euro-tour-notes-for-biden-listen-on-china-dont-tell/>.

93 Kashin; Timofeev, US-China relations: moving towards a New Cold War?, Valdai Discussion Club Report, p.3.

94 White House, *United States Strategic Approach to the People's Republic of China*, maio 2020. Disponível em: <https://china.usembassy-china.org.cn/wp-content/uploads/sites/252/U.S.-Strategic-Approach-to-The-Peoples-Republic-of-China-Report-5.24v1.pdf>.

mas agora com uma decisão brutal o divórcio começou. Em seu discurso marcante de 23 de julho de 2020, o secretário de Estado Mike Pompeo delineou a justificativa para a política, argumentando que "a China comunista" ameaçava o futuro de um mundo livre. Ele observou que

> paramos de fingir que a Huawei é uma empresa de telecomunicações inocente, que está apenas aparecendo para garantir que você possa falar com seus amigos. Nós a chamamos por seu verdadeiro nome – uma ameaça real à segurança nacional – e vamos agir na mesma proporção.[95]

As "redes de trabalho limpas" que anunciou em agosto de 2020 procuraram proteger a privacidade de "nossos cidadãos" e as informações mais sensíveis de nossas empresas de intrusões agressivas de atores malignos, tal como PCCh. Um amplo programa de desacoplamento tecnológico foi planejado, com a Huawei na esfera da comunicação excluída do desenvolvimento do 5G e as plataformas de mídia e mensagens, tal como o TikTok, restringidas. A China foi excluída do sistema de armazenagem em nuvem com sede nos EUA, de cabos submarinos e até de lojas de aplicativo de celulares.[96] Trump proibiu o fornecimento de microprocessadores, forçando a China a desenvolver uma base tecnológica mais autossuficiente, mas que causou um dano econômico enorme nesse meio tempo. A Lei Chips de Biden, em 2022, comprometeu 50 bilhões de dólares para "repatriar" a fabricação de microchips da Ásia. Quatro décadas de envolvimento baseado na cooperação e benefício mútuo tiveram um fim estremecedor.

Uma ofensiva ideológica total foi lançada, incluindo a condenação do Cinturão e Rota como parte da "diplomacia da armadilha da dívida". Washington procurou criar uma ampla aliança antichinesa, particularmente na região da Ásia-Pacífico. Na reunião de 6 de outubro de 2020 da Quad em Tóquio, Pompeo tentou convencer os ministros das Relações Exteriores da Austrália, Índia e Japão a se comprometerem com uma aliança militar, para evoluir àquilo que sugeriu que poderia se tornar a "Otan asiática". O Quad é um agrupamento informal criado em 2004 para lidar com os efeitos devastadores do sismo e tsunami que varreu o Oceano Índico. Sua primeira reunião formal foi em maio de 2007 na capital filipina de Manila, mas em 2008 o recém-eleito primeiro-ministro do Partido Trabalhista Kevin Rudd retirou a Austrália do agrupamento. A frase de abertura de Pompeo

95 Pompeo, Michael R. Communist China and the free world's future, discurso no Nixon Center, California, 23 jul. 2020. Disponível em: <https://2017-2021.state.gov/communist-china-and-the-free-worlds-future-2/index.html/>.

96 Pompeo, Michael R. Announcing the expansion of the clean network to safeguard America's assets, press statement, State Department, 5 ago. 2020. Disponível em: <https://www.state.gov/announcing-the-expansion-of-the-clean-network-to-safeguard-americas-assets/>.

falava em termos apocalípticos sobre uma luta de vida ou morte não apenas entre os EUA e a China, mas uma luta crítica "para proteger nossos povos e parceiros da exploração, corrupção e coerção do PCCh".[97] Os outros ministros do Exterior não estavam prontos para ir tão longe em intensificar o confronto, e nenhum comunicado conjunto de encerramento foi emitido. Os ministros temiam que falar de uma "Otan asiática" representasse uma escalada perigosa e reduziria a centralidade da Asean. Mesmo a Índia, envolvida em um conflito territorial, se recusou a se comprometer com tais restrições no pacífico. A reunião do Quad de 24 de maio de 2022 no Japão demonstrou uma falta de consenso sobre a contraposição à China, apesar dos melhores esforços de Biden. Ele afirmou que os EUA interviriam militarmente na defesa de Taiwan, enfraquecendo, com isso, a política de longa data da "ambiguidade estratégica". A Índia manteve uma postura neutra na guerra da Ucrânia, enquanto o recente governo trabalhista na Austrália de maio de 2022 amenizou a postura linha-dura anti-China da anterior coalizão liberal-nacional de Scott Morrison. Não obstante, o Quad permanece a essência da Otan asiática.

Os EUA entraram "em um conflito indefinido com China, com uma inquietante falta de debate". Os políticos em Washington competiam para mostrar sua severidade. A lógica subjacente era que

> antes de Trump Washington era um lugar de credulidade Whig, apostando sempre no enriquecimento material para fazer da China um grande Japão ou uma grande Coreia do Sul: uma democracia, um amigo. Nesse sentido, sua admissão à Organização Mundial do Comércio [em dezembro de 2001] foi o coroamento inadvertido de um rival por facilitadores estadunidenses.

Nessa leitura, as únicas opções eram "a ingenuidade liberal e uma Segunda Guerra Fria", quando de fato sucessivos líderes dos EUA haviam imposto sanções e outras restrições à China. A ausência de debate agora era "desconcertante".[98] Havia vozes dissonantes argumentando ser desnecessário os EUA se tornarem presas da lógica do conflito de grandes potências, e o país deveria evitar a política de cerco, impedir a separação e evitar uma nova Guerra Fria. Ao contrário, a política de "cooperação condicional competitiva" com aliados e a China deveria liderar, e não destruir a economia.[99] Já a perspectiva contrastante tinha como argumento que o Ocidente

97 Rich, Motoko. Pompeo's message in Japan: countering China is worth meeting face to face, *New York Times*, 6 out. 2020. Disponível em: <https://www.nytimes.com/2020/10/06/world/asia/pompeo-japan.html>.

98 Ganesh, Janan. America's Eerie lack of debate about China, *Financial Times*, 15 jul. 2020. Disponível em: <https://www.ft.com/content/9b7e64c9-c7c4-47b7-b038-f728bfd23e28>.

99 Bergsten, *The United States vs. China: The Quest for Global Economic Leadership*.

fora pego desprevenido em contribuir para o desenvolvimento chinês, não havia levado a sério o compromisso do PCCh para manter seu poder, permitindo que a China explorasse a política de envolvimento para construir poder nacional e perseguir seus objetivos geopolíticos.[100]

A espetacular ascensão da China pegou os EUA despreparados, e "a cultura política estadunidense nunca foi particularmente apta em lidar com adversários estrangeiros" como iguais. Com os EUA acostumados à unipolaridade pós-Guerra Fria, a ascensão da China como um competidor à altura encontrou os EUA presos em um "processo bastante precário, doloroso e incoerente" de adaptação a um novo equilíbrio de poder global. Alguns em Moscou consideraram que um confronto prolongado entre EUA e China seria benéfico para a Rússia, pois elevaria seu valor como um parceiro estratégico de Beijing e, embora seja verdade em boa medida, vozes mais sábias argumentam que a "a cooperação russo-chinesa deveria ter seus próprios fundamentos, não um inimigo comum", uma versão da postura "endógena" chinesa.[101] Isso é indiscutível, mas a intensificação da rivalidade sino-estadunidense revelou preocupações comuns. Beijing e Moscou se complementaram em suas críticas. A pandemia colocou as relações em uma espiral descendente ainda maior, conforme Beijing foi acusada de esconder a origem do vírus da Covid-19 e de gerir mal seus estágios iniciais.

Na guerra russo-ucraniana, Beijing caminha sob uma linha tênue, defendendo a paz e a diplomacia, embora ao mesmo tempo deixe evidente que manterá seu alinhamento com a Rússia.[102] Não se identifica com a guerra russa, ainda que esta apenas tenha aprofundado a desconfiança do Ocidente com relação à China, sobretudo porque os EUA estavam efetivamente apoiando o reconhecimento internacional de Taiwan. A postura de Beijing evoluiu de uma parcialidade calculada à denúncia das sanções como "terrorismo financeiro" e "armamento econômico", temendo que um dia tais medidas pudessem ser utilizadas contra si. Os linha-dura argumentam que, mesmo se Beijing apoiasse as sanções dos EUA, a relação permaneceria fundamentalmente a mesma e apenas prepararia o caminho para tais sanções serem aplicadas contra Beijing. Em um famoso *tweet* de 19 de março de 2022, o locutor Liu Xin afirmou que a posição dos EUA lembrava a proposição: "Você pode me ajudar a lutar com seu amigo para que eu possa me concentrar em lutar contra você depois?" A afirmação de Blinken, em junho, de que Washington "moldaria o ambiente estratégico em torno de Beijing"

100 Friedberg, *Getting China Wrong*.

101 Kortunov, Andrey. US will remain a difficult partner, RIAC, 20 jul. 2020. Disponível em: <https://russiancouncil.ru/en/analytics-and-comments/analyticsus-will-remain-a-difficult-partner/>.

102 Lukin, Alexander. Why China won't break with Russia over Ukraine, *National Interest*, 28 mar. 2022. Disponível em: <https://nationalinterest.org/feature/why-china-won%E2%80%99t-break-russia-over-ukraine-201495>.

confirmou tais temores.[103] Não obstante, embora a Declaração Conjunta de 4 de fevereiro de 2022 falasse sobre "sem limites", a guerra demonstrou que havia restrições. As empresas chinesas não estavam dispostas a correr o risco de sofrer as sanções por trabalhar com a Rússia, limitando assim a venda de peças de aeronaves, enquanto a Sinopec (Corporação petrolífera e química da China) desistiu de um investimento de 500 bilhões de dólares na Sibur, o maior produtor petroquímico da Rússia.[104] A Rússia perdeu um pouco do seu valor como parceiro estratégico, ainda que a "credibilidade" de Beijing (para usar um termo preferido por Washington) estaria em risco se ela se distanciasse de Moscou.[105]

Beijing foi brutal em sua avaliação do comportamento de Washington. Em julho de 2020, o ministro das Relações Exteriores da China Wang Yi disse ao seu equivalente russo, Lavrov, que os EUA haviam "perdido a cabeça, a moral e a credibilidade", e defendia que Beijing e Moscou trabalhassem juntos em questões de relevância global como Covid-19 e segurança regional. Wang Yi afirmou: "Os EUA têm perseguido diretamente sua política '*America first*', levando egoísmo, unilateralismo e intimidação até o limite, e não é isso que uma grande potência deveria fazer." Em uma declaração à parte, Wang argumentou que os EUA haviam adotado a mentalidade de Guerra Fria, haviam ressuscitado o macarthismo e "incitavam intencionalmente uma oposição ideológica, que viola questões fundamentais e normas básicas do Direito internacional e das relações internacionais". Wang enfatizou que a relação estratégica da China com Moscou era uma "prioridade", afirmando que os EUA haviam "fracassado em suas tarefas como uma grande potência ao encolher suas responsabilidades e ao tentar desacreditar outras nações".[106] Funcionários do alto escalão chinês em geral se abstêm de criticar outros países, mas a diplomacia do "lobo guerreiro" não se retrai mais. As várias tensões se transformaram em uma Guerra Fria sino-estadunidense completamente desenvolvida. Uma guerra fria implica a gestão de hostilidades enraizadas, e com certeza é preferível a uma guerra quente, mas seria mais sábio evitar ambas.[107]

---

103 Ni, China's evolving stance on the War in Ukraine reflects a deepening distrust of the West, *Guardian*, p.21.

104 Sher, Nathaniel. Why isn't China going all out to help Russia in Ukraine?, *Responsible Statecraft*, 4 abr. 2022. Disponível em: <https://responsiblestatecraft.org/2022/04/04/why-isnt-china-going-all-out-to-help-russia-in-ukraine/>.

105 Lukin, Why China won't break with Russia over Ukraine.

106 Zhou, Laura. US has "lost its mind, morals and credibility", China's Foreign minister tells Russian counterpart, *South China Morning Post*, 18 jul. 2020. Disponível em: <https://www.scmp.com/news/china/diplomacy/article/3093762/us-has-lost-its-mind-morals-and-credibility-chinas-foreign>.

107 Rudd, *The Avoidable War: The Dangers of a Catastrophic Conflict between the US and Xi Jinping's China*.

7
A questão da Rússia

À medida que se recuperava da estagnação dos anos 1990 e reconstruía sua economia e suas forças armadas, a Rússia afirmava sua voz nas relações internacionais.[1] Um dos membros fundadores do sistema internacional da Carta, com assento permanente no Conselho de Segurança da ONU, o país nunca duvidou de que fosse uma grande potência, mas esse reconhecimento encontrou resistência institucional e ideológica. Mesmo em sua região, sua hegemonia foi desafiada. A União Econômica Eurasiática foi formalmente criada em 1 de janeiro de 2015, mas seus cinco membros (Armênia, Bielorrússia, Cazaquistão, Quirguistão e Rússia) estavam longe de um acordo com relação a uma "união cada vez mais próxima", ambição da Comunidade Econômica Europeia quando foi criada em 1957. Conforme o Ocidente se consolidou e se expandiu, a Rússia inicialmente se adaptou e resistiu. Moscou se opôs a implicações de poder do avanço da aliança atlântica e defendeu a "multipolaridade", um modelo de relações internacionais baseado na política tradicional das grandes potências que contrastava com a ideia de uma ordem baseada em regras dirigida pelos EUA. A partir de 2012, a Rússia começou a se definir como um "Estado-civilização".[2] Inventou um conjunto de princípios excepcionalistas (*Sonderweg*), que cada vez mais divergiam da modernidade europeia. A tentativa de criar uma "parceria igual de desiguais" gerou tensão e desconfiança.

---

1 Para uma análise mais ampla, ver Sakwa, *Russia against the Rest: The Post-Cold War Crisis of World Order*.

2 Pabst, *Liberal World Order and Its Critics: Civilisational States and Cultural Commonwealths*. Ver também Chebankova; Dutkiewicz, *Civilizations and World Order*.

De acordo com a maioria dos parâmetros, a Rússia carece de recursos para sustentar seu enfrentamento ao Ocidente político. Críticos argumentam que o país será forçado a um caminho de estagnação econômica, degradação tecnológica, repressão política e dependência de aliados incertos no Oriente. No entanto, apoiadores afirmam que uma Rússia autoconfiante e resiliente emergirá fortalecida do confronto.

A fortaleza Rússia

O colapso da Rússia como potência em 1990 foi tão profundo que a perspectiva da "reconstituição de suas capacidades militares da Guerra Fria e o retorno a políticas guiadas por exigências de segurança de longo prazo e percepções de ameaça" era inconcebível e, portanto, suas preocupações poderiam ser ignoradas.[3] O legado de tais avaliações permanece. A visão "declinista" sugeria que a Rússia era uma potência marginal e decrescente, com sua economia estagnada, sua população em queda, suas instituições disfuncionais e a legitimidade do regime em decomposição. A redução do poder nacional foi tomada como algo permanente e, assim, não havia necessidade premente para tratar das questões levantadas por Moscou. A política externa assertiva da Rússia, além do mais, foi desconsiderada como pouco mais do que espasmos impotentes de um Estado regional alimentado por memórias de uma grandeza passada (notavelmente a obsessão com a vitória sobre a Alemanha nazista de 1945), e um regime desesperado por agarrar o poder, reforçando o retorno do autoritarismo social e político neossoviético. Em 2014, Obama classificou a Rússia como "uma potência regional que está ameaçando alguns de seus vizinhos imediatos, não pela força, mas pela fraqueza".[4] A política séria deveria ser conduzida com Beijing, enquanto Moscou era apenas uma distração e um "*spoiler*". A política russa na Síria, na Ucrânia e em outros lugares foi, desse modo, denunciada como algo mais que ambições enganadas de uma potência em declínio.

A principal força motriz da política externa russa era vista como sendo uma "autocracia patronal", em que o interesse nacional estava subordinado às necessidades políticas internas de um governo autoritário corrupto devotado ao enriquecimento pessoal.[5] Dessa perspectiva, "a projeção de poder no exterior [...] se tornou necessária para manter o apoio do regime

---

3 Rumer; Sokolsky, *Grand Illusions: The Impact of Misperceptions about Russia on US Policy*, p.8.

4 Press Conference with President Obama and Prime Minister Rutte of the Netherlands, The Hague, 25 mar. 2014. Disponível em: <https://obamawhitehouse.archives.gov/the-press-office/2014/03/25/press-conference-president-obama-and-prime-minister-rutte-netherlands>.

5 Stoner, *Russia Resurrected: Its Power and Purpose in a New Global Order*, p.246-56.

no país".[6] Esse é o modelo "diversionista", mencionado antes. Qualquer "saída" para evitar o confronto proporcionaria ao regime cleptocrático um espaço de manobra injustificado, equivalente ao apaziguamento. A pressão tinha de ser mantida e regularmente ampliada – por meio de sanções, instalações militares, vazamento de informações, armas para Ucrânia, campanhas de propaganda e muito mais do roteiro da Primeira Guerra Fria – até todo o edifício podre colapsar.[7] Era necessário criar "cisões" entre Rússia e China e destruir o alinhamento.[8] Como no conflito com a União Soviética, e mesmo a tradição mais ampla da hostilidade da autocracia tsarista, a hipótese era que não poderia haver perspectivas sérias para a normalização enquanto o antigo poder permanecesse de pé. Essa visão determinista tinha pouco espaço para as complexidades da arte de governar russa ou para um envolvimento diplomático mais sutil. Dessa perspectiva essencialista, a Rússia é irremediavelmente imperialista e expansionista. Se estiver correta, essa é uma luta até a morte em que apenas um lado pode sair vitorioso. O fim da Primeira Guerra Fria indica que, na verdade, um resultado negociado é possível, embora a perspectiva de algum tipo de paz positiva nesse caso já tenha sido perdida há muito tempo.

Um Estado ativo com ambições para ascender na hierarquia global necessita pelo menos de três elementos: recursos econômicos, capacidade militar e "narrativas sobre se tornar uma grande potência".[9] A Rússia desfrutava uma abundância deste último (seus críticos argumentam que era algo excessivo); suas forças armadas foram significativamente fortalecidas após as reformas do outono de 2008 e de programas de modernização de equipamentos; mas suas aspirações estavam assentadas em uma base econômica mais limitada.[10] O poder nacional da Rússia cresceu durante 1999-2014, embora continuasse bastante atrás dos EUA, China e Índia em termos absolutos. De acordo com dados do FMI, em 2019 o PIB nominal russo era de apenas 1,5 trilhão de dólares, o 11º no mundo respondendo por apenas 1,8% do PIB global, com uma renda *per capita* de 11,6 mil dólares. No entanto, em

6 Ibid., p.237.

7 O Conselho Atlântico é o expoente mais resoluto dessa visão. Por exemplo, Fried, Daniel; Karatnycky, Adrian. A new sanctions strategy to contain Putin's Russia, *Foreign Policy*, 4 maio 2021. Disponível em: <https://foreignpolicy.com/2021/05/04/sanctions-contain-russia-putin-west-us-eu-uk-europe-weaken-economy/>.

8 Kendall-Taylor, Andrea; Shullman, David. China and Russia's dangerous convergence, *Foreign Affairs*, 3 maio 2021. Disponível em: <https://www.foreignaffairs.com/articles/china/2021-05-03/china-and-russias-dangerous-convergence>.

9 Miller, *Why Nations Rise: Narratives and the Path to Great Power*, p.145.

10 Goldstein, Lyle J. Threat inflation, Russian military weakness, and the resulting nuclear paradox, Costs of War, Watson Institute, Brown University, 15 set. 2022. Disponível em: <https://watson.brown.edu/costsofwar/files/cow/imce/papers/Threat%20Inflation%20and%20Russian%20Military%20Weakness_Goldstein_CostsofWar-2.pdf>.

termos de paridade de poder de compra, com os dados adaptados para diferentes custos de vida entre os países, o PIB era superior a 4 trilhões de dólares, respondendo por 3,5% do PIB global, tornando a Rússia a sexta maior economia com renda *per capita* superior a 28 mil dólares. A parcela da Rússia no PIB global está em constante declínio, mas isso é verdade para a maior parte do Norte Global. Entre 2014 e 2019, a parcela dos EUA caiu de 16,6% para 15,3%, enquanto o da Índia subiu de 5,9% para 7,0% e o da China de 14,9% para 17,3%.[11]

É de se destacar que a Rússia era uma economia de serviço completo integrada ao sistema global, com a supremacia em armamentos hipersônicos e de alta tecnologia. Seus sistemas antimísseis, sendo o maior o S-500 Triumfator-M, eram os melhores de sua categoria. O país desfrutava de um setor de TI avançado, de indústrias de aeronave e construção naval desenvolvidas, fábricas produzindo 10% das turbinas de força do mundo, uma indústria nuclear construindo 40% das estações comerciais de energia do mundo, do único quebra-gelos movido a energia nuclear do mundo e pequenos reatores modulares (SMRs) a bordo, além de uma infraestrutura urbana avançada e uma população bem instruída. Ela possuía vários gigantes do *e-commerce* e o maior banco digital do mundo (Grupo TCS, mais conhecido como Banco Tinkoff). A Yandex se equiparava ao Google, com serviços de nuvem, carros dirigidos por IA, além de uma estrutura de serviços (táxis, mecanismos de busca, mapeamento e muito mais). A Rússia produziu a primeira vacina anti-Covid-19 (Sputnik V) em agosto de 2020, enviada a boa parte do mundo não ocidental e a alguns países europeus (Sérvia, Hungria e Eslováquia). Em 2011, o sistema de posicionamento geoespacial Glonass havia restaurado sua capacidade total de 24 satélites em órbita, com uma rede estações receptoras terrestres fora da Rússia, permitindo uma cobertura global capaz de rivalizar com o GPS dos EUA. Quando empresas estrangeiras cortaram o fornecimento de dados em 2022, o governo russo proporcionou recursos extras para o programa complementar "SFERA", que fornece serviços de geonavegação e de internet. Em 2019, um comboio liderado pela fragata de mísseis Almirante Gorshkov circunavegou o globo, a primeira vez que uma frota naval russa fez isso desde o século XIX.

A Rússia exigia "*status* e direitos na ordem internacional similares aos do Ocidente".[12] O marcante discurso de Putin em Munique em fevereiro de 2007 condenou o unilateralismo dos EUA e seu "irrestrito e hiper uso da força". O reconhecimento da declaração de independência do Kosovo de 18 de fevereiro de 2008 pela maior parte das potências ocidentais, apesar da

11 Hrabina, The year of crises: how 2020 will reshape the structure of international relations, *Russia in Global Affairs*, n.1, p.185.

12 Hill, *No Place for Russia*, p.249.

vigorosa objeção de Moscou, confirmou as reclamações russas de que seu ponto de vista era ignorado, e que as decisões eram tomadas "fora das instituições internacionais em que as discussões estavam ocorrendo e nas quais a Rússia tinha voto".[13] Em sua submissão à Corte Internacional de Justiça da ONU (ICJ) a Rússia não negou ao Kosovo o direito da autodeterminação e mesmo secessão, mas repudiou o argumento de que era um caso "especial" que não poderia se comparar a outros conflitos separatistas. A guerra russo-georgiana posteriormente naquele ano "marcou um fracasso em todos os aspectos" da ordem de segurança europeia.[14] A Rússia reconheceu a independência da Ossétia do Sul e da Abecásia em 26 de agosto, alegando que o princípio de autodeterminação permitia a secessão em "situações extremas". A postura neorrevisionista de 2012 pressupunha que a exigência de *status* e igualdade teria de ser afirmada e não negociada. O precedente do Kosovo e a notada pane da segurança europeia provocaram a anexação da Crimeia em março de 2014. Moscou argumentou que o "golpe" de fevereiro, a mudança de regime em Kiev e o voo de Yanukovych criaram uma "situação extrema", permitindo que a Crimeia exercesse o direito à autodeterminação que não poderia mais ser exercido dentro da estrutura constitucional ucraniana.[15] De modo mais amplo, o sistema da Carta, ao qual a Rússia recorria repetidas vezes como a única fonte de autoridade na política internacional, parecia incapaz de proporcionar um arcabouço para o aprofundamento do dilema de segurança europeu.

A mentalidade de "fortaleza Rússia" predominou. Quando, em abril de 2014, alguns bancos russos foram proscritos pelos EUA e a Visa e a Mastercard suspenderam seus serviços, foi criado o sistema de cartão de pagamento nacional, depois conhecido como "Mir" ("Mundo"), totalmente desenvolvimento pelo Banco Central da Rússia (CBR). Em 2021, o Mir operou 25% das transações russas de cartão com 73 milhões de usuários, embora a cobertura fora do país fosse limitada. Surpreendentemente, quase um terço das 30 milhões de mensagens financeiras diárias do sistema internacional de pagamento (basicamente uma rede de notificação e comunicação) da Sociedade para Telecomunicações Financeiras Interbancárias Mundiais (Swift, na sigla em inglês), sediada em Bruxelas, envolvia a Rússia. O medo de que o país pudesse se desconectar acelerou a separação dos processos de globalização dominados pelo Ocidente. O CBR faz parte do conselho do Swift, mas em 2014 desenvolveu seu Sistema para Transferência de Mensagens Financeiras (SPFS), análogo ao Swift, permitindo a comunicação entre instituições financeiras. Em 2021, aproximadamente 400 usuários

13 Ibid., p.258.
14 Ibid., p.255.
15 Sochor, *Russia and the Right to Self-Determination in the Post-Soviet Space.*

do país haviam aderido, incluindo a maioria dos credores licenciados, mas com pouquíssimos estrangeiros. Apenas um banco chinês havia aderido, uma vez que as instituições financeiras preferem alternativas domésticas ao Sistema de Pagamento Interbancário Transfronteiriço (Cips). Ambos procuraram reduzir o domínio de instituições ocidentais na economia global, um processo de desglobalização dirigido.[16] Os negócios russos preferiam o Swift (em especial as empresas de petróleo e gás) por conta de sua maior capacidade e operação permanente (SPFS funciona apenas durante o horário comercial). Em 2020, o Swift ainda enviava 80% das mensagens;[17] ele está incorporado à Bélgica (logo, os EUA não têm jurisdição sobre ele) e deve aderir às regras criadas ali. Foi uma decisão da UE desconectar o Irã em 2012. Em 2019, o primeiro-ministro Medvedev alertou que o bloqueio do acesso da Rússia aos pagamentos seria "na verdade uma declaração de guerra – não obstante estava sendo discutida".[18] Em 2022, a maior parte dos bancos russos foram desconectados do Swift.

A especulação da morte da Rússia como uma grande potência foi amenizada pela recomendação de que "concorrentes e parceiros russos fariam bem em moldar suas políticas com relação a esse país, a partir de uma avaliação realista de seu poder real, e não a partir de uma previsão remota de seu 'colapso inevitável'".[19] A Rússia voltou à sua situação histórica de ser um ator independente no sistema de Estado europeu, com toda a ambivalência que acompanhava esse *status* no século XIX. Ela havia sido externa ao sistema de Estado europeu naquela época e tornou-se novamente agora. Difamada e temida por sua postura "reacionária", com seu poder relativo exagerado na imaginação popular e desprezado pelas elites, não havia um modelo de como as relações deveriam ser conduzidas. Otto von Bismarck, à frente da Alemanha recém-unificada, acreditava que o segredo para uma política externa bem-sucedida era um forte tratado com a Rússia, mas seus sucessores a partir de 1890 pensavam o contrário. Isso levou a Rússia a uma complicada aliança com a França e a Grã-Bretanha, com consequências desastrosas na Primeira Guerra Mundial; uma lição salutar que a elite pós-comunista assimilou. A Rússia evitou compromissos de aliança, exceto com seu vizinho mais próximo na Organização do Tratado de Segurança Coletiva (CSTO), e estava hesitante em disparar operações de segurança

---

16 Shagina, Maria. How disastrous would disconnection from Swift be for Russia?, Carnegie Moscow Center, 28 maio 2021. Disponível em: <https://carnegie.ru/commentary/84634>.

17 Cordell, Jake. Should Russian banks be scared of Swift disconnection?, *Moscow Times*, 22 abr. 2021. Disponível em: <https://www.themoscowtimes.com/2021/04/22/ should-russian-banks-be-scared-of-swift-disconnection-a73644>.

18 Russia and China to bolster financial security systems, 26 mar. 2021. Disponível em: <https://www.rt.com/russia/519287-financial-security-payments-system/>.

19 Saradzhyan, Abdullaev, Measuring national power: Is Putin's Russia in decline?, *Europe-Asia Studies*, 73/2, p.315.

coletiva. A única ocasião em que o CSTO se mobilizou foi para ajudar a conter os distúrbios no Cazaquistão em janeiro de 2022, repetindo o padrão do Pacto de Varsóvia, que também fora utilizado em operações policiais, e não contra inimigos externos. Não havia uma aliança de segurança formal com a China, e ela só seria firmada sob pressão crescente do Ocidente político. Isso sinalizaria o retorno aos níveis de rivalidade antes da Primeira Guerra Mundial e de blocos políticos da Guerra Fria.

A Rússia administrou habilmente as assimetrias de poder para se tornar um ator global significativo. Tornou-se um agente de poder na Ásia ocidental e em certa medida na África. O Grupo Wagner, companhia militar privada, esteve ativo em vários momentos na Síria, Líbia, Mali, Chade, Moçambique e na República Africana Central, e depois na Ucrânia. As relações comerciais com a África retornaram aos níveis soviéticos, embora aproximadamente dois terços do comércio da Rússia fossem com o Egito, Argélia e Marrocos. À medida que as relações entre França e Mali se deterioraram depois do golpe de agosto de 2020 em Bamako, a Rússia elevou sua retórica anticolonialista para preencher o vácuo, para o grande descontentamento da França. A Rússia mobilizou seus recursos diplomáticos, militares, energéticos e econômicos para se reafirmar no Mediterrâneo Oriental e em todo o mundo. A política tem sido destacadamente consistente, refletindo o consenso da elite com relação à grande estratégia subjacente de restaurar sua condição de grande potência. Não se tratou de um improviso, foi a mobilização de vários instrumentos da diplomacia russa para alcançar os objetivos traçados. A Rússia se tornou mais que um desafio de curto prazo para o Ocidente.

O tamanho do declínio russo pode ter sido exagerado, mas o país foi pressionado a manter sua posição. Há desafios demográficos constantes, com os longos ciclos de queda da taxa de natalidade associados às perdas da Segunda Guerra Mundial e a devastação social dos anos 1990. O foco no rearmamento e a acumulação de recursos após 2012 afetaram o crescimento econômico. As preparações para um longo cerco instigaram uma política de substituição de importações acompanhada por uma repressão interna. A queda brusca no preço da energia em 2014 e em 2020 expôs vulnerabilidade e uma economia estagnada. Embora as sanções até 2021 tenham tido pouco efeito no comportamento da política externa russa, de fato suprimiram o crescimento – estimado no máximo em torno de 0,2% ao ano. Contudo, no início de 2022, um crescimento saudável de 3% foi retomado, o que torna as dificuldades econômicas subsequentes mais marcantes. As sanções impostas depois de fevereiro foram de uma escala sem precedentes. Causaram uma recessão econômica, mas, em vez do desastre previsto, a mudança a um modelo de mobilização mais dirigido pelo Estado fez que o PIB caísse apenas 2,1% naquele ano. Se essa capacidade pode ser sustentada diante de um regime de sanções sem precedentes será o teste decisivo da resiliência russa.

A Rússia é revisionista?

A afirmação da multipolaridade e do internacionalismo soberano transformou a Rússia em uma potência *neorrevisionista*: defender os princípios da Carta, mas condenar as pretensões universais do Ocidente político.[20] A defesa do sistema internacional da Carta contra supostas ambições expansionistas da hegemonia liberal virou o argumento de cabeça para baixo. Os EUA e seus aliados é que haviam se tornado revisionistas, não a Rússia, logo esta se definiu, à época, como uma potência conservadora do *status quo*. China e Rússia se posicionaram como defensora do sistema estabelecido e desafiaram apenas as práticas expansionistas do Ocidente político. Isso tomou a forma de uma luta contra aquilo que foi percebido como a usurpação, por um grupo de Estados, das prerrogativas que eram consideradas propriedades do sistema como um todo. Desafiaram não o sistema internacional, mas as práticas da hegemonia liberal – ou assim o declararam.

A revolução democrática russa de fins dos anos 1980 transformou a política e a sociedade, mas seu caráter incompleto permitiu a reafirmação das próprias características soviéticas. Estas incluíam um papel exagerado do aparato de segurança e da burocracia, que gradualmente atenuou as primeiras conquistas de liberdade e expressão política. O trauma dos anos 1990, quando a administração disfuncional de Boris Yeltsin acompanhou uma transição caótica e danosa ao mercado, lançou uma grande sombra sobre os desenvolvimentos subsequentes. Os oligarcas se aproveitaram da fraqueza do Estado para tomar partes lucrativas da economia, enquanto as massas da população enfrentavam pobreza e insegurança. Já nos anos 1990, um "regime-Estado" foi forjado para administrar os assuntos públicos, de uma maneira que lembrava o antigo partido-Estado. No Estado dual pós-comunista, o regime administrativo foi postergado e assumiu uma relação tutelar com as instituições do Estado constitucional (o Estado de Direito, eleições concorrenciais, imprensa livre, parlamento e o sistema federal).[21] Umas das primeiras ações de Putin foi conter o poder dos oligarcas. Em uma famosa reunião com os principais representantes empresariais em julho de 2000, delineou as novas regras básicas: a propriedade adquirida por meios duvidosos nos anos 1990, incluindo por meio de um esquema de empréstimo de ações em 1995-96, poderia ser mantida, mas em troca os magnatas tinham de se manter fora da política. Um oligarca era alguém com riqueza e acesso privilegiado ao poder político, mas na era Putin o termo se aplica menos à classe do que ao grupo seleto com laços pessoais de longa data com o líder.

O programa de Putin se concentrou na afirmação da soberania de Estado no país e no exterior. A reafirmação do poder de Estado de Putin foi

---

20 Sakwa, Russian Neo-revisionism, *Russian Politics*, 4/1, p.1-21.

21 Sakwa, The dual State in Russia, *Post-Soviet Affairs*, 26/3, p.185-206.

ornamentada, por um período, pelo termo "democracia soberana", a insistência de que a Rússia caminharia em direção à democracia em seu próprio tempo e de sua própria forma, ou não o faria. Na prática, o Estado e suas instituições não se fortaleceram, mas a rede de relações do regime se concentrou na pessoa de Putin e no sistema administrativo do Kremlin. Na política externa, a afirmação da soberania foi alimentada pela evidente ameaça posta pelo internacionalismo democrático. Depois da Revolução Laranja na Ucrânia em fins de 2004, que fez o candidato preferido de Moscou, Viktor Yanukovych, ser derrotado pelo "pró-Ocidente" Viktor Yushchenko, o regime intensificou seus esforços para derrotar a ameaça de uma "revolução colorida". Restrições posteriores foram impostas à atividade civil e à vida político-partidária. Em geopolítica, a condenação do unilateralismo ocidental por parte de Putin se tornou cada vez mais estridente, rechaçando o domínio da Otan do sistema de segurança europeu. A Rússia de Putin pode não ter sido "nem especialmente malvada, nem ameaçadora", mas sua recusa em aceitar a hegemonia liberal gerou tensões tanto no país quanto no exterior.[22] Isso explodiu em um conflito aberto com a invasão da Ucrânia em fevereiro de 2022. A repressão doméstica prenunciou um aventureirismo no exterior.[23] A discussão se a Rússia estava em ascensão ou declínio deu lugar a temores de uma catástrofe política e degradação econômica à medida que o país se atolava militarmente em meio a sanções draconianas eram aplicadas contra suas elites, sua economia e sua sociedade.

Naquela época, a Rússia (e a China) já tinham, há muito, sido acusadas de serem mais que *spoliers*, mas sim disruptores declarados. Documentos estratégicos dos EUA apontaram que a Rússia havia se tornado uma potência revisionista, concentrada em destruir as fundações da ordem pós-Guerra Fria. Mas o que exatamente a Rússia procurava revisar? Ela, ao lado da China, buscava mudar a condução da política internacional, desafiando, com isso, as ambições globais dos EUA e de seus aliados. Se o mundo estava de fato se tornando multipolar, o domínio de uma potência hegemônica se tornaria redundante. No entanto, em um nível mais profundo, nenhum país procurou destruir o sistema internacional da Carta conforme havia se desenvolvido desde 1945. Ambos desfrutavam de uma posição privilegiada naquele sistema como membros permanentes com poder de veto no Conselho de Segurança da ONU. Seria irracional destruir um sistema que garantia seu *status* de grande potência. No entanto, sua tentativa de revisar a condução da política externa enfrentou a usurpação do Direito Internacional e dos

---

22 Bandow, Doug. How Biden can (and should) cooperate with Putin, *American Conservative*, 27 maio 2021. Disponível em: <https://www.theamericanconservative.com>.

23 Treisman, Putin unbound: how repression at home presaged belligerence abroad, *Foreign Affairs*, 101/3, p.40-53.

princípios da Carta por Washington e seus aliados liberais, e verteu o "Ocidente coletivo" em jargão russo.

Isso foi acompanhado pela desilusão com as instituições internacionais. Moscou continuou a criticar a ordem liberal, mas seu neorrevisionismo passou a se alienar de algumas das instituições do sistema da Carta, alegando que haviam se tornado subordinadas à hegemonia liberal. Assim, caminhou para um revisionismo mais consistente. As emendas constitucionais de 2020 mudaram 206 artigos da Constituição de 1993 e confirmaram a primazia das normas nacionais sobre as provisões internacionais, afetando particularmente as relações com o Conselho da Europa. Isso também afetou as relações entre a Rússia e a Organização para Proibição de Armas Químicas (OPCW). Em 2013, o país ajudou o órgão a vencer o prêmio Nobel da paz, como um resultado, sobretudo, do trabalho conjunto conduzido com os EUA para destruir armas químicas sírias. No entanto, depois do envenenamento de Sergei Skripal, em março de 2018, e do líder da oposição russa Alexei Navalny, em agosto de 2020, as relações se deterioraram rapidamente. Lavrov argumentou que "a OPCW tem sido, *de facto*, privatizada".[24] No que toca à Moscou, "a OPCW segue firmemente alinhada às políticas dos países ocidentais, Moscou carece de influência e de ferramentas necessárias para ajustar esse curso a seu favor". A Rússia tinha de voltar a seus "antigos hábitos de depender sobretudo de si mesma".[25]

Padrões de alienação

A falta de uma "paz única e consolidada ao fim da Guerra Fria" provocou um dilema de segurança crescente. Para Moscou, os termos do acordo "tornaram-se mais severos com o passar do tempo".[26] Era mais provável que uma Rússia respeitada fosse mais cooperativa, reduzindo conflitos e tensões.[27] Segundo Larson e Shevchenko, a Rússia (e a China) "estavam mais propensas a contribuir à governança global quando acreditavam que melhoraria seu prestígio se assim o fizessem".[28] Em vez disso, preocupações com *status* e segurança se combinaram para provocar a crise ucraniana de 2014.

---

24 Lavrov, Sergey. Remarks at the general debate of the 77th UN General Assembly, 24 set. 2022. Disponível em: <https://mid.ru/en/foreign_policy/news/1831211/>.

25 Lukyanov, Fyodor. The time to be by yourself, *Russia in Global Affairs*, 15 mar. 2021. Disponível em: <https://eng.globalaffairs.ru/articles/time-to-be-by-yourself/>.

26 Clark, *Post-Cold War Order*, p.241.

27 Um argumento desenvolvido por uma variedade de autores em: Forsberg, Status conflicts between Russia and the West: perceptions and emotional biases, *Communist and Post-Communist Studies*, 46/3, p.334.

28 Larson; Shevchenko, Status seekers: Chinese and Russian responses to US primacy, *International Security*, 34/4, p.93.

O conflito representou um ponto de inflexão refletindo uma mudança qualitativa nas relações, mas isso veio num contexto de um longo passo em direção à hostilidade. Quando retornou à presidência em 2012, depois de um interregno de quatro anos com Medvedev, Putin havia perdido toda sua confiança nas potências ocidentais, um sentimento que era mútuo. Obama propôs a Putin uma visita à Casa Branca em maio de 2012, às vésperas da cúpula do G8 que foi transferida para a vizinha Maryland, para sua conveniência, mas ele se recusou a comparecer. Putin havia desistido da possibilidade de uma integração equitativa e sentiu que estava sendo "apunhalado pelas costas pelo Ocidente repetidamente" por três presidentes estadunidenses consecutivos.[29] As expectativas de Moscou com relação à Washington eram irrealistas. Depois de tudo, Brzezinski enfatizou que a relação entre os EUA e seus aliados na Europa era basicamente entre "uma hegemonia e seus vassalos" e destacou que "uma Rússia democrática seria mais simpática aos valores compartilhados pelos Estados Unidos e pela Europa, logo mais propensa a se tornar um sócio minoritário na formação de uma Eurásia mais estável e cooperativa".[30] Esse modelo havia sido testado no início dos anos 1990 e fora considerado insuficiente. A alternativa foi não o renascimento de ambições neoimperiais para recriar um tipo de "Rússia maior", mas a criação de um novo equilíbrio regional em que a soberania e a integridade de Estados independentes fossem afirmadas ao mesmo tempo que reconhecesse os interesses e preocupações russos. Tal equilíbrio não foi alcançado e a lógica destrutiva do dilema da segurança levou ao desastre.

Andrei Tsygankov identifica três "escolas" ou orientações fundamentais na política externa Russa: ocidentalismo, estatismo e civilizacionismo. Para ele, elas proporcionam um guia melhor para análise que os modelos clássicos de relações internacionais ocidentais.[31] Ocidentalistas, em geral categorizados como liberais, acreditam que os benefícios de um alinhamento com o Ocidente político seriam enormes e benéficos em longo prazo para a Rússia. Argumentam que, em vez de se prenderem a uma esperança desvanecida de que as potências atlânticas de algum modo se transformariam para se tornarem um Ocidente maior (apelando à ampla concepção de civilização do Ocidente histórico, do qual a Rússia se considerava um membro central), a Rússia deveria apenas aceitar a adesão nos termos propostos pelo Ocidente realmente existente e deveria se concentrar no desenvolvimento interno. Os termos para a integração não foram generosos, mas estavam longe de serem punitivos. Essa estratégia foi pregada sob a visão de que

---

29 Hahn, Gordon M. Putin 5.0: tea leaves, *Russian and Eurasian Politics*, 1 jun. 2018. Disponível em: <https://gordonhahn.com/2018/06/01/putin-5-0-tea-leaves/>.

30 Brzezinski, *Grand Chessboard*, p.50, 51.

31 Tsygankov, *Russia's Foreign Policy: Change and Continuity in National Identity.*

não havia um enfrentamento do Ocidente político. Para um regime sem confiança e com uma cultura estratégica historicamente insegura, tal abordagem era vista como perigosa não apenas à política, mas sobretudo à existência soberana do Estado.

Isso ajuda a explicar por que nos anos de Putin o estatismo se tornou predominante, embora no período inicial isso tenha sido amenizado por uma forte dose de ocidentalismo. A "nova estratégia realista" de Putin foi pregada sob a crença de que havia uma alternativa melhor à "coexistência competitiva" promovida por Primakov em fins dos anos 1990, uma política que remonta à Guerra Fria dos anos 1950. Para isso, Putin procurou entrar no Ocidente político e, ao mesmo tempo, manter a autonomia e *status* da Rússia. No fim das contas, não foi possível encontrar uma fórmula que combinasse os dois. Estrategistas realistas como Brzezinski foram implacáveis e até mesmo a oferta de Putin para cooperação depois do 11 de setembro (11/9) foi considerada uma escolha forçada, pois "proporcionou uma oportunidade estratégica para o Ocidente. Isso criou as precondições para uma expansão geopolítica progressiva da comunidade ocidental cada vez mais profunda na Eurásia".[32] Brzezinski argumentou que, para sobreviver com seu território intacto, a "Rússia não tinha escolha a não ser se realinhar como um parceiro minoritário do Ocidente".[33] Esse não era um ponto de vista compartilhado pelo Kremlin.

O distanciamento gradual do ocidentalismo deu lugar à visão da Rússia como uma civilização separada e distinta. O objetivo ambicioso de transformar o Ocidente político em um Ocidente maior foi abandonado, mas a necessidade de um novo acordo de segurança europeu e um tratado político pós-Guerra Fria substantivo permaneceu. Os ex-Estados socialistas ingressaram na Otan em 2004 antes de ingressar na União Europeia, o que Putin interpretou como uma indicação de que era "necessário se tornar antirrusso para ser europeu. Ele compreendeu que a Europa havia se tornado vassala dos EUA".[34] No contexto da revogação do ABM pelos EUA, Putin cada vez mais via a ampliação da Otan em termos existenciais, uma perspectiva que terminaria na guerra com a Ucrânia. Como observado, um coro de comentadores alertou que "a ampliação da Otan sem a Rússia corre o risco de criar um dilema de segurança severo tanto para o Oriente quanto para o Ocidente".[35]

---

32 Brzezinski, *The Choice: Global Domination or Global Leadership*, p.102.

33 Ibid., p.85, 103 and *passim*.

34 Makine, Andrei. To stop this war [in Ukraine], we must understand the background that made it possible, Simone Weil Centre, *Landmarks*, 27 mar. 2022. Disponível em: <https://simoneweilcenter.org/publications/2022/3/27/andrei-makine-to-stop-this-war-we-must-understand-the-background-that-made-it-possible>.

35 Russett; Stam, Courting disaster: NATO vs. Russia and China, p.110. Para uma crítica precoce e perspicaz da ampliação, ver Black, *Russia Faces NATO Expansion: Bearing Gifts or Bearing Arms?*.

O dilema não poderia ser resolvido, ao mesmo tempo que o repertório de respostas russas era extremamente limitado. Putin já havia explorado anteriormente a possibilidade da adesão russa à aliança, mas iniciativas nesse sentido haviam sido bloqueadas. O impasse forçou Moscou a recorrer a opções clássicas do realismo: alinhar-se ao Ocidente (de carona no comboio) ou reunir aliados para resistir (contrabalancear). Mesmo o discurso de Munique em fevereiro de 2007 representou não tanto uma rejeição dessa estratégia, mas um apelo para que as preocupações russas fossem levadas a sério.

O apelo para que o Ocidente "ouvisse" esses reclamos foi persistente e emocional. O período de Medvedev a partir de 2008 diferia do de Putin em substância e estilo, mas foi moldado por restrições estruturais similares.[36] Medvedev representava o fim liberal do putinismo, e não seu repúdio (como desejado por Obama e outros líderes ocidentais). Até a abordagem branda de Medvedev foi incapaz de decifrar o impasse, e as tensões foram exacerbadas tanto por Obama, quanto por seu vice-presidente Biden em condenações pessoais mal calculadas de Putin, humilhações que Putin demorou a perdoar. Discordâncias com relação à Líbia em 2011 desvelaram as diferenças. A administração dos EUA não guardou segredo de sua preferência para que Medvedev voltasse ao Kremlin em um segundo mandato – o que efetivamente impediu que isso acontecesse. Os protestos contra a fraude nas eleições parlamentares de dezembro de 2011, que Putin considerou como sendo patrocinadas a partir do exterior, foram a gota d'água. A mobilização popular em seu ponto de vista servia aos objetivos da política externa estadunidense. Foi um Putin amargurado que retornou ao Kremlin em 2012. A política foi revertida à versão clássica da Guerra Fria de uma coexistência pacífica em que a competição era intensa, mas administrada.

Dmitri Trenin, diretor do Carnegie Moscou Center de 2008 até o seu fechamento no começo da guerra da Ucrânia, sustenta que a política exterior russa após 1991 estava apoiada nos ombros de Gorbachev, baseada na integração com o Ocidente e em uma relação cooperativa com as potências do Atlântico. O objetivo persistente foi encontrar o equilíbrio perfeito entre os imperativos nacionais e as realidades externas, englobando o equilíbrio adequado entre segurança e desenvolvimento. Esse período termina de forma conclusiva em 2014 e, em vez disso, um "projeto russo" distinto tomou forma. A integração com o Ocidente foi abandonada e a mudança para o Sul Global se intensificou. A Rússia ascendeu como um polo global separado, que Trenin denominou de "o Norte", procurando por parcerias construtivas na Eurásia e no "não Ocidente" mais amplo, como a Organização para Cooperação de Xangai (SCO).[37] Isso completou o alerta de Brzezinski sobre o

---

36 Pacer, *Russian Foreign Policy under Dmitry Medvedev*.

37 Trenin, *Novyi balans sil: Rossiya v poiskakh vneshnepoliticheskogo ravnovesiya*.

perigo para o poder estadunidense daquilo que ele chamou de frente contra-hegemônica. De forma presciente, ele tinha em mente a China, a Rússia e possivelmente o Irã.[38] Estatistas na Rússia defendiam a reversão a uma ordem global baseada no concerto do século XIX, enquanto pragmáticos apelavam a uma abordagem mais defensiva, porém vigorosa, para conter a implacável expansão do Ocidente político. Primakov é tomado em alta conta na Rússia porque ele reconheceu que, enquanto o Ocidente político existisse em seu formato de Guerra Fria, o conflito seria inevitável. A coexistência poderia ser cooperativa, mas em um mundo multipolar não pode ser superada.

A estratégia de resistência e separação foi apoiada por eurasianistas, os mais coerentes e sonoros da facção civilizacionista. A teoria política do eurasianismo surgiu no século XIX, mas foi reconhecida como uma alternativa ao comunismo soviético nos anos 1920 entre os emigrantes russos na Europa Ocidental. Para os eurasianistas, a Rússia representa uma formação separada e distinta das civilizações ocidentais e asiáticas, uma comunidade multiétnica e multinacional única forjada no vasto território eurasiático.[39] A expansão imperial pelas vastas planícies do Norte da eurásia assimilou muitos povos e culturas criando uma civilização única. O eurasianismo é derivado do nacionalismo romântico do século XIX, mas enfatiza a "etnogênese" pluricultural e não as diferenças raciais, a formação de um novo povo por meio da combinação e não divisão. Para o etnógrafo Lev Gumilëv, a simbiose histórica entre russos e outros povos nativos criou uma cultura eurasiática e uma identidade espiritual única.[40] Nessa leitura, a Rússia representa um mundo separado combinando distintas entidades etnoculturais. Um importante teórico dessa via de desenvolvimento em separado é Alexander Dugin, que defende que Rússia e China representam a vanguarda da multipolaridade à medida que a unipolaridade dirigida pelo Ocidente colapsa.[41]

Os eurasianistas saudaram a guinada neorrevisionista, mas argumentaram que ela não foi longe o bastante – eles defendiam um revisionismo completo. Até os estatistas estavam desistindo de qualquer coisa próxima de uma "parceria estratégica" com a União Europeia, enquanto as relações com os EUA se tornaram cada vez mais frias, ainda que atenuadas por momentos de cooperação com relação a questões e preocupação comum (ciberataques, controle de armas, o meio ambiente, Afeganistão, e a não proliferação no Irã e na Coreia do Norte). A frustração de Putin com o não reconhecimento da Rússia como um interlocutor apropriado e um parceiro estratégico por parte do Ocidente o levou a posições mais radicais. O ocidentalismo não estava

38 Brzezinski, *Grand Chessboard*, p.55.
39 Ver Clover, *Black Wind, White Snow: The Rise of Russia's New Nationalism*.
40 Analisado por Bassin, *The Gumilev Mystique*.
41 Dugin, Alexander. Russia and China as the vanguard of multipolarity, 5 fev. 2022. Disponível em: <https://www.geopolitica.ru/en/article/russia-and-china-vanguard-multipolarity>.

completamente abandonado, sobretudo na política macroeconômica, em consonância com a tendência de Putin a manter toda as posições em aberto. Isso combinou com sua recusa em permitir que a Rússia se tornasse subalterna ao Ocidente político, mesmo se isso provocasse um isolamento estratégico. Já em 2007, depois de ser nomeado pela revista *Times* o homem do ano, Putin observou que:

> Às vezes se tem a impressão de que os Estados Unidos não precisam de amigos [...] [mas] certos tipos de auxiliares para comandar, e isso gerou uma atitude de desdém com relação à Rússia, como se eles ainda fossem um tanto quanto selvagens ou como se tivessem acabado de descer das árvores, você sabe, e provavelmente precisassem de alguém para pentear seu cabelo e para cortar sua barba.[42]

Para os especialistas no aparato de segurança, os *siloviki*, a questão era mais direta – a tentativa, de longo prazo, de enfraquecer ou destruir a Rússia como uma grande potência. Nikolai Patrushev, o antigo diretor do Serviço de Segurança Federal (FSB), que se tornou secretário do Conselho de Segurança em 2008, argumentou em um manifesto de outubro de 2014, sob o título de *Segunda Guerra Fria*, que o objetivo do Ocidente era desmembrar a Rússia apoiando seus inimigos e financiando movimentos hostis. Ele citou Madeleine Albright dizendo que era "injusto" que áreas tão vastas e ricas em recursos como a Sibéria e o extremo oriente russo estivessem sob o "controle de Moscou".[43] A afirmação é apócrifa, mas entrou na tradição de Moscou como uma evidência de conspiração contra a Rússia.[44] Patrushev estava na liderança da facção antiocidental e em 2020 suas posições foram predominantes.

Pós-ocidentalismo russo

A resistência política foi reforçada pela crítica cultural do Ocidente político, motivando uma guinada conservadora no país. O novo tradicionalismo enfatizou a especificidade cultural russa e a diversidade em um mundo plural. Em 2012, Putin argumentou:

> Por séculos, a Rússia se desenvolveu como uma nação multiétnica, um Estado-civilização unido pelo povo russo, pela língua russa e pela cultura nativa russa para todos nós, nos unindo e impedindo que nos dissolvamos nesse mundo diverso.[45]

---

42 Zygar, *All the Kremlin's Men: Inside the Court of Vladimir Putin*, p.300.

43 Egorov, I. "Kto upravlyaet khaosom" – SShA pytayutsya odolet krisiz za schet drugikh, razrushaya tselye strany – intervyu s nikolaem Patrushevym, *Rossiiskaya gazeta*.

44 Zygar, *All the Kremlin's Men*, p.343.

45 Putin, Vladimir. Address to the Federal Assembly, 12 dez. 2012. Disponível em: <http://eng.kremlin.ru/news/4739>.

Em seu discurso de Valdai em setembro de 2013, o tom de Putin foi mais incisivo, alertando sobre a degeneração do Ocidente. Isso se baseava em uma ideologia religiosa conservadora, apresentando a Rússia como um bastião moral contra a decadência, a liberdade sexual, a pornografia e os direitos dos homossexuais do Ocidente. Ele apresentou a Rússia como um "Estado-civilização" nesses termos gráficos:

> A Rússia – como o filósofo Konstantin Leontyev expõe de maneira vívida – sempre evoluiu em uma "complexidade florescente", como um Estado-civilização, reforçado pelo povo russo, pela língua russa, pela cultura russa, pela igreja ortodoxa russa e pelas outras religiões tradicionais. É justamente o modelo de Estado-civilização que tem moldado nossa política de Estado. Ela sempre procurou a flexibilidade para acomodar as especificidades étnicas e religiosas de territórios particulares, garantindo a diversidade na unidade.[46]

A definição de um "Estado-civilização" no contexto russo não é evidente.[47] Quando aplicado à China, refere-se a milênios de história, ao passo que a Rússia se desenvolveu de modo errático, voltando repetida vezes aos princípios iniciais e carecendo de uma identidade nacional autoconfiante. O filósofo Vadim Tsymbursky utilizou o pensamento geopolítico para criticar a análise espacial, argumentando que a Rússia só poderia se tornar livre quando se libertasse do pensamento imperial e estéril da dicotomia Rússia-Europa. Desenvolvia a noção de "Rússia insular", uma entidade suficiente para si mesma.[48] A tendência "isolacionista" no pensamento russo foi assumida por comentadores russos, principalmente por Vlasilav Surkov (o antigo vice-chefe da Administração Presidencial responsável por assuntos políticos entre 1999 e 2011). Em *The Loneliness of the Half-Breed* [A solidão do mestiço] de 2018, ele argumentava que por 400 anos as elites russas haviam tentado, sem sucesso, ocidentalizar o país. Ele anunciou que "a jornada épica da Rússia para o Ocidente finalmente terminou". O fracasso em uma direção não necessariamente envolve uma guinada para o Oriente. Ao contrário, um período de mais de uma geração de "solidão geopolítica" (*odinochestvo*) está colocado.[49] Não era isolamento, uma vez que a Rússia manteria uma forte presença internacional, mas o faria por conta própria.

46 Putin, Vladimir. Meeting of the Valdai Discussion Club, 19 set. 2013. Disponível em: <http://eng.kremlin.ru>.

47 Para uma análise ampla, ver Tsygankov, Crafting the State-Civilization, *Problems of Post--Communism*, 63/3, p.146-58.

48 Tsymburskii, Ostrov Rossiya: Perspektivy Rossiiskoi Geopolitika, *Polis*, n.5, p.11-7.

49 Surkov, Vladislav. The Loneliness of the Half Breed, *Russia in Global Affairs*, 28 maio 2018. Disponível em: <https://eng.globalaffairs.ru/articles/the-loneliness-of-the-half- breed/>.

A "guinada cultural" teve consequências políticas imediatas. Primeiro, uma nova ênfase na integração econômica eurasiática (a EEU), assim como aspirações para desenvolver a Eurásia como uma entidade geopolítica autossuficiente. Isso se expressou na linguagem de complementar e não desafiar a União Europeia, mas a criação de um polo de integração alternativo gerou uma dinâmica competitiva. Seguiu-se uma luta travada em torno daquilo que foi denominado a "vizinhança compartilhada", precipitando a crise da Ucrânia. Segundo, a guinada conservadora ganhou uma forma legislativa em várias leis de 2012, com destaque para a proibição contra a propagação da homossexualidade entre menores e uma lei criminalizando "a ofensa aos sentimentos de crentes religiosos". Terceiro, havia um novo interesse na Eurásia como um tema distinto da história e como uma região com suas próprias preocupações. O neorrevisionismo russo imaginou uma estratégia da *heartland* para impedir que a Eurásia se tornasse uma enorme zona de "fratura", dividida entre a potência em ascensão da China no Oriente e as potências do Atlântico consolidadas no Ocidente. Em 1995, Kissinger alertou que a dominação das duas principais esferas da Eurásia por uma única potência, Europa ou Ásia, representaria um perigo estratégico para os EUA.[50] Esse era o argumento de Brzezinski quando ele afirmou que, após 500 anos como centro do poder mundial, a Eurásia permanecia "o tabuleiro de xadrez no qual a luta por primazia global continua a ser travada [...]. É imperativo que não emerja nenhum desafiante eurasiano capaz de dominar a Eurásia também desafiando, assim, os EUA".[51]

A Eurásia é parte de um único vasto território, sem fronteiras naturais evidentes. Uma definição limitada da Eurásia se concentra na Rússia e nas repúblicas pós-soviéticas (excluindo o Báltico), enquanto uma versão mais expandida vai de Shannon no Ocidente até Xangai no Oriente. Essa fluidez está refletida na obra de Dugin, um importante pensador "geopolítico" da Rússia, embora seus interesses sejam bastante amplos. A influência de Dugin tem sido exagerada, mas sua visão neoeurasiana de que a Rússia tem uma missão especial em preservar o mundo dos valores corruptos da democracia liberal do Ocidente ecoa no público. A TV Tsargrad, um canal religioso-patriótico fundado por Konstantin Malofeev, um banqueiro investidor alinhado com o Kremlin, desfruta de surpreendente popularidade. Neste canal, Dugin declarou que:

> Nessa época de ciborgues, híbridos, mutantes, quimeras e realidade virtual, a humanidade só será salva pela tradição [...] todo modernismo – a ideia de progressos, desenvolvimento, a chamada visão científica do mundo, democracia e liberalismo [é] uma ideia satânica que difunde a sentença de morte para a humanidade [...]

50 Kissinger, *Diplomacy*, p.817-8.
51 Brzezinski, *Grand Chessboard*, p.xiii-xiv.

> a única defesa é a afirmação de Deus, da igreja, o império, da congregação dos fiéis, do Estado, e das tradições dos povos.[52]

Tais opiniões minaram as tentativas de criar um setor educacional mais vibrante e uma economia dinâmica. O puritanismo financiado pelo Estado promoveu a intolerância à diversidade e à diferença e minou o pluralismo consagrado nos dois primeiros capítulos da Constituição de 1993. Isso era evidente nas emendas constitucionais de 2020, a grande maioria das quais refletia a guinada conservadora, incluindo a proibição de casamento entre pessoas do mesmo sexo.

A crise ucraniana de 2014 marcou o fim das grandes aspirações europeias, e a partir disso Moscou se concentrou em vários projetos de integração eurasiáticos e no objetivo mais amplo de criar uma espécie de Grande Parceria Euroasiática (GEP). A *Estratégia de Segurança Nacional*, de 31 de dezembro de 2015, alertou severamente sobre essa ameaça:

> Expandir o potencial de força da Otan e dotá-la com funções globais que são implementadas com a violação de normas legais internacionais, com a atividade militar intensificada do bloco, com sua expansão contínua e com a aproximação de sua infraestrutura militar das fronteiras russas, criam uma ameaça à segurança nacional.[53]

A *Estratégia* apresentava a Rússia como um ator global com preocupações regionais legítimas e condenava tentativas de um novo contingenciamento. Definia o confronto com o Ocidente como uma ameaça, e alertava contra guerras "híbridas" supostamente conduzidas contra a Rússia. A autoconfiança e a autossuficiência do país foram enfatizadas, acompanhadas pela "securitização" de novas áreas políticas, tanto na Rússia quanto no Ocidente. De acordo com a Escola de Kopenhagen, a securitização é o caminho pelo qual a política "normal" está subsumida aos discursos de segurança nacional que moldam a política.[54] Depois de 2014, a Otan abandonou a linguagem de "parceria estratégica" à medida que a política também passou por uma securitização insidiosa, incluindo o monitoramento dos meios de comunicação para conter a "propaganda russa" e "*fake news*".[55] O processo era desigual e parcial, com a maior parte dos países europeu relutantes em se envolver em uma securitização generalizada, mas os EUA foram mais longe.

---

52 Matthews, Revealed: Putin's covert war on Western decadence, *Spectator*, out. 2016.

53 Strategiya natsional'noi bezopasnosti Rossiiskoi Federatsii, *Rossiiskaya gazeta*, 31 dez. 2015, Disponível em: <http://rg.ru/2015/12/31/nac-bezopasnost-site-dok.html>.

54 Buzan; Waever; de Wilde, *Security: A New Framework for Analysis*. Para o caso russo, ver Bacon; Renz; Cooper, *Securitising Russia: The Domestic Politics of Putin*.

55 Stahl; Lucke; Felfeli, Comeback of the Transatlantic Security Community? Comparative securitisation in the Crimea crisis, *East European Politics*, 32/4, p.539.

A *NSS-2015* advertia que "continuariam a impor custos significativos à Rússia por meio de sanções" para "impedir uma agressão russa".[56] Trump falava de melhores relações, mas durante sua gestão as sanções e outras medidas coercitivas associadas foram muito maiores que aquelas impostas durante a Guerra Fria original.

Essa mudança voltada ao conservadorismo nacional não se refletiu imediatamente na política externa. O *Conceito de política externa* revisado, publicado em 30 de novembro de 2016, era destacadamente brando e negava qualquer condição imputada de "guerra" entre a Rússia e a comunidade atlântica. O documento enfatizava o desejo da Rússia de manter boas relações com todos os seus "parceiros", o compromisso contínuo com as organizações multilaterais e a integração econômica internacional, a supremacia do Direito internacional, o papel central da ONU, a importância da democracia e da contribuição da Rússia à paz e à segurança na Europa. A postura geral permaneceu a mesma: "o mundo contemporâneo está passando por um período de profundas mudanças, cuja essência é a formação de um sistema internacional policêntrico [multipolar]". A tentativa do Ocidente de impedir essa mudança natural gerou instabilidade nas relações internacionais. A Rússia "resistiria às tentativas de Estados ou grupos de Estados em revisar os princípios geralmente reconhecidos da ordem internacional", por exemplo, utilizando a Responsabilidade para Proteger (R2P) para intervir em assuntos internos de outros países. O documento afirmava o *status* independente da Rússia e indicava uma relutância em ser levada a qualquer aliança ou bloco. Também recorria aos meios de comunicação para "transmitir o ponto de vista russo para círculos mais amplos da comunidade mundial". A Rússia estava enredada no conflito sírio desde setembro de 2015, mas o espaço pós-soviético, a Europa, os EUA e a Ásia Pacífica assumiram a prioridade regional com relação ao Oriente Médio.

Nenhum projeto ideológico alternativo para a criação de algum tipo de civilização eurasiática foi delineado, ao contrário o *Conceito de política externa* reiterava o apoio da Rússia aos "valores democráticos universais". A integração regional seria feita em conformidade com as regras da OMC, e não havia sugestão de que a Rússia voltasse suas costas à globalização. Ao contrário, o documento enfatizava o desejo da Rússia de estabelecer "cooperação estável, construtiva e previsível" com países da União Europeia. A grande ambição europeia se expressou em termos do desejo da Rússia de "criar um espaço econômico e humanitário comum desde o Oceano Atlântico até o Pacífico, baseado na harmonização dos processos de integração europeu e euroasiático". Condenou-se ainda a "expansão da Otan e a estrutura

---

56 *National Security Strategy of the USA*, fev. 2015. Disponível em: <https://obamawhite-house.archives.gov/sites/default/files/docs/2015_national_security_strategy_2.pdf>.

militar da aliança se aproximando das fronteiras russas", mas a Rússia ainda procurava "uma parceria igualitária" ao mesmo tempo que estabelecia "relações mutuamente benéficas com os Estados Unidos". Os EUA e seus aliados eram acusados de minar a "estabilidade global" ao tentar "conter" a Rússia e reservar o direito de "reagir severamente a qualquer movimentação não amigável". A cooperação só era possível na base da "igualdade, respeito mútuo dos interesses, e não interferências nos assuntos internos dos outros". O objetivo da Rússia era boas relações com todos os Estados baseados no "respeito mútuo". Não se falou de uma estratégia contra-hegemônica, embora se defendesse o "policentrismo" e se enfatizasse a parceria e cooperação "total" com a China. O tom geral era defensivo, mas refletia a confiança que a onda da história – o que nos termos soviéticos era chamado de "correlação de forças" – estava a favor de Moscou. O documento destacava o persistente comprometimento da Rússia com os princípios universais, contanto que estes não fossem um abuso para justificar a interferência nos assuntos internos dos Estados.[57]

O pronunciamento anual de Putin à Assembleia Federal em 15 de janeiro de 2020 retomou esse tema. Ele recorreu aos membros permanentes do Conselho de Segurança da ONU para reiniciar a ordem mundial dentro de um paradigma multipolar: "Estou convencido de que já passa da hora de uma discussão séria e direta sobre os princípios básicos de uma ordem mundial estável e sobre os mais graves problemas que a humanidade está enfrentando", e defendeu um novo sistema baseado na Carta da ONU.[58] Putin recorreu repetidas vezes à experiência dos anos 1990. Em seu discurso de Valdai em 2020, argumentou:

> Sempre consideramos um Estado forte uma condição básica para o desenvolvimento da Rússia. E vemos, novamente, que estávamos certos ao restaurar e fortalecer meticulosamente as instituições de Estado após seu declínio e, em alguns casos, destruição completa nos anos 1990.[59]

Ele observou que: "desde que o modelo de relações internacionais da Guerra Fria, que era estável e previsível à sua própria maneira, começou a mudar (não estou dizendo que sinto falta dele, certamente não sinto), o mundo mudou muitas vezes". E alertou como alguns países procuraram "se aproveitar dos benefícios que o fim do confronto frio trouxe".

---

57 *The Foreign Policy Concept of the Russian Federation*, 30 nov. 2016. Disponível em: <https://www.voltairenet.org/article202038.html>.

58 Putin, Vladimir. Presidential Address to the Federal Assembly, 15 jan. 2020, Disponível em: <http://en.kremlin.ru/events/president/news/62582>.

59 Putin, Vladimir. Meeting of the Valdai Discussion Club, 22 out. 2020, Disponível em: <http://en.kremlin.ru/events/president/news/64261>.

Em contraponto, ele apelou à ordem mundial pós-guerra estabelecida em Ialta pelos três países vitoriosos, embora reconhecendo que "o papel da Grã-Bretanha mudou desde então, a União Soviética não existe mais, enquanto alguns também tentam excluir a Rússia":

> Deixe-me assegurar-lhes, caros amigos, que estamos avaliando objetivamente nossas potencialidades: nosso potencial intelectual, territorial, econômico e militar. Estou me referindo às nossas opções atuais, nosso potencial geral. Consolidar esse país e olhar para o que está acontecendo no mundo, em outros países. Gostaria de dizer àqueles que ainda esperam que a força da Rússia se esvaia gradualmente, que a única coisa que nos preocupa é pegar um resfriado em seu funeral.

Logo após esse aviso um pouco desconcertante, discordou da "hipótese de que estruturas internacionais existentes devem ser completamente reconstruídas ou consideradas obsoletas e totalmente desmanteladas". Ao contrário, ele defendeu a manutenção de estruturas básicas estabelecidas em 1945, com o Conselho de Segurança da ONU em seu comando, embora aceitasse que a "correlação de forças, potencialidades e posições dos Estados" transformadas permitissem algum ajuste no "arranjo institucional da política mundial", assim como um arejamento com a "nova vida na diplomacia multilateral". Tratou-se de uma reafirmação clássica da posição neorrevisionista: uma defesa do sistema internacional estabelecido em 1945, com alguns ajustes. Como argumentou: "Não podemos fazê-los sem uma estrutura comum, universal para assuntos internacionais".[60]

A *Estratégia de Segurança Nacional* de julho de 2021 foi baseada no confronto contínuo enquanto o Ocidente tentava "manter sua hegemonia". Em meio a uma tensão internacional crescente, a política externa russa procurou "estabilizar as relações internacionais com base no Direito internacional e o princípio geral, da segurança igualitária e indivisível".[61] O Ocidente tinha de ser equilibrado por laços econômicos, políticos e militares mais próximos ao mundo não Ocidental, em primeiro lugar a China, mas também a Índia, Turquia e Irã. Estes países não ameaçavam a segurança russa, mas representavam o núcleo da emergente comunidade internacional multipolar e multilateral.[62] Moscou intensificou sua crítica à "ordem internacional baseada em regras" que subvertiam a imparcialidade do sistema internacional. A Organização para Proibição de Armas Químicas (OPCW), com sede

---

60 Ibid.

61 Ukaz Prezidenta RF ot 2 iyulya 2021g. N 400 "Strategii Natsional'noi Bezopasnosti Rossiiskoi Federatsii". Disponível em: <http://www.kremlin.ru/acts/bank/47046>.

62 Analisado por Tsygankov, The revisionist moment: Russia, Trump, and Global Transition, *Problems of Post-Communism*, 68/6, p.457-67. Para um argumento mais elaborado, ver Tsygankov, *Russian Realism: Defending 'Derzhava' in International Relations*.

em Haia, foi alvo de críticas específicas, pois, da perspectiva de Moscou, condenou adversários dos EUA, como o Irã e a Síria, ao mesmo tempo que tratou com indulgência os aliados estadunidenses. Na "ordem baseada em regras", os EUA definiam as regras como bem entendiam, gerando desordem. Karaganov argumentou que a Rússia deveria adotar o "neoisolacionismo" para revigorar o seu espírito nacional. Ele entendeu isso como uma nova "ideologia assertiva" para refletir o caráter da Rússia como uma "libertadora dos povos", que livrou o mundo de 500 anos da tirania do Ocidente, e um "povo vitorioso", que derrotou a hegemonia tanto de Genghis Khan, quanto do Tio Sam. Ele defendeu que o Kremlin deveria assumir uma "ofensiva psicológica" contra o Ocidente, afirmando que a Europa e os EUA nunca perdoariam Moscou por enfrentar seu domínio. Para ele, a Otan deveria ser compreendida como uma "aliança agressiva".[63]

A Rússia não encontrou lugar na "ordem mundial liberal". Reconheceu a realidade do poder militar liderado pelos EUA, mas, diferentemente dos Estados da Europa Ocidental e do Japão, se negou a se tornar um legado de uma grande potência. Críticos liberais argumentam que essa recusa derivou de demandas de um sistema de poder repressivo, que exigia um inimigo externo para consolidar sua força no país.[64] Esse modelo "diversionista" não é convincente. Mesmo uma Rússia perfeitamente democrática defenderia sua soberania e seus interesses em um mundo de Estados-nações concorrentes. O custo de excluir a Rússia da aliança do Atlântico em expansão era alto, mas o preço de uma inclusão prematura da Rússia envolvia a diluição dos princípios da União Europeia e da Otan. Uma liderança mais habilidosa poderia ter lidado melhor com essa questão, mas o dilema não teria desaparecido por conta disso.

A Rússia olha para o Oriente

O comunicado conjunto sino-soviético de dezembro de 1991 incluiu uma cláusula de "contra-hegemonia", que estabeleceu o tom para as relações posteriores.[65] Em dezembro de 1993, Yeltsin visitou Beijing e assinou uma declaração que Rússia e China eram "Estados amigáveis" e "desenvolveriam relações de boa-vizinhança, amizade e cooperação mutuamente benéfica", o fundamento de interações posteriores. Em abril de 1997, uma "parceria estratégica" foi declarada entre os dois países baseada na

63 Karaganov, Sergei. Mirovoi shtorm i russkii kurazh, *Russia in Global Affairs*, 28 out. 2020. Disponível em: <https://globalaffairs.ru/articles/mirovoj-shtorm-i-russkij-kurazh>.

64 Esse é o argumento de McFaul, *From Cold War to Hot Peace: The Inside Story of Russia and America*.

65 Anderson, *The Limits of Sino-Russian Strategic Partnership*, p.14.

"Declaração conjunta [russo-chinesa] sobre um mundo multipolar e o estabelecimento de uma nova ordem internacional", e concordou em limitar a quantidade de tropas em suas fronteiras mútuas. Ambos se uniram em oposição à unipolaridade liderada pelos EUA. Esse estágio culminou em julho de 2001 com a assinatura do "Tratado de boa vizinha e cooperação amigável" (renovado em 2021), e em 2008 um tratado ratificou o acordo de demarcação de fronteira de 2004. Dada a longa história sobre a contestação de fronteiras, ainda viva entre nacionalistas dos dois lados, essa foi uma conquista importante. Em 2015, as relações bilaterais foram elevadas a uma "parceria cooperativa estratégica ampla em uma nova época".

O alinhamento sino-russo é um dos desenvolvimentos mais importantes no século XXI, mas quanto tempo durará?[66] A Rússia subestima os perigos estratégicos de uma competição de grandes potências e, cega por ressentimentos históricos com o Ocidente, minimiza os riscos de sua aproximação com a China? Será que ela sairá da frigideira do Ocidente para se queimar no fogo chinês? Gorbachev curou a ferida da era soviética, Yeltsin assinou um tratado de amizade e iniciou a demarcação de fronteira, e, nos primeiros anos de Putin, a relação foi cordial e profissional. No entanto, as relações pessoais amistosas entre Putin e Xi Jinping é tem caráter histórico excepcional. Às vésperas de sua visita a Moscou em junho de 2019, Xi declarou: "Eu tenho interações mais próximas com o presidente Putin do que com qualquer outro colega estrangeiro". Ele observou que havia encontrado com Putin quase 30 vezes e que se comunicava regularmente por carta e telefone, e que ambos estavam comprometidos em manter e aprofundar a relação China-Rússia.[67]

Naturalmente, isso levantou a questão se tais relações amistosas persistiriam após o fim de suas respectivas lideranças. Há boas razões econômicas e estratégicas para acreditar que a resposta é positiva. A Rússia fornece à China uma proporção crescente de sua energia e de produtos agrícolas. A cooperação de defesa transformou a extensa fronteira em uma fonte de segurança e não mais de confronto. O alinhamento sino-russo se tornou o principal bem estratégico e "fortalece seus respectivos *status* no cenário internacional e proporciona apoio básico para a diplomacia de ambos os países".[68] A China se tornou o núcleo da estratégia asiática da Rússia, embora atenuada pelos estreitos vínculos contínuos com outros Estados regionais, destacadamente

66 A questão é examinada por Lukin, Have we passed the peak of Sino-Russian rapprochement?, *Washington Quarterly*, 44/3, p.155-73.

67 Xi tells Russian media he cherishes deep friendship with Putin, *Global Times*, 5 jun. 2019. Disponível em: <https://www.globaltimes.cn/content/1153186.shtml>.

68 Bhadrakumar, M. K. Russia and China cementing an enduring alliance, *Asia Times*, 11 out. 2020. Disponível em: <https://asiatimes.com/2020/10/russia-and-china-cementing-an-enduring-alliance>.

a Índia, Indonésia, Coreia do Sul e Vietnã. Apesar da crescente assimetria nas relações, a Rússia tentou manter aberta suas opções de proteção.[69] Beijing considerou Moscou um parceiro legítimo que não ameaçava a segurança do regime, enquanto a Rússia se mostrava estável e confiável. No entanto, nenhum dos países procurou algum tipo de aliança de bloco, com a Rússia buscando evitar o destino da União Soviética, enquanto, na China, a "aliança tem sido cada vez mais enquadrada como um conceito político negativo".[70] A Rússia procurou evitar ser envolvida no conflito entre EUA e China, embora a China, desde 2022, tenha sido cautelosa em ser arrastada para a guerra por procuração entre a Rússia e o Ocidente.

As opiniões sobre a relação estão divididas entre aqueles que a consideram como um frágil "casamento de conveniência" e outros que desejam "criar uma aliança anti-EUA, antiocidental por conta da forte pressão em ambos os países por parte dos Estados Unidos". Em vez disso, de acordo com o antigo líder do Comitê Permanente de Relações Exteriores do Congresso Nacional do Povo, Fu Ying, "Nenhum argumento capta de maneira precisa a verdadeira natureza da relação. [A] relação China-Rússia é uma parceria estratégica estável e está enraizada de maneira complexa, robusta e profunda".[71] Embora os laços entre Putin e Xi Jinping sejam excepcionalmente amistosos, há muito tempo há um sólido consenso em Beijing sobre a necessidade de uma forte relação com a Rússia, compartilhada pelos antecessores de Xi, Hu Jintao e Jiang Zemin. O vínculo entre ambos hoje é baseado em seis pilares.[72]

Primeiro, a defesa de uma compreensão normativa comum do sistema internacional e, portanto, uma resistência conjunta à grande substituição. Ambos são fundamentalmente duas grandes potências conservadoras do *status quo*, afirmando repetidamente seu compromisso com os princípios fundamentais do internacionalismo soberano, o núcleo do sistema internacional da Carta. Estes incluem a primazia da soberania de Estado, integridade territorial, a supremacia do Direito internacional e a centralidade da ONU e do Conselho de Segurança. Nessa base, coordenam suas atividades diplomáticas em questões internacionais importantes. Um estudo de 2018 descobriu que votaram juntos em 98% das ocasiões na ONU, e a Rússia apoiou todo veto chinês no Conselho de Segurança desde 2007.[73]

69 Denisov; Lukin, Russia's China policy: growing asymmetries and hedging options, *Russian Politics*, 6, p.531-50.

70 Xuetong, *Leadership and the Rise of Great Powers*, p.65.

71 Ying, Are China and Russia partnering to create an axis?, p.235-6.

72 Ver Kaczmarski, Russia-China closer relationship, but not an alliance yet, *Russian Analytical Digest*, n.265, p.2-4.

73 Allison, Graham. Opportunity for Diplomacy, *National Interest*, 4 fev. 2022. Disponível em: <https://nationalinterest.org>.

No entanto, ambos se tornaram potências neorrevisionistas, enfrentando o hegemonismo nas relações internacionais.

Segundo aspecto, a relação de energia tem se aprofundado de maneira constante. Em 2018, a Rússia se tornou o principal fornecedor de petróleo da China. Naquele ano, um segundo ramo do oleoduto Sibéria Oriental-Oceano Pacífico (ESPO) dobrou as exportações diretas de petróleo da Rússia para a China, ao mesmo tempo que Beijing comprava petróleo do oleoduto do terminal Pacífico em Kozmino. O oleoduto Potência da Sibéria começou a enviar gás em fins de 2019 e logo atingiu sua capacidade máxima de 55 bilhões de metros cúbicos por ano, enquanto a Gazprom conduziu estudos de viabilidade para um oleoduto Potência da Sibéria 2 (Soyuz Vostok), passando pela Mongólia. Em 2019, a Novatek vendeu 19% de seu projeto de gás natural liquefeito do Ártico (GNL-2) para a Corporação Nacional de Petróleo da China (CNPC) e para a Corporação Nacional de Petróleo Offshore da China (CNOOC). Entre 2011 e 2020 a China investiu 36 bilhões de dólares na Rússia, com grande parcela dedicada a matérias-primas e iniciativas de energia. Sob sanção a partir de 2022, a Rússia desviou a sua exportação de energia da Europa para a Ásia, sobretudo para a China.

Terceiro, em termos de comércio, em 2010 a China superou a Alemanha como o maior parceiro comercial simples da Rússia e se tornou o principal fornecedor de bens de consumo. A parcela da China no comércio exterior da Rússia cresceu de 10,5% em 2013 para 20% em 2022; ao fim desse ano o comércio mútuo havia atingido 190 bilhões de dólares. Boa parte desse processo se deve ao fato de a Rússia ter aberto setores da economia até então protegidos, incluindo o setor energético a montante e a infraestrutura digital. Matérias-primas e recursos, principalmente a energia, respondem por 70% das exportações russas, embora a China seja agora um mercado crescente para produtos agrícolas russos. Enquanto a China é o maior parceiro comercial da Rússia, esta apenas em 2022 entrou para a lista dos dez principais parceiros comerciais da China.

Quarto, em termos de segurança e defesa, as forças chinesas participam regularmente dos exercícios militares anuais da Rússia. Foram 28 participações entre 2002 e 2012, ao passo que apenas em 2014 somaram 31. Desde 2018, isso se tornou uma ocorrência anual mais formal, iniciando com o exercício militar Vostok naquele ano. Como parte da estratégia chinesa de "ir ao mundo", em 2019 e em 2020, os dois países realizaram uma patrulha conjunta de bombardeiros ao longo da costa da Ásia Oriental. Houve até rumores de que a China estava abrandando sua tradicional hostilidade em participar de alianças militares.[74] A venda de armas para a China desempenhou um papel importante na preservação da indústria de defesa russa nos

74 Economy, *Third Revolution*, p.214.

anos 1990, mas as exportações atingiram seu auge em 2005 e, em 2020, os volumes eram menos de um quinto do que haviam sido anteriormente. A venda de tecnologia militar diminuiu à medida que a China desenvolveu sua própria produção de defesa.[75] A China superou a Rússia e se tornou o segundo maior fabricante de armas e passou a concorrer no mesmo mercado global. Aparentemente, Beijing realizou a engenharia reversa dos caças Sukhoi SU-27SK e SU-33 para criar o J-11B e J-15, respectivamente. Moscou agora estava pronto para compartilhar sua tecnologia em troca de bens chineses de alta qualidade. A China se tornou um fornecedor central de partes, componentes e aviônica para o caça avançado SU-35S, e em novembro de 2015 o Exército de Libertação Popular se tornou o primeiro cliente de exportação do avião. A Rússia também forneceu submarinos de classe Kilo e sistema de mísseis antiaéreos S-400.

Quinto, os dois países produziram uma globalização alternativa. A partir de maio de 2015, concordaram com a "conjugação" (*sopryazhenie*) da União Econômica Euroasiática (EEU) e da Iniciativa Cinturão e Rota (BRI), e várias comissões foram estabelecidas para aprofundar as relações. Um ano depois, Putin ampliou os termos da conjugação para englobar a Grande Parceria Euroasiática. Os dois países aceleraram seu desacoplamento tecnológico e financeiro das potências atlânticas. Provocadas por preocupações de segurança, em maio de 2019, empresas estadunidenses foram proibidas de fazer negócio com a Huawei e vetaram a exportação de semicondutores avançados. Putin condenou as ações estadunidenses como a "primeira guerra tecnológica da era digital vindoura".[76] A Rússia se tornou um dos mercados de crescimento mais rápidos da Huawei. A Huawei e a ZTE estavam no centro dos planos da Rússia para desenvolver redes 5G, seguido pela localização tecnológica extensiva.[77] Em junho de 2019, a Huawei e a MTS, gigante russa da telecomunicação, concordaram em construir uma rede 5G na Rússia; em março de 2020, a Huawei acordou com a Sberbank a criação de uma plataforma em nuvem para os negócios russos; e, em outubro, a Huawei acordou com a Avtodor a construção de rodovias capazes de apoiar veículos autônomos. Os engenheiros russos e chineses se combinaram para desenvolver o sistema operacional Harmony para substituir o Android da Google (esta foi forçada a suspender a licença Android da Huawei em 2019).[78] Outros planos

75 Spivak, Vita. What does China's latest five-year plan mean for Russia?, Carnegie Moscow Center, 19 mar. 2021. Disponível em: <https://carnegie.ru/commentary/84121>.

76 Allison, Opportunity for diplomacy.

77 Kovachich, Leonid. Who will get a slice of Russia's 5G Pie?, Carnegie Moscow Center, 27 dez. 2021. Disponível em: <https://carnegiemoscow.org/commen- tary/86092>.

78 Simes, Dimitri Alexander. Huawei's highway to success goes through Russia, *National Interest*, 7 mar. 2021. Disponível em: <https://nationalinterest.org/feature/huawei%E2%80%99s-highway-success-goes-through-russia-179338>.

incluíam a exploração dos sistemas de satélites de navegação Glonass e Bei-Dou e a cooperação com a Huawei na construção de navios (com a Corporação de Construção de Navios da Rússia Unida). Havia uma evidente sinergia entre os dois países, com a Rússia forte em tecnologias da ciência básica, militar e de duplo uso, enquanto a China tinha marcas impressionantes no desenvolvimento de tecnologias civis de infraestrutura e transporte.[79]

Sexto, como veremos no Capítulo 12, os dois países patrocinaram associações regionais pós-ocidentais. Esses corpos multilaterais institucionalizaram a multipolaridade reforçando potencialmente, com isso, a autonomia do sistema internacional. Eram muito mais contra-hegemônicos que antiocidentais. Uma alternativa da arquitetura da governança global e associações estava sendo criada, uma prova tangível de um mundo saindo da sombra da dominação ocidental.

Há uma mudança qualitativa na relação. Baseada na *realpolitik* e no realismo estrutural, Rússia e China têm interesses comuns substantivos em alcançar uma parceria equilibrada e tornar a governança global mais equitativa. Enfrentam alguns desafios comuns. A emergência de uma República Democrática Popular da Coreia com armas nucleares representa um dos maiores testes para a comunidade internacional, e um ponto de preocupação para ambos. Nenhum deles saudou o surgimento de uma potência nuclear instável com mísseis balísticos em sua vizinhança. Os dois concordaram com as resoluções da ONU intensificando as sanções, mas Rússia e China procuraram realizar uma opção de "duplo congelamento", na qual Pyongyang imporia uma moratória nos testes nucleares e de mísseis em troca de uma suspensão dos exercícios militares dos EUA e da Coreia do Sul.[80] Contudo, rechaçaram a proposta de "mudança de regime", uma vez que isso muito provavelmente envolveria uma enorme ruptura e milhões de refugiados (a Rússia tem uma fronteira terrestre de quase 17 quilômetros com a Coreia do Norte), e ambos temiam a perspectiva de uma Coreia unificada tutelada pelos Estados Unidos.

A declaração conjunta de 4 de fevereiro de 2022, emitida pelos dois líderes quando se encontraram na abertura dos Jogos Olímpicos de Inverno de Beijing, demonstrou o alto grau de convergência normativa. A tentativa de "certos Estados" imporem seus "padrões democráticos" foi condenada, seguida pela afirmação de que China e Rússia tinham "longas tradições de democracia", assim, "cabe apenas ao povo de um país decidir se seu Estado é democrático". A afirmação condenou "a ampliação mais ampla da Otan"

---

79 Smirnova, Larisa. The real meaning of Xi Jinping's visit to Moscow, *Russia Direct*, 15 maio 2015. Disponível em: <http://www.russia-direct.org/analysis/real-meaning-xi-jinpings-visit-moscow>.

80 Lukin, The North Korea Nuclear problem and the US-China-Russia strategic triangle, *Russian Analytical Digest*, n.209, p.2-5.

e defendeu uma aliança para "abandonar as abordagens ideologizadas da Guerra Fria". O apoio da China à postura russa contra a ampliação da Otan era algo novo e moldou a reação de Beijing à guerra algumas semanas depois. Isso foi acompanhado por uma reafirmação retumbante da centralidade da Carta da ONU e Declaração dos Direitos Humanos como "princípios fundamentais, que todos os Estados devem cumprir e observar de fato". Isso foi sintetizado da seguinte maneira:

> Os lados destacam que Rússia e China, como potências mundiais e membros permanentes do Conselho de Segurança da ONU, pretendem aderir firmemente aos princípios morais e aceitam sua responsabilidade, defendem fortemente o sistema internacional com o papel central de coordenação da ONU nos assuntos internacionais, defendem a ordem mundial baseada no Direito internacional incluindo os propósitos e princípios da Carta das Nações Unidas, promovem a multipolaridade e a democratização das relações internacionais, juntos criam um mundo ainda mais próspero, estável e justo, construindo conjuntamente relações internacionais de um novo tipo.

Em questões regionais, Beijing apoiou a proposta da Rússia "para criar garantias de segurança legalmente vinculantes de longo prazo na Europa" e, ao mesmo tempo, reafirma que "Taiwan é uma parte inalienável da China", denunciando "qualquer forma de independência para Taiwan". Ambos os países eram cautelosos com relação a tentar estabelecer um sistema de bloco de aliados. Como nota Richard Little: "Uma aliança militar entre China e Rússia não melhoraria seu nível de segurança ou alteraria o equilíbrio de poder a seu favor".[81] No entanto, à medida que a Segunda Guerra Fria se intensifica, esse pode não mais ser o caso.

O princípio fundamental era que "nenhum Estado pode ou deve garantir sua própria segurança de forma separada da segurança do restante do mundo e à custa da segurança de outros Estados" – algo com o qual a Rússia tem sido assertiva desde o fim da Guerra Fria. As relações interestatais entre Rússia e China foram definidas como

> superior a alianças político-militares da Guerra Fria. A amizade entre dois Estados não tem limites, não há áreas de cooperação "proibidas", o fortalecimento da cooperação estratégica bilateral não está voltado nem contra países terceiros, nem é afetado pelo ambiente internacional em mudanças e pelas mudanças circunstanciais em países terceiros.[82]

---

81 Little, *The Balance of Power in International Relations: Metaphors, Myths and Models*, p.285.

82 Joint Statement of the Russian Federation and the People's Republic of China on the International Relations Entering a New Era and the Global Sustainable Development, 4 fev. 2022. Disponível em: <http://en.kremlin.ru/supplement/5770>.

A Rússia há muito havia desafiado as ambições hegemônicas e excepcionalistas dos EUA, e agora tinha estava acompanhada pelo intento da China em assegurar seu *status* como uma potência global. A afirmação rejeitou a noção de que dois países eram "autocracias globais" para subverter as democracias liberais ocidentais e, em vez disso, apelava para o pluralismo em um sistema internacional baseado nos princípios da Carta. A ordem nos assuntos internacionais só poderia ser estabelecida nessa base. A alternativa era a desordem e o conflito permanentes.

A invasão da Ucrânia 20 dias depois e a subsequente imposição de sanções draconianas colocaram a relação sob uma tensão sem precedentes. Os vínculos haviam sido sempre pragmáticos e baseados nas respectivas definições de interesse nacional, embora a declaração conjunta demonstrasse a proximidade do alinhamento normativo. À medida que a guerra se arrastava e Rússia não conseguia atingir seus objetivos imediatos, a China tomou cuidado para não cruzar os limites e incorrer em sanções secundárias pelo Ocidente político. Beijing ofereceu um apoio diplomático a Moscou e aumentou a compra de petróleo e gás (com preço reduzido), mas não forneceu armas sofisticadas ou tecnologia avançada para reabastecer o arsenal russo. A Rússia se tornou um Estado pária para o Ocidente e seus aliados e, com isso, seu valor como parceiro da China foi colocado sob questão. Há muitas coisas que mantêm os dois países alinhados, mas os desenvolvimentos no interior dos dois países, assim como as mudanças nas relações internacionais moldaram sua relação.[83]

A Rússia enfrenta o Ocidente

Com uma queda relativamente pequena no PIB, a Rússia enfrentou o Ocidente político. Os aliados europeus da Otan têm um PIB combinado de 20,4 trilhões de dólares, quase igual ao dos EUA. A população da Rússia em 2022 era de apenas 147 milhões, ao passo que a das democracias europeias somam 600 milhões, com forças armadas combinadas de 1,26 milhão, em comparação com as 900 mil tropas russas na ativa (incluindo a Guarda Nacional e outras forças). Os liberais há muito argumentavam que era necessária uma substantiva reforma política e uma governança econômica para reenergizar a economia, mas que isso exigia uma reafirmação da autonomia do Estado constitucional e a redução na tensão internacional. No pronunciamento à Assembleia Federal em 21 de fevereiro de 2023, Putin

83 Lo, Bobo. Turning point? Putin, Xi, and the Russian invasion of Ukraine, Lowy Institute Analysis, maio 2022. Disponível em: <https://www.lowyinstitute.org/publications/turning-point-putin-xi-and-russian-invasion-ukraine>.

enfatizou a resiliência da Rússia e prometeu que a economia permaneceria aberta.[84] Os céticos tinham menos certeza e, em condições de um conflito armado e economia de guerra, a Rússia adotou elementos de um modelo de desenvolvimento de mobilização e autárquico. Isso permitiu ao país sobreviver, mas ameaça uma volta a uma economia de estilo soviético – e já sabemos como isso termina.

O neorrevisionismo sempre foi um compromisso instável, apelando às normas do sistema da Carta, mas sempre as minando na prática. A invasão da Ucrânia de 2022 foi um exemplo extremo, quando evidentes interesses nacionais excederam o compromisso internacional com as normas. Foi justificada com o apelo ao artigo 51 da Carta da ONU e ao direito de autodefesa, retratando, com isso, a guerra como preventiva. Na medida em que a guerra foi motivada pela defesa das regiões separatistas de Donetsk e Lugansk, Moscou tinha razão. No entanto, dadas as terríveis implicações de colunas armadas sitiando cidades, dificilmente pode-se considerar isso como uma guerra justa (*jus ad bellum*), bem distinto da maneira destrutiva em que a luta tem sido conduzida (*jus in bello*). A Rússia argumenta que foi posta contra a parede pela intransigência do Ocidente político ao recusar a implementação equilibrada dos princípios fundamentais do acordo de paz pós-Guerra Fria, priorizando a escolha em detrimento da indivisibilidade da segurança. A porta para a diplomacia não foi completamente fechada, mas o armamento ininterrupto da Ucrânia, o apoio às posições e políticas antirrussas e a possibilidade de um ataque contra as repúblicas de Donbass foram vistos como uma ameaça da mais alta ordem à segurança.

De acordo com uma estimativa, desde 1.800, em média, a Rússia tem sido invadida a cada 33 anos.[85] Isso deu lugar a uma constante cultura de segurança e a um medo quase paranoico de um ataque externo, que provou repressão doméstica contra potenciais "quinta colunas". No entanto, depois de passar duas décadas estabilizando a Rússia, as emendas constitucionais de 2020 minaram as fundações do constitucionalismo em meio a uma repressão intensificada da oposição política independente. A guerra russo-ucraniana jogou, assim, todo o sistema no olho do furacão. A sobrevivência do próprio regime voltou à pauta. Independente se deliberadas ou não, as sanções punitivas, por fim, levantaram a questão da mudança de regime. O objetivo não era apenas derrotar a política da Rússia em relação à Ucrânia, mas também prejudicar a economia e a sociedade para degradar permanentemente o potencial militar russo.

---

84 Putin, Vladimir. Presidential Address to Federal Assembly, 21 fev. 2023. Disponível em: <http://en.kremlin.ru/events/president/news/70565>.

85 Deni, John R. Would a Russian coup solve anything?, *Wall Street Journal*, 14 mar. 2022. Disponível em: <https://www.wsj.com/articles/would-a-russian-coup-solve-anything-vladimir-putin-authoritarian-regimes-ukraine-invasion-over-thrown-11647195873>.

Putin insistiu que Moscou conquistaria seus objetivos na Ucrânia e mesmo isolado do Ocidente continuou a construir amplos laços globais. A *Doutrina marítima* revisada, publicada em 31 de julho de 2022, delineou planos ambiciosos para uma marinha global, incluindo uma presença permanente no Mar Vermelho. A rodada em vários países da África realizada por Lavrov poucas semanas antes demonstrou essas persistentes ambições internacionais, o que estava refletido na *Doutrina de política externa* revisada, aprovada em setembro. A nova versão se concentrava na ideia do Mundo Russo (*Russkii mir*), uma política ativista em defesa dos falantes russos no exterior há muito defendida por conservadores russos. Empregando o maldefinido conceito de "compatriota", embora usado para se referir aos 25 milhões de russos étnicos que se encontravam fora do país após 1991, a *Doutrina* afirmava que "a Federação Russa fornece apoio a seus compatriotas que vivem no exterior para a garantia de seus direitos, para assegurar a proteção de seus interesses e a preservação de sua identidade cultural russa".[86]

A era Putin do "fraco homem forte" não durará para sempre.[87] Uma Rússia sem Putin será bastante diferente, mas uma mudança de liderança modificará fundamentalmente a cultura de segurança e a grande estratégia na qual a política externa se baseia? Se acompanhada por uma completa mudança de regime ou mesmo por um colapso de Estado, não há garantias de que um novo sistema será mais democrático. Nas condições de crise, quando a sobrevivência da política e do próprio Estado está em risco, pode ser bom ser mais autoritário. De todo modo, é provável que Putin lute até o fim. Mesmo se deixar a presidência – seja por questões de saúde, seja por um golpe das elites ou um *putsch* militar –, seu sucessor enfrentará os mesmos dilemas. Desde o início, ele depende de métodos administrativos opacos e um legalismo minucioso e, com o passar dos anos, a dependência do regime com relação à manipulação e coerção tem aumentado. A autonomia do Estado constitucional foi diminuída na mesma medida – depois de 2020 até quase desaparecer. Independentemente do que virá adiante, o desafio de manter um enorme Estado unido, de evitar conflitos interétnicos e confessionais e de encontrar um lugar apropriado no mundo continuará existindo.

---

86 Putin approves new foreign policy doctrine based on "Russian World", *Reuters*, 5 set. 2022. Disponível em: <https://www.reuters.com/world/putin-approves-new-foreign-policy-doctrine-based-russian-world-2022-09-05>.

87 Frye, *Weak Strongman: The Limits of Power in Putin's Russia.*

8
A Europa redividida

A maneira que uma guerra acaba molda a próxima. Isso certamente se aplica à Europa depois de 1989, mesmo se a guerra naquela época fosse fria. A Carta de Paris de 1990 tratava da unificação do continente, mas a transformação, por fim, fracassou em criar mecanismos para ancorar a nova ordem de paz em instituições de forma ampla e robusta o suficiente para satisfazer todos os parceiros. Nenhuma comunidade política nova foi criada de Lisboa a Vladivostok. Ao contrário, o sistema de poder atlântico se expandiu e a transformação antecipada por Moscou era natimorta. A ampliação da Otan e da União Europeia era expressa em termos idealistas, mas as poderosas consequências da expansão foram negligenciadas.[1] O valoroso princípio da "liberdade de escolha" se sobrepôs ao igualmente relevante postulado da "indivisibilidade da segurança". A comunidade de defesa do Ocidente europeu se ampliou para englobar o Oriente, mas a falta de um marco de segurança euroasiática abrangente e robusto gerou conflitos e, por fim, a guerra. Aspirações por um "lar comum europeu" e por uma "Europa inteira e livre" foram decepcionantes e a geopolítica tradicional voltou. Uma nova linha de frente física e ideológica cindiu o continente, ressuscitando características tradicionais de confronto. A solução anterior à questão da ordem pós-Guerra Fria se tornou o novo problema a ser resolvido.

---

1 Oksanian, Carr goes east: reconsidering power and inequality in a post-liberal Eurasia, *European Politics and Society*, 20/2, p.172-89.

A Europa como uma potência

O termo "Europa como uma potência" vem do uso francês e é reforçado pela ideia mais recente da "autonomia estratégica" e até de "soberania europeia". A tensão permanece entre uma Europa mais autônoma, e até "geopolítica", e a realidade, uma vez que na União Europeia a política externa e a de segurança permanecem como prerrogativa dos Estados membros. Charles de Gaulle estava comprometido com a ideia de um Estado-nação, mas também recorreu à visão de um continente unificado e poderoso agindo como uma força independente entre a União Soviética e os EUA. É por isso que ele vetou duas vezes a entrada da Grã-Bretanha, acreditando que esse país pudesse agir como um "cavalo de Troia" estadunidense. De Gaulle também tinha inveja de qualquer país que pudesse diminuir a liderança francesa, uma vez que viu a Europa agir como uma "alavanca de Arquimedes" para recolocar a França no topo da lista das grandes potências.[2] O Tratado de Elisée, em 1963, estabeleceu uma parceria privilegiada entre França e Alemanha, que com intensidade variável ao longo dos anos foi o "motor" da integração europeia e um vetor para a influência francesa. Não significa que a França estava pronta para abdicar de seus ativos de poder, sobretudo seu arsenal nuclear e seu assento permanente no Conselho de Segurança da ONU, apesar dos pedidos para sua "europeização". O conceito da "Europa como uma potência" proporcionou à França uma plataforma regional para aprimorar seu *status* global.

O gaullismo é uma das expressões mais coerentes de internacionalismo soberano continental. Em seu famoso discurso de novembro de 1959 em Estrasburgo, de Gaulle falou de uma Europa "do Atlântico até os Urais", argumentando que "é a totalidade da Europa que decidirá o destino do mundo". Ele considerava o atlantismo um projeto para a subjugação europeia e, em vez disso, defendia que o continente agisse como um terceiro polo entre os EUA e a União Soviética (embora insistisse, como Churchill, em chamar o país de Rússia, e não URSS). Acreditava que o lugar da Rússia era na Europa. De Gaulle recusou aceitar a definição de Ocidente político da Guerra Fria, que em sua opinião subordinava a Europa aos interesses estadunidenses.[3] A França foi um membro fundador da Comunidade Econômica Europeia (CEE) em 1957, mas de Gaulle resistiu em avançar em direção a um supranacionalismo e insistiu que aquilo que se tornou a União Europeia em 1992 deveria permanecer uma "união de nações" (*l'Europe des patries*)

---

2 Lefebvre, *Europe as a Power, European Sovereignty and Strategic Autonomy*, Fondation Robert Schuman, Policy Paper n.582, p.1.

3 Anceau, Éric. De Gaulle and Europe, *Encyclopédie pour une histoire nouvelle de l'Europe* [*on-line*], 22 jun. 2020. Disponível em: <https://ehne.fr/en/node/12243>.

baseada no respeito por tradições nacionais. Ele era particularmente crítico das reivindicações anglo-saxãs de hegemonia e, em março de 1966, removeu o quartel-general da Otan da França, se retirou do seu comando militar integrado, fechou todas as bases da aliança no país e expulsou todas as forças estadunidenses.[4] Trinta anos depois, Gorbachev também fez um discurso sobre o lar europeu comum em Estrasburgo, e a concepção gaullista de uma identidade pan-europeia mais ampla, compreendendo uma variedade dos Estados e ordens sociais, é o que a Rússia chama de "Grande Europa" (*bol'shaya Evropa*), a ideia de que a Europa pancontinental deveria se tornar um ator global independente.[5]

Ainda não há resposta sobre como essa versão do Ocidente europeu pode ser atingida. O compromisso dos EUA à integração europeia estava em seu auge nos primeiros anos pós-guerra, como parte da luta da Guerra Fria contra a União Soviética, mas, à medida que a Europa se recuperou, a política se tornou mais equívoca. Uma Europa unificada estaria menos apta para se submeter à liderança política e à econômica estadunidense.[6] Repetidas tentativas de construir uma comunidade de defesa europeia autônoma colidiram com a rocha da resistência britânica, exagerando a ambição francesa e as preocupações alemãs.[7] Não obstante, uma Europa política e de defesa permanece uma das aspirações fundacionais da integração europeia. O tratado estabelecendo a Comunidade de Defesa Europeia (EDC) foi assinado em maio de 1952 por seis membros "internos" da integração europeia (França, Itália, Alemanha Ocidental e Benelux – Bélgica, Holanda e Luxemburgo) com planos de criar uma capacidade de defesa europeia. A proposta foi rejeitada pelo parlamento francês em 1954 e nunca se concretizou. Em vez disso, a Alemanha ocidental ingressou na Otan em 1955 e uma União Europeia Ocidental com pouco poder foi criada. Uma nova tentativa de autonomia de defesa europeia tem sido construída desde o fim da Guerra Fria e, desde 1999, a União Europeia tem sua própria Política Comum de Segurança e Defesa (CSDP). Houve várias outras iniciativas para endossar a ideia de uma autonomia estratégica com musculatura, à qual devemos retornar.

Em 1989 parecia que a Europa finalmente superaria suas persistentes divisões para criar uma ordem de paz sustentável. A comunalidade civilizacional europeia finalmente encontraria uma expressão política adequada e colocaria fim às endêmicas guerras civis "continentais sombrias".[8] A criação da União Europeia em Maastricht em 1992 e sua subsequente ampliação ressuscitaram antigas aspirações "de uma capacidade de defesa independente e

4 Howard, *Power and Glory: France's Secret Wars with Britain and America, 1945-2016*.
5 Gromyko; Fëdorova (eds.), *Bol'shaya Evropa: Idei, real'nost', perspektivy*.
6 Larres, *Uncertain Allies: Nixon, Kissinger, and the Threat of a United Europe*.
7 Howorth, *Security and Defence Policy in the European Union*.
8 Mazower, *Dark Continent: Europe's Twentieth Century*.

uma política exterior e de segurança comum".[9] A "hora e a vez da Europa" parecia ter chegado.[10] A realidade interveio grosseiramente com as guerras da sucessão da Iugoslávia demonstrando as limitações estratégicas da Europa e lançando os EUA de volta à gestão da segurança da região. Essas guerras colocaram a Rússia contra boa parte do Ocidente, enquanto a Ucrânia se tornou uma "cisão" que efetivamente dividiu o continente. A Europa permaneceu sob o guarda-chuva da defesa estadunidense e, apesar de muito se falar sobre a autonomia estratégica, a UE permanece, firmemente, como parte do sistema de poder atlântico. A Declaração Conjunta UE-Otan de 10 de janeiro de 2023 reiterou mais uma vez que as duas organizações eram parte de uma única comunidade de segurança.[11] Nesta, os EUA continuavam a demandar uma "divisão de encargos" com seus parceiros europeus, lhes pedindo que dediquem mais recursos à defesa e que contribuam mais à Otan.

Os EUA têm sido ambivalentes a ponto de serem hostis a uma maior "União europeização" da segurança europeia, motivados por temores de que a frente única nas relações com a Rússia seja rompida.[12] Havia uma causa genuína para a preocupação, uma vez que os europeus cada vez mais rejeitavam a opinião de que o continente não podia administrar as suas próprias questões de segurança.[13] A UE agiu como um parasita das garantias de segurança dos EUA e explorou o melhor dos mundos: definindo-se como uma potência normativa e exercendo a *moralpolitik* no que dizia respeito aos direitos humanos e à construção da paz, mas praticando a *realpolitik* para promover seus interesses regionais.[14] Os EUA e a UE permaneceram como concorrentes econômicos e há significativas diferenças políticas em várias questões, incluindo as relações com o Irã e o comércio de carbono. As potências europeias e Bruxelas reclamam sobre a ausência de consulta, uma questão que chegou ao ápice com a criação do acordo do submarino nuclear AUKUS (Austrália, Reino Unido e Estados Unidos) em 2021. A Austrália necessitava de submarinos com energia nuclear, cujo principal propósito é caçar, rastrear e (em conflitos) destruir outros submarinos armados com mísseis balísticos nucleares, algo que aqueles com energia elétrica e diesel originalmente contratados da França não poderiam fazer. Acima de

---

9 Hill, *No Place for Russia*, p.51.

10 Termo utilizado em 1991 por Jacques Poos, presidente do Conselho Europeu.

11 EU-NATO Joint Declaration, 10 jan. 2023. Disponível em: <https://www.consilium.europa.eu/en/policies/defence-security/eu-nato-cooperation/#2023>.

12 Howorth, European Defence Policy between dependence and autonomy: a challenge of sisyphean dimensions, *British Journal of Politics and International Relations*, publicado on-line, 6 jan. 2017.

13 De forma mais convincente e significativa, por um estadunidense: M. Walt, Stephen. Exactly How Helpless Is Europe?, *Foreign Policy*, 21 maio 2021. Disponível em: <https://foreignpolicy.com/2021/05/21/exactly-how-helpless-is-europe/>.

14 Acharya, *The End of American World Order*, p.119.

tudo, a AUKUS garante a logística de submarinos nucleares e direitos de sede na Austrália, dando um ponto de vantagem crucial para a aliança atlântica na região da Ásia-pacífico. A declaração conjunta sino-russa de 4 de fevereiro de 2022 condenou explicitamente a AUKUS por minar os "objetivos de segurança e de um desenvolvimento sustentável" na região da Ásia-Pacífico. A ruptura trumpista e a retirada caótica do Afeganistão levantaram questões sobre a consistência e confiabilidade das garantias de segurança dos EUA, enquanto o fracasso em impedir a guerra da Ucrânia e o crescente confronto com a China colocaram dúvidas preocupantes sobre a sabedoria da política estadunidense. Os interesses europeus não necessariamente coincidem com os dos EUA.

O desdém de Trump aos seus aliados tornou as coisas mais fáceis para a UE, colocando a questão da autonomia estratégica no topo das prioridades. À época, a devastação da Segunda Guerra Mundial havia sido superada e havia desaparecido a ameaça dos exércitos terrestres soviéticos se espalharem em direção ao atlântico. A Rússia permaneceu como uma ameaça iminente, nem adequadamente integrada, nem completamente hostil. A crescente "divisão dos encargos" foi um mantra persistente e a cúpula da Otan em Newport (Gales) em setembro de 2014 renovou o comprometimento de 2% do gasto nacional em defesa. Nessa época, a UE coletivamente superava os EUA em população e em PIB. A autonomia estratégica estava no centro da *Estratégia Global da UE* (EUGS) de 2016.[15] O conceito se abriu para uma interpretação limitada, se referindo à capacidade da UE de formular uma política externa e de segurança próprias para assegurar seu peso diplomático nas relações internacionais; mas há uma interpretação mais arejada promovendo temas gaullista de autonomia pancontinental, uma versão que requer alguma forma de reconciliação com a Rússia. Assim, o conceito foi criticado em alguns Estados do Leste Europeu e mesmo na Alemanha como sendo antiestadunidense, uma perspectiva que encorajaria os EUA a se desvincular da Europa.

A ruptura trumpista e a volta à política das grandes potências reiniciaram o debate sobre o que a Europa como uma potência realmente significa. Merkel declarou que "a Europa deve assumir o seu destino com suas próprias mãos", e o Conselho Europeu em dezembro de 2016 afirmou que a União deve "assumir responsabilidade maior por sua própria segurança".[16] Depois da tensa cúpula do G7 de Taormina (Sicília), em maio de 2017, Merkel observou que "os tempos em que podemos contar completamente

---

15 *Shared Vision, Common Action: A Stronger Europe. A Global Strategy for the European Union's Foreign and Security Policy*, jun. 2016. Disponível em: <https://europa.eu/globalstrategy/sites/globalstrategy/files/about/eugs_review_web_4.pdf>.

16 Lefebvre, *Europe as a Power*, p.4-5.

com os outros de algum modo chegou ao fim".[17] Os primeiros dias de Ursula von der Leyen na presidência da União Europeia a partir de 2019 foram repletos de retórica sobre uma Comissão Europeia mais "geopolítica" e a necessidade da UE de "aprender a linguagem do poder". Na verdade, o desafio era um tanto distinto: encontrar uma maneira de reconciliar a costumeira *moralpolitik* com as novas demandas da *realpolitik*. A UE já não podia mais ter tudo ao mesmo tempo. O regionalismo hegemônico no estilo atlântico estava chegando aos seus limites naturais, desafiado a partir de fora por Rússia e China e enfrentando um desarranjo interno. Josep Borrell, o alto comissário para Relações Exteriores e Política de Segurança (o chefe do Serviço de Ação Externa Europeu, EEAS), tornou isso explícito quando afirmou que a Europa tinha de "falar a linguagem do poder".[18] Em outras palavras, a "Europa como uma potência" se tornou uma prioridade. No entanto, não havia acordo com relação à forma que isso deveria tomar. Depois, Borrell orgulhosamente declarou "o despertar da Europa geopolítica".[19] Se significava uma preocupação com a "territorialidade", então a UE sempre foi geopolítica; mas se sugeria uma projeção de poder mais autônoma, forte e dura, então a UE ainda está aquém.[20]

O presidente francês, Emmanuel Macron, naturalmente assumiu a liderança. Em um discurso marcante na Sorbonne, em 26 de setembro de 2017, defendeu a "soberania europeia" com uma doutrina e orçamento de defesa comuns e a capacidade de intervenções estratégicas. Também falou de soberania alimentar, tecnológica, espacial e de saúde.[21] O Tratado de Lisboa de 30 de junho de 2009 concedeu à UE maiores poderes de tomada de decisão, mas não foi superada a tensão entre o caráter intergovernamental da maior parte das formulações políticas e o alcance relativamente limitado de competências supranacionais. Estas últimas permanecem restritas a algumas atividades centrais – a união aduaneira, política de concorrência, política comercial, política monetária para Estados da zona do euro e política pesqueira – em que a Europa pode ser considerada soberana, mas o orçamento ainda compreende apenas 2% do PIB total da UE. No entanto, nenhuma outra organização internacional tem tais recursos e competências e, como

---

17 Discurso em Munique, em 28 de maio, publicado no *Financial Times*, 29 maio 2017.

18 Lefebvre, *Europe as a Power*, p.4-5.

19 Borrell, Josep. Europe in the interregnum: our geopolitical awakening after Ukraine, EEAS, 24 mar. 2022. Disponível em: <https://www.eeas.europa.eu/eeas/europe-interregnum-our-geopolitical-awakening-after-ukraine_en>.

20 Youngs, Richard. The awakening of geopolitical Europe?, Carnegie Europe, 28 jul. 2022. Disponível em: <https://carnegieeurope.eu/2022/07/28/awakening-of-geopolit-ical-europe-pub-87580>.

21 President Macron gives speech on new initiative for Europe, 26 set. 2017. Disponível em: <https://www.elysee.fr/emmanuel-macron/2017/09/26/president-macron-gives-speech-on-new-initiative-for-europe.en>.

um resultado da pandemia, o orçamento dobrou. O plano de recuperação da Covid-19 acordado em julho de 2020 foi financiado, pela primeira vez, pela dívida pública europeia de 750 bilhões de euros levantada no mercado de ações e calçada pelo orçamento da UE, distribuído por meio de uma mescla de concessões e empréstimos.

Macron buscou inspiração na tradição gaullista, embora de forma inconsistente. Já durante sua campanha presidencial de 2017, declarou seu compromisso com a abordagem "gaullo-mitterrandista" à política externa, um termo cunhado por Védrine. Partindo de perspectivas políticas bem distintas (uma neoliberal e outra socialista), os dois concordaram que a política externa deveria se basear em três valores irredutíveis: soberania, independência e autonomia estratégica. Védrine condenou a maneira que o presidente Nicolas Sarkozy e o primeiro-ministro Lionel Jospin perseguiram o que ele chamou de uma política externa "neoconservadora", baseada em um alinhamento com a política dos EUA, o que levou à desastrosa intervenção da Otan na Líbia em 2011. Logo depois de assumir a presidência, Macron declarou: "Colocarei um fim no neoconservadorismo que tem sido importado à França nos últimos dez anos".[22] Em 2019, Macron defendeu que a Rússia fosse convidada à reunião do G7 na França, o que foi vetado pelo Canadá e pelo Reino Unido. Em seu histórico discurso para os embaixadores em agosto daquele ano, argumentou que o corolário da crescente divisão do Atlântico foi a reaproximação com a Rússia. O francês declarou que: "O continente europeu nunca será estável, nunca será seguro, se não aliviarmos e esclarecermos nossas relações com a Rússia".[23] Em 2020, apoiou a reintegração dos direitos totais de voto da Rússia no Conselho da Europa, suspendido após a anexação da Crimeia, e nomeou Védrine para representar a França na comissão criada para considerar o futuro da Otan. Assim como de Gaulle, Macron acredita que os EUA possuem poder excessivo para seu próprio bem e argumenta que um sistema mais plural, com forças contrapostas, seria benéfico para as relações internacionais – e provavelmente para os EUA também. É por isso que argumentou que "se nós [Europa] queremos ser vistos e respeitados pela China como um parceiro igualitário, precisamos nos organizar".[24] Seguiram-se renovados os pedidos de reforma na ONU.

Macron se apresenta como o arquiteto de uma Europa futura, mas seu apelo a uma tradição gaullista pancontinental se mostrou incompatível com

22 Zaretsky, Robert. Macron is going full De Gaulle, *Foreign Policy*, 11 fev. 2019. Disponível em: <https://foreignpolicy.com/2019/02/11/macron-is-going-full-de-gaulle/>.

23 Macron, Emmanuel. Ambassadors Conference – Speech by M. Emmanuel Macron, President of the Republic, Paris, 27 ago. 2019. Disponível em: <https://lv.ambafrance.org/Ambassadors-conference-Speech-by-M-Emmanuel-Macron-President-of-the-Republic>. Vídeo do discurso disponível no YouTube.

24 Wintour, "Anything goes": first Syria, then Covid-19. Is global cooperation dead?, *Guardian*, p.30.

seu comprometimento de aprofundar a integração. Em sua última iniciativa, foi incapaz de convencer a Alemanha de suas ideias, sobretudo, de aprofundar a integração da zona do euro. Por fim, o próximo passo lógico para a integração europeia seria resolver o problema fundamental de um sistema financeiro comum que desviaria excedentes dos Estados credores da região Norte para Estados devedores no Sul, um fosso que havia se ampliado pelas falhas na criação da zona do euro como uma união monetária sem uma política fiscal comum. Isso poderia muito bem envolver um planejamento econômico pan-europeu e com políticas redistributivas. O fundo de recuperação da Covid deu alguns passos nessa direção, mas a política externa e a de defesa ainda careciam de autonomia. Em uma notória intervenção em *The Economist*, de novembro de 2019, Macron declarou: "O que estamos vivendo atualmente é a morte cerebral da Otan". A Europa, argumentou, não pode mais depender dos EUA para defender os aliados da Otan e precisa começar a se pensar, estrategicamente, como uma potência geopolítica, caso contrário não "terá mais o controle do [seu] destino".[25]

Biden prometeu restaurar a Otan, mas Macron avançou mais em direção a uma espécie de pós-atlantismo gaullista. Em seu discurso de fevereiro de 2021 na Conferência de Segurança de Munique, esboçou uma nova "arquitetura de segurança" transatlântica para o século XXI. Imaginou uma comunidade de defesa de toda Europa com armas e recursos adequados para agir de forma independente. A Europa tinha suas próprias questões de segurança e não deveria depender sempre da participação dos EUA ou da permissão para ação militar nas suas fronteiras: "Precisamos de mais Europa para lidar com nossa vizinhança. Acredito que seja a hora de nós assumirmos mais os encargos para nossa própria proteção".[26] Às vésperas da cúpula da Otan em junho, Macron argumentou que não se poderia esperar que a União Europeia se igualasse aos EUA em sua crescente rivalidade com a China, colocando com isso objeção à tentativa de Biden de reunir apoio de uma liga de democracias para travar o conflito. Condenou o "retorno à [lógica da] Guerra Fria", insistindo que a "Europa não é simplesmente um objeto ou um território para a distribuição de influências. Somos sujeitos da geopolítica internacional e precisamos nos afirmar como tal".[27] Para isso, em maio de 2022, defendeu uma "Comunidade Política Europeia" (EPC), uma estrutura

---

25 Emmanuel Macron warns Europe: NATO is becoming brain dead, *The Economist*, 7 nov. 2019. Disponível em: <https://www.economist.com/europe/2019/11/07/emmanuel-macron-warns-europe-nato-is-becoming-brain-dead>.

26 Baron, Kevin. Biden wants to restore NATO, Macron is looking to move on, *Defence One*, 19 fev. 2021. Disponível em: <https://www.defenseone.com/ideas/2021/02/biden-wants-restore-nato-macron-looking-move/172189/>.

27 Vock, Ido. Why tensions Remain between Joe Biden and Emmanuel Macron, *New Statesman*, 12 jun. 2021. Disponível em: <https://www.newstatesman.com/world/g7/2021/06/why-tensions-remain-between-joe-biden-and-emmanuel-macron-despite-their-warm-body>.

para incentivar a cooperação entre a UE e seus vizinhos.[28] A primeira reunião da EPC aconteceu em 6 de outubro de 2022 em Praga e reuniu os líderes dos Estados europeu, menos a Bielorrússia e a Rússia.

A EPC era um corpo bastante diferente daquele imaginado por Mitterrand quando em dezembro de 1989 defendeu uma "confederação europeia" englobando a Rússia, proporcionando uma alternativa de ampliação da UE, uma ideia que os membros aspirantes da UE rejeitaram à época e depois agora. Mitterrand considerava a unificação alemã uma ameaça à liderança francesa, e a preeminência desta de fato foi dividida com a Alemanha unificada. Houve uma divisão aproximada de responsabilidades com a Alemanha mais focada em questões econômicas e a França em segurança e diplomacia. Em 2009, Sarkozy levou a França de volta ao comando militar integrado da Otan, mas ao mesmo tempo pressionou por uma defesa mais forte da identidade europeia. Isso não significou desistir da indústria nacional de armas (os caças Rafale, os tanques Leclerc, os porta-aviões e fragatas), e a França permaneceu como um dos principais exportadores de armas. A saída do Reino Unido da UE em 2020 restabeleceu a primazia do eixo Berlim-Paris, com os dois Estados continentais compreendendo mais de um terço da população da UE. O acordo de cooperação comercial entre Reino Unido e União Europeia, de 30 de dezembro de 2020, não abrangia política externa e de segurança, assim Londres forjou laços bilaterais ao mesmo tempo que enfatizou a importância da Otan. Vários planos foram desenvolvidos para coordenar a política externa. A estrutura "E3", que reunia França, Alemanha e Reino Unido, discutiu questões como a Síria e o Mar da China Meridional, e sobre essa base os franceses propuseram a criação de um Conselho de Segurança Europeu. A ideia era controversa, agindo fora das estruturas da UE e excluindo outros Estados.[29]

Depois do Brexit, o Reino Unido continuou a buscar por um papel pós-imperial, mas sua ênfase no aspecto militar da Europa como uma potência só exacerbou o problema de criar uma ordem de paz continental. A ideia de uma "Grã-Bretanha global" era vaga, e só confirmava o padrão pelo qual a retórica mascarava um fracasso estratégico mais profundo em definir um papel substantivo e voltado para o futuro do país.[30] A identidade britânica

28 Para uma análise, ver Emerson, Michael. Will the European Political Community Actually Be Useful?, CEPS Explainer, 2022-03. Disponível em: <https://www.ceps.eu/ceps-publications/will-the-european-political-community-actually-be-useful/>.

29 Scazzieri, Luigi. Foreign policy cooperation: Brexit's missing link, CER, 1 fev. 2021. Disponível em: <https://www.cer.eu/publications/archive/bulletin-article/2021/foreign-policy-co-operation-brexits-missing-link>.

30 Já em meados dos anos 1990, Brzezinski argumentava, de maneira nada sentimental, que a "Grã-Bretanha não é um ator geoestratégico. Tem poucas opções importantes. Não nutre uma visão ambiciosa do futuro da Europa e seu declínio relativo também reduziu sua capacidade de desempenhar o papel tradicional de fiel da balança europeu" (*Grand Chessboard*, p.42).

estava coberta de ideias atlânticas de segurança europeia e Londres procurava maneiras de demonstrar que ainda era relevante, sobretudo ao recriar um tipo de "angloesfera".[31] O Reino Unido sempre foi uma das potências mais "soberanistas" na UE, e sua saída removeu uma barreira para uma integração continental mais ampla, embora ela tenha ocorrido quando não havia tal desejo. Washington sempre foi ambivalente sobre se queria que a Europa fosse um parceiro genuíno nos assuntos globais ou se preferia uma aliança desigual, e essa incerteza impregnou a política britânica. Na guerra da Ucrânia, o Reino Unido restaurou elementos de liderança à frente das potências europeias antirrussas, mas não contribuiu em nada para uma solução diplomática.

Poder na prática

É inquestionável que a Europa emergiu como uma potência. Apesar das contradições internas, o euro fez da UE uma potência monetária já que se tornou a segunda moeda de reserva do mundo e um meio de acordos internacionais. A Europa era há muito tempo uma potência comercial, com um mercado regulado e um corpo legal (política de concorrência, proteção de dados e muito mais). Acordos comerciais abrangentes com a Coreia do Sul, Canadá e Japão expandiram a influência da UE, ao mesmo tempo que sua assistência oficial ao desenvolvimento na África e em outros locais estabeleceu padrões globais. A UE também assume a liderança em questões ambientais, visando a neutralidade do carbono em 2050. Seus valores e padrões proporcionam uma fundação normativa para o exercício do poder. A UE conduziu mais de 30 missões dentro da estrutura da Política Comum de Segurança e Defesa (CSDP), embora a maior parte delas fosse pequena e envolvida na manutenção da paz. A Agência de Defesa Europeia foi criada em 2004 para facilitar a integração dentro do marco da CSDP. Desde 2018, esse trabalho tem sido reforçado pelo marco da Cooperação Estruturada Permanente (Pesco). Contudo em questões diplomáticas e de segurança, a UE é parte do sistema de poder atlântico, com 21 dos seus 27 membros sendo da Otan (as exceções são Áustria, Chipre, Irlanda, Malta, Finlândia e Suécia; embora como resultado da guerra de 2022, a Finlândia tenha aderido e a Suécia tenha solicitado ingresso). Tudo está de fato sob o guarda-chuva da garantia de segurança estadunidense e, portanto, é parte da hegemonia dos EUA. Isso não quer dizer que os europeus não enfrentam as políticas estadunidenses. A UE rejeitou categoricamente a anulação de Trump da

31 Refletido em *Global Britain in a Competitive Age: The Integrated Review of Security, Defence, Development and Foreign Policy*, HM Government, mar. 2021.

JCPOA (o acordo nuclear) com o Irã, insistiu por uma política mais equilibrada na Palestina e com Israel, e em geral se opôs ao unilateralismo dos EUA. Os laços atlânticos se fortaleceram como resultado da guerra da Ucrânia, com a Comissão Europeia não menos ativa do que Washington em criar sanções punitivas contra a Rússia. Uma UE mais disciplinada e militarizada está no horizonte, e, em condições de uma nova Guerra Fria, estaria ainda mais subordinada às prioridades estratégicas dos EUA.[32]

No que toca à China, a UE e Beijing criaram juntos um mecanismo de disputa alternativo quando Washington bloqueou o sistema da OMC.[33] Em março de 2019, a *Perspectiva estratégica China-UE* declarou que o país asiático seria visto simultaneamente como um parceiro de cooperação, um concorrente econômico e um "rival sistêmico", embora perseguindo uma abordagem flexível e pragmática baseada nos interesses e valores da UE.[34] Esta se recusou a conceder à China o *status* de economia de mercado enquanto endurecia o controle dos investimentos estratégicos chineses sobre os ativos industriais europeus. À época, a China já era há algum tempo o maior exportador do mercado alemão e outros países saudaram o investimento asiático em tecnologia e infraestrutura. Em dezembro de 2020, a UE e a China revelaram o seu aguardado Acordo Abrangente de Investimento (CAI), sete anos de preparação, abrindo novas e importantes oportunidades corporativas. Ele foi elogiado por aumentar o acesso ao mercado, a concorrência justa e o desenvolvimento sustentável, embora tenha como pano de fundo a crescente preocupação com as implicações de segurança do investimento chinês na Europa. Apenas dois dias depois, Biden deixou evidente sua abordagem: "À medida que concorremos com a China e responsabilizamos o governo chinês por seus abusos no comércio, na tecnologia, nos direitos humanos e em outras frentes, nossa posição será muito mais forte quando construirmos coalizões com parceiros e aliados com a mesma opinião que a nossa".[35] Em maio de 2021, o Parlamento Europeu congelou o processo de ratificação, exigindo a suspensão das sanções contra seus membros. Beijing reagiu exageradamente quando impôs sanções no MEPs, *think tanks* e acadêmicos em resposta às medidas restritivas da UE contra dois indivíduos e uma organização responsabilizadas por violação de direitos humanos em Xinjiang.

---

32 Um argumento desenvolvido por Heikki Patomäki em sua apresentação: Brexit and Disintegrative Tendencies Affecting the EU, at the EuroMemo Conference, London, 2-3 set. 2022.

33 Balfour, Rosa; Bomassi, Lizza. EU and China seal a deal behind Biden's back, Chatham House, 5 fev. 2021. Disponível em: <https://www.chathamhouse.org/publications/the-world-today/2021-02/eu-and-china-seal-deal-behind-bidens-back>.

34 European Commission, *EU-China: A Strategic Outlook*, 12 mar. 2019, p.1. Disponível em: <https://ec.europa.eu/info/publications/eu-china-strategic-outlook-commission-contribution-european-council-21-22-march-2019_en>.

35 Cloughley, Brian. Biden, China and Russia, *Strategic Culture*, 5 jan. 2021. Disponível em: <https://www.strategic-culture.org/news/2021/01/05/biden-china-and-russia/>.

Medidas administrativas foram aplicadas para tirar a Huawei de sua posição de destaque no mercado de telecomunicações europeu conforme a UE procurava atingir "soberania digital". Bruxelas foi impiedosa em sua crítica às práticas chinesas de direitos humanos em Hong Kong e em Xinjiang.

Ao mesmo tempo que as relações políticas se deterioravam, em fevereiro de 2021 a China superou os EUA como principal parceiro comercial da UE. A Europa se tornou um campo de batalha enquanto os Estados Unidos procuravam reforçar a determinação europeia como aliada. Apesar das primeiras tentativas de permanecer neutra e moderar o conflito, a UE gradualmente se aproximou da posição dos EUA, condenando a China não apenas pelo que havia feito, mas também pelo que era. A Europa contribui muito para o conflito. Sua força econômica, tecnológica e financeira permite que poder econômico se converta em vantagem política de distintas formas, incluindo a negociação em operações comerciais. Isso também é exercido mais diretamente, com a UE sendo superada apenas pelos EUA na aplicação de sanções, somando, em 2020, 110 (12,9%) de 850 casos, comparado com os 449 (52%) dos EUA. A ONU é a única fonte legítima de restrições internacionais, mas ambos, EUA e UE, e em um grau menor Rússia e China, exercem regimes de sanção por conta própria. Isso inclui sanções de bloqueio (congelamento de ativos), restrições de visto a indivíduos e restrições setoriais.[36]

O poder militar permanece uma competência nacional e, no geral, é terceirizado para a Otan. Como resultado da guerra da Rússia na Ucrânia, a Suécia e a Finlândia abandonaram seu *status* de neutralidade. A própria Otan foi ressuscitada como um corpo militar destacado na Europa. Não obstante, a UE continuou a desenvolver suas opções. O acordo de Saint-Malo entre a França e o Reino Unido em 1998 defendia o desenvolvimento de capacidades de defesa autônomas por parte da UE, mas a criação da União de Defesa Europeia demorou. Desde 2007, a UE tem "grupos de batalha" composto por tropas de diferentes Estados membros, mas eles nunca foram usados devido à falta de acordo com relação à sua mobilização. A maior parte das três dúzias de operações da UE conduzidas dentro do arcabouço da CSDP se concentrou em fornecer treinamento militar, prevenção de conflito e estabilização pós-conflito muito mais que as operações de combate.[37] A Política Externa e de Segurança Comum (CFSP) permite à UE funcionar como um ator independente e coerente em certas questões, embora

36 Timofeev, Ivan. The EU as a significant initiator of sanctions, Valdai Discussion Club, 15 fev. 2021. Disponível em: <https://valdaiclub.com/a/highlights/the-eu-as-a-significant-initiator-of-sanctions/>.

37 Scazzieri, Luigi. Could EU-endorsed "coalitions of the willing" strengthen EU Security Policy?, CER, 9 fev. 2022. Disponível em: <https://www.cer.eu/insights/could-eu-endorsed-coalitions-willing>.

o Tratado de Maastricht consagrasse o princípio da unanimidade. Há uma pressão crescente para que as decisões no Conselho europeu sobre questões da CFSP sejam tomadas por voto de maioria qualificada (QMV), possivelmente complementadas por um mecanismo de abstenção construtivo.

Essa foi uma das questões debatidas à medida que a UE elaborava sua nova estratégia de segurança. No fim, o *Compasso estratégico* de março de 2022 trouxe poucas melhorias à segurança coletiva da União. O documento não tentou delinear uma visão ampla, diferente da *Estratégia global* de 2016, e ao contrário notou que a UE está "cercada de instabilidades e conflitos". A Rússia foi amplamente condenada por "violar excessivamente o Direito internacional e os princípios da Carta da ONU e minar a segurança e estabilidade europeia e global", ao passo que a China foi caracterizada, novamente, como "um parceiro para cooperação, um concorrente econômico e um rival sistêmico". O documento delineou um conjunto de passos práticos para fortalecer a política de segurança e defesa da UE até 2030. Quatro áreas-chave foram tratadas: melhoria na capacidade militar; fortalecimento de operações militares e civis; promoção de resiliência; e fortalecimento de parcerias.[38]

O surgimento da Europa "como uma potência" está intrinsecamente conectado a suas relações com os EUA. A questão da retirada estratégica dos EUA da Europa está em jogo desde 1945. A rápida redução de forças estadunidenses foi parcialmente revertida quando o Tratado de Washington que criou a Otan foi assinado em 1949. À época da Guerra Fria, os EUA mobilizaram mais de meio milhão de tropas, mas essa quantidade diminuiu acentuadamente depois de 1989. As mobilizações no início de 2022 voltaram a subir para 67 mil, 36 mil das quais estavam na Alemanha, e em 2023 alcançaram 100 mil. Sob Obama, os EUA priorizaram a Ásia, mas a crise da Ucrânia fez que as forças estadunidenses retomassem, mais uma vez, a postura da Guerra Fria. Depois do Brexit, o cálculo dentro da Europa também mudou e a "soberania" nacional não era mais automaticamente associada à autonomia na UE. No continente, a crença de que o poder nacional pode ser aprimorado por meio da cooperação europeia foi revitalizada.

Grandes barreiras permanecem no caminho da Europa para se tornar uma potência. Estas incluem um alcance relativo limitado de competências da UE, com a maior parte da legislação civil, administrativa, comercial e criminal permanecendo com caráter nacional. Também há uma persistente divisão entre Norte e Sul. A Nova Liga Hanseática – formada em 2018 e englobando a Dinamarca, Finlândia, Suécia, Estônia, Letônia, Lituânia, Países Baixos e Irlanda – é relutante em assumir os encargos financeiros da

38 *Strategic Compass for Security and Defence*, adotado pelo Conselho da União Europeia, 21 mar. 2022. Disponível em: <https://eeas.europa.eu/doc/document/ST-7371-2022-INIT/en/pdf>.

solidariedade com os países do Sul. Não obstante, se a autonomia estratégica significa algo, precisa de uma coordenação maior. Desde 2016, a UE alocou fundos para aprimorar as capacidades de pesquisa conjunta e trabalho de desenvolvimento, um Fundo de Defesa Europeu foi criado com 7 bilhões de euros para o período de 2021-27, e as operações da CSDP forneceram uma capacidade militar limitada, sustentada por contribuições nacionais quando exigido (como no Mali e na região do Sahel como um todo). No entanto, contanto que a segurança coletiva permaneça responsabilidade da Otan, haverá uma relutância natural para destinar maiores recursos para a defesa. O cálculo mudou como resultado da guerra russo-ucraniana e, enquanto os EUA estiverem dispostos a arcar com o ônus da defesa europeia, há pouco incentivo para romper as ligações transatlânticas.

Da *Ostpolitik* para o atlantismo consolidado

A Alemanha é a potência preeminente na União Europeia e foi forçada a se tornar uma "hegemonia relutante". O país assumiu a liderança por meio das instituições da UE ao administrar várias crises, desde o destino da zona do euro até a crise financeira do Chipre de 2012-13, a dívida grega e os refugiados, mas manteve o mínimo de envolvimento militar. O país tradicionalmente tem agido como um interlocutor privilegiado da Rússia com o Ocidente, levando a crer que uma espécie de eixo Moscou-Berlim poderia moldar a política. Moscou nunca perdeu completamente a esperança de que a Alemanha voltaria "ao papel de equilibrador *Mitteleuropäische* [Europa Central] do Oriente e do Ocidente", essa tradição remonta à unificação do país em 1870 e está associada particularmente a Bismarck.[39] Na verdade, a parceria é ainda mais antiga, com o Tratado de Kalisz em 1813 na aliança da Rússia e da Prússia contra Napoleão. Na guerra da Crimeia (1853-56), a Prússia era a única grande potência não alinhada contra a Rússia. Por sua vez, Moscou benevolentemente ficou de lado à medida que Bismarck perseguia as guerras de reunificação alemã e se aliou ao recém-criado império. A não renovação do tratado em 1890 colocou os dois países no caminho da destruição. A Rússia se aliou à França, enquanto a Alemanha se prendeu ao decadente Império Austro-Húngaro.

Na era moderna, a *Ostpolitik* foi forjada em início dos anos 1960 pelo antigo chanceler do Partido Social-Democrata Alemão (SPD) Willy Brandt e seu conselheiro imediato Egon Bahr, com a proposta de "vincular" (*Einbindung*) a União Soviética, e depois a Rússia, em instituições e processos

---

39 Rynning, The false promise of continental concert: Russia, the West and the necessary balance of power, *International Affairs*, 91/3, p.545.

europeus. A mudança na política interna e externa poderia ser alcançada por relações cada vez mais próximas (*Wandel durch Annäherung*) e pela "transformação por meio do comércio" e trocas econômicas (*Wandel durch Handel*). A ideia era criar uma rede de transnacionais de povos e instituições interligadas (*Verflechtung*). Segundo o antigo chanceler alemão Helmut Schmidt, "aqueles que realizam comércio entre si não devem se atacar". Essa é uma versão divulgada por Thomas Friedman da "teoria dos arcos de ouro da prevenção de conflito", a ideia de que nunca dois países com franquias do McDonald's guerrearam entre si.[40] Aquilo que pode ter funcionado anteriormente não se aplica aos dias de hoje. Críticos argumentam que o comércio apenas ajudou a consolidar a Rússia como uma "cleptocracia autoritária envolta em uma ideologia neoimperialista".[41]

A boa vontade gerada pelo papel positivo de Moscou em facilitar uma unificação pacífica alemã não se dissipou completamente, reforçada por sentimentos persistentes de culpa de guerra devido às atrocidades cometidas pelas forças alemãs na frente oriental. Há uma opinião mais ampla de que a paz e a estabilidade no continente dependem de vínculos amigáveis entre Moscou e Berlim, embora outras potências vejam tais relações amistosas com desconfiança.[42] Grandes negócios mantiveram seu compromisso ao mercado russo, mas a economia alemã como um todo se reorientou aos novos mercados da Europa Oriental e se alinhou com alguns dos sentimentos anti-Rússia da região. Para a chanceler alemã Angela Merkel (2005-21), que ocupou o cargo por um longo período, a solidariedade da UE assumiu prioridade sobre questões mais amplas da segurança pancontinental. Merkel se tornou a fiscal das sanções contra a Rússia depois de 2014, garantindo sua renovação a cada seis meses até o fim do seu mandato. Insistiu que a Rússia deveria cumprir o acordo Minsk-2, que defendia um *status* especial para as repúblicas separatistas de Donbass e o retorno do controle sobre as fronteiras estatais com a Ucrânia, ao mesmo tempo que não conseguia pressionar Kiev para cumprir seu lado da negociação.[43] Depois, admitiu que seu apoio ao Minsk-2 foi um truque para dar tempo a Ucrânia construir suas forças armadas.[44] Para a nova geração de políticos, principalmente os ver-

---

40 Friedman, *The Lexus and the Olive Tree: Understanding Globalization*.

41 Müller, Jan-Werner. Germany Inc, *London Review of Books*, p.19.

42 Artin DerSimonian apresenta o contexto histórico em: Europe needs a stable Russian-German relationship, *National Interest*, 12 set. 2022. Disponível em: <https://nationalinterest.org/feature/europe-needs-stable-russian-german-relationship-204696>.

43 Um ponto levantado por Sergei Lavrov, entrevista para a mídia russa e estrangeira, 12 nov. 2020. Disponível em: <https://www.mid.ru/en/en/press_service/minister_speeches/-/asset_publisher/7OvQR5KJWVmR/content/id/4429844>.

44 Hildebrandt, Tina; Lorenzo, Giovanni di. Angela Merkel: "Hatten Sie gedacht, ich komme mit Pferdeschwanz?", *Zeit Online*, 7 dez. 2022. Disponível em: <https://www.zeit.de/2022/51/angela-merkel-russland-fluechtlingskrise-bundeskanzler>.

des [Grüne] e os democratas livres [FDP] que integram a coalizão de Olaf Scholz [SPD] depois do fim da era Merkel em 2021, os sentimentos da *Ostpolitik* eram retrógrados. Para eles, não havia espaço para uma ordem de paz fora da estrutura do Atlântico. As relações comerciais e econômicas eram importantes para ambos os parceiros, mas foram rompidas em 2022 com uma facilidade surpreendente.

A Alemanha moderna é filha do Ocidente político e as relações com as instituições do Atlântico assumiram prioridade sobre aquelas com Moscou. Desde a época de Konrad Adenauer, o primeiro chanceler pós-guerra do país, a *Westbindung* ("vinculação ao Ocidente") está no centro da política do Ocidente alemão, focada em manter os EUA na Europa e resistindo a tentações gaullistas em encontrar algum ponto médio entre Washington e Moscou. A opinião de Bahr de "mudança por meio da reaproximação" e a ainda mais longa tradição de grande potência de Bismarck, que via as relações amistosas com Moscou como um prenúncio da paz na Europa, foram marginalizadas. Como colocou a ministra da Defesa Annegret Kramp-Karrenbauer em outubro de 2020, a *Westbindung*

> nos posiciona contra uma fixação romântica com relação à Rússia – e também contra um Estado corporativo e não liberal que rejeita partidos e parlamentos [China] [...]. Somente os EUA e a Europa juntos podem manter o Ocidente forte, se defendendo contra a inequívoca sede russa por poder e as ambições chinesas por supremacia global.[45]

A unidade de bloco tinha de ser mantida a qualquer custo, e isso implicava a supressão de intromissões desviantes. As ideias russas eram vistas basicamente como tentativas de dividir a Europa e os EUA. Embora a Alemanha (e a França) dispusessem de certa margem para suas próprias políticas, estavam limitadas pelos laços de solidariedade da UE com a Otan. As iniciativas diplomáticas europeias careciam de tração, logo, as louváveis tentativas de impedir a guerra russo-ucraniana se mostraram fúteis. O resultado na Rússia foi uma crescente alienação da Europa em meio a condenações de sua notada hipocrisia (dois pesos, duas medidas).

Vozes significativas da Alemanha procuraram manter a política de reaproximação. O partido de esquerda, Die Linke, e o de direita, Aliança para Alemanha (AfD), defenderam a normalização das relações. Havia uma base social sólida para tal política. O discurso de identidade na Rússia está dividido entre "alteridade negativa e a narrativa *Ostpolitik*, que define a Rússia como um parceiro". A primeira crise da Ucrânia não destruiu a narrativa

---

45 Kramp-Karrenbauer, Annegret. Discurso do ministro da Defesa, 23 out. 2020. Disponível em: <https://nato.diplo.de/blob/2409698/75266e6a100b6e35895f431c3ae66c6d/20201023-rede-akk-medienpreis-data.pdf>.

Ostpolitik, "que está pronta para reaparecer tão logo as condições estruturais mudem".[46] Várias pesquisas revelam um apoio subjacente às boas relações entre Rússia e Alemanha. A visão comum nos círculos industriais alemães era de que "as sanções estadunidenses não são mais apenas sobre exercer pressão política, mas também sobre aprofundar seus próprios interesses econômicos". Isso se aplica em especial às tentativas dos EUA de moldar as relações energéticas europeias. Há muito tempo Washington tem sido hostil à importação de energia da Rússia por parte da Europa, e a "ponte de gás", como Thane Gustafson argumenta, foi de fato utilizada pela liderança soviética sob Brejnev para financiar a corrida armamentista contra o Ocidente e a guerra no Afeganistão.[47] A União Soviética desapareceu há bastante tempo, mas a hostilidade ainda permanece. Conforme gasodutos alternativos foram construídos, a dependência em relação à Ucrânia como um país de passagem ficou menor. A duradoura hostilidade entre os projetos energéticos russo e do Ocidente europeu foi acompanhada por planos para aumentar as exportações do GNL dos EUA para a Europa. Antes da guerra o GNL era basicamente pelo menos 50% mais caro que o gás de gasoduto, então, em termos puramente de mercado tinha pouca chance de substituir as reservas russas, mas sua participação no mercado estava crescendo. A pressão dos EUA para impedir a construção do gasoduto Nord Stream 2 reforçou as percepções da subordinação estratégica da Europa não apenas militarmente, mas também aos seus interesses comerciais.[48] Movimentações para interromper o Nord Stream 2 se intensificaram após o envenenamento de Navalny em agosto de 2020 e sua subsequente hospitalização em Berlim.

À medida que o confronto armado na fronteira da Ucrânia se intensificou a partir de fins de 2021, a dependência europeia do gás russo se tornou politicamente insustentável. A Rússia foi acusada de reduzir deliberadamente o fluxo de gás como uma alavanca de influência, em meio a um enorme pico nos preços da energia provocado por uma perfeita tempestade de fatores: rápida recuperação econômica depois da pandemia, baixa velocidade dos ventos no verão de 2021, baixo nível de água afetando a geração de energia nuclear, aumento da demanda asiática (sobretudo a China) à medida que as economias se recuperavam, o fechamento de algumas instalações de produção de gás europeias (incluindo o supergigante campo de Groningen) e baixo armazenamento. Em geral, o gás de gasoduto é muito mais barato do que quando vendido nos mercados à vista, mas cria uma dependência mútua, e era algo que a política da UE procurava reduzir – motivada pelas

---

46 Siddi, An evolving other: German national identity and constructions of Russia, *Politics*, 38/1, p.38.

47 Gustafson, *The Bridge: Natural Gas in a Redivided Europe*.

48 Rimbert, Pierre. How to sabotage a pipeline, *Le Monde Diplomatique*, maio 2021. Disponível em: <https://mondediplo.com/2021/05/09pipelines>.

preocupações de Washington de que a dependência de gás reduziu a vontade da Europa de enfrentar a Rússia. À época, o mercado de GNL havia se expandido rapidamente, enquanto os volumes de gás transportados por meio de gasodutos permaneceram relativamente constantes. Em 2020, pela primeira vez mais gás foi globalmente transportado em navios do que por meio de gasodutos.[49] Quando a Rússia invadiu a Ucrânia, fornecia 44% das reservas de gás europeus, mas em outubro já havia caído a 9% e chegaria a zero até o fim do ano. Com a sabotagem dos gasodutos Nord Stream em setembro de 2022, é pouco provável que a Rússia volte a ser a principal fornecedora energética da Europa Ocidental em curto prazo.

A hostilidade de Washington com relação ao comércio de gás com a Rússia alimentou uma persistente tendência antiestadunidense, tanto da esquerda quanto da direita, mas não foi suficiente para reorientar a Alemanha a um continentalismo mais articulado. A defesa de uma Europa maior por parte de Moscou foi vista não apenas como uma divisão entre a Alemanha e os EUA, mas como um ataque à transformação democrática do país.[50] Segundo o *White Paper on Security Policy* [Livro branco sobre política de segurança] alemão, "nossa identidade e o modo como vemos a segurança é influenciado pelas lições que aprendemos de nossa história. São parte de nossa identidade nacional e estão consagradas em nossa Constituição. Ao mesmo tempo, a identidade alemã está intrinsecamente conectada com a identidade europeia". Nessa base, a segurança era mais que a ausência de guerra e "nossa ambição também é melhorar as condições de coexistência humana de uma maneira sustentável e proteger e fortalecer normas internacionais de direitos humanos".[51] A publicação insistia que "a segurança europeia é indivisível" e criticava severamente a Rússia por

> colocar abertamente a ordem de paz europeia em questão com seu desejo de usar a força para promover seus interesses e redesenhar, unilateralmente, as fronteiras garantidas sob o Direito internacional, como havia feito na Crimeia e na Ucrânia oriental. Isso tem amplas implicações para a segurança na Europa e, portanto, para a segurança da Alemanha.[52]

---

49 Gross, Daniel. A (E)U-Turn from Nord Stream 2 towards a European Strategic Gas Reserve, CEPS Policy Brief, n.2022-02, jan. 2022, p.2. Disponível em: <https://sep.luiss.it/brief/2022/01/26/d-gros-eu-turn-nord-stream-2-towards-european-strategic-gas-reserve>.

50 Para um debate estimulante, ver Hawes, James. What Britain needs to understand about the profound and ancient divisions in Germany, *New Statesman*, 19 set. 2017. Disponível em: <https://www.newstatesman.com/world/europe/2017/09/what-britain-needs-understand-about-profound-and-ancient-divisions-germany>.

51 *White Paper on German Security Policy and the Future of the Bundeswehr.* Berlin, Federal Government, jul. 2016, p.22. Disponível em: <https://issat.dcaf.ch/download/111704/2027268/2016%20White%20Paper.pdf>.

52 *White Paper on German Security Policy*, p.31.

A afirmação de Moscou que havia agido de maneira defensiva foi peremptoriamente ignorada. Suas preocupações estratégicas podem ter sido exageradas, mas diplomacia não significa concordar com o ponto de vista do outro, mas aceitá-lo como legítimo (nesse caso, com o peso adicional devido às preocupações perenes de segurança da Rússia). Compromissos normativos excediam a diplomacia e o pragmatismo.

Comentadores russos estão errados quando sugerem que as potências europeias simplesmente sucumbiram às pressões de Washington. A Alemanha é um exemplo de um atlantismo europeu profundamente enraizado, e a maré há muito havia se voltado contra a manutenção de vínculos especiais com a Rússia. Merkel não nutria nenhum sentimento específico com relação ao lugar da Alemanha como mediador entre a Rússia e a Europa, e, de fato, sua formação moralista protestante a tornava uma crítica ferrenha do retrocesso democrático. Os dias em que Helmut Kohl e Gerhard Schroeder facilitaram o envolvimento da Rússia com instituições do Ocidente haviam terminado. O engajamento pragmático permaneceu, mas o pragmatismo geral da *Ostpolitik* cedeu espaço à *Moralpolitik*. Como Trenin observou, "tanto Angela Merkel quanto Joachim Gauck [o presidente alemão] vêm de um meio protestante da antiga RDA, na qual o moralismo tradicionalmente ocupava um lugar importante".[53] A Alemanha se afastou, aos poucos, do fantasma da guerra e da gratidão pelo papel desempenhado por Moscou na unificação alemã, mas a "normalização" era completamente atlantista. As relações com Moscou foram sacrificadas nesse altar.

A guerra entre Rússia e Ucrânia acabou com as aspirações da *Ostpolitik*. Nos dias após a invasão, o sucessor de Merkel, Olaf Scholz, não apenas suspendeu a certificação do processo do Nord Stream 2, mas também anunciou amplas sanções contra a Rússia, um aumento permanente no gasto de defesa alemão até atingir o limite de 2% da Otan (acima de 1,5%) até 2024, acompanhado de um aumento imediato de 100 bilhões de euros. O país forneceu armas ofensivas à Ucrânia, o reverso da política pós-guerra que baniu a exportação de equipamento militar para partes em conflito. Ele também prometeu extinguir os suprimentos energéticos russos. À época, a dependência da Alemanha com relação à Rússia era da ordem de 32% de seu gás natural, 34% de petróleo e 53% de carvão. Em seu discurso no parlamento alemão de 27 de fevereiro, Scholz argumentou que a "invasão russa da Ucrânia marca um ponto de inflexão. Ameaça toda nossa ordem pós-guerra".[54] Utilizou a palavra *Zeitenwende* para marcar a mudança de

53 Trenin, Dmitri. The end of consensus: what does Europe want from Russia?, Carnegie Moscow Center, 15 dez. 2014. Disponível em: <http://carnegiemoscow.org/eurasiaoutlook/?fa=57511>.

54 German Chancellor Olaf Scholz announces paradigm change in response to Ukraine invasion, 27 fev. 2022. Disponível em: <https://www.dw.com/en/german-chancellor-olaf-scholz-announces-paradigm-change-in-response-to-ukraine-invasion/a-60932652>.

época, uma ruptura histórica na passagem do tempo. Não foi tão explícito sobre qual seria a nova estratégia da política externa alemã, mesmo com o aumento da dimensão militar.

A guerra entre Rússia e Ucrânia redefiniu a ideia de "autonomia estratégica" europeia por uma geração. A Europa moldada pela paz fria acabou de forma brutal, e a nova Europa seria forjada pelas necessidades de uma nova Guerra Fria: aumento nos gastos militares, a perda de recursos energéticos baratos, um ambiente de segurança devastado, dependência de Washington para direção estratégica. A UE "construiria sua estratégia de segurança e defesa ao lado da Otan, e não separada da aliança".[55] Haveria cooperação intensificada de segurança entre a UE e a Otan e os aliados da Otan não membros da UE.[56] O ato supremo da Europa como uma potência foi se dobrar a outra potência.

55 Marinova, Iren. Europe's security and defence hour is here, and the longevity of the European Union depends on it, European Leadership Network, 31 mar. 2022. Disponível em: <https://www.europeanleadershipnetwork.org/commentary/europes-security-and-defence-hour-is-here-and-the-longevity-of-the-european-union-depends-on-it/>.

56 Scazzieri, Luigi. Russia's assault on Ukraine and European Security, CER, 30 mar. 2022, Disponível em: <https://www.cer.org.uk/publications/archive/bulletin-article/2022/russias-assault-ukraine-and-european-security>.

Parte III

GUERRA E POLÍTICA INTERNACIONAL

9
O MUNDO EM CHAMAS

Na era nuclear, as Guerras Frias são guerras que ninguém se atreve a lutar. Uma arquitetura estratégica sofisticada de controle de armas foi planejada durante a Primeira Guerra Fria, criando canais de comunicação e promovendo um pouco de confiança. É evidente que havia limitações, e uma das principais críticas do recomeço [*reset*] de Barack Obama com a Rússia foi que ela estava muito limitada ao controle de armas e não conseguia se ampliar em repensar a relação. Não obstante, o processo de controle de armas é um instrumento crucial de construção de confiança e permite aos países monitorar as atividades do rival. Até agora, a dissuasão tem mantido a paz nuclear, mas a teoria da probabilidade sugere que as chances estão diminuindo. É por isso que a Campanha Internacional para Abolir Armas Nucleares (Ican), lançada em 2007, procura cumprir promessas anteriores e pôr um fim definitivo à era nuclear. O Tratado de Proibição de Armas Nucleares (TPNW) apoiado pela ONU entrou em vigor em janeiro de 2021 e foi ratificado por 66 nações em setembro de 2022. O tratado proíbe as nações de desenvolver, testar, produzir, fabricar, transferir, possuir, estocar, usar ou ameaçar a utilização de armas nucleares, ou permitir que armas nucleares estejam estacionadas em seu território.

Na prática, a tendência é o oposto. Em seu discurso ao Prêmio Nobel da Paz de 5 de abril de 2009, Obama prometeu "colocar um fim no pensamento da Guerra Fria" e "reduzir o papel das armas nucleares na nossa estratégia de segurança nacional". Em vez disso, lançou dois anos depois a "modernização" extremamente cara do arsenal nuclear dos Estados Unidos, como preço pago pela ratificação do Novo Start. Em 1 de março de 2021, o arsenal nuclear russo compreendia 517 mísseis balísticos intercontinentais (ICBMs) instalados, mísseis balísticos lançados por submarino (SLBMs) e bombardeiros estratégicos totalizando 1.456 ogivas, os EUA, por sua vez, possuíam 651 lançadores com 1.357 ogivas.[1] À época, a China possuía 290 ogivas instaladas, mas rapidamente aumentou seu arsenal e, por fim, alcançou os EUA e a Rússia. A lógica da dissuasão permanece, e hoje os EUA consideram a Rússia um adversário nuclear e a China um rival em potencial.[2] O controle de armas é central para a segurança internacional, mas hoje toda a arquitetura está sendo desmantelada. Estamos voltando à situação da época da crise dos mísseis em Cuba em outubro de 1962.[3] A humanidade escapou por pouco nas diversas crises da Primeira Guerra Fria, mas pode não ter a mesma sorte na segunda vez.

100 segundos para a meia-noite

Em 1991, o *Boletim dos cientistas atômicos* ajustou o Relógio do Apocalipse para 17 minutos para a meia-noite. O relógio tem monitorado o perigo nuclear desde 1948 e, com a paz no horizonte, aquele foi considerado o período mais seguro desde o início da Guerra Fria. A paz não seria duradoura, e em 2018 o relógio foi acertado para dois minutos, o mais próximo que já chegou do apocalipse.[4] No entanto, isso não foi suficiente e, em 2020, o relógio foi reajustado para os assustadores 100 segundos para a meia-noite, sendo reduzido para 90 segundos no início de 2023.[5] A guerra entre a Rússia e a Ucrânia se tornou uma prolongada guerra de exaustão acompanhada de ameaças nucleares.

O conflito da Ucrânia se converteu em uma crise dos mísseis cubanos em câmera lenta. O confronto de outubro de 1962 foi um alerta salutar, demonstrando "como as grandes potências podem errar bastante nos cálculos quando as tensões estão altas e os riscos são grandes".[6] O mundo chegou à beira do conflito nuclear, e apenas a gestão hábil do governo Kennedy e uma boa dose de sorte evitaram o Armagedon. A União Soviética retirou seus mísseis da ilha em troca de uma promessa de Washington de

1 Russian Foreign Ministry Releases Data on Russia, US Weapons under New Start Deal, *Sputnik*, 24 maio 2021.

2 O contexto e a dinâmica são explorados por Paul Rogers, *Losing Control: Global Security in the Twenty-First Century*.

3 Para uma análise criteriosa e informativa, ver: Braithwaite, *Armageddon and Paranoia: The Nuclear Confrontation*.

4 It is now 2 minutes to midnight, *Bulletin of the Atomic Scientists*, 2018. Disponível em: <https://thebulletin.org/sites/default/files/2018%20Doomsday%20Clock%20Statement.pdf>.

5 A Time of Unprecedented Danger: It Is 90 Seconds to Midnight, 24 jan. 2023. Disponível em: <https://thebulletin.org/doomsday-clock/current-time/>.

6 Gaddis, *Cold War*, p.75.

não invasão e a retirada seus mísseis Júpiter da Turquia.[7] Além disso, uma linha direta foi instalada entre Moscou e Washington e os dois lados informalmente aceitaram o reconhecimento por satélite. Um Tratado Parcial de Proibição de Testes foi assinado em 1963 vetando testes atmosféricos e, em 1968, o Tratado de Não Proliferação (NPT) comprometeu os Estados nucleares a não ajudar outras nações a adquirir armas nucleares. Apesar do compromisso dos 190 signatários, desde que o tratado entrou em vigor em 1970, mais quatro países se tornaram potências nucleares (Israel, Índia, Paquistão e Coreia do Norte). As negociações sobre a limitação de armas estratégicas (SALT) começaram em 1969 e produziram um Acordo Provisório em 1972 que pela primeira vez restringiu a quantidade permitida de mísseis balístico com base terrestre e marítima. No mesmo ano o ABM proibiu as principais defesas contra mísseis de longa distância. As regras que regiam a dissuasão e a destruição mutuamente garantida estavam colocadas. Das nove atuais potências nucleares, apenas duas (Índia e China) estão formalmente comprometidas em não utilizar armas nucleares primeiro.

O acordo SALT I de 1972 permitiu um aumento em cinco vezes de ogivas nucleares soviéticas e estadunidenses, embora um limite tenha sido colocado no sistema de envio. Quando o tratado SALT II foi assinado em Viena em junho de 1979, permitindo um aumento nos sistemas nucleares estratégicos a aproximadamente 12 mil ogivas, todo o processo de controle de armas estava sujeito ao aumento da crítica congressual com base no fato de que não conseguiu aumentar a segurança e supostamente deu à URSS vantagens sem garantias.[8] O SALT II não foi ratificado, ao contrário o START foi lançado por Reagan, culminando no START I em 1991 e no START II em 1993, reduzindo em muito as ogivas nucleares estratégicas. Quando a União Soviética se desintegrou em 1991, possuía a surpreendente quantidade de 45 mil armas nucleares.[9] Em um ato de incompetência estratégica típica da liderança gerontocrática, dominada por um ambicioso acordo militar, em 1977 a URSS começou a instalar um novo míssil de alcance intermédio, designado pela Otan como SS-20 (RSD-10 Pioneiro em russo), mirando a Europa Ocidental. Isso mudou o equilíbrio estratégico, embora a União Soviética considerasse essa movimentação como defensiva. Em resposta, o governo Carter instalou os mísseis de ataque Pershing II e Tomahawk, permitindo uma resposta nuclear a qualquer ataque soviético limitado à Europa, deixando, com isso, a dissuasão mais confiável para os aliados dos EUA. Os movimentos de paz ocidentais foram revitalizados, mas sem grandes efeitos.

---

7 Plokhy, *Nuclear Folly: A History of the Cuban Missile Crisis*.
8 Gaddis, *Cold War*, p.202.
9 Huessy, Peter. Entangled America: why another international nuclear arms race has begun, *National Interest*, 22 ago. 2021. Disponível em: <https://nationalinterest.org/feature/entangled-america-why-another-international-nuclear-arms-race-has-begun-192136>.

Em março de 1983, Reagan estava atraído pela Iniciativa de Defesa Estratégica ("Guerra nas Estrelas") como uma forma de romper com toda a lógica da dissuasão e destruição mútua. Isso também o deixou receptivo às ideias de desnuclearização de Gorbachev. Quando este lançou a Perestroika, os EUA e a URSS pela primeira vez afirmaram, na cúpula de Genebra em novembro de 1985, que "uma guerra nuclear não pode ser vencida e nunca deve ser travada", fórmula que foi repetida às vésperas da guerra da Ucrânia.[10] Essa atmosfera cooperativa produziu o acordo de Forças Nucleares de Alcance Intermediário (INF) em dezembro de 1987, proibindo mísseis com alcance de 500 a 5.500 quilômetros. Pela primeira vez, uma classe inteira de mísseis foi removida da Europa. Gorbachev foi "um dos mais comprometidos com a redução de armamentos a dirigir um país nuclear" e "revolucionário quando, nos anos 1980, defendeu a abolição completa de armas nucleares". Sua liderança abriu caminho para que 85% dos arsenais russo e estadunidenses fossem desativados até 2015. Agora, essa desmilitarização e o princípio de Gorbachev de que "segurança começa com a cooperação" estão sendo revertidas.[11]

A tentativa de administrar questões nucleares continuou na era pós-Guerra Fria, marcada por uma crescente relutância das potências nucleares em se comprometer com o aprofundamento dos limites e controles. Como Estado continuador, a Rússia assumiu obrigações soviéticas assim como seu arsenal nuclear. Quando a URSS se desintegrou havia mais de 1.900 armas estratégicas na Ucrânia e outras 2.000 na Bielorrússia e no Cazaquistão. Em maio de 1992 em Lisboa, os três se comprometeram a aderir ao NPT. As preocupações da Ucrânia sobre abrir mão de armas estacionadas em seu território foram amenizadas pelo Memorandum de Budapeste de dezembro de 1994.[12] Garantias de segurança não vinculantes foram oferecidas pela Rússia, Reino Unido e EUA (mais tarde pela China e França) à Bielorrússia, ao Cazaquistão e à Ucrânia em troca de sua adesão ao NPT como Estados não nucleares. Os primeiros estavam proibidos de ameaçar ou usar a força militar contra os últimos exceto como autodefesa ou em conformidade com a Carta da ONU. Em 1996, os três haviam transferido o arsenal soviético para a Rússia. O Tratado de Proibição Total de Testes Nucleares (CTBT) torna ilegal a explosão de ogivas nucleares e explosões nucleares para fins

---

10 Joint Soviet-United States Statement on the Summit Meeting in Geneva, 21 nov. 1985. Disponível em: <https://www.reaganlibrary.gov/archives/speech/joint-soviet-united-states-statement-summit-meeting-geneva>.

11 Heuvel, Katrina vanden. Here's what leaders facing global crises can learn from Mikhail Gorbachev, *Washington Post*, 23 fev. 2021. Disponível em: <https://www.washingtonpost.com>.

12 Na Ucrânia, a questão nuclear ficou vinculada a questões territoriais e ao *status* da Frota do Mar Negro estacionada em Sebastopol. Ver Kozyrev, *Firebird*, p.77-8.

pacíficos em todos os ambientes (subterrâneo, submarino, na atmosfera, no espaço). Ele foi adotado pela ONU em 24 de setembro de 1996 e em 2020 o acordo havia sido assinado por 183 países. Foi ratificado por Moscou em 2000, mas, em seu 20º aniversário, ainda não havia entrado em vigor porque oito países, incluindo os EUA, ou não o haviam assinado ou ratificado. O Senado Republicano rejeitou o CTBT em 1999. Depois os EUA declararam que não ratificariam o tratado, abrindo a porta para uma possível retomada dos testes nucleares.

O START I foi assinado em 31 de julho de 1991 entre Bush e Gorbachev, limitando a quantidade de armas nucleares instaladas em ambos os lados a 6 mil, e o START II foi assinado por Clinton e Yeltsin em 3 de janeiro de 1993. O Tratado de Moscou de 2002 reduziu ainda mais o arsenal para 2.200 para cada. Com Obama na presidência em janeiro de 2009, seu vice-presidente, Biden, emitiu um pedido para um recomeço das relações com a Rússia. Os frutos dessa iniciativa incluíam um novo START mais ambicioso, assinado em Praga em 2010 e entrando em vigor em 5 de fevereiro de 2011.[13] O Tratado estipulou que, sete anos depois da entrada em vigor, cada parte não deveria ter mais que o total de 700 ICBMs, SLBMs e bombardeiros estratégicos implantados, assim como não mais de 1.550 ogivas em ICBMs, SLBMs e bombardeiros estratégicos implantados. Também foi fixado um total de 800 lançadores de ICBM e SLBM e bombardeiros estratégicos implantados e não implantados. Um aspecto crucial é que, embora o tratado mais uma vez enfatizasse o princípio da indivisibilidade da segurança, as preocupações russas com relação à defesa de mísseis não foram levadas em conta. Esse foi o último grande acordo limitando as armas nucleares e seu regime de inspeção associado. Contudo, uma das condições para que fosse ratificado pelo Congresso era o comprometimento de Obama em investir no programa de modernização nuclear de um trilhão de dólares mencionado anteriormente, acompanhado pela proibição em limitar a defesa de mísseis. A duração do tratado era de dez anos, que poderiam ser renovados por mais cinco sem renegociação. Trump fez da participação chinesa uma condição para tanto, mas Beijing, compreensivelmente, recusou participar. A China era uma potência nuclear relativamente modesta, mesmo que viesse aumentando rapidamente seu arsenal, com suas menos de 300 ogivas em comparação com os estoques de outros potências, como as 6.370 russas, as 5.500 estadunidenses, as 300 francesas, as 225 britânicas (com planejamento para chegar a 260), aproximadamente 150 ogivas paquistanesas e indianas e 80 israelenses. O novo START foi o último canal de diálogo

---

13 Bender, Bryan. Leaked document: Putin lobbied Trump on arms control, *Politico*, 7 ago. 2018. Disponível em: <https://www.politico.com/story/2018/08/07/putin-trump-arms-control-russia-724718>.

remanescente entre Washington e Moscou sobre armas estratégicas e servia também como um fórum crítico a assuntos estratégicos. Há algum tempo Putin já havia sinalizado desejo de prolongar sua vida e, às vésperas do vencimento do tratado em 5 de fevereiro de 2021, ele negociou, com Biden, a extensão dele por mais cinco anos sem renegociação.

Apesar da guerra na Ucrânia, o governo Biden sinalizava sua prontidão para negociar algum tipo de tratado complementar quando o novo START expirasse em 2026. Contudo, em seu pronunciamento à Assembleia Federal de 21 de fevereiro de 2023, Putin anunciou que a Rússia estava suspendendo sua participação, pois fora acusada pelos EUA de não permitir que o regime de inspeção fosse retomado depois da pandemia.[14] O novo START prevê 18 inspeções no local anualmente. Putin também sugeriu que, como os EUA estavam planejando retomar testes nucleares, a Rússia faria o mesmo. Isso ameaçaria um dos últimos pilares da arquitetura do controle de armas, o CTBT, restando apenas o Tratado de Não Proliferação. Putin mencionou os arsenais nucleares britânicos e franceses, que previamente não figuraram nas negociações de controles de armas nucleares. Com os dois países comprometidos com a guerra na Ucrânia, estava claro que seus ativos eram parte do arsenal do Ocidente, voltado não apenas a defender seus territórios. Somente dois Estados, os EUA e a União Soviética/Rússia, historicamente haviam se envolvido no controle de armas, apesar das tentativas de incluir a China. Isso levanta uma questão fundamental sobre quando, se isso ocorrer, a China estaria pronta para se envolver, e como isso afetaria toda a base conceitual de controle de armas praticado até hoje.

Também houve acordos sobre armas químicas. Em 1991, a Rússia herdou o maior estoque de armas químicas do mundo, com aproximadamente 40 mil toneladas. Em 1992, a Assembleia Geral da ONU adotou a Convenção de Armas Químicas (CWC), que entrou em vigor em abril de 1997, a ser monitorada pela OPCW, criada naquele ano. A Rússia ratificou a CWC em dezembro de 1997 e se comprometeu a destruir seu estoque de armas químicas. Problemas financeiros adiaram o início do programa de destruição para 2002, mas, com a ajuda financeira dos EUA, Alemanha e Itália, a Rússia formalmente anunciou em 27 de setembro de 2017 que havia liquidado seu estoque. Enquanto isso, a Rússia trabalhou com os EUA em 2013 para intermediar um acordo pelo qual a Síria destruiu seu arsenal de armas químicas, embora isso não tenha evitado alegações posteriores de que haviam sido utilizadas por Damasco contra seus inimigos. O uso aparente de uma arma química (a chamada Novichok A234) contra Sergei Skripal (um antigo

14 Para uma análise, ver Ritter, Scott. Arms control or Ukraine?, *Consortium News*, 22 fev. 2023. Disponível em: <https://consortiumnews.com/2023/02/22/scott-ritter-arms-control-or-ukraine/>.

agente GRU envolvido em uma troca de espiões em 2010) e sua filha Yulia em Salisbury em março de 2018 levantou dúvidas sobre se a Rússia de fato havia destruído seus estoques. Essas preocupações aumentaram depois do envenenamento do opositor Alexei Navalny por um diferente tipo de Novichok em 20 de agosto de 2020 em Tomsk.

Os agentes químicos do grupo Novichok nunca fizeram parte da lista de "substâncias controladas" da OPCW, em parte pela preocupação de que poderiam cair nas mãos de terroristas, embora Vil Mirzayanov, um dos seus criadores, tenha aberto a fórmula em seu livro *State Secrets: An Insider's Chronicle of the Russian Chemical Weapons Program* [Segredos de Estado: relato de um informante sobre o programa de armas químicas russo]. Aparentemente, um agente nervoso do grupo Novichok foi utilizado para assassinar um importante banqueiro russo Ivan Kivelidi em 1995. Um dos principais pesquisadores sobre armas químicas no laboratório Shikhany, Leonid Rink, admitiu que havia transferido ao menos nove ampolas (cada uma suficiente para matar pelo menos cem pessoas) da substância para criminosos. Somente em junho de 2002 o grupo Novichok foi adicionado à lista de substâncias controladas, mas à época estava claro que já estava circulando fora do controle do Estado. Como resultado dos acordos iniciais do pós-Guerra Fria, nenhuma grande potência considera armas químicas como parte do arsenal estratégico de dissuasão. As tensões crescentes na OPCW ameaçam paralisar a organização, colocando em risco a viabilidade da CWC.[15]

O fim do controle de armas

O passo fatal nessa estrada foi dado quando em dezembro de 2001 Washington anunciou sua saída do ABM, o que aconteceu formalmente em junho de 2002, após a expiração do período de notificação. O tratado colocava limites em mísseis de interceptação de longo alcance e sua revogação unilateral abriu as portas precisamente para aquilo que se tentava impedir – a escalada de uma corrida armamentista estratégica. Para Putin a nova era de competição de armas estratégicas data desse período. As questões foram posteriormente intensificadas pelas ambições dos EUA de criar uma rede de mísseis balísticos de defesa. Ainda na sua concepção, o programa BMD desestabilizou o processo de controle de armas. Desde que foi anunciado em 1983 como a Iniciativa Estratégica de Defesa, os EUA gastaram mais de 300 bilhões de dólares em programas de mísseis de defesa estratégicos, com

15 Notte, Hanna. Chemical weapons impasse reflects Russia's broader conflict with the West, Carnegie Moscow Center, 16 dez. 2021. Disponível em: <https://carnegiemoscow.org/commentary/86015>.

20,3 bilhões de dólares, dos 740 bilhões de dólares do orçamento de defesa de 2021, dedicado a esse esquema. O objetivo era proteger os EUA com a implantação de mísseis de interceptação e armas espaciais. Ao longo dos anos, o programa registrou mais fracassos que sucessos, ainda assim aparentemente não há forma de parar o colosso.[16] Essa é uma resposta tecnocrática ao genuíno dilema da segurança na era nuclear. É impossível desinventar armas nucleares, daí a lógica de dissuasão de Destruição Mútua Assegurada (MAD). O controle de armas foi desenhado para administrar riscos associados. A instalação de sistemas BMD na Europa Oriental foi vista como uma ameaça estratégica e convencional. Um mês depois da anexação da Crimeia, em 17 de abril de 2014, Putin argumentou que a ação foi designada para frustrar os planos de Washington em incorporar a Ucrânia e a Crimeia em uma instalação antibalística cercando a Rússia: "Essa questão não é menos importante que a expansão da Otan ao oriente, talvez seja até mais importante. Nossa decisão sobre a Crimeia foi parcialmente motivada por isso".[17]

O governo Trump desmantelou resolutamente o que havia sido deixado da arquitetura de controle de armas da Guerra Fria. Washington acusou Moscou de violar o tratado INF ao desenvolver e testar mísseis de cruzeiro lançados do solo. Mais tarde se tornou evidente que o míssil em questão era o 9M729 (SSC-8, de acordo com a classificação da Otan), que os países da Otan acreditavam ser de alcance intermediário, embora Moscou declare que estivesse abaixo do limite. Em 2 de fevereiro de 2019, os EUA anunciaram sua retirada do tratado, que se tornou efetiva em 2 de agosto, quando a Rússia também se retirou – com isso o tratado INF foi extinto. Terminava, de modo infame, a otimista era Gorbachev de reduções de armas. Com a retirada dos EUA do sistema BMD na Europa, a Rússia se impacientou com as restrições, que se aplicavam apenas às antigas superpotências na Europa. Moscou argumentou que a Rússia estava mais exposta a tais mísseis de países não signatários do tratado do que os EUA, protegidos por dois enormes oceanos. Os EUA também argumentaram que o tratado estava desequilibrado e tentava envolver a China.[18] Com isso, ruía outro pedaço do muro do controle de armas.

A Rússia apontou para a implantação das instalações do míssil defensivo Aegis na Europa Oriental como potencial violação do tratado INF. Moscou argumentou que os lançadores verticais Mk-41 podem projetar não apenas interceptadores, mas também mísseis de cruzeiro Tomahawk. Como

16 Ghoshroy, Subrata. Why does missile defense still enjoy bipartisan support in Congress?, *Bulletin of the Atomic Scientists*, 24 set. 2020. Disponível em: <https://thebulletin.org/2020/09/why-does-missile-defense-still-enjoy-bipartisan-support-in-congress/>.

17 Direct Line with Vladimir Putin, 17 abr. 2014. Disponível em: <http://www.en.kremlin.ru/events/president/news/20796>.

18 Pieper, Strategic stability beyond new START, *Russian Analytical Digest*, n.260, p.2-7.

observado, a primeira instalação foi feita na Romênia e a segunda na Polônia, e elas foram projetadas para interceptar mísseis iranianos. Na verdade, eles são tecnicamente incapazes de "identificar o ataque de mísseis balístico de longo alcance em uma distância suficiente que permita que os mísseis defensivos de interceptação alcancem os pontos de interceptação". Ao contrário, Moscou argumentou que, com simples modificações de software, o sistema costeiro Aegis pode lançar mísseis de cruzeiro com arma nuclear, embora especialistas discordem se seria o caso.[19] Em novembro de 2020, os EUA realizaram um teste disparando um interceptador SM-3, que conseguiu atingir o alvo ICBM, confirmando o temor da Rússia de que o sistema Aegis pode derrubar mísseis de alcance intermediário e intercontinental russos.[20]

Outro pedaço do muro que ruía foi o fim do acordo Céus Abertos [*Open skies*]. Na cúpula de Genebra com Kruschev em julho de 1955, Eisenhower propôs um acordo de reconhecimento de "céus abertos".[21] Moscou rejeitou a proposta, o que motivou os EUA a realizar um reconhecimento aéreo, até o avião U-2 pilotado por Gary Powers ter sido derrubado em maio de 1960, provocando uma grande crise. Com uma ordem de paz positiva no horizonte, o tratado Céus Abertos foi assinado em março de 1992 e entrou em vigor em 1º de janeiro de 2002. Estava permitido aos signatários realizar voos de vigilância desarmados sobre o território dos Estados-membros. Mais de 1.500 viagens desse tipo aconteceram, a maior parte sobre a Europa. Céus Abertos tinha a intenção de construir confiança entre ele, mas isso desapareceu em 2014. Os EUA acusaram a Rússia de implementar as cláusulas de forma seletiva, sobretudo proibindo voos sobre Kaliningrado, além de violar algumas outras cláusulas. A Rússia também acusou os EUA de implementar o acordo de forma parcial. Trump anunciou a retirada em maio de 2020 e o país deixou formalmente o acordo em novembro. Os parceiros europeus permaneceram, mas a preocupação de que os EUA continuariam a receber dados dos aliados da Otan instigou Moscou, em janeiro de 2021, a iniciar o procedimento de retirada. Depois de uma revisão, o governo Biden confirmou, em maio, que deixaria o tratado e, com isso, Moscou também o fez formalmente. A era do controle de armas pós-guerra acabou. Um novo encontro com o Armagedon pode fazer com que ele recomece, mas pode ser tarde demais.

---

19 Postol, Theodore A. Is Russia solely to blame for violations of the INF Treaty?, *The Nation*, 17 jan. 2019. Disponível em: <https://www.thenation.com/article/russia-inf-nuclear-treaty-aegis>.

20 Ritter, Scott. US' successful ICBM intercept test brings us closer to nuclear war and proves Moscow's concerns were well grounded, 17 nov. 2020. Disponível em: <https://www.rt.com/op-ed/507015-icbm-intercept-aegis-russia/>.

21 Gaddis, *Cold War*, p.72-3; Gaddis, *We Now Know: Rethinking Cold War History*, p.245.

Mais diretamente, os EUA continuaram a implantar armas táticas na Europa, um legado da Guerra Fria quando eram parte da "resposta flexível" a um ataque soviético. As armas nucleares chamadas de "campos de batalha" foram projetadas para compensar a preponderância soviética em forças continentais, mas os EUA ainda está implantando 230 delas, das quais 150 estão na Europa (Bélgica, Países Baixos, Alemanha, Itália e Turquia). A B61 é uma bomba de queda livre lançada por caças de quarta geração sem tecnologia furtiva, tornando-se vulnerável a mísseis antiaéreos.[22] Tais armas são parte da estratégia nuclear de dividir os encargos, voltada a sinalizar que os EUA estariam preparados a sacrificar Nova York para salvar Podgorica. Essa é parte da resposta à suposta estratégia nuclear russa "escalar para desescalar", a ideia de que Moscou rapidamente recorreria a armas nucleares em qualquer conflito para deter o oponente. As 2 mil armas nucleares não estratégicas ou táticas da Rússia compreensivamente são motivo de graves preocupações. Temia-se que poderiam ser utilizadas se o país enfrentasse alguma ameaça existencial, como uma derrota na Ucrânia. Mesmo antes da guerra, a Alemanha anunciou em abril de 2020 que substituiria sua frota envelhecida de aeronaves de capacidade dupla Tornado (DCA) por noventa Eurofighter Typhoon e 45 aeronaves de combate estadunidenses F-18, 30 das quais com capacidade de carregar armas nucleares dos EUA. Sem muito alarde e com ainda menos preocupação popular, a Europa mais uma vez entra em uma corrida armamentista.[23]

A *Nuclear Posture Review* [Revisão da postura nuclear], de fevereiro de 2018, do governo Trump reforçou o papel das armas nucleares na segurança nacional dos EUA. O documento prometia acelerar a modernização nuclear, mas endossava, de forma perturbadora, o uso de tais armas para demonstrar a "determinação" estadunidense, sinalizando a prontidão para ir até o limite na disputa política. A *Review* argumentava que os EUA precisavam de um arsenal maior e mais diverso para "demonstrar determinação por meio do posicionamento de forças, mensagens e opções de resposta flexíveis". Acrescentava que bombardeiros nucleares eram particularmente adequados para alcançar tais objetivos, assim "voos no exterior demonstram as capacidades e a determinação dos EUA, proporcionando uma sinalização efetiva para dissuasão e garantia, inclusive em tempos de tensão".[24] Embora a Rússia esteja bastante desarmada em termos convencionais, quando se trata de armamentos estratégicos se equipara ao Ocidente. E não tem mais medo

---

22 Brown, Zack. Why America should bring home its nuclear weapons, *National Interest*, 2 out. 2020. Disponível em: <https://nationalinterest.org/blog/skeptics/why-america-should-bring-home-its-nuclear-weapons-170055>.

23 Meier, Debating the withdrawal of US nuclear weapons from Europe: what Germany expects from Russia, *Vestnik of Saint Petersburg University: International Relations*, 14/1, p.82-96.

24 *Nuclear Posture Review*, fev. 2018.

de demonstrar "determinação". A "escada de escalada" [*Escalation ladder*] do uso de armas nucleares táticas no campo de batalha para uma troca termonuclear em grande escala é assustadoramente curta. Em 1965, Herman Kahn (o suposto modelo para o personagem principal do filme *Dr. Fantástico*, de Stanley Kubrick) identificou 44 degraus em uma escada.[25] O primeiro passo é crucial, uma vez que o tabu é quebrado, a humanidade pode subir rapidamente a escada em direção ao paraíso.[26]

A Força Espacial estadunidense foi criada em dezembro de 2019 como o sexto braço das forças armadas. O novo órgão derivava do Comando de Força Aérea Espacial, estabelecido em 1982. A guerra no espaço está se tornando uma realidade.[27] A *Spacepower*, "doutrina fundamental" da força espacial, de agosto de 2020, alertou para o perigo de armas antissatélite, mas também vislumbrou operações ofensivas contra adversários. O espaço foi definido como "uma fonte e canal de poder nacional". O documento delineava sete áreas que os EUA procurariam dominar: "guerra orbital, guerra espacial eletromagnética, administração de batalhas espaciais, acesso espacial e engenharia/aquisições sustentáveis de inteligência militar". Um comentário crítico notou que "planos para armas espaciais apocalípticas estão anunciados em uma linguagem de uma empresa de contabilidade".[28] Os EUA desenvolveram uma tecnologia "atingir para matar", a capacidade cinética para derrubar mísseis balísticos fora da atmosfera terrestre, desestabilizando ainda mais os fundamentos da dissuasão.[29] A Rússia alertou sobre a crescente ameaça de uma corrida armamentista no espaço sideral, com os EUA e seus aliados embarcando em "uma política no sentido de utilizar o espaço próximo à Terra para operações de combate (incluindo ações ofensivas) e a instalação de sistemas de armas de ataque". Lavrov afirmou que o país permanecia comprometido com o uso e a exploração não discriminatório do espaço sideral para propósitos pacíficos. Mais próximo realidade terrestre, ele assegurou que a Rússia manteria a contenção na esfera de mísseis após o fim do tratado INF, prometendo não implantar mísseis terrestres de alcance intermediário e curto em nenhuma região, a menos que mísseis fabricados pelos EUA fossem implantados nesses lugares.[30]

---

25 Kahn, *On Escalation: Metaphors and Scenarios*.

26 Para uma análise, ver Fitzsimmons, Michael. The false allure of escalation dominance, *War on the Rocks*, 16 nov. 2017. Disponível em: <https://warontherocks.com/2017/11/false-allure-escalation-dominance/>.

27 Bowen, *War in Space: Strategy, Spacepower, Geopolitics*.

28 Stevenson, Where are the Space Arks?, *London Review of Books*, p.25.

29 Panda, Ankit. A New US missile defense test may have increased the risk of nuclear war, Carnegie Endowment for International Peace, 19 nov. 2020. Disponível em: <https://carnegieendowment.org/2020/11/19/new-u.s.-missile-defense-test-may-have-increased-risk-of-nuclear-war-pub-83273>.

30 Russian Foreign Affairs Ministry, Address by Sergei Lavrov, 24 fev. 2021. Disponível em: <https://www.mid.ru/en/press_service/minister_speeches>.

Enquanto isso, os EUA continuaram a modernização de suas forças nucleares na era Obama. Isso incluiu um montante estimado de 264 bilhões de dólares, no total, a ser investido no novo sistema de dissuasão estratégico terrestre (GBSD) e ogivas associadas, para substituir os envelhecidos mísseis Minuteman III. ICBMs estáticos, dos quais os EUA têm 400 em silos no norte do Meio-Oeste, são intrinsecamente desestabilizadores, uma vez que um líder tem, no máximo, alguns minutos para decidir se responde aos avisos de ataques de mísseis ou se arrisca perdê-los em um ataque de primeiro golpe. Há uma longa história de falsos alarmes, agora acompanhada de temores de ataques cibernéticos. Em setembro de 2020, Northrop Grumman foi agraciada com um incontestável contrato de 13,3 bilhões de dólares para engenharia, fabricação e fase de desenvolvimento do GBSD, depois da Boeing ter saído do páreo. O trabalho seguiu para modificar a ogiva W87-1 para se adequar ao novo míssil. Tentativas no Congresso para avaliar se a vida dos mísseis Minuteman poderia ser estendida até 2050 foram bloqueadas por um potente *lobby* da indústria de defesa.[31] Como parte da guerra de sexta geração, o programa Ataque Global Imediato (PGS) foi projetado para permitir aos EUA disparar Munição Guiada de Precisão (PGM) em quase qualquer lugar do mundo. Para Moscou isso era particularmente desestabilizador, temendo que suas capacidades ofensivas e defensivas pudessem ser destruídas, ainda que permanecendo abaixo do limite nuclear. As próprias armas hipersônicas russas eram, em parte, uma resposta.

A Rússia teve pelo menos cinco importantes modernizações de sua força de ataque nuclear, compreendendo novos ICBMs, bombardeiros, submarinos, drones e armas nucleares táticas.[32] Há uma considerável controvérsia sobre a doutrina militar russa e, em particular, sua estratégia nuclear. A opinião de que a Rússia opera em uma política de "escalar para desescalar" tem sido questionada.[33] Não obstante, a possibilidade de que tal estratégia exista motivou várias respostas. Além da implantação de armas táticas, a *Nuclear Posture Review* de 2018 defendia a restauração da dominação nuclear. A dissuasão em princípio requer um grau de ambiguidade, mas a maior parte dos especialistas concorda que a Rússia não tem uma estratégia de escalada.[34] O controle de armas proporciona estabilidade estratégica, mas não pode funcionar se é obtido à custa de outros atores.[35]

---

31 Borger, US Democrats call for $1bn transfer from missile fund to tackle pandemic threat, *Guardian*, p.43.

32 Goldstein, Lyle J. The shadow of a New Cold war hangs over Europe, *National Interest*, 30 mar. 2021. Disponível em: <https://nationalinterest.org/blog/skeptics/shadow-new-cold-war-hangs-over-europe-181559>.

33 Para uma avaliação negativa convincente dessa ideia, ver Oliker, Olga Russia's nuclear doctrine: what we know, what we don't, and what that means, Washington DC, CSIS, 5 maio 2016. Disponível em: <https://www.csis.org/analysis/russia%E2%80%99s-nuclear-doctrine>.

34 Pieper, Strategic stability beyond new START, p.4.

35 Fix; Kühn. Strategic stability in the 21st Century, *Russian Analytical Digest*, n.260, p.7-11.

O cálculo estratégico está mudando como resultado do desenvolvimento de mísseis hipersônicos e drones submarinos com energia nuclear que podem escapar de mísseis de defesa. As maiores potências também testaram mísseis de interceptação que podem destruir satélites de órbita terrestre baixa (o que contribui para os detritos espaciais perto da órbita da Terra). O pronunciamento de Putin para a Assembleia Federal em 1º de março de 2018 foi insubmisso:

> Quero dizer a todos que têm alimentado a corrida armamentista nos últimos 15 anos, que procuraram ganhar vantagens unilaterais em relação à Rússia e que introduziram sanções ilegais voltadas a conter o desenvolvimento do nosso país – tudo que vocês quiseram impedir com suas políticas já aconteceu. Vocês não conseguiram conter a Rússia.

Putin, então, revelou várias novas armas estratégicas, incluindo o ICBM superpesado Sarmat e o veículo hipersônico Avangard. Enfatizou que elas haviam sido desenvolvidas como resposta direta à saída dos EUA do tratado ABM. Lembrou ainda a seu público que, em 2004, a Rússia havia alertado aos EUA que responderia a seu modo: "Ninguém nos escutou à época", declarou; "então nos escutem agora".[36]

A *Estratégia de Segurança Nacional* russa, atualizada em 2 de julho de 2021, alertou que Moscou "considera legítimo adotar medidas simétricas e assimétricas" para frustrar e prevenir "ações não amigáveis" de Estados estrangeiros que "ameaçam a soberania e a integridade territorial da federação russa".[37] Em seu pronunciamento anual à Assembleia Federal em abril de 2021, Putin anunciou a quase acabada modernização da tríade nuclear russa. Ele revelou a implantação do míssil hipersônico Avangard e do sistema de combate laser Peresvet. O ICBM Sarmat seria encomendado iminentemente, ao mesmo tempo que a quantidade de sistemas de combate aéreo com os mísseis hipersônicos Kinzhal e os navios de guerra com armas de precisão hipersônica estavam aumentando. O míssil hipersônico Tsirkon, transportado na aeronave Mach 7, estava quase pronto para ser implantado.[38] Além disso, a Rússia estava preparando o teste de uma nova arma estratégica do Apocalipse, o gigante torpedo Poseidon com energia nuclear, capaz de produzir um tsunami radioativo para inundar cidades costeiras. Também havia o desenvolvimento de armas convencionais. O caça

36 Putin, Vladimir. Presidential Address to the Federal Assembly, 1 mar. 2018. Disponível em: <http://www.en.kremlin.ru/events/president/news/56957>.

37 *Strategiya natsional'noi bezopasnosti Rossiiskoi Federatsii*, 2 jul. 2021. Disponível em: <http://static.kremlin.ru/media/events/files/ru/QZw6hSk5z9gWq0plD1ZzmR5cER0g5tZC.pdf>.

38 Putin, Vladimir. Presidential Address to the Federal Assembly, 21 abr. 2021. Disponível em: <http://en.kremlin.ru/events/president/news/65418>.

multifuncional de quinta geração Su-57 possui tecnologia furtiva que serve de base para variações, incluindo o caça tático leve de motor único Su-75 (*Checkmate*). À época os EUA haviam desenvolvido o Northrop-Grumman B-21 Raider, o primeiro bombardeiro de sexta geração furtivo, com vantagem informacional e arquitetura aberta. O programa Domínio Aéreo de Nova Geração vislumbra a produção de caças de sexta geração em princípios de 2030.

A quarta revolução industrial representa uma revolução em questões militares. O desenvolvimento de armas hipersônicas e veículos aéreos não tripulados (UAV), junto com munições guiadas de precisão, armas autônomas, torpedos de longa distância e muito mais, mudou o caráter da guerra. As frotas de batalha se tornaram vulneráveis a uma destruição rápida e completa, assim sua utilidade na batalha além de nula é potencialmente prejudicial. Segundo estrategistas estadunidenses, há dois tipos de navios militares: submarinos e alvos. Enquanto isso, a guerra informacional aprimorada por meios cibernéticos (CEIW) ofusca a distinção entre guerra e paz. Embora as práticas subjacentes à nova Guerra Fria permaneçam as mesmas da primeira, a tecnologia aumentou o risco de conflitos acidentais.[39] Os antigos secretários de Defesa William Perry e Tom Collina observam que a "política nuclear estadunidense é um desastre prestes a acontecer e pode ser apenas uma questão de tempo até que nossa sorte acabe". Argumentam que a Guerra Fria terminou há bastante tempo e que os Estados Unidos tiveram 30 anos para repensar sua política nuclear, mas os sucessivos presidentes desde 1989 "não conseguiram aprender as lições corretas da Guerra Fria". Cada presidente "procurou reorganizar as espreguiçadeiras no *Titanic*, mas nenhum deles traçou uma nova rota desviando dos icebergs". Foram os EUA que colocaram a bomba no mundo e, com isso, se tornaram o líder global em tentativas de controlá-la, mas agora deveriam "novamente assumir a causa essencial do desarmamento nuclear".[40]

Para eles, por décadas os EUA se concentraram na ameaça errada, um primeiro ataque da Rússia, quando tal ataque era muito pouco provável, enquanto a maior ameaça seria cair por acaso em uma guerra nuclear. O argumento central deles é que, "ao se preparar para um ataque surpresa, na verdade nós tornamos o erro mais provável". A estratégia "disparar com o alerta" é inerentemente perigosa, ainda mais quando acompanhada de uma ameaça persistente de falsos alarmes, o perigo cada vez maior de

39 Para uma análise da Guerra cibernética e comunicacional, ver Sakwa, Richard. *The Russia Scare: Fake News and Genuine Threat*, p.133-65.

40 Perry, William J.; Collina, Tom Z. The Atomic Titanic: an excerpt from "The Button", *Bulletin of the Atomic Scientists*, 19 jun. 2020. Disponível em: <https://thebulletin.org/2020/06/the--atomic-titanic-an-excerpt-from-the-button/>. O livro é de Perry; Collina. *The Button: The New Nuclear Arms Race and Presidential Power from Truman to Trump*.

ciberataques e a ameaça constante de líderes instáveis. Em vez de lidar com tais questões, os EUA se comprometeram em gastar cerca de 2 trilhões de dólares para reconstruir seu arsenal nuclear, "como se a Guerra Fria nunca tivesse acabado". A segurança dos EUA seria aprimorada pela mudança a uma política de retaliação de segundo ataque, acompanhada pela eliminação gradual de armas que precisam ser usadas de forma rápida e antecipada, como os ICBMs de silos fixos. O arsenal nuclear com base submarina seria o bastante para garantir que qualquer ataque pudesse ser enfrentado, ao mesmo tempo que remove a resposta bastante sensível requerida pela estratégia de primeiro ataque. Isso significaria o fim da autoridade presidencial exclusiva e a aposentadoria da "bola de futebol", que na Grã-Bretanha é chamada de "maleta", com os códigos de disparo nuclear.

A tempestade permanente

O apocalipse nuclear é uma possibilidade, mas a mudança climática é uma realidade. A era de um planeta habitável pode estar terminando. A não ser que sérias medidas de mitigação sejam tomadas, é bastante provável que ocorra um aumento na temperatura global de 3,5°C acima dos níveis pré-industriais até o fim do século. Esse processo será acompanhado pela maior prevalência e intensidade de ondas de calor junto com incêndios em florestas, inundações e secas. As calotas polares derreterão, as geleiras se reduzirão ao nada, os desertos se espalharão e o nível do mar subirá. As cidades costeiras ficarão submersas, a não ser que sejam protegidas por enormes projetos de engenharia, e a agricultura se tornará cada vez mais problemática e sujeita a extremos sazonais inesperados e imprevisíveis. O derretimento do *permafrost* libera metano, um gás mais mortal de efeito estufa que o dióxido de carbono, e prejudica a infraestrutura nas regiões polares. A emergência climática se tornou uma tempestade permanente que se intensificará a não ser que medidas sejam tomadas. Ao contrário, no conflito entre a Rússia e a Ucrânia todos os lados usaram a segurança energética como arma e a ação climática se tornou vítima das demandas da guerra.

A ONU está no centro de tentativas multilaterais para restringir o efeito estufa. O Painel Intergovernamental da Mudança Climática (IPCC) foi criado em 1988, em Genebra, e desde então com regularidade tem publicado relatórios confiáveis sobre a situação atual. A Convenção Quadro das Nações Unidas sobre Mudanças Climáticas (UNFCCC) comprometeu os Estados-membro a reduzir as emissões de gás de efeito estufa. O protocolo de Kyoto de dezembro de 1997 estabelece um conjunto de metas específicas e entrou em vigor em fevereiro de 2005, depois de um complicado processo de ratificação. Até 2022, 196 Estados haviam assinado ao tratado. As obrigações tornaram-se mais rígidas na Conferência das Partes (COP21) de Paris em dezembro de 2015, que estabeleceu a meta de manter o aquecimento global a 1,5°C acima dos níveis pré-industriais. A concentração de dióxido de carbono na atmosfera havia aumentado da média pré-industrial de 280 partes por milhão (ppm) para 383 ppm em 2019, sendo que uma redução a 350 ppm é considerada essencial se o objetivo de 1,5 °C quer ser atingido. Em 2022, o aquecimento global alcançou 1,2 °C e subirá para mais de 2,5 °C até 2070 a não ser que medidas drásticas sejam tomadas.

O Acordo de Paris para o clima estabeleceu Contribuições Nacionalmente Determinadas (NDCs) para todo Estado signatário, revisto a cada ciclo de cinco anos. Por conta da pandemia, a Conferência das Partes COP 26, em Glasgow, se reuniu um ano depois. Para a maioria dos observadores, a reunião de novembro de 2021 foi uma grande decepção. Até então, os Estados haviam anunciado os prazos para alcançar a neutralidade de carbono. A China e a Rússia declararam que alcançariam a meta até 2060 ao passo que a Índia anunciou 2070 como seu prazo. A UE e os EUA foram mais ambiciosos, buscando alcançar a neutralidade de carbono até 2050. No entanto, na COP de Glasgow, a Rússia acompanhou a liderança dos EUA, China e Índia para remover qualquer compromisso a respeito da "extinção de carvão" do acordo final. Moscou também não aceitou a meta de reduzir emissões de metano em até 30% até 2030 e, em vez disso, defendeu uma transição "mais suave" (isto é, mais lenta). A Rússia foi um dos 130 países que prometeram acabar com o desmatamento até 2030 e depende de uma estratégia de compensação de carbono florestal para cumprir seus compromissos climáticos.

A mudança climática tem aumentado a importância estratégica da região do Ártico e a transformou em uma outra linha de frente militar. A Passagem do Nordeste (conhecida como Rota do Mar do Norte, NSR, na Rússia) se tornou um atalho para navegação entre a Ásia e a Europa nos cada vez mais longos meses de verão sem gelo. A rota havia sido reservada para os navios soviéticos até ter sido aberta para tráfego internacional em 1991 e sua importância ganhou destaque com o bloqueio do canal de Suez por seis dias em março de 2021. No entanto, as águas rasas do Ártico limitam o tamanho de navios que podem transitar. As estritas (e onerosas) regras de trânsito da Rússia, incluindo notificação antecipada e acompanhamento pela crescente frota de quebradores de gelo de classe mega, levantaram a polêmica se a passagem deveria ser regulada pelas regras pertencentes a águas territoriais ou a estreitos internacionais. No segundo caso, se aplica a Convenção das Nações Unidas sobre o Direito do Mar (Unclos), de 1982. Seu artigo 234 garante aos Estados costeiros o direito de controle não discriminatório sobre navegação em áreas cobertas de gelo dentro de uma zona econômica exclusiva em até cerca de 320 quilômetros, um princípio no qual a Rússia está muito interessada em defender, pois tem um interesse especial uma vez que desfruta da soberania de 53% da linha costeira do Ártico e seus 2 milhões de habitantes compreendem metade da população total das regiões árticas.

À medida que o derretimento do gelo facilita a exploração de amplos recursos de hidrocarbonetos no Ártico, a Rússia reivindica esses recursos, bem como o direito de regular a passagem ao longo da NSR. Para defender seus interesses, construiu capacidades militares ao longo do litoral.[41]

Tradicionalmente, o Ártico tem sido considerado uma região de paz, mas está se tornando cada vez mais militarizado. O conflito é amenizado pelo Conselho do Ártico, criado em 1996 para proporcionar um fórum para oito Estados da região (Canadá, Dinamarca, Finlândia, Islândia, Noruega, Rússia, Suécia e EUA). O conselho funciona por consenso e é um bom exemplo de multilateralismo cooperativo. Em maio de 2013, a China se tornou um membro observador, ao lado de Índia, Itália, Japão, Cingapura e Coreia do Sul. A Rússia estava relutante em permitir o ingresso da China, mas reconheceu, depois, a reivindicação do país em ser um Estado "quase Ártico" por conta de seus interesses de navegação. O Unclos concede aos Estados direitos exclusivos de explorar o leito do mar em até 200 milhas náuticas de sua plataforma continental, mas precisam demonstrar a extensão da plataforma. Rússia, Canadá e Dinamarca (Groelândia) procuraram provar que a Dorsal de Lomonosov é uma extensão de sua plataforma continental. A Rússia chegou ao ponto de fincar uma bandeira no leito do mar próximo do Polo Norte em agosto de 2007 para reforçar sua reivindicação. Apesar da retórica acalorada, toda as partes permanecem comprometidas em resolver a questão dentro da estrutura da Unclos.

Esse tom colegial foi interrompido quando o secretário de Estado Mike Pompeo participou da reunião de Rovaniemi, na Finlândia, em maio de 2019. Ele alertou contra o crescente poder militar da Rússia na região e prometeu uma resposta contundente. Cumprindo com sua promessa, o Pentágono publicou uma revisão da estratégia do Ártico em junho de 2019, reestabelecendo uma Segunda Frota para operações do Atlântico e do Ártico, e aumentou os gastos (com o Canadá) em aprimoramento do Comando de Defesa Aeroespacial Norte-Americano (Norad), que consiste em satélites, radares com base no solo e bases aéreas localizadas principalmente no Alasca e no Ártico canadense.[42] O programa Cortador da Segurança Polar [*Polar Security Cutter*] financia a construção de uma nova geração de navios quebradores de gelo, e a guarda costeira dos EUA alugou dois navios quebradores de gelo para patrulhas do Ártico. Washington estaciona navios de guerra com regularidade na região, ao mesmo tempo que conduz exercícios militares cada vez mais

41 Boulègue, Mathieu. *The Militarization of Russian Polar Politics*, Chatham House Research Paper, Russia and Eurasia Programme, jun. 2022. Disponível em: <https://www.chathamhouse.org/2022/06/militarization-russian-polar-politics>.

42 Monga, Vipal; Viera, Paul. Cold War-era defence system to get upgrade to counter Russia, China, *Wall Street Journal*, 27 fev. 2021. Disponível em: <https://www.wsj.comarticles/cold-war-era-defense-system-to-get-upgrade-to-counter-russia-china-11614438048>.

elaborados com seus aliados acompanhados de voos pela região. O exercício bienal Resposta Fria, no extremo norte da Noruega, é realizado perturbadoramente perto de Severomorsk, a base da Frota do Norte da Rússia.

A Segunda Guerra Fria afeta os "espaços compartilhados" – os oceanos, os polos e até o espaço. O Tratado do Espaço Sideral de 1967 declara este e os corpos celestiais propriedade de toda a humanidade. O Acordo de Artemis dos EUA procura levar os humanos à Lua novamente pela primeira vez depois de 1972, mas também abre a porta para a exploração comercial do espaço. Foi possível pelo impressionante desenvolvimento de tecnologias espaciais por corporações privadas locais. Em 2020, a Rússia declinou fazer parte da construção da Passagem Lunar, uma estação espacial que orbitará a lua. O chefe da agência espacial russa, Dmitry Rogozin, afirmou que só participaria se a Roscosmos fosse colocada em pé de igualdade com a Nasa, uma exigência pouco realista.[43] Os dias da cooperação Apollo-Soyuz em meados dos anos 1970 terminaram há muito tempo. Os EUA e a URSS trabalharam juntos para criar a Estação Espacial Internacional. Um pouco do antigo espírito foi ressuscitado em 2011 quando os EUA perderam sua capacidade de levar astronautas ao espaço e os foguetes soviéticos/russos Soyuz ocuparam esse espaço. Depois, a Rússia se aliou à China e, em 2021, criou a estrutura de uma aliança para o desenvolvimento espacial. A Roscosmos anunciou que realizaria a cooperação exclusivamente com seu equivalente chinês, a Administração Espacial Nacional da China (CNSA), sendo o foco em primeiro lugar a exploração lunar. A Rússia oficializou que deixaria a Estação Espacial Internacional "depois de 2024", embora não tenha estabelecido uma data específica. Há planos de desenvolver seu próprio complexo de lançamento orbital, junto com "rebocadores" com energia nuclear no espaço.

A guerra russo-ucraniana subordinou a mudança climática a pressões políticas e econômicas imediatas. O fornecimento de energia foi interrompido em meio a uma crise de piora nos custos de vida e de fome em partes do Sul Global. O compromisso de proibir o investimento público em projetos de combustível fóssil foi enfraquecido, as usinas elétricas de queima de carvão voltaram a funcionar, enquanto a disputa por escassos suprimentos de combustível fóssil provocou uma nova onda de investimento de longo prazo. É cada vez menos provável que as metas de mudança climática sejam atingidas. O planeta está no caminho de um aquecimento global irreversível.[44]

---

43 Azarova, Natalia. In the new Space Race, Will Russia and China Triumph over America?, Carnegie Moscow Center, 28 dez. 2021. Disponível em: <https://carnegiemoscow.org/commentary/86094>.

44 Ver Lieven, *Climate Change and the Nation State*; e Linden, *Fire and Flood*.

Um mundo no limite

Em março de 2014, Putin colocou as forças nucleares da Rússia em alerta conforme a crise na Ucrânia escalava sobre a Crimeia. Nos anos subsequentes houve incansáveis sondagens de ambos os lados. Em 21 de agosto de 2020, seis bombardeiros B-52H Stratofrotress com capacidade nuclear voaram de sua base em Dakota do Norte via Reino Unido para conduzir operações aéreas intensivas sobre a Europa, incluindo a extensão da fronteira russa. Cada um é capaz de carregar oito AGM-86B mísseis de cruzeiro lançado do ar com armas nucleares em seu compartimento de bombas (ALCMs), bem como outras 12 ALCMs em suportes externos. O B-52 entrou em funcionamento em 1952, sendo projetado para cruzar o Atlântico ou o Pacífico para soltar bombas na União Soviética, embora mais tarde tenha sido adaptado para soltar volumosas quantidades de bombas convencionais no Sudeste Asiático durante a guerra do Vietnã. Em outro ato de provocação, em 4 de setembro [de 2020], três B-52s acompanhados de caças ucranianos voaram sobre o Mar Negro perto da costa da Crimeia. Outros B-52 conduziram operações de "demonstração de força" sobre o Mar de Barents e na costa ártica, bem como o Mar de Okhotsk no extremo oriente.[45] As simulações de bombardeio testam as capacidades de defesa aérea russa e seus tempos de resposta, mas constituem uma espécie de política da "covardia" [*chicken politics*] que muito provavelmente não acabará bem. São apresentadas como "tranquilizadoras dos aliados", mas o resultado foi uma maior provocação dos rivais.

Outro encontro próximo dos mais perigosos aconteceu em 24 de setembro de 2020, quando o destróier de mísseis guiados USS John S. McCain entrou na Baía de Pedro, o Grande, reivindicada pela Rússia, localizada no Mar do Japão, para realizar uma operação de liberdade de navegação com o objetivo de enfrentar as "reivindicações marítimas excessivas" da Rússia que, desde 1957, declarou jurisdição soberana total sobre tais águas. O navio estadunidense foi interceptado pelo destróier antissubmarino russo Almirante Vinogradov e ameaçou uma manobra de colisão, forçando a embarcação a mudar seu curso. A última operação deste tipo havia ocorrido em 1987, mas, em mais uma indicação do retorno à Guerra Fria, as incursões nas águas ao redor de Vladivostok foram retomadas em dezembro de 2018.[46] A resposta russa ao plano anunciado dos EUA em fevereiro de 2021 de

45 Para mais detalhes, ver Klare, Michael T. The nuclearization of American diplomacy, *CounterPunch*, 12 out. 2020. Disponível em: <https://www.counterpunch.org/2020/10/12/the-nuclearization-of-american-diplomacy/>.

46 Lukin, Artyom. US-Russia Naval Game of chicken off Vladivostok is more dangerous than it seems, 25 nov. 2020. Disponível em: <https://www.rt.com/op-ed/507781-us-russia-navy-cold-war/>.

instalar quatro bombardeiros B1B com capacidade nuclear na Noruega foi o envio de dois bombardeiros pesados Tu-160 em uma varredura demonstrativa do Norte da Europa, escoltados por um período por um par interceptadores MiG-31. A Rússia tem aproximadamente 50 bombardeiros Tu-95, Tu-22M e Tu-160 estacionados de frente para o Ocidente, em níveis de alerta de prontidão da Guerra Fria. Eles também realizaram patrulhas aéreas de provocação, testando as defesas aéreas ocidentais. O enclave russo de Kaliningrado se tornou um campo minado, com mísseis de defesa aérea S-300 e S-400 e mísseis antinavio Oniks e o sistema móvel de mísseis Iskander, bem como um regimento de caças com uma dúzia de Su-27. No segundo semestre de 2020, dois B-52 realizaram uma simulação de ataque na região, testando a reação da defesa aérea.[47] Ataques simulados são projetados para observar as respostas defensivas, mas podem ir muito além.

Esses encontros embutem o risco de uma escalada inadvertida. Foi o que aconteceu quando um caça chinês colidiu com um EP-3 da marinha dos EUA na Ilha de Hainan em 2001, provocando uma crise diplomática. Níveis de confiança diminuíram, tornando a "desconfiança" mais tênue. O próprio termo mudou seu significado, de uma coordenação avançada de atividades militares para resposta a incidentes. A projeção de força é voltada a demonstrar que ambos os lados estão falando sério, mas em tempos de alta tensão, "determinação" pode se transformar em conflito. As regiões do Báltico e do Mar Negro são pontos de tensão particularmente perigosos e os caças russos interceptaram várias vezes aeronaves de patrulha da marinha dos EUA no Mediterrâneo oriental e sobre a Síria. A Otan relatou que em 2020 interceptou aeronaves russa aproximadamente 350 vezes sobre o Báltico, enquanto a marinha estadunidense transitava cada vez mais no Mar Negro. As linhas diretas de desconfiança estão distantes o suficiente para administrar manobras de demonstração ao longo de toda a linha de confronto na Europa, bem como pelo Mar da China meridional.[48] Isso é acompanhado por exercícios militares crescentemente ramificados. O temor da guerra do Able Archer, no outono de 1983, foi desencadeado precisamente pelo medo soviético de que uma ofensiva da Otan pudesse começar sob sua cobertura.[49]

Diferente do tempo das duas grandes guerras do século XX, hoje não há uma potência estatal genuinamente revisionista tentando destruir o sistema

47 Axe, David. The US Air Force's Norwegian bomber jaunt has got the Russians all worked up, *Forbes*, 18 fev. 2021. Disponível em: <https://www.forbes.com/sites/davidaxe/2021/02/18/the-us-air-forces-norwegian-bomber-jaunt-has-got-the-russian-air-force-all-worked-up/?sh=112fc4377480>.

48 Clem, Ralph. Risky encounters with Russia: time to talk about real deconfliction, *War on the Rocks*, 18 fev. 2021. Disponível em: <https://warontherocks.com/2021/02/risky-encounters-with-russia-time-to-talk-about-real-deconfliction/>.

49 Jones, *Able Archer 83: The Secret History of the NATO Exercise that Almost Triggered Nuclear War.*

internacional existente.[50] A invasão russa da Ucrânia foi denominada como uma "operação militar especial" e apresentada como preemptiva e defensiva, refletindo a longa erosão da ordem de segurança europeia, e não como motivada pelo repúdio explícito das normas da Carta. A guerra demonstrou apenas como a segurança europeia se tornou precária. Em 1914, o efeito catalizador foi o assassinato do arquiduque Francisco Ferdinando e sua esposa em 28 de junho em Sarajevo, o que colocou a ampla maquinaria de guerra em movimento.[51] Em 2022 os instrumentos estavam bem lubrificados e foram postos em ação. A diferença entre uma Guerra Fria e uma guerra mundial não pode ser apagada, mas o sopé da Terceira Guerra Mundial certamente se aproxima.

---

50 Para uma análise dessa proposta, ver Krickovic, Andrej. Revisionism revisited: developing a typology for classifying Russia and other revisionist powers, *International Politics*.

51 Otte, *July Crisis: The World's Descent into War, Summer 1914*.

10
Guerra na Europa

O antigo espaço soviético foi excluído do acordo pós-Guerra Fria e se tornou um tema constante de disputa.[1] Os EUA *de facto* perseguiam uma política de contenção da Rússia para impedir que ela reafirmasse sua influência ao longo da região. Isso foi expresso em termos de defesa da soberania dos Estados recém-independentes, um objetivo louvável, mas que foi matizado pela intenção subjacente de impedir que a Rússia voltasse a ser uma potência regional. Esferas de influência foram consideradas reminiscências arcaicas de uma era passada, mas na prática isso significava a expansão de uma única esfera de interesse – a do Ocidente. Os países foram incentivados a forjar vínculos mais profundos com o Ocidente político, uma política que funcionava muito bem à medida que eles procuravam ingressar na Otan e na UE.[2] Moscou estava insegura sobre sua relação com aquilo que alguns chamavam de "estrangeiro próximo" e nos anos iniciais se concentrou em se tornar um Estado "normal" e ser aceita como parte do "mundo civilizado". Mais tarde, surgiu uma reação provocada pela ausência de uma ordem de segurança europeia robusta e inclusiva. A Rússia aplicou uma diplomacia coercitiva para impedir um desvio de seus vizinhos sem mediação no sentido do Ocidente. Carecendo de um modelo genuíno alternativo, não conseguiu criar sua própria ordem hegemônica regional.[3] Ao contrário, as relações

---

1 Para detalhes e dados sobre o conflito em desenvolvimento, ver Sakwa, *Frontline Ukraine: Crisis in the Borderlands*.

2 Charap, Samuel. How to break the cycle of conflict with Russia, *Foreign Affairs*, 7 fev. 2022. Disponível em: <https://www.foreignaffairs.com/articles/russia-fsu/2022-02-07>.

3 Slobodchikoff, *Building Hegemonic Order Russia's Way: Order, Stability, and Predictability in the Post-Soviet Space*.

foram marcadas por crises e desconfianças.[4] O impasse estava completo.[5] A credibilidade das repetidas propostas de revisão russa de uma ordem de segurança europeia pós-Guerra Fria foi questionada, ainda que a necessidade de repensá-la fosse bastante urgente.

O impasse ucraniano

A Comunidade dos Estados Independentes (CIS) foi criada em dezembro de 1991 para proporcionar continuidade quando a União Soviética se desintegrava. Foi projetada para manter alguns serviços, como assistência social e pagamentos de pensão, e inicialmente até um comando militar unificado. Logo se tornou evidente que proporcionaria uma estrutura não para integração, mas para o "divórcio civilizado" de Estados antes unificados. Mesmo Moscou era inconsistente em seu compromisso com a integração e foi um dos primeiros a criar alternativas funcionais para a UE. Washington se opôs ao restabelecimento russo do que se chamava de uma "esfera de influência" na região, ao passo que Moscou insistiu que tinha direito à "esfera de segurança". Toda a região, como Medvedev expôs de forma memorável em fins de agosto de 2008, foi considerada como uma "esfera de interesse privilegiada".[6] Não estava claro o que isso significava na prática.

O fato de a Rússia ter recorrido à diplomacia coercitiva refletiu a fraqueza de sua posição. Não conseguiu inventar um modelo atrativo para sua hegemonia, a criação de um sistema ao qual seus vizinhos ativamente tivessem vontade de aderir. Em parte isso refletia a dinâmica em curso da "descolonização", em que vários Estados sucessores procuraram afirmar sua identidade nacional, tradições e autonomia, e isso inevitavelmente significava o distanciamento da antiga metrópole imperial. Alguns Estados pós-coloniais aceitam que o caráter híbrido é algo essencial de sua condição e a partir disso abraçam a multiplicidade de identidades, linguagens e culturas. Outros almejam retornar a algum tipo de pureza pré-colonial, que exige a eliminação de imposições imperiais. Em alguns casos isso significa a criação de algum tipo de hierarquia da adequação, em que a nacionalidade titular desfruta de certos privilégios, mas em todos os lugares isso é acompanhado por histórias contestadas e guerras de memória.

---

4 Sakwa, The Ukraine syndrome and Europe: between norms and space, *Soviet and Post-Soviet Review*, n.44, p.9-31.

5 Sakwa, No exit: logic and rationality in the Ukraine Crisis, p.101-28.

6 Medvedev, Dmitry. Interv'yu Dmitriya Medvedeva telekanalam "Rossiya", Pervomu, NTV, Sochi, 31 ago. 2008. Disponível em: <http://www.kremlin.ru/text/appears/2008/08/205991.shtml>.

Isso se aplica com força particular na região pós-soviética. O legatário do império russo, a União Soviética, sempre foi uma construção peculiar. Criada mais como um império de ideologia do que como uma subordinação hierárquica a Moscou (embora houvesse muito disso), suas várias políticas de "ação afirmativa", praticadas intensamente nos anos 1920, mas não completamente repudiadas depois disso, levaram a um crescente ressentimento na própria Rússia.[7] A visão que prevaleceu foi que a Rússia havia sofrido tanto quanto as outras nações sob o poder soviético.[8] A tensão entre a Rússia como vítima e perpetuadora foi incorporada depois nas narrativas contrárias, provocando um debate cada vez mais amargo e tentativas de administrar a narrativa. Nos últimos anos do governo Putin houve crescentes e severos esforços de impor uma versão oficial da história, focada sobretudo na vitória soviética na luta contra a Alemanha nazista, suprimindo os pontos sombrios na história soviética e russa.

Foi na Ucrânia que as narrativas conflituosas alcançaram seu ápice.[9] Trata-se do segundo maior país na Europa depois da Rússia, com uma população estimada de 41 milhões em 2021 (estimada, porque o último censo nacional foi realizado em 2001); aqui a luta pelo futuro da Europa assumiu sua forma mais concentrada. Há muito a Ucrânia tem sido um território contestado. Seu próprio nome indica uma área costeira, mas também continental. Em 988, o príncipe Volodymir, de Kiev, adotou o cristianismo ortodoxo e, por cerca de 300 anos, a cidade foi o centro da cultura *Rus'*, embora tenha sido desafiada por príncipes de Velikii Novgorod e Pskov. Os mongóis destruíram Kiev em 1240, e o bastão acabou passando para o principado de Vladimir-Suzdal e, por fim, para Moscou. Aquilo que se tornaria o território ucraniano foi depois disputado pelos turcos otomanos, a comunidade polaca-lituana, a Áustria de Habsburgo e ainda pela Áustria-Hungria, Polônia e pelo Império russo. Em condições de divisão e ocupação, assim como a Polônia após a terceira partição em 1795, a nação se tornou repositório de identidade e não o Estado, uma trajetória bastante diferente da tradição russa centrada no Estado. As várias tentativas de criar um Estado independente depois da Revolução Russa de 1917 tiveram uma vida curta e sangrenta, até a Ucrânia comunista, por fim, se tornar uma fundadora da URSS em dezembro de 1922. Do mesmo modo, a Ucrânia, ao lado de outros membros fundadores, Bielorrússia e Rússia, concordaram com a abolição da União Soviética na floresta de Białowieża em dezembro de 1991.[10]

---

7 Martin, *The Affirmative Action Empire: Nations and Nationalism in the Soviet Union, 1923-1939*.

8 Brudny, *Reinventing Russia: Russian Nationalism and the Soviet State, 1953-1991*.

9 Ver Petro, *The Tragedy of Ukraine: What Classical Greek Tragedy Can Teach Us about Conflict Resolution*.

10 Para boas histórias, ver Plokhy, *The Gates of Europe: A History of Ukraine*; Subtelny, *Ukraine: A History*; Wilson, *The Ukrainians: The Story of How a People Became a Nation*; Yekelchyk, *Ukraine: Birth of a Modern Nation*.

A Ucrânia independente se tornou uma estrondosa democracia, com eleições competitivas e troca regular de líderes. Também foi dominada por uma forma particularmente concentrada de capitalismo oligárquico, concorrendo não apenas nos negócios, mas também por meio de conglomerados de comunicação e na política.[11] Na Rússia, os oligarcas da era Yeltsin haviam sido domesticados por Putin em julho de 2000, enquanto na sociedade ucraniana, mais aberta, eles mantiveram sua influência. Apesar da grande abundância de solos férteis e recursos naturais, assim como indústrias desenvolvidas herdadas da União Soviética, a economia ucraniana não conseguiu se recuperar das devastadoras interrupções da transição na década de 1990. Seu PIB em 2021 ainda não havia retornado ao nível da independência em 1991, e a Ucrânia se tornou o país mais pobre na Europa. O tratado russo-ucraniano sobre amizade, cooperação e parceira, de 1997, comprometeu as duas partes a "evitar participar ou apoiar quaisquer ações capazes de prejudicar a segurança do outro lado". Kiev adotou o que foi chamado de política externa multivetorial, olhando tanto para o Oriente quanto para o Ocidente, mas isso, por fim, não satisfez nenhum dos dois lados. Pior ainda, Moscou passou a acreditar que a Ucrânia estava sendo usada novamente como cabeça de ponte contra a Rússia, como havia ocorrido anteriormente com a Polônia e o império Austro-Húngaro e, posteriormente, com os estrategistas estadunidenses depois da guerra quando eles apoiaram a insurgência de Stepan Bandera na Ucrânia ocidental.

As preocupações russas foram ampliadas quando a estratégia provocadora de manter a Rússia e a Ucrânia separadas foi elaborada por Brzezinski. Ele argumentava em *The Grand Chessboard* [O grande tabuleiro de xadrez]:

> A Ucrânia, uma casa nova e importante no tabuleiro eurasiático, é um pivô geopolítico porque sua própria existência como um país independente ajuda a transformar a Rússia. Sem a Ucrânia, a Rússia deixa de ser um império eurasiático. A Rússia sem a Ucrânia ainda pode lutar por um *status* imperial, mas se tornaria um Estado imperial predominantemente asiático.[12]

Com a Ucrânia, a Rússia teria acesso a recursos e ao Mar Negro: "a Rússia automaticamente ganharia de novo os meios necessários para se tornar um Estado imperial poderoso, abrangendo a Europa e a Ásia".[13] O argumento (embora não incontestável) encontrou uma audiência pronta na Ucrânia, onde a separação da Rússia se tornou parte da estratégia de construção

---

11 Yurchenko, *Ukraine and the Empire of Capital: From Marketisation to Armed Conflict.*
12 Brzezinski, *Grand Chessboard*, p.46, e o ponto se repete na p.113.
13 Brzezinski, *Grand Chessboard*, p.46.

estatal do país pós-comunismo.[14] Já em 1992, Karaganov, à época vice-diretor do Instituto da Europa, observou que "Kiev está criando deliberadamente uma imagem inimiga da Rússia. Ela aponta para a relação que podemos descrever como uma tensão controlada. A campanha de propaganda de Kiev é verdadeiramente enorme".[15] Moscou estava incerta com relação ao nível de integração que desejava na Eurásia pós-soviética, mas certamente ressentia a estratégia ocidental de manter a Rússia e a Ucrânia separadas.

A questão atingiu o ápice quando a recém-ampliada UE procurou levar os vizinhos orientais a um maior alinhamento. Em maio de 2008, meses antes da guerra russo-georgiana, Carl Bildt e Radek Sikorski, os ministros de Relações Exteriores da Suécia e Polônia respectivamente, iniciaram a Parceria Oriental (EaP). Seus aspectos mais gritantes foram rebaixados pela Comissão Europeia, mas o lançamento formal da EaP em maio de 2009 sinalizou uma luta pela influência sobre a "vizinhança compartilhada", os seis países que ficam entre a Rússia e a UE: Bielorrússia, Moldávia, Ucrânia, Armênia, Azerbaijão e Geórgia.[16] A adesão completa ainda não era algo iminente, mas os países deveriam ser levados à órbita da UE por meio dos Acordos de Associação da UE, cada um deles incluindo um Acordo profundo e abrangente de livre comércio (DCFTA). O Acordo de Associação com a Ucrânia também exigiu "convergência" em questões de segurança, com a integração nos mecanismos de segurança europeus (artigos 4 e 7). No caso da Ucrânia, isso impôs, potencialmente, o fim do acordo de aluguel com a Rússia da base naval de Sebastopol na Crimeia. O acordo de 20 anos iniciado em 1997 expiraria em 2017, mas foi renovado em abril de 2010 por mais duas décadas, até 2042.

O cenário estava armado para um confronto épico com relação àquilo que ficou conhecido como "vizinhança contestada", o grupo de países entre as potências atlânticas em expansão e a Rússia. Houve vários conflitos nos anos 1990, sobretudo com relação a questões de trânsito de energia, então não foi nada surpreendente que a geopolítica instável das relações Rússia-Ocidente chegasse ao seu ápice com a Ucrânia. A presidência de Viktor Yushchenko, vigorosamente pró-ocidente, depois da revolução laranja de 2004 se mostrou instável e, em 2010, seu opositor derrotado, Yanukovych, por fim chegou ao governo em uma eleição que foi considerada livre e justa pela OSCE. A geografia eleitoral refletia o caráter "rachado" do país, com as regiões ocidentais, e em particular aquelas que só haviam sido incorporadas à Ucrânia por Stalin em 1945, reivindicando laços mais próximos com

14 Para a lógica do antagonismo e o consequente dilema de segurança, ver D'Anieri, *Ukraine and Russia.*

15 Karaganov, *Russia*, p.11.

16 Copsey; Pomorska, The influence of newer member states in the European Union: the case of Poland and the Eastern Partnership, *Europe-Asia Studies*, 66/3, p.421-43.

o Ocidente, ao passo que Yanukovych recorria aos sentimentos russófonos de Donbass e do Sul.

Yanukovych pode ter sido "pró-russo", ainda que decididamente perseguisse o Acordo de Associação com a UE, que iniciou em Bruxelas em março de 2012. Em agosto daquele ano, uma pesquisa revelou que 32% das pessoas eram favoráveis à associação à UE, enquanto 42% preferiam a União Aduaneira liderada pela Rússia. Em setembro de 2013, os humores haviam mudado em favor da UE (42%), enquanto ainda substantivos 37% preferiam o acordo com a Rússia.[17] Apesar das opiniões divididas, Yanukovych estava determinado a perseguir o acordo com a UE, fazendo que Moscou impusesse medidas severas no verão de 2013. A UE exigiu a libertação de Yulia Tymoshenko, política da oposição que cumpria uma sentença de sete anos de prisão, como uma condição para a assinatura do acordo. Em 21 de novembro, o parlamento ucraniano não conseguiu chegar a um consenso sobre a libertação de Tymoshenko, efetivamente deixando o acordo com a UE em suspenso. À época Putin ofereceu um empréstimo de 15 bilhões de dólares à Ucrânia, o que excedia em muito aquilo que havia sido ofertado pela UE. Naquele dia, Yanukovych implorou desesperadamente por uma conversa trilateral entre Ucrânia, Rússia e a UE, um formato ao qual esta última havia se oposto desde pelo menos 2009, quando, na criação da EaP, Putin defendeu conversas trilaterais sobre a modernização do sistema de gasoduto ucraniano. Sua ideia era iniciar um processo de cooperação que poderia aparar as arestas de um potencial conflito na região.

A lógica da expansão inevitavelmente encontrou uma reação defensiva da Rússia e o cenário estava pronto para o confronto. Quando Yanukovych retrocedeu e anunciou, em 21 de novembro, que adiaria a assinatura do Acordo de Associação, manifestantes se reuniram na praça central de Kiev, a Maidan Nezalezhnosti (Praça da Independência). Galvanizados pela dura repressão de 30 de novembro, os protestos viraram uma revolução. Os EUA apoiaram abertamente a insurreição Maidan e um vazamento revelou como assumiram a liderança para moldar um governo pró-Ocidente, supervisionado por Biden, mesmo quando o presidente eleito ainda estava no poder.[18] Um acordo mediado pela UE foi assinado em 21 de fevereiro de 2014 para as eleições de meio mandato e a retirada das forças de segurança foi repudiada por Maidan naquela tarde. Vendo-se sem defesa, no dia seguinte Yanukovych fugiu da cidade e logo depois do país. George Friedman, o chefe do reconhecido *think tank* Stratfor, argumentou que esse foi o "golpe mais descarado da história". O objetivo histórico dos EUA, em sua opinião,

---

17 International Republican Institute, *Public Opinion Survey Residents of Ukraine, 27 August-9 September 2013*. Disponível em: <https://www.iri.org>.

18 Ukraine crisis: transcript of leaked Nuland-Pyatt Call, *BBC News*, 7 fev. 2014. Disponível em: <https://www.bbc.co.uk/news/world-europe-26079957>.

era garantir que nenhum Estado poderia "acumular muito poder na Europa", assim impediram a Alemanha de dominar o continente por duas vezes e bloquearam a URSS e a Rússia de "fortalecer sua influência". Foi "interesse estratégico dos Estados Unidos impedir a Rússia de se tornar hegemônica. E está no interesse estratégico da Rússia não permitir que os EUA cheguem a suas fronteiras".[19] Moscou concordou, argumentando que este fora um golpe patrocinado pelo Ocidente contra um líder legitimamente eleito cujo pecado central era ser considerado "pró-Rússia" (apesar do seu comprometimento anterior com a integração da UE).[20] A derrubada violenta de Yanukovych interrompeu um equilíbrio político interno e despertou forças no país e no exterior com efeitos devastadores. O modelo nacionalista de construção do Estado (apesar de estar em seu nível máximo de generosidade e tolerância) derrotou e deslegitimou abordagens mais pluralistas.[21]

O resultado imediato foi a intervenção de Moscou na Crimeia. Em 16 de março, um referendo promovido por Moscou demonstrou um apoio extraordinário à reunificação. Embora os números exatos ainda sejam motivos de disputa, as pesquisas de opinião independentes confirmam um forte sentimento favorável.[22] Em 18 de março, o território foi anexado. O discurso de Putin naquele dia culpou as potências ocidentais pelo colapso do sistema europeu. Ele as condenou por ignorarem o Direito internacional, argumentando que era o ápice da hipocrisia e de "dois pesos e duas medidas" acusar a Rússia de ações que simplesmente reproduziam o comportamento ocidental, incluindo o reconhecimento da independência de Kosovo em fevereiro de 2008. Fez referência ao julgamento ICJ de 22 de julho de 2010 que afirmava: "O Direito internacional geral não contém nenhuma proibição com relação a declarações de independência". Segundo, Putin justificou a anexação pela necessidade de defender o "mundo russo" (*Russkii mir*). O termo é vago, sem fronteiras evidentes, mas apela à visão de que a nação russa é mais ampla que o Estado russo, englobando uma comunidade de *sootechvenniki* (compatriotas). O conceito foi aplicado depois pelos insurgentes em Donbass que reivindicavam uma afiliação cultural à Rússia.[23] Terceiro, Putin generalizou a crise como um indicativo de um colapso mais amplo na ordem global:

---

19 Chernenko, Elena; Gabuev, Alexander. Interesy RF i SShA v otnoshenii Ukrainy nesovmestimy drug s drugom, *Kommersant*, 19 dez. 2014, traduzido por Paul Grenier, In Ukraine, U.S Interests are incompatible with the interests of the Russian Federation' Stratfor Chief George Friedman on the roots of the Ukraine Crisis, jan. 2015. Disponível em: <http://us-russia.org/2902-in-ukraine-us-interests-are-incompatible-with-the-interests-of-the-russian-federation-stratfor-chief-george-friedman-on-the-roots-of-the-ukraine-crisis.html>.

20 Para uma visão contrária, ver Wilson, *Ukraine Crisis: What it Means for the West.*

21 Petro, Nicolai N. Bringing Ukraine back into focus, Carnegie Council, 19 ago. 2015. Disponível em: <https://www.carnegiecouncil.org/publications/articles_papers_reports/742>.

22 Analisado por Toal, *Near Abroad: Putin, the West and the Contest over Ukraine and the Caucasus.*

23 Laruelle, *The "Russian World": Russia's Soft Power and Geopolitical Imagination.*

> Como um espelho, a situação na Ucrânia reflete o que está acontecendo e o que tem acontecido no mundo nas últimas décadas. Depois da dissolução da bipolaridade no planeta, nós não temos mais estabilidade. As principais instituições internacionais não estão se fortalecendo nem um pouco; ao contrário, em muitos casos, infelizmente, estão se degradando.

Enfatizou que a ampliação "significava que a marinha da Otan estaria exatamente nesta cidade da glória militar da Rússia [Sebastopol], e isso criaria não uma ameaça ilusória, mas sim perfeitamente real para todo o Sul da Rússia". Quarto, Putin insistiu que era amigo da Ucrânia:

> Também quero me dirigir ao povo da Ucrânia. Eu sinceramente quero que vocês nos entendam: de modo algum, queremos prejudicá-los, ou queremos ferir seu sentimento nacional. Sempre respeitamos a integridade territorial do Estado ucraniano, a propósito, diferente daqueles que sacrificaram a unidade ucraniana por sua ambição política.[24]

Ele insistiu que os ucranianos e os russos eram um só povo, embora naquele momento isso não significasse que ele pensava que deveriam ser parte do mesmo Estado.

Nessa época a insurgência anti-Maidan havia se difundido por Donbass. Os rebeldes acreditavam que se Yanukovych houvesse permanecido no poder e as partes ocidentais da Ucrânia houvessem iniciado uma insurgência, "o Ocidente teria defendido o povo lá".[25] O objetivo inicialmente era muito mais a autonomia que a separação, embora o início da chamada Operação Antiterrorista (ATO) por Kiev em abril provocou uma guerra na qual, até 2021, 14 mil pessoas haviam sido mortas. O acordo Minsk-2 de fevereiro de 2015 forneceu um marco para a retomada da soberania ucraniana com a condição de uma devolução significativa. Diante de uma implacável oposição de militantes nacionalistas empoderados pela revolução Maidan, as autoridades de Kiev não foram capazes de cumpri-lo. Os acordos Minsk implicavam uma transformação do Estado, portanto estavam compreensivelmente ressentidos, mas Moscou era regularmente sancionada por não cumprir o acordo. Por fim, o Minsk-2 dizia respeito ao retorno das repúblicas à soberania ucraniana, mas à medida que o tempo passou isso se tornou cada vez mais difícil. Kiev rompeu a maior parte dos contatos, fornecimento de água, pagamento de assistência social e serviços à população, que se voltou à Rússia em busca

---

24 Putin, Vladimir. Address by the President of the Russian Federation, 18 mar. 2014. Disponível em: <http://en.kremlin.ru/events/president/news/20603>.

25 Uma citação do líder rebelde "Príncipe". Cf. Matveeva, Anna. *Through Times of Trouble: Conflict in Southeastern Ukraine Explained from Within*, p.100.

de apoio. Em fins de 2021, ao redor de 750 mil pessoas haviam obtido passaporte russo (de uma população total de cerca 2,3 milhões da República Popular de Donetsk e de 1,4 milhão na República Popular de Lugansk), embora a maior parte conservasse a cidadania ucraniana. Assinados sob a pressão de uma derrota militar, os acordos Minsk, não obstante, ofereceram um caminho "no sentido de uma Ucrânia mais democrática e plural que reconhece e aceita sua própria diversidade política".[26]

Foi nesse espírito que Volodymyr Zelensky foi eleito com 73% dos votos em abril de 2019 como o candidato da paz. Suas primeiras tentativas para encontrar algum tipo de solução dentro do marco do Minsk-2 foram impedidas pelos chamados protestos anticapitulação. Os caminhos para implementar o Minsk-2 delineados na reunião com Putin em Paris em dezembro de 2019 dentro do marco do Formato da Normandia (França, Alemanha, Rússia e Ucrânia) também foram bloqueados por anticapitulacionistas, ameaçando-o com um novo Maidan.[27] Zelensky se aliou ao modelo nacionalista de exclusão "galego" de construção do Estado ucraniano.[28] A luta foi tanto "civilizacional-geopolítica" quanto "internamente ucraniana", e a combinação das duas se mostrou devastadora.[29] Assim como a "questão polaca" atormentou a política europeia no século XIX, a "questão ucraniana" fará o mesmo no século XXI.

O eleitorado sensível às preocupações russófonas foi drasticamente reduzido e a *kulturkampf* contra a influência política e cultural russa na Ucrânia pós-Maidan se intensificou. Nos últimos dias no cargo, o presidente eleito em maio de 2014, Petro Poroshenko, introduziu a lei "Sobre a garantia do funcionamento do ucraniano como a língua oficial do Estado", impondo restrições onerosas ao russo e a outras línguas. Essa e outras medidas de "desrrussificação" foram introduzidas. Apesar da perda da Crimeia fortemente russófona e de Donbass, não havia um grande consenso sobre o ingresso da Ucrânia na Otan. A proporção aumentou de 34% em março de 2014 para apenas 54% em novembro de 2021, mas surpreendentes 21% ainda apoiavam o ingresso na união aduaneira com a Rússia, Bielorrússia e Cazaquistão.[30]

---

26 Ishchenko, Volodymyr. Ukrainians are far from unified on NATO, *Truthout*, 28 dez. 2021. Disponível em: <https://truthout.org/articles/ukrainians-are-far-from-unified-on-nato-let-them-decide-for-themselves/>.

27 Rudenko, *Zelensky: A Biography*, p.49.

28 Analisado por Petro, *Tragedy of Ukraine*, p.36-90, 103, 241.

29 Hahn, Gordon. *Ukraine over the Edge: Russia, the West and the "New Cold War"*.

30 International Republican Institute, IRI Ukraine Poll Shows Support for EU/ NATO Membership, Concerns over Economy and Vaccines for Covid-19, 17 dez. 2021. Disponível em: <https://www.iri.org/resource/iri-ukraine-poll-shows-support-eunato-membership-concerns-over-economy-and-vaccines-covid>.

O *status* da Ucrânia é central para o ambiente de segurança da região e da Europa como um todo. Para aqueles governados por uma lógica geopolítica simplista, era o grande "prêmio", a visão desenvolvida por Brzezinski em *The Grand Chessboard*.[31] Nestes termos, a Ucrânia se tornou um peão a ser vencido por atores externos. Pior ainda, a luta sobre a Ucrânia mobilizou e radicalizou forças internas em conflito que poderiam ter encontrado uma maneira de formalizar em sua Constituição a diversidade e a política de múltiplas identidades estrangeiras no país.[32] O conflito da Ucrânia sempre foi a única causa mais provável de confronto direto entre a Rússia e o Ocidente. Embora o Minsk-2 tenha estabilizado a situação, no que toca à Kiev, não proporcionou um marco para a resolução do problema de Donbass. Era necessário conceder à região uma autonomia garantida constitucionalmente, que ela temia que mantivesse o restante do país como refém e impedisse a adesão à Otan. A política externa "multivetorial" até 2014 manteve um equilíbrio, mas depois disso o país se inclinou radicalmente para um lado, causando o desequilíbrio interno.[33] Como o confronto virou uma guerra, os EUA se excederam e a Rússia reagiu de forma exagerada. Todas as partes hesitaram e "todo mundo perdeu".[34] A Ucrânia se tornou um conflito intratável no coração da Europa, uma fissura que atestou o fracasso mais amplo da ordem de segurança europeia pós-Guerra Fria.

A segurança da Europa em risco

Apesar de a Primeira Guerra Fria ter sido um conflito global, com várias guerras quentes pelo mundo, na Europa se tornou um confronto estático. A Otan e a URSS respeitaram a linha de frente estabelecida após a guerra, permitindo que esta invadisse a Hungria em 1956 e a Tchecoslováquia em 1968, enquanto o *status quo* era defendido em Berlim. Ao contrário, a Segunda Guerra Fria é uma competição mais dinâmica, com a Otan avançando ao Oriente, enquanto a Rússia apoiava movimentos nacionais populistas dentro do Ocidente político e organizações contra-hegemônicas multilaterais no mundo como um todo (ver Capítulo 12). A luta foi desigual, e a Rússia tinha um repertório um tanto limitado de instrumentos para conter as

31 O argumento básico foi apresentado pela primeira vez no texto de Brzezinski: The Premature Partnership, *Foreign Affairs*, 73/2, p.67-82.

32 Esses são explorados em vários ensaios em Black; Johns, *The Return of the Cold War: Ukraine, the West and Russia*.

33 Para uma análise concisa e elucidativa, ver Marks, Ramon. Russia alone did not destabilize Ukraine, *National Interest*, 19 dez. 2021. Disponível em: <https://nation-alinterest.org/feature/russia-alone-did-not-destabilize-ukraine-198065>.

34 Charap; Colton, *Everyone Loses: The Ukraine Crisis and the Ruinous Contest for Post-Soviet Eurasia*.

potências atlânticas. Um deles era o apelo normativo às normas da Carta, ao Direito internacional e sobretudo ao princípio da indivisibilidade da segurança consagrado na Ata Final de Helsinque e nas declarações subsequentes. O internacionalismo democrático foi contraposto pelo internacionalismo soberano, o direito dos Estados de administrar seus próprios assuntos, uma visão amplamente apoiada no Sul Global. No fim, Putin considerava tudo isso inadequado e lançou o ataque militar na Ucrânia. Se a guerra russo-georgiana de 2008 pode ser considerada a primeira para frear a ampliação da Otan, então a guerra ucraniana de 2022 é a segunda.

Estrategistas militares lidam com possibilidades, portanto o estudo da motivação e das capacidades é crucial. A anexação da Crimeia provocou o debate: isso teria sinalizado o início das ambições russas para restaurar seu império, com as repúblicas do Báltico sendo as próximas, ou foi motivada por um conjunto único de circunstâncias? Moscou estava simplesmente respondendo ao que considerou um golpe em Kiev e ao avanço de longo prazo das instituições de segurança do Ocidente até suas fronteiras, ou foi motivada por algum tipo de tentativa de recriar o império russo? Na segunda hipótese, sua ambição evidentemente excedeu seu alcance. O poder de Moscou é marcadamente reduzido se comparado com a Primeira Guerra Fria. A independência de 14 repúblicas não russas fez que as fronteiras ocidentais do país retornassem quase àquelas da antiga Moscóvia. Diferentemente da URSS, a Rússia não tinha mais um anel de aliados, ainda que insubmissos, em suas fronteiras, com a exceção parcial da Bielorrússia. A economia soviética em seu auge nos fins dos anos 1970 chegava a quase metade da dos EUA e hoje a disparidade é de pelo menos cinco vezes. O desequilíbrio é ainda maior quando se considera o peso combinado da aliança atlântica. A Rússia retém paridade nuclear com os EUA e, depois de 2008, suas forças armadas modernizadas transformaram a Rússia em um protagonista mais plausível. Contudo, o grande desequilíbrio em todas as questões a não ser as nucleares e diplomáticas transformou a situação em pouco mais do que uma forma de unipolaridade modificada: um polo poderoso no Ocidente confrontado pelo semipolo de Moscou, sustentado pelo alinhamento com a China. Apesar das adversidades, Putin estava pronto para enfrentar o Ocidente político.

A cúpula da Otan em Newport, Gales, de 4 e 5 de setembro de 2014 respondeu à situação alterada de segurança europeia. A meta de 2% em gastos com defesa foi reafirmada e foi adotado um Plano de Ação de Prontidão (RAP). Isso estabeleceu bases militares "pontas de lança" na linha de frente dos Estados do Leste Europeu e forças de reação rápida na Polônia e nas repúblicas bálticas, com um destacamento fixo, embora não permanente, de forças com o efetivo de brigadas. A instalação tecnicamente permaneceu dentro dos limites da Ata Fundadora Otan-Rússia, mas seu espírito foi violado. A Iniciativa Europeia de Reafirmação (ERI) foi lançada por Obama em junho de 2014 com um orçamento de 1 bilhão de dólares para treinamento e rotação de forças, mas em 2017 o Pentágono previu um aumento de quase quatro vezes, chegando a 3,4 bilhões de dólares. As operações dos EUA para a Otan na Europa ficaram sob a Operação Resolução Atlântica, incluindo o destacamento rotativo de grupos de batalhões e a intensificação de exercícios para 100 mil soldados (de todas as forças) então mobilizados no continente. As estratégias de contrainsurgência pós-11/9 deram lugar ao planejamento de conflitos entre grandes potências.

Obama se recusou a autorizar a transferência de armas letais para as forças armadas ucranianas por medo da escalada do confronto, mas o governo Trump reverteu essa política em março de 2018. As vendas incluíam rifles snipers Barrett e mísseis antitanques Javelin, que podem destruir tanques e veículos blindados, além dos tanques T-90 e T-72B3M equipados com os sistemas mais recentes de blindagem reativa e de defesa. A mudança no equilíbrio estratégico suscitou a especulação que Kiev seria tentada a lançar uma ofensiva para retomar as regiões separatistas de Donbass e, possivelmente, a Crimeia. No começo de 2021, a Rússia reuniu uma grande força na fronteira para deter tais ideias e a ameaça imediata de guerra diminuiu. Contudo, a entrega de armas ofensivas indicou que os EUA estavam agora comprometidos em construir o poder militar da Ucrânia como parte do aprofundamento de um confronto por procuração, desestabilizando o que havia restado da segurança europeia. Embora a Ucrânia demandasse um rápido ingresso na Otan, Washington compreendeu que essa era a "linha vermelha" para Moscou, que prudentemente se recusou a cruzar.

A Otan retornou a sua missão original de uma dura contenção da Rússia. Uma "cortina de ferro" novamente dividia a Europa, dessa vez ao longo da fronteira russa de Narva no Báltico até Mariupol no Mar de Azov. A paz fria cedeu lugar para uma nova Guerra Fria, mas como Valerii Gerasimov, o chefe do Estado-maior russo, observou, estava se tornando cada vez mais difícil saber a diferença entre guerra e paz.[35] A Otan reforçou suas forças na região e a Rússia respondeu à altura como parte da lógica de escalada do dilema da segurança. Moscou reverteu parcialmente a mudança da estrutura divisional para a de brigada, um dos elementos-chave da reforma militar pós 2008. A configuração de brigada sinalizava o fim de uma postura de força moldada para combater uma guerra terrestre contra a Otan e, em vez disso, buscou criar uma força móvel preparada para se envolver em conflitos menores. A intensificação do confronto com o Ocidente político passou por uma reversão parcial a formações da era soviética com a criação, *inter alia*, do 1º exército de tanques de guarda e o 20º exército armado combinado. O distrito militar ocidental foi reforçado com um recebimento de armas

35 Gerasimov, Mir na granyakh voiny, *Voenno-promyshlennyi kur'er*, p.10.

modernas, incluindo o sistema de míssil antiaéreo S-400 Triumf, o novo tanque de guerra T-72B3M e o veículo de infantaria leve BMP-3.

O princípio básico do pensamento estratégico é que a capacidade não implica intenção; mas isso é acompanhado por outro elemento central de tal pensamento – a preparação para qualquer eventualidade concebível. É por isso que as linhas divisórias se tornaram cada vez mais fortificadas. A rotação de forças semipermanentes na Europa oriental necessitava de bases, linhas de fornecimento, modernização dos campos aéreos, construção de sistemas de comunicação e criação de uma rede de logística e de fornecimento como aquelas desenvolvidas pelas forças aliadas nos anos pós-guerra na Alemanha Ocidental. A amplitude e a escala dos exercícios militares aumentaram. O exercício Defensor Resoluto, entre abril e junho de 2021, mobilizou 20 mil soldados estadunidenses, além de um contingente de 17 mil soldados aliados da Otan e "parceiros" como a Ucrânia. Mais tarde naquele verão, o exercício naval de larga escala reuniu porta-aviões, submarinos, aeronaves e vários outros navios com um efetivo de 25 mil pessoas em 17 diferentes fusos horários tanto no Oceano Pacífico quanto no Atlântico.

A cúpula de Londres da Otan em dezembro de 2019 encomendou uma revisão para fortalecer a dimensão política da aliança em resposta aos novos desafios. O relatório destacava positivamente o fato de ter "desafiado várias previsões de seu colapso iminente", antes de afirmar que havia "respondido com clareza, unidade e determinação à ameaça representada pela agressão russa na região euro-atlântica". Em suma, "hoje a Otan se posiciona como a aliança mais bem-sucedida da história, englobando quase um bilhão de pessoas e metade do PIB global em um espaço que se estende da costa pacífica da América do Norte até o Mar Negro".[36] O documento reverteu a clássica linguagem da Guerra Fria, argumentando que a ampliação ao Oriente "representava tanto o fechamento do vácuo geopolítico no Leste da Europa [...] e a reincorporação de antigas nações reféns ao Ocidente democrático". Desde 2014 a Presença Avançada da Otan, o Plano de Ação de Prontidão e a Iniciativa de Prontidão significam que a aliança possui uma variedade de ferramentas "não apenas para confrontar a ameaça militar russa, mas também para compreender, antecipar e se defender contra o terrorismo e ameaças nos reinos híbrido e cibernético". A discussão se concentrou em como alcançar "coesão política e convergência" à luz tanto do desafio da Rússia quanto da China. A nova "concorrência geopolítica" representada como "desafios globais" contra o qual a aliança precisava se unir. Isso foi um chamado às armas. A Segunda Guerra Fria estava se tornando profunda e extensa como a primeira, e não menos difícil de terminar. Seu caráter dinâmico a tornou mais perigosa que a primeira.

---

36 *NATO 2030: United for a New Era*, 25 nov. 2020. Disponível em: <https://www.nato.int/nato_static_fl2014/assets/pdf/2020/12/pdf/201201-Reflection-Group-Final-Report-Uni.pdf>.

As forças da Otan no Báltico e na Polônia atuavam como um "disparador" no caso de um ataque russo, mas sua postura de força geral sugeriu que considerava tal assalto extremamente improvável. Moscou possuía o que os planejadores militares chamam de "domínio da escalada", a habilidade de concentrar forças regionalmente de maneira muito rápida. A desproporção nas forças convencionais em algum ponto quase inevitavelmente envolve o recurso a armas nucleares. É por isso que houve severas dúvidas se a Otan viria em defesa de Montenegro ou do Norte da Macedônia e menos ainda se Estados aliados, mas não membros da Otan, como Georgia e Ucrânia, o fariam. Não obstante, os temores da Guerra Fria renasceram. A Otan há muito estava obcecada pela Brecha de Fulda [*Fulda gap*] entre a fronteira da RDA e Frankfurt, uma planície por meio da qual se temiam avanços dos tanques do Pacto de Varsóvia em direção ao Atlântico. A agora chamada Brecha de Suwlki [*Suwalki Gap*] (corredor), a porção de terra entre Bielorrússia e Kaliningrado, foi identificada como a rota que as forças russas utilizariam para bloquear as repúblicas bálticas. A correlação de forças na região era supreendentemente a favor da Rússia, por isso o destacamento de brigadas da Otan na Polônia e no Báltico para detê-la. Não obstante, em quase todo cenário militar convencional possível, a Otan não seria capaz de impedir a ocupação russa da região.[37] A opção da retaliação nuclear surge, incluindo as armas táticas da Otan e suas novas ogivas nucleares de baixo rendimento, colocadas em mísseis balísticos lançados por submarinos (SLBMs) posicionados na linha de frente.[38]

Caminho para a guerra

Os padrões da Guerra Fria foram restaurados. As potências atlânticas apoiavam o que o analista ucraniano Mikhail Pogrebinsky chama de "regime autoritário pró-ocidental" em Kiev.[39] O regime, por sua vez, fez o que muitos Estados haviam feito na Primeira Guerra Fria, internacionalizar conflitos internos e explorar tensões entre as grandes potências.[40]

---

37 Especialmente o relatório RAND de Shlapak, David; Johnson, Michael. *Reinforcing Deterrence on NATO's Eastern Flank*, 2016. Disponível em: <https://www.rand.org/content/dam/rand/pubs/research_reports/RR1200/RR1253/RAND_RR1253.pdf>.

38 Ritter, Scott. How Polish Wargame where it loses to Russia could become a self-fulfilling prophecy, 23 fev. 2021. Disponível em: <https://www.rt.com/op-ed/516389-poland-wargame-russia-nato-war/>.

39 Pogrebinsky, Mikhail. Why Zelensky's Ukraine is becoming increasingly autocratic, *National Interest*, 6 abr. 2021. Disponível em: <https://nationalinterest.org/feature/why-zelensky%E2%80%99s-ukraine-becoming-increasingly-auto-cratic-182124>.

40 Carpenter, Ted Galen. Why Ukraine is a dangerous and unworthy ally, *National Interest*, 28 jun. 2021. Disponível em: <https://nationalinterest.org/blog/skeptics/why-ukraine-dangerous-and-unworthy-ally-188742>.

Kiev contratou uma falange de consultores de relações públicas no Ocidente para consolidar a frente anti-Rússia. Encorajado pela linha dura do governo Biden e com sua popularidade em declínio, Zelensky declarou, com um decreto de 24 de março de 2021, que a retomada da Crimeia seria, a partir de então, política oficial da Ucrânia. Em sua primeira conversa telefônica com o presidente ucraniano em 2 de abril de 2021, Biden "afirmou o resoluto apoio dos Estados Unidos pela soberania e integridade territorial da Ucrânia diante da contínua agressão da Rússia em Donbass e na Crimeia". O secretário de Defesa dos EUA também usou o termo "resoluto apoio" em uma ligação com o seu correspondente ucraniano à época.[41] Zelensky redobrou esforços para acelerar o ingresso na Otan, embora em sua visita a Kiev, em maio de 2021, Blinken deixou claro que isso era pouco provável em curto prazo. A adesão é proibida a Estados com disputas territoriais não resolvidas, consideradas um fator importante para que a Rússia mantenha conflitos prolongados em sua vizinhança. A Otan também foi hesitante em se comprometer com a defesa ucraniana, pois isso arriscaria uma guerra com a Rússia.

Em uma linguagem cada vez mais intransigente, a Rússia desafiou o direito das potências atlânticas de expandir seu sistema de segurança até suas fronteiras.[42] Moscou declarou apoiar os princípios fundacionais do sistema internacional da Carta, repudiando, com isso, o suposto "sequestro" das normas e Direito internacionais pela chamada "ordem baseada em regras". A "grande substituição" percebida não seria permitida. Na Finlândia, em julho de 2017, Putin condenou "o caráter transnacional da legislação estadunidense" e destacou que há muito tempo havia tratado dessa questão. Fez uma referência a seu discurso de fevereiro de 2007 em Munique e reiterou: "É exatamente como eu disse: essa prática é inaceitável – ela está destruindo as relações e o Direito internacionais. Nós nunca aceitamos e nunca vamos aceitar isso".[43] Em seu pronunciamento anual à Assembleia Federal, em abril de 2021, Putin enfatizou que a Rússia realmente "não queria queimar pontes", mas alertou que se "alguém entender equivocadamente nossas boas intenções como indiferença ou fraqueza e tentar queimar ou mesmo destruir essas pontes, devem saber que a resposta da Rússia será assimétrica, veloz e dura". Putin esperava que "ninguém pensasse em cruzar a 'linha vermelha'

---

41 Leupp, Gary. Biden to Ukraine: "unwavering support for Euro-Atlantic aspirations", *CounterPunch*, 7 abr. 2021. Disponível em: <https://www.counterpunch.org/2021/04/07/biden-to-ukraine-unwavering-support-for-euro-atlantic-aspirations/>.

42 Lieven, Anatol. Russia has been warning about Ukraine for decades: the West should have listened, *Time*, 25 jan. 2022. Disponível em: <https://time.com/6141806/russia-ukraine-threats/>.

43 Joint News Conference with President of Finland Sauli Niinisto, 27 jul. 2017. Disponível em: <http://en.kremlin.ru/events/president/news/55175>.

com relação à Rússia".[44] Em julho, seu artigo "Sobre a unidade histórica dos russos e ucranianos" enfatizou que os dois eram um só povo e foi além, questionando a viabilidade do Estado ucraniano, embora não negasse o princípio da soberania deste.[45] A Rússia avançava ao revisionismo e ao conflito.[46]

Ambos os lados estavam presos em um ciclo de escalada. Em 1º de setembro de 2021, Zelensky visitou a Casa Branca, a primeira visita do gênero feita por um chefe de Estado ucraniano, e assinou a "Declaração conjunta sobre a parceria estratégica EUA-Ucrânia". O documento descrevia de forma implacável a luta com a Rússia como sendo entre democracia e autocracia, ao mesmo tempo que saudava as "aspirações euro-atlânticas" da Ucrânia. A declaração afirmava de maneira inequívoca que "Estados soberanos têm o direito de tomar suas próprias decisões e escolher suas próprias alianças", linguagem aparentemente escolhida para aborrecer Moscou. A intenção da Ucrânia de ingressar na Otan foi confirmada, enquanto a "agressão" russa foi empaticamente condenada. Os EUA declararam que nunca reconheceriam "a suposta anexação russa da Crimeia", enquanto buscavam uma solução diplomática "para o conflito liderado pela Rússia na Ucrânia oriental" (sem mencionar Minsk). A declaração observava que os EUA haviam dado 2,5 bilhões de dólares em assistência de segurança, sendo 400 milhões apenas em 2021, e um novo pacote de 60 milhões incluía mais antiblindados Stinger e outros sistemas para "permitir que a Ucrânia se defenda de forma mais efetiva contra a agressão russa".[47] Uma "Carta sobre a parceria estratégica EUA-Ucrânia" de dez anos, mais detalhada mas essencialmente a mesma, foi assinada pelos dois ministros das Relações Exteriores em 10 de novembro, enfatizando a "cooperação de defesa e segurança" aprimorada, além de atualizar o documento de dezembro de 2008 do mesmo nome.[48] A intenção pode não ter sido a de incitar a Rússia, mas certamente teve este efeito. Moscou ficou furiosa, com Lavrov afirmando que as relações haviam chegado "ao limite".[49]

---

44 Putin, Vladimir. Presidential Address to the Federal Assembly, 21 abr. 2021. Disponível em: <http://en.kremlin.ru/events/president/news/65418>.

45 Putin, Vladimir. On the Historical Unity of Russians and Ukrainians, 12 jul. 2021. Disponível em: <http://en.kremlin.ru/events/president/news/66181>.

46 Como argumentado por Mearsheimer, Why the Ukraine crisis is the West's fault.

47 White House, Joint Statement on the US-Ukraine Strategic Partnership, 1 set. 2021. Disponível em: <https://www.whitehouse.gov/briefing-room/statements-releases/2021/09/01/joint-statement-on-the-u-s-ukraine-strategic-partnership/>.

48 State Department, US-Ukraine Charter on Strategic Partnership, 10 nov. 2021. Disponível em: <https://www.state.gov/u-s-ukraine-charter-on-strategic-partnership/#:~:text=The%20United%20States%20and%20Ukraine%20endorse%20the%202021%20Strategic%20Defense,such%20as%20Black%20 Sea%20security%2C>.

49 Sacks, David. The State Department failed to prevent the war. Will It now prevent the peace?, *American Conservative*, 8 abr. 2022. Disponível em: <https://www.theam-ericanconservative.com/articles/the-state-department-failed-to-prevent-the-war-will-it-now-prevent-the-peace/>.

Naquele mesmo mês, a Rússia rompeu laços diplomáticos com a Otan depois de a aliança expulsar oito diplomatas, acusados de espionagem, da missão russa em Bruxelas. Em um contexto de mobilizações militares nas proximidades da Ucrânia, em 17 de dezembro, a Rússia submeteu duas propostas de tratados de segurança europeu, repetindo alguns dos temas da proposta de Medvedev em 2008-09. Um era dirigido aos EUA e outro à Otan.[50] Os documentos continham três exigências principais: nenhuma ampliação adicional da Otan, abrangendo em primeira instância a Ucrânia, assim como a Geórgia; nenhuma instalação de armamento ou forças militares nas fronteiras com a Rússia; e o retorno, por parte da Otan, à postura de força de maio de 1997, quando a Ata Fundadora Otan-Rússia foi assinada. Isso envolveria remover forças dos países que haviam ingressado desde então, incluindo batalhões multinacionais das repúblicas bálticas e da Polônia. Exigências secundárias incluíam a remoção de sistemas de forças nucleares de alcance intermediário da Europa e o fim da intromissão nos assuntos internos da Rússia. O documento da Otan focava no perigo de exercícios militares, com três de seus artigos (1, 2 e 7) tratando da questão. O primeiro artigo defendia que Otan e Rússia "exercessem restrições no planejamento militar e na condução de exercícios para reduzir os riscos de eventuais situações perigosas de acordo com suas obrigações sob o Direito internacional".

A combinação de iniciativas militares e diplomáticas forçou um diálogo substantivo entre EUA e Rússia sobre segurança europeia pela primeira vez desde as negociações sobre a reunificação alemã em 1990, que já representavam uma importante conquista russa. Putin havia sinalizado há bastante tempo sua insatisfação, desde pelo menos seu discurso de Munique em 2007. Pela primeira vez em 30 anos, suas preocupações de segurança estavam sendo discutidas nos mais altos níveis diplomáticos, embora isso não significasse que estivessem sendo levadas a sério. A Casa Branca, o Departamento de Estado e a Otan fizeram pouco para testar até que ponto a Rússia estava disposta em ser flexível com relação a suas demandas maximalistas. Isso fez que comentadores "especulassem que a intransigência estadunidense era uma manobra deliberada para levar os russos a um atoleiro no estilo afegão".[51] É mais provável que Washington por muito tempo tenha se habituado a não levar a sério as questões russas, refletindo o crescente caráter "hermético" do Ocidente político. Seguro em suas conquistas, por que

---

50 Russian Foreign Affairs Ministry, Treaty between the United States of America and the Russian Federation on Security Guarantees, 17 dez. 2021. Disponível em: <https://mid.ru/ru/foreign_policy/rso/nato/1790818/?lang=en>; Agreement on Measures to Ensure the Security of the Russian Federation and Member States of the North Atlantic Treaty Organisation, 17 dez. 2021. Disponível em: <https://mid.ru/ ru/foreign_policy/rso/nato/1790803/?lang=en&clear_cache=Y>. A data do documento é 15 de dezembro.

51 Sacks, The State Department failed to prevent the war.

levar a sério as preocupações de um Estado "estraga prazeres"? Tais opiniões foram ampliadas pelo escândalo *Russiagate*, o suposto conluio entre Trump e Putin nas eleições estadunidenses de 2016, com sabotagens e intervenções nas redes sociais. A percepção de que a Rússia havia tentado subverter a democracia estadunidense acirrou as animosidades para níveis sem precedentes. Nessas circunstâncias, era pouco provável que Washington fosse receptivo a saídas diplomáticas para a tempestade que estava se formando. É muito mais provável que os líderes estadunidenses sequer tenham visto a tempestade chegar.

Essa foi uma crise de primeira ordem. A Rússia estava exigindo efetivamente o direito de veto em questões de segurança europeia, algo que nunca havia sido concedido desde o fim da Guerra Fria. No que toca às potências ocidentais, não havia nada a discutir, uma vez que os princípios fundamentais de uma Europa "inteira e livre" haviam se estabelecido há muito tempo. Os EUA trabalharam com parceiros europeus e a Otan para expandir seu modelo de ordem de paz pós-Guerra Fria e efetivamente suprimiram alternativas. Os críticos argumentaram que não havia necessidade de revisitar os princípios de Helsinque conforme desenvolvidos nos documentos de Paris, Istambul e Astana, portanto rejeitavam a ideia de uma Segunda Conferência, muito menos de um retorno aos princípios iniciais, como uma nova iteração dos princípios de Westfalia de soberania de Estado. De maneira perturbadora, o diálogo principal foi conduzido entre Washington e Moscou, no máximo com consultas às potências europeias (a UE estava completamente marginalizada), com a liderança dos EUA posicionando, de fato, a Ucrânia na linha de frente no conflito com a Rússia. Isso cheirava a Ialta, onde o destino de pequenos Estados foi decidido pelas grandes potências. Dessa vez a Europa como um todo foi diminuída – ou pelo menos a "velha Europa", o legado clássico das potências da Alemanha, França e Itália. A maior parte da "nova Europa" oriental equacionou a negociação com apaziguamento. Eles encorajavam uma linha dura em relação a Moscou com base no fato de que sua experiência de servidão lhes deu uma imersão única nas duradouras características imperiais da política russa. Essa perspectiva moldou cada vez mais a política da UE, deixando pouco espaço para se considerar as preocupações de segurança da Rússia.

Ao apresentar a proposta de tratados de segurança, Moscou prometeu uma resposta "técnico-militar" se as negociações falhassem, mas não especificou qual forma isso assumiria. A resposta ocidental em 26 de janeiro foi decepcionante, embora pouco surpreendente. A exigência de uma garantia por escrito de que a Ucrânia não ingressaria na Otan foi rejeitada, insistindo no "direito de outros Estados escolherem ou mudarem os acordos de segurança". De todo modo, não havia uma perspectiva imediata de ingresso da Ucrânia, portanto, algum tipo de declaração sobre uma adesão adiada (cogitou-se uma ou duas décadas) acompanhada de neutralidade poderia ter amenizado a situação.[52] A resposta da Otan ofereceu uma transparência geral e medidas de construção de confiança, tal como descrições dos exercícios militares uns dos outros, consultas, estabelecimento de uma linha direta civil e restabelecimento das respectivas missões em Bruxelas e Moscou, mas isso havia sido tentado por três décadas e não surtira efeito. Em resposta, os EUA insistiram em manter uma política de "porta aberta" sobre a ampliação, mas disseram que estavam prontos para discutir "os compromissos recíprocos tanto dos Estados Unidos quanto da Rússia para evitar a instalação de sistemas de mísseis ofensivos de base terrestre e forças permanentes com uma missão de combate no território da Ucrânia". Com relação ao retorno ao *status* de força de 1997, Washington enfatizou que seu atual destacamento era "limitado, proporcional e totalmente de acordo com os compromissos da Ata fundadora Otan-Rússia".[53]

Prometeu-se um diálogo contínuo, embora a Rússia precisasse reduzir a escalada de forças na fronteira da Ucrânia. Os EUA estavam prontos para continuar com a discussão sobre o controle de armas, incluindo os limites de instalação de mísseis balísticos e bombardeiros com equipamento nuclear. Uma nova ideia foi um "mecanismo de transparência" para verificar a ausência de mísseis Tomahawk, capazes de alcançar o território russo a partir de dois silos BMD Aegis da Otan na Romênia e na Polônia; em contrapartida, os EUA exigiram acesso a dois silos de míssil de sua escolha na Rússia. A principal diferença com relação à resposta da Otan foi que os EUA reconheceram o conceito de "indivisibilidade de segurança", o princípio que havia sido reiterado na Declaração de Astana em 2010. Em suma, a resposta dos EUA ofereceu concessões limitadas – controle sobre armas de alcance intermediário, construção de confiança, transparência e medidas de verificação ao longo das fronteiras entre Otan e Rússia. Não era o que Moscou queria, mas foi mais do que o Ocidente desejava oferecer por uma geração. A questão da segurança europeia estava novamente na pauta, algo pelo qual Moscou estava sendo punida há muito tempo. A porta para a diplomacia estava entreaberta, se não aberta.

Última chance

Isso não foi o suficiente. Depois de três décadas de reclamação, Moscou estava procurando por um pouco mais. Em 1º de fevereiro, Putin observou

52 Os dilemas da neutralidade são explorados por: Allison, Russia, Ukraine and State survival through neutrality, *International Affairs*, 98/6, p.1849-72.

53 Aza, Hibai Arbide; González, Miguel. US offered disarmament measures to Russia in exchange for de-escalation of military threat in Ukraine, *El País*, 2 fev. 2022. Disponível em: <https://english.elpais.com/usa/2022-02-02/us-offers-disarmament-measures-to-russia-in-exchange-for-a-deescalation-of-military-threat-in-ukraine.html>.

que "já está claro agora [...] que as preocupações russas fundamentais foram ignoradas". Pior, ele acreditava que a estratégia dos EUA era atrair a Rússia a um conflito que enfraqueceria seu poder, assim como a invasão soviética do Afeganistão havia feito uma geração antes:

> Eu ainda acredito que os Estados Unidos não estão preocupados com a segurança da Ucrânia, embora possam pensar sobre isso de modo marginal. Seu principal objetivo é conter o desenvolvimento da Rússia. É disso que se trata. Nesse sentido, a Ucrânia é simplesmente uma ferramenta para alcançar seu objetivo. Isso pode ser feito de diferentes maneiras: ao nos levar a um conflito armado, ou ao compelir seus aliados na Europa a impor duras sanções a nós como esta sobre a qual os EUA estão falando hoje.

Ele projetou um cenário em que a Ucrânia seria admitida na Otan e depois tentaria retomar a Crimeia: "vamos imaginar que a Ucrânia seja um membro da Otan e comece essas operações militares. Nós somos obrigados a guerrear contra o bloco da Otan? Alguém já pensou sobre isso? Aparentemente não".[54] Várias ideias foram apresentadas para acalmar a situação, incluindo uma longa moratória sobre o ingresso da Ucrânia na Otan, a provisão de armas para ela se defender, mas acompanhada de uma promessa de não estabelecimento de bases ou mobilização de tropas, mísseis e outras armas de ataque em território ucraniano. A postura oficial do país até dezembro de 2014 havia sido de neutralidade e a ideia agora havia ressuscitado. No entanto, em um dos seus últimos atos como presidente, em fevereiro de 2019, Poroshenko consagrou na Constituição da Ucrânia a aspiração ao ingresso a Otan, apertando ainda mais o nó. Acima de tudo, a perspectiva de resolver o conflito de Donbass no marco dos acordos Minsk-2 havia desaparecido.

Um tom frustrado e intransigente permeou a resposta oficial russa de 17 de fevereiro, entregue ao embaixador estadunidense em Moscou, John Sullivan. O documento de 11 páginas criticava completamente os EUA e não detectava uma "resposta construtiva" para as principais exigências russas, incluindo a garantia de nenhuma ampliação adicional e um retorno à instalação de forças de 1997. Em meio a um confronto em aprofundamento na fronteira ucraniana, o caráter *abrangente* das propostas russas foi ignorado. Alguns tópicos "convenientes" foram escolhidos, que por sua vez foram "torcidos [...] para criar vantagens para os EUA e seus aliados". O texto enfatizava que não deveria haver "invasão" da Ucrânia, mas reafirmava o princípio da "indivisibilidade da segurança". A insistência dos EUA com relação à "porta aberta" da

54 News Conference Following Russian-Hungarian Talks, 1 fev. 2022. Disponível em: <http://en.kremlin.ru/events/president/news/67690>.

Otan foi caracterizada como indo contra os princípios da própria aliança, que em sua reunião com ministros das Relações Exteriores na cidade de Copenhagen, em 6 e 7 de junho de 1991, havia determinado "não ganhar vantagem unilateral com a mudança da situação na Europa", não "ameaçar os interesses legítimos" de outros Estados, ou "isolá-los", e não "desenhar novas linhas divisórias no continente". A opção por diplomacia adicional foi contida, defendendo trabalho conjunto para desenvolver uma nova "equação de segurança". O documento ameaçava que, se Moscou não conseguisse receber o requisito "vinculando garantias legalmente", reagiria com "meios técnico-militares".[55] A natureza desses meios foi mais uma vez deixada sem especificação. Havia algum espaço para negociação, incluindo o controle de armas e redução de risco, mas as principais preocupações da Rússia não foram consideradas.

A campanha militar do Azerbaijão na segunda guerra de Karabakh em setembro-outubro de 2020, apoiada por drones e inteligência de Israel e da Turquia, retomou sete províncias perdidas para a Armênia na primeira guerra de 1992-94, além de parte do território de Nagorno-Karabakh propriamente dito. A operação serviu de exemplo sobre como um território perdido pode ser retomado, assim como a Croácia havia invadido os sérvios separatistas em agosto de 1995 (operação tempestade). A Ucrânia comprou drones da Turquia e estabeleceu relações militares mais estreitas. Agora se temia que a Ucrânia procurasse retomar seu território tal qual a Croácia e o Azerbaijão o fizeram. A maior parte das forças ucranianas na linha de frente com a república de Donbass poderia ter sido defensiva, mas o aumento nas violações do cessar-fogo e no registro de explosões a partir de 16 de fevereiro de 2022, atingindo o auge em 19 de fevereiro, quando 2.026 ataques de artilharia foram registrados, sugeria que o conflito estava entrando em uma fase mais dinâmica.[56] Em 19 de fevereiro, as autoridades em Donetsk ordenaram uma evacuação em massa, e 60 mil pessoas fugiram para a Rússia. Um tipo de "operação tempestade" parecia estar iniciando.

A Rússia havia se envolvido em diplomacia coercitiva por meses, mas não estava claro se isso acabaria em um conflito direto.[57] Os serviços de inteligência estadunidense alertaram a Ucrânia repetidas vezes que um ataque era iminente, mas Zelensky subestimou a ameaça, esperando evitar o pânico acompanhado de um basta à ajuda financeira. Contudo, ele não fez

---

55 MID RF, O peredache pis'mennoi reaktsii na otvet amerikanskoi storony po garantiyam bezopasnosti [Transfer of Written Reaction to American Response to Security Guarantees], 17 fev. 2022.

56 OSCE, Special monitoring mission to Ukraine, *Daily Report*, 42/2022, 23 fev. 2022, 2022-02-23 Daily Report_ENG.pdf.

57 Siebens, James. Is Russia's invasion a case of coercive diplomacy gone wrong?, *War on the Rocks*, 31 mar. 2022. Disponível em: <https://warontherocks.com/2022/03/is-russias-invasion-a-case-of-coercive-diplomacy-gone-wrong/>.

praticamente nada para acalmar a situação e, na verdade, potencialmente a escalou. Em seu discurso na Conferência de Segurança de Munique em 19 de fevereiro, alertou a Ucrânia que poderia reconsiderar o Memorando de Budapeste de dezembro de 1994, por meio do qual desistia das armas nucleares instaladas em seu território em troca de garantias de segurança. Zelensky argumentou que a Ucrânia acabou "sem armas nem segurança" e deu a entender que o *status* não nuclear de Kiev poderia ser revertido se o país fosse ameaçado pela Rússia.[58]

A guerra russo-ucraniana

Em um discurso emocionado e confuso, já tarde da noite de 21 de fevereiro, Putin alertou que os inimigos da Rússia estavam utilizando a Ucrânia como uma plataforma para ameaçar a existência do país. Ele relembrou com ênfase suas conversas com Bill Clinton (provavelmente em janeiro de 2001) sobre o ingresso da Rússia na Otan e a resposta negativa do líder estadunidense, uma rejeição que "deixou uma marca na consciência política russa".[59] Putin argumentou que a entrega de armas ofensivas basicamente tornaria impossível a defesa russa e era irrelevante se aquele dia chegasse em um ou em 20 anos.[60] Em 23 de fevereiro, Moscou reconheceu a independência das repúblicas populares de Donetsk e de Lugansk. No dia seguinte a Rússia declarou o início de uma "operação militar especial". Putin fez outro discurso emocionado, recitando a comum ladainha de queixas, sendo que a ampliação da Otan estava em primeiro lugar, seguida por Kosovo, Iraque e Líbia em meio de acusações de hipocrisia ocidental e má-fé. Alertou sobre uma ameaça direta à Rússia: "Conforme a Otan se expande para o Oriente, a cada ano, a situação para o nosso país se torna cada vez pior e mais perigosa". Ele via a situação como existencial:

> E, para nosso país, isso é basicamente uma questão de vida ou morte, uma questão do nosso futuro histórico como povo. E isso não é exagero, é verdade. Isso é uma ameaça real não apenas para nossos interesses, mas para a própria existência do nosso Estado, da sua soberania. Essa é a linha vermelha sobre a qual se tem falado há muito tempo. Eles a cruzaram.

---

58 Discurso de Zelensky na Conferência de Segurança de Munique, *Kyiv Independent*, 19 fev. 2022. Disponível em: <https://kyivindependent.com/national/zelenskys-full-speech-at-munich-security-conference/>.

59 Lukyanov, Fyodor. Old thinking for our country and the world, *Russia in Global Affairs*, 13 abr. 2022. Disponível em: <https://eng.globalaffairs.ru/articles/old- thinking/>.

60 Vladimir Putin, Address by the President of the Russian Federation, 21 fev. 2022. Disponível em: <http://en.kremlin.ru/events/president/transcripts/67828>.

Ele alertou sobre o "genocídio contra milhões de pessoas vivendo [em Donbass] que dependiam da Rússia, apenas de nós", pelos "nacionalistas extremistas e neonazistas no governo ucraniano". "O choque da Rússia com essas forças era inevitável, era apenas uma questão de tempo: eles estão se preparando, estão apenas esperando a hora certa. Agora eles também reivindicam adquirir armas nucleares." Putin terminou com um alerta: "Não importa quem tente se colocar em nosso caminho, ou ameace nosso país ou nosso povo, eles deveriam saber que a Rússia responderá imediatamente, e as consequências serão algo nunca visto antes em toda a história".[61] O objetivo declarado era a "desmilitarização" e "desnazificação" da Ucrânia (cujos termos e abrangência não estavam definidos) e uma invasão em três frentes (com nove colunas) foi iniciada. As forças entraram a partir da Bielorrússia, no norte, em direção a Kiev, a partir do Oriente e da república de Donbass em direção a Kharkov e partes das regiões de Donetsk e Lugansk administradas pela Ucrânia, e a partir da Crimeia no sul. O canal da Crimeia do norte, responsável por 85% da água da Crimeia, foi desbloqueado, permitindo o fluxo de abastecimento pela primeira vez desde 2014. Esse foi um ato de "imperialismo preventivo", como a invasão dos EUA no Iraque em 2003, planejada para evitar aquilo que era considerado como uma ameaça futura.[62] A carta da ONU (artigo 51) permite que Estados ajam em autodefesa, mas guerras preventivas são outro assunto.

A guerra da Ucrânia é o maior conflito armado na Europa desde a Segunda Guerra Mundial. Nas primeiras semanas, por três vezes Putin fez avisos velados sobre o potencial de uma guerra nuclear em uma tentativa de localizar o conflito. Isso não impediu que os EUA e seus aliados despejassem armas na Ucrânia, incluindo artilharia pesada e de longo alcance e obuses, além de vários Javelins, Stingers, M142 HIMARS (sistema de foguetes de artilharia de alta mobilidade) e outros mísseis de campo de batalha. O conflito se tornou uma guerra por procuração clássica entre os EUA e a Rússia, com ambos os lados procurando evitar um confronto armado direto. Os EUA recusaram-se a impor uma zona de exclusão aérea, cuja implementação resultaria em confrontos entre as forças aéreas da Otan e da Rússia nos céus da Ucrânia. Não obstante, o risco de uma escalada nuclear é muito real. A doutrina militar russa permite o uso de armas nucleares no caso de uma ameaça existencial ao território nacional. Uma derrota na guerra convencional poderia ser interpretada como tal ameaça, um risco tornado ainda maior pela admissão formal das regiões de Donetsk, Lugansk,

---

61 Putin, Vladimir. Address by the President of the Russian Federation, 24 fev. 2022. Disponível em: <http://en.kremlin.ru/events/president/transcripts/67843>.

62 Gardner, Hal. Washington and Kyiv versus Moscow, *Other News*, 23 maio 2022. Disponível em: <https://www.other-news.info/washington-and-kyiv-versus-moscow/>.

Zaporizhye e Kherson à Rússia em setembro de 2022. Uma vez comprometido, é pouco provável que Putin recue sem algum tipo de conquista concreta, a não ser que o próprio regime em Moscou esteja sob ameaça. Por outro lado, o governo Biden repetidamente afirma que não "combaterá uma Terceira Guerra Mundial na Ucrânia" e, embora tenha fornecido uma grande quantidade de armas ofensivas, procura evitar se tornar um combatente no campo.[63]

A guerra poderia ser evitada? Uma simples declaração de que "a Ucrânia nunca ingressará na Otan" seria suficiente? Quando a promessa de adesão definitiva à Otan foi feita para a Ucrânia e para a Geórgia na cúpula de 2008 em Bucareste, o vice-ministro de Relações Exteriores Grigory Karasin alertou que "a adesão da Ucrânia à Otan causaria uma profunda crise nas relações russo-ucranianas que afetariam toda a segurança europeia. Portanto, o Ocidente deveria escolher qual o tipo de relação com a Rússia era de seu interesse".[64] Suas palavras foram proféticas. Ao longo dos anos, outros fatores emergiram, incluindo a virada de Moscou a um nacionalismo mais assertivo e repressão doméstica. Os acontecimentos de 2014 deixaram várias questões não resolvidas, incluindo o *status* da Crimeia, a questão e a amplitude de Donbass para uma resolução diplomática do conflito.

O crescente dilema de segurança europeu culminou na guerra, mas havia alternativas? A Rússia falava sério quando propôs dois tratados de segurança em dezembro de 2021, mas nenhum dos lados estava pronto para se envolver em uma diplomacia séria para testar a prontidão do outro em se comprometer. Moscou emitiu cada vez mais alertas urgentes sob a forma de declarações e não de detalhadas posições de negociação, enquanto as potências atlânticas duplicaram a defesa e o princípio de portas abertas para o ingresso na Otan. O Ocidente admitiu que o ingresso da Ucrânia era pouco provável nas próximas décadas, mas ainda assim se recusou a aceitar algum tipo de formulação de compromisso. Havia pouco espaço para a diplomacia, uma vez que raízes mais profundas do problema não eram reconhecidas, que residiam no fracasso, desde 1990, em criar uma ordem de segurança pan-europeia mutualmente satisfatória. Ao contrário, as potências ocidentais desejavam colocar "a própria existência da Ucrânia em risco mortal para proteger o seu [da Ucrânia] direito de ingressar na Otan".[65] A opção de neutralidade não é

---

63 Analisado por Allison, Graham. Putin's doomsday threat: how to prevent a repeat of the Cuban Missile Crisis in Ukraine, *Foreign Affairs*, 5 abr. 2022. Disponível em: <https://www.foreignaffairs.com/articles/ukraine/2022-04-05/putins-doomsday-threat>.

64 Chetwode, Richard. "Ukraine will never join NATO". Five simple words we refused to say, *Intellinews*, 14 mar. 2022. Disponível em: <https://intellinews.com/comment-ukraine-will-never-join-nato-five-simple-words-we-refused-to-say-are-we-now-about-to-double-down-on-our-mistake-237885/?source=ukraine>.

65 Ibid.

tão incomum, sendo que seis Estados-membro da UE estão nessa categoria ao lado de outros 120 países não alinhados globalmente. A neutralidade não teria impedido a Ucrânia de se desenvolver como um Estado democrático soberano, ainda que o Ocidente político insistisse em sua versão da ordem de paz pós-Guerra Fria. As preocupações de segurança da Rússia foram efetivamente deslegitimadas. Isso não justifica a invasão russa, embora ajude a explicá-la. O chefe do Estado-Maior Conjunto dos EUA, general Mark Milley, alertou que a guerra poderia durar anos.[66]

66 Buchanan, Patrick J. No one wins if Ukraine becomes a long war, *American Conservative*, 9 abr. 2022. Disponível em: <https://www.theamericanconservative.com/buchanan/no-one-wins-if-ukraine-becomes-a-long-war/>.

11
Crise do sistema internacional

Muito antes da guerra na Ucrânia, havia sobrado pouco da paz positiva. Em vez disso, a Guerra Fria retornou, um período de confronto entrincheirado acompanhado por uma condenação retórica do adversário.[1] Novas práticas de contenção foram inventadas.[2] No entanto, há vozes céticas que argumentam que a apropriação do termo "Guerra Fria" é um abuso da história e interpreta de maneira equivocada a realidade da situação atual.[3] O caráter eurocêntrico das analogias da Guerra Fria obscurece as transformações na política internacional e as mudanças no equilíbrio de poder global. O prazo também pode ser enganoso e, em vez de se concentrar no pós-Guerra Fria ou mesmo no período pós-guerra, é preciso ter uma visão histórica mais ampla. A dominação de 500 anos do Ocidente civilizacional está sendo desafiada como nunca. Uma comparação mais imediata é o período de confronto entre grandes potências de fins do século XIX, início do XX, com a rivalidade crescente entre a Alemanha, potência em ascensão, e o declínio relativo da Grã-Bretanha. Mesmo em condições de mudança de poder, a guerra não é inevitável. Em seu estudo sobre as dinâmicas do poder no início e no fim da Guerra Fria, Shifrinson argumenta que as potências dominantes e as em ascensão podem calibrar sua relação de modo a evitar a guerra.[4]

---

1 Legvold, *Return to Cold War*.

2 Mandelbaum, The new containment: handling Russia, China and Iran, *Foreign Affairs*, 98/2, p.123-31.

3 Monaghan, *A "New Cold War"? Abusing History, Misunderstanding Russia*, Chatham House Research.

4 Shifrinson, *Rising Titans, Falling Giants: How Great Powers Exploit Power Shifts*.

A aplicação simplificada de paralelos históricos certamente impede um pensamento arejado e leva a uma análise defeituosa, ocultando as dinâmicas específicas dos dilemas de segurança entre as potências ocidentais e orientais, em particular com a China.[5] No entanto, está claro que um novo conflito global emergiu entre as representações em disputa da governança, de modelos de ordem global concorrentes e de visões distintas de como a política internacional poderia ser conduzida. Os EUA e seus aliados estão determinados em defender aquilo que chamam de um sistema internacional "baseado em regras", ao passo que um alinhamento frouxo de Estados argumenta que isso disfarça a dominação do Ocidente político. Para estes últimos, uma representação multiplicadora e multipolar das relações globais é mais apropriada.[6] O Ocidente político se consolidou contra a invasão da Ucrânia pela Rússia, ao lado da mobilização de uma coalização global anti-Rússia, ainda que partes do não Ocidente se recusaram a se envolver. Há resistência para que o Ocidente político consolide seu domínio como um Ocidente global. Os limites do Ocidente da Guerra Fria foram expostos, já não pode mais estabelecer os padrões de civilização, a agenda global e as normas comportamentais nas relações internacionais, tal como o Ocidente civilizacional havia feito em seu apogeu na era do imperialismo. A Segunda Guerra Fria é genuinamente global, mas ao mesmo tempo parcial. Acima de tudo, o novo conflito desafia os próprios fundamentos da estrutura institucional estabelecida em 1945 para a condução da política internacional. O sistema internacional da Carta está ameaçado como nunca.

Um mundo arriscado

O emaranhado de alianças, desconfianças profundamente arraigadas, o acúmulo de queixas (reais e imaginárias) e a luta por *status* lembram o período que levou à Primeira Guerra Mundial. Há um choque fundamental de narrativas, com cada lado firme na convicção de que detém a superioridade moral. Percepções equivocadas levam a cálculos errados e basta uma faísca para iniciar o incêndio.[7] Depois de um período de paz, a geração que sofreu a guerra já não está mais viva e as memórias de destruição e morte desaparecem. As novas gerações procuram provar seu valor e a melhor maneira de fazê-lo é por meio de rituais de condenação e espetáculos de

---

5 Monaghan, *Dealing with the Russians*.

6 Klare, Michael T. With Russia at war in Ukraine, America is back (and never left), *Le Monde Diplomatique*, mar. 2022. Disponível em: <https://mondediplo.com>.

7 Analisado por Roach, em *Accidental Conflict: America, China and the Clash of False Narratives*, livro em que identifica uma escalada na Ucrânia e em Taiwan como a provável centelha de hoje.

determinação. É por isso que a Segunda Guerra Fria é mais perigosa que a Primeira. Segundo Mearsheimer, devido à rivalidade estrutural gerada pelas características da política internacional na qual só pode haver uma hegemonia,

> os defensores do compromisso estão enxugando gelo. A Segunda Guerra Fria já está aqui e, quando se comparam as duas Guerras Frias, se torna evidente que é muito mais provável que a rivalidade EUA-China leve a uma guerra do que a rivalidade EUA-URSS.[8]

O acadêmico Stephen F. Cohen identificou cinco fatores que tornam esse confronto mais perigoso: depois da crise dos mísseis em Cuba, um marco diplomático robusto regulou as relações das superpotências, incluindo uma "linha direta" entre as capitais, mas hoje a diplomacia é a primeira vítima nas hostilidades; a criação de uma arquitetura estratégica de armas garantiu um envolvimento contínuo, mas hoje não resta muito isso; a linha de confronto estava longe das fronteiras russas, enquanto hoje o perímetro da Rússia se tornou a nova linha de frente, com vários pontos críticos, sobretudo a fronteira terrestre com a Ucrânia de 1.974 quilômetros; as várias guerras por procuração evitaram o confronto direto, ao passo que hoje as duas grandes potências se chocaram na Síria e estão competindo na Ucrânia; e, por fim, na Guerra Fria original, a imagem do inimigo poderia ser descartada como propaganda ou algo ideologicamente superficial, enquanto a psicologia hoje é muito diferente. A imagem do inimigo enraizou-se profundamente na sociedade e não pode mais ser considerada apenas um projeto artificial das elites.[9] A Guerra Fria se tornou existencial. Depois de ter sobrevivido ao confronto pós-guerra original e ter evitado um apocalipse nuclear, o sentimento de complacência acredita que é possível desviar da bala atômica novamente. Essa confiança está fora de lugar. O sistema da Carta proíbe a guerra como instrumento político, mas as grandes potências retornaram ao militarismo agressivo. No fim, a Rússia ousou e invadiu a Ucrânia, minando o sistema internacional pós-guerra da Carta e colocando em risco o futuro da humanidade.

Os protagonistas acreditavam que se preparar para a guerra não levaria à guerra. Esse senso de vulnerabilidade foi estimulado por estudos sugerindo que a guerra como uma característica da relação entre Estados está em declínio.[10] Nesses relatos, o acobertamento das violências internas é acompanhado por vários fatores que possuem um efeito equivalente nas relações

---

8 Mearsheimer, The inevitable rivalry, *Foreign Affairs*, 100/6, p.54.

9 Cohen, *War with Russia: From Putin and Ukraine to Trump and Russiagate*.

10 A clássica afirmação está em: Pinker, *The Better Angels of Our Nature: Why Violence Has Declined*. Ver também: Goldstein, *Winning the War on War: The Decline of Armed Conflict Worldwide*; Mandelbaum, *The Rise and Fall of Peace on Earth*; e Mousseau, The end of war: how a robust

internacionais. Estes incluem o equilíbrio de poder, o efeito dissuasório das armas nucleares, da destrutividade aprimorada da guerra convencional, o efeito pacificador da democracia, o papel mediador das instituições internacionais e o efeito conciliatório da interdependência econômica. Evidências sugerem que a "paz democrática" se aplica apenas às democracias maduras da era pós-guerra, enquanto democracias antigas lutavam entre si regularmente.[11] A paz é reforçada por aquilo que Gaddis chama de "revolução de reconhecimento", satélites que monitoram vigilantemente os movimentos militares na terra, mar e ar (embora, significativamente, não submarinos). Isso deu espaço para a "longa paz" nos últimos estágios da Primeira Guerra Fira, cujas condições supostamente ainda se aplicavam.[12] Além disso, motivou um grau de imprudência, pressupondo que as conquistas do passado continuariam de forma indefinida no futuro. A dissuasão continuaria a dissuadir e ecoando os antigos argumentos de Norman Angell sobre interdependência econômica: a guerra em escala total embora não fosse inconcebível, era improvável.[13] Sabemos como isso acabou em 1914. Há pouco tempo era legítimo perguntar: "Para onde foram todos nossos soldados?", mas logo ficou evidente que essa geração não está imune a paixões, erros e desilusões que levam à guerra.[14]

Questões não resolvidas da primeira Guerra Fria geraram a segunda. Na época da internet, a Cortina de Ferro é mais permeável que a anterior, ainda que represente uma demarcação física e psicológica. No Mar da China meridional, a linha de nove pontos, indicando a extensão máxima das reivindicações de Beijing, é contestada por outros Estados costeiros, enquanto o conflito sobre o *status* de Taiwan gera uma "Ucrânia" asiática ao país, agindo como um gatilho para o conflito na região. As ambições nucleares da Coreia do Norte ameaçam seus vizinhos e cada vez mais a porção continental dos EUA. A Ucrânia permaneceu como um barril de pólvora latente na Europa, prestes a explodir a qualquer momento. Depois de 2014, os aliados da Otan despejaram armas, treinaram as forças armadas ucranianas em padrões e interoperabilidade da Otan e construíram bases e instalações navais e militares. O exército que a Rússia encontrou em 2022 era muito diferente daquela força desmoralizada, dividida e mal treinada de 2014. Muito menos esforço foi dedicado à diplomacia. Os reinos cibernético, de alta tecnologia

marketplace and liberal hegemony are leading to perpetual world peace, *International Security*, 44/1, p.160-96. Para um relato anterior, Mueller, *Retreat from Doomsday: The Obsolescence of Major War.*

11 Rosato, The flawed logic of democratic peace theory, *American Political Science Review*, 97/4, p.585-602.

12 Gaddis, *The Long Peace: Inquiries into the History of the Cold War.*

13 Angell, *The Great Illusion: A Study of the Relation of Military Power to National Advantage.*

14 Sheehan, *Where Have All the Soldiers Gone? The Transformation of Modern Europe.*

e espacial se tornaram novos vetores do conflito. A intensificação dos exercícios militares na terra e mar e por toda a nova "cortina de ferro", incluindo o estacionamento de forças na Polônia e instalação de drones na Ucrânia e ao longo da fronteira da Crimeia, junto com patrulhas aéreas e marítimas, assumiram primazia no conflito. Para usar a analogia sugerida antes, a pistola estava carregada, mas Putin foi o responsável por puxar o gatilho.

A história sempre tem suas especificidades, mas grandes padrões se repetem. Em 1914, os líderes alemães acreditavam que a ascensão do país estava sendo bloqueada pelas potências atlânticas, enquanto em 1941 o Japão sentia o mesmo com relação a suas ambições asiático-pacífica. Hoje, a China pode ser colocada nessa categoria, com os comentadores, como vimos, identificando uma "armadilha de Tucídides", em comparação com o temor de Esparta com relação à ascensão de Atenas. Isso provocou uma guerra devastadora que durou dez anos, forçando Atenas a aceitar termos de paz humilhantes em 404 a.C. e o enfraquecimento de seu poder em longo prazo. Uma interpretação alternativa é que o poder chinês atingiu seu auge e, diante da queda demográfica, da desaceleração do crescimento econômico e de determinados adversários, o país enfrenta um declínio inexorável – portanto, se afirma no momento de poder máximo.[15] Mearsheimer argumenta que são as características estruturais do sistema internacional que tornam a guerra entre EUA e China inevitável. Os Estados Unidos têm de defender sua hegemonia, e aquela hegemonia tem de ser desafiada pela China se ela quiser se afirmar como uma hegemonia regional com ambições globais.[16] Essa abordagem um tanto determinista se baseia em preocupações geopolíticas clássicas, retiradas de Halford Mackinder, que em 1919 argumentava que aquele que dominar a *heartland* eurasiática ameaça tomar a hegemonia global. Esse modelo é anacrônico e foi pensado antes do começo da força aérea, foguetes e satélites. Essa visão também desconsidera escolha e agência. As estruturas certamente moldam interações em longo prazo, mas guerras premeditadas começam quando atores específicos decidem tomar a ofensiva e isso é, em geral, uma função não apenas da capacidade, mas também de percepção e, sobretudo, de medos.

A partir disso, Christopher Layne argumenta que "as condições que "tornam [a guerra de grandes potências] possível ainda existem", observando que várias tensões entre elas, com os EUA e a China "em uma rota de colisão alimentada pela dinâmica de um poder de transição e sua competição por *status* e prestígio".[17] Ele desconta vários fatores mitigadores, sobretudo

---

15 Brands, Hal; Beckley, Michael. China is a declining power – and that's the problem, *Foreign Policy*, 24 set. 2021. Disponível em: <https://foreignpolicy.com/2021/09/24/china-great-power-united-states/>.
16 Mearsheimer, *Tragedy of Great Power Politics*, p.360-411.
17 Layne, Coming storms: the return of Great-Power War, *Foreign Affairs*, 99/6, p.42.

o alto nível de interdependência econômica entre ambos. Mesmo que esses laços tenham começado a se desfazer nos anos recentes. A dissuasão nuclear em sua opinião foi ainda mais prejudicada pela criação de ogivas nucleares miniaturizadas de baixo rendimento e sistemas de lançamento altamente precisos que tornam uma guerra nuclear "limitada" mais tentadora. Ao mesmo tempo, a ordem internacional liberal é menos capaz de manter a paz devido à ascensão do populismo e da democracia não liberal acompanhada pela erosão do apoio interno. Antes de 1914, Grã-Bretanha e Alemanha estavam ligadas por vários laços sociais e econômicos, ainda que a elite britânica visse a Alemanha como um mal ator irremediável. A luta se dava tanto por prestígio quanto por poder. Segundo Layne, "o objetivo da Alemanha não era necessariamente desafiar o Reino Unido, mas ser reconhecido como sua grande potência equivalente".[18] Hoje, a China está em uma posição comparável, tendo ganho as "capacidades militares e tecnológicas para lutar pela hegemonia na Ásia oriental distante dos Estados Unidos".[19] Portanto, Pompeo descreveu a China como o novo "império do mal", um desafio ideológico para os EUA, que lembra a demonização anterior da Alemanha e do Japão.

Em consonância com o modelo internacionalista soberano, Layne argumenta que seria melhor para os EUA

> Deixar a ideologia fora da equação e conduzir sua relação com a China como uma rivalidade tradicional entre grandes potências, em que a diplomacia tem como objetivo administrar a competição por meio do compromisso, conciliação e procura por um terreno comum. Disputas ideológicas, por outro lado, são por natureza uma soma zero. Se o seu rival é mal, o compromisso – na verdade, a própria negociação – se torna apaziguamento.[20]

O mesmo conselho se aplica às relações dos EUA com a Rússia e outras potências. Isso não necessariamente envolve remover os compromissos de segurança estadunidenses com Taiwan ou com a Coreia do Sul, mas significa reconhecer os limites da universalidade da atual ordem liberal, atenuar os comentários críticos ao caráter do sistema político chinês e, sobretudo, renunciar à ambição de troca de regime. No entanto, Layne é decisivamente pessimista com relação à capacidade dos EUA de dar esse passo, uma vez que "significaria o reconhecimento do fim da primazia estadunidense", aumentando a probabilidade de uma guerra quente. Como ele observa, diferentemente da Guerra Fria com a URSS, na qual as esferas de influência

---

18 Ibid., p.44.
19 Ibid., p.45.
20 Ibid., p.46.

eram conhecidas e em geral aceitas, hoje há sérias discordâncias com relação a quem deveria desfrutar da preeminência nos mares orientais e da China meridional e em Taiwan.[21] Reconhecer a China como uma grande potência normal significaria ceder o domínio regional a Beijing ,o que também se aplica à Rússia. Isso deixa de fora o arcabouço fornecido pelo internacionalismo pós-guerra da Carta a favor de ordens regionais mais cooperativas. A ASEAN e seus parceiros têm tentado estabelecer tal ordem cooperativa na região da Ásia-Pacífico.

A visão realista de que a política internacional é tão somente a luta por poder e preeminência em um mundo anárquico de Estados é amenizada pela ideia liberal de que uma hegemonia expansiva atenua o conflito para todos aqueles que desejam ingressar nele. Beijing promoveu um terceiro ponto de vista, que o sistema internacional da Carta fornece uma rota pacífica para mudança. Se a premissa estiver certa, então a mudança no equilíbrio do poder global não necessariamente envolve conflito. A narrativa chinesa de que os EUA estão "vivendo um declínio constante, irreversível e estrutural" lhe dá confiança de que o tempo está do seu lado. No entanto, a ideia de uma "transição pacífica gradual para uma ordem internacional que acomoda a liderança chinesa agora parece menos provável de ocorrer do que há alguns anos". Nos EUA, isso significa que a declaração de Trump de que a China era um concorrente estratégico foi recebida como o reconhecimento tardio da ameaça.[22] Se a visão realista está correta, então a política apropriada tem de ser preventiva para conter e mesmo reverter a ascensão da China. Isso apenas aumenta o risco do conflito. Sanções não funcionam contra grandes potências, apenas aprofundam o antagonismo e a separação. Não há evidência de que a avalanche de sanções mudou a política russa, embora seja impossível medir o que poderia ter acontecido se elas não tivessem sido impostas. Isso comprovadamente se aplica também à China.

É uma Guerra Fria?

Uma Guerra Fria é diferente de uma relação normal entre adversários. Robert Legvold identifica cinco características distintivas a partir da experiência da Primeira Guerra Fria. Primeiro, divisão ideológica, com representações marcadamente diferentes da ordem política e econômica desejável. Segundo, cada lado sustenta que o outro é responsável pelo conflito, sem amplitude para introspecção ou reflexão sobre como a sua própria ação

21 Ibid., p.47.
22 Rudd, Short of war: how to keep US-Chinese confrontation from ending in calamity, *Foreign Affairs*, 100/2, p.64, 69.

contribui para atiçar a divisão. Terceiro, ambos os lados pressupõem que o conflito é motivado não pela interação entre os dois países, mas pelo caráter do outro lado: "a essência do problema [é] a essência do adversário". A luta não se dá em torno dos interesses, mas sim em torno de propósitos. Quarto, como uma consequência, a mudança só pode vir à tona se o outro lado, de algum modo, se tornar algo diferente, ou ao menos que esteja basicamente pronto para repensar sua política internacional. Por fim, há cooperação, mas só pode ser "limitada e transacional, não acumulativa e transformativa".[23]

No nosso caso, dois conflitos estão sobrepostos: a mudança de longo prazo no equilíbrio de poder do Ocidente em favor das potências emergentes da Ásia, África e América Latina; e as práticas arraigadas da Guerra Fria, retomadas como um resultado do fracasso em transformar as relações internacionais europeias no fim da Primeira Guerra Fria. Nos EUA, o complexo ideológico-militar forjado na Guerra Fria original procurava "dragões a serem abatidos" para justificar sua existência, ao mesmo tempo que alimentava o apetite insaciável do Estado trumaniano. Na Rússia a velha elite soviética e o aparato de segurança foram reconstituídos, dirigidos agora mais pela geopolítica do que por imperativos ideológicos, embora influenciados por preocupações estatistas e civilizacionais. A China chegou tarde à festa da Segunda Guerra Fria, mas seus líderes cada vez mais se aproximam para ver que a era pacífica emergente está, necessariamente, terminada.

Como um jogo de xadrez, a Guerra Fria pode se desenrolar de diferentes maneiras. As regras permanecem as mesmas, mas o resultado depende da habilidade e da experiência dos jogadores. A Primeira Guerra Fria foi um assunto um tanto estático e defensivo na Europa, enquanto a segunda é mais dinâmica e perigosa. A crise dos 20 anos depois de 1919 terminou na maior guerra da história da humanidade e 25 anos de uma paz fria acabaram em outra Guerra Fria, consideravelmente mais fragmentada. Um eixo de confronto se dá entre Washington e Moscou, enquanto o segundo se divide entre Washington e Beijing. Por definição, guerras frias estão no fio de navalha podendo evoluir a um confronto militar. Acidentes e erros de julgamentos podem desequilibrar a balança. Christopher Clark observa que a estabilidade bipolar da Guerra Fria "abriu caminho para um arranjo de forças mais complexo e imprevisível, incluindo impérios decadentes e potências emergentes – uma condição que convida à comparação com a Europa de 1914".[24] Com exceção das potências atlânticas, o firme sistema de alianças do período anterior está ausente, mas uma relação dinâmica e complexa entre blocos, alinhamentos e afiliações moldam a política internacional.

---

23 Legvold, Robert. Ending the New Cold War with Russia, *National Interest*, 2 fev. 2022. Disponível em: <https://nationalinterest.org/feature/ending-new-cold-war-russia-199997>.

24 Clark, *Sleepwalkers*, p.xxv-xxvi.

A Segunda Guerra Fria difere da anterior tal como a Segunda Guerra Mundial da antecessora. Em ambos os casos, os conflitos subsequentes foram provocados por contradições não resolvidas ao fim da primeira. No nosso caso, isso assumiu a forma de um conflito entre duas representações de uma ordem de paz apropriada, precipitando o dilema de segurança e, por fim, o conflito. O *Strategic Concept 2022* [Conceito estratégico 2022] da Otan demonstrou como o ambiente estratégico global havia se deteriorado. Adotado pela cúpula de Madri em junho de 2022, o prefácio afirma que a Otan permanece um "baluarte da ordem internacional baseada em regras", enquanto a "guerra de agressão contra a Ucrânia [por parte da Rússia] destruiu a paz e alterou seriamente nosso ambiente de segurança". A Rússia foi condenada como

> a mais significativa e direta ameaça à segurança dos aliados e à paz e estabilidade na área euro-atlântica. Ela procura criar esferas de influência e controle direto por meio da coerção, subversão, agressão e anexação. Ela utiliza meios convencionais, cibernéticos e híbridos contra nós e nossos parceiros. Sua postura militar coerciva, sua retórica e seu evidente desejo de usar a força para alcançar seus objetivos políticos prejudica a ordem baseada em regras. (artigo 8)

Pela primeira vez, uma linguagem similar foi utilizada também para a China, cujas "ambições declaradas e políticas coercivas desafiam nossos interesses, segurança e valores":

> A República Popular da China emprega uma vasta amplitude de ferramentas políticas, econômicas e militares para aumentar sua presença global e projetar poder, enquanto permanece opaca com relação à sua estratégia, intenções e acúmulo militar. As operações maliciosas híbridas e cibernéticas da RPC e sua retórica de confronto e desinformação têm como alvo os aliados e prejudica a segurança da aliança [...]. A parceria estratégica cada vez mais profunda entre a República Popular da China e a Federação Russa e suas tentativas de enfraquecer a ordem baseada em regras, que se reforçam mutuamente, são contrárias aos nossos valores e interesses. (artigo 13)[25]

O documento reivindicava que "a ampliação da Otan havia sido um sucesso histórico" (artigo 40) e, portanto, negava qualquer responsabilidade pelo colapso na ordem de segurança europeia. Era difícil conciliar essa autoavaliação entusiástica com a nova divisão do continente e com a guerra brutal sendo travada na Ucrânia.

A Segunda Guerra Fria é muito mais que uma continuação da primeira, embora questões não resolvidas do período anterior moldem o novo

25 *NATO 2022: Strategic Concept*, adopted by the Madrid summit, 29-30 jun. 2022. Disponível em: <https://www.nato.int/strategic-concept>.

conflito. O conceito de "Guerra Fria" descreve uma forma particular de conflito com sua dinâmica e regularidades particulares, apropriadas para a era nucelar e destrutividade sem paralelo da guerra convencional. Uma Guerra Fria representa um padrão duradouro de confronto entre um Estado ou um conjunto de Estados, acompanhado por diferenças ideológicas, campanhas de informação e representações contraditórias de como a política internacional deveria ser conduzida. Geopolítica e ideologia estão entrelaçadas como polos opostos de atração ou repulsa. Estados terceiros são atraídos para o vórtice correspondente, por mais que desejem ficar de fora. Outros exploram o antagonismo em benefício próprio – como o fizeram na Primeira Guerra Fria.

O termo "Guerra Fria" é uma metáfora, embora indique um tipo específico de situação na qual o conflito é endêmico ainda que contido. Trata-se mais de administrar o conflito do que resolvê-lo. No entanto, como sugerido anteriormente, nem todos estão convencidos de que a situação atual mereça ser chamada assim.[26] Outras abordagens são consideradas mais apropriadas, tal como conflito entre grandes potências, equilíbrio de poder político, ascensão da multipolaridade, disputa entre autoritarismo e a democracia, ou ascensão do revisionismo (definido como a tentativa de mudar tanto o sistema internacional quanto o modo como a política internacional é conduzida). A Guerra Fria original diz respeito a ideias contraditórias sobre como a sociedade deve se organizar, e hoje isso se replica em termos de luta entre democracias e autocracias. A luta por *status* e primazia molda a disputa política, ainda que a condenação das falhas morais do outro seja parte do caráter "híbrido" de tais conflitos. Anos antes da Primeira Guerra Mundial, a Alemanha foi condenada por seu militarismo e ambições imperiais, embora a ordem socioeconômica e aristocrata dos principais envolvidos (com exceção da França) fossem bastante similares.

A Rússia hoje é uma sociedade capitalista, embora com um viés monopolista e estatista, enquanto a China é uma sociedade orientada para o mercado com uma estrutura estatal comunista. A divisão entre democracias e as assim chamadas autocracias está longe de ser evidente, pois todos os Estados declaram fidelidade aos princípios e normas do sistema internacional da Carta. Mesmo nos bastiões do Ocidente político há falhas significativas de governança e a definição de bem público é intensamente contestada, enquanto regimes mais autoritários como a China e Singapura têm realizado melhorias extraordinárias nas áreas social e de bem-estar e outros bens públicos. Os internacionalistas democráticos insistem que a política

26 Andrei Tsygankov, por exemplo, rejeita a metáfora e, em vez disso, destaca a mudança global em curso acompanhada de padrões de conflito e cooperação entre grandes potências: *Russia and America: The Asymmetric Rivalry*, capítulo 1.

internacional é a continuação da governança doméstica por outros meios, enquanto partidários do internacionalismo soberano condenam o desprezo pelas normas da Carta, mas argumentam que os países têm de resolver seus próprios problemas. A "construção da nação" externa, na maioria das vezes, só agrava os problemas. As linhas de batalha hoje estão ofuscadas, o que os liberais acham desconcertante, mas que os realistas aceitam como o estado normal das relações.

O fator ideológico é importante, mas não determina se um conflito padrão entre grandes potências é uma Guerra Fria. Hoje, Washington retrata a luta como sendo entre democracia e autoritarismo. Se essa é a questão central, então os EUA estariam presos em uma Guerra Fria com vários Estados autoritários, muitos dos quais são de fato seus aliados. Uma característica peculiar da Guerra Fria é a aplicação instrumental e seletiva de regras de apenas um dos lados para garantir vantagem máxima sobre o adversário. A Rússia promoveu sua visão de valores conservadores para enfrentar a percebida degradação e repúdio liberal das normas tradicionais, embora toda a iniciativa fosse artificial e instrumental (apesar de não sê-lo, é evidente, para os entusiastas conservadores). Os valores dos cidadãos russos são, em sua maioria, indistinguíveis dos de seus colegas ocidentais. A principal diferença é uma maior tolerância a práticas autoritárias que prometem estabilidade, como resultado da experiência repetida de colapso social e desintegração política. Isso gerou o paradoxo fundamental do sistema Putin. A imposição da estabilidade mecânica somente intensificou a "armadilha leninista" e prejudicou o desenvolvimento de formas mais orgânicas de uma estabilidade sustentável.[27] Quanto mais intensamente a sociedade for pacificada por meio de estabilidade política, tanto menos estável o sistema se torna.

A dissuasão nuclear molda a política da Guerra Fria. Desde 1945, as relações entre grandes potências são assombradas pela ameaça nuclear. O confronto direto tem sido evitado e, mesmo com a intensificada guerra de procuração na Ucrânia, Washington explicitamente afirma que um dos seus objetivos fundamentais era evitar o início da Terceira Guerra Mundial. A escada de escalada permanecerá sem uso até que um dos lados perceba que está enfrentando uma ameaça existencial imediata. O risco de um apocalipse nuclear impõe um elemento de "frieza" em todos os principais conflitos interestatais. A ameaça impõe um nível de racionalidade na condução das relações internacionais que, em geral, faltava nas épocas mais heroicas, em que as virtudes marciais eram elogiadas e o poder purificador da guerra era exaltado. No entanto, essa racionalidade imposta é contida em situações de Guerra Fria. Segundo Legvold, "o miasma da Guerra Fria destrói a capacidade de avaliar com precisão o que está em jogo e repensar a maneira

27 Sakwa, *The Putin Paradox*.

estreita e limitada de definir os desafios de segurança, como no caso da Ucrânia atualmente".[28] A paz ao fim da Primeira Guerra Fria prometeu segurança mútua, mas as novas divisões minaram a confiança e, com isso, todo o edifício de controle de armas e prevenção de conflitos. Em uma Guerra Fria o conflito assume um caráter fortemente ideológico e maniqueísta, no qual o inimigo é demonizado e há pouca amplitude para uma parceria construtiva e duradoura. Quando a paz está perdida e a segurança dividida, a distância de uma guerra total sempre está a um bipe de radar.

A Segunda Guerra Fria não será uma cópia fiel da primeira, com características bipolares menos acentuadas. O caráter triangular da Segunda Guerra Fria combina duas Guerras Frias entrelaçadas – uma EUA-Rússia e a outra EUA-China.[29] Cada uma tem sua dinâmica e lógica, mas o resultado é a volta de um confronto idêntico dentro de uma tendência maior em direção à multipolaridade. Índia, Indonésia, Nigéria e muitos outros países se recusaram a agir como figurantes em um espetáculo protagonizado por outros. Há profundas diferenças ideológicas sobre como as relações internacionais deveriam ser administradas, com a Rússia e a China se opondo às práticas de substituição; e, em assuntos internos, os dois países insistem em criar seus próprios modelos de modernidade – embora os críticos, com alguma justificativa, argumentem que ambos representam uma revolta contra a modernidade, se esta última for definida como uma abordagem crítica, aberta e reflexiva a problemas de desenvolvimento e inclusão política. Não obstante, céticos não estão convencidos de que a noção de Segunda Guerra Fria descreva a relação sino-estadunidense contemporânea. Michael McFaul, embaixador da Rússia entre 2012 e 2014, argumenta que "a analogia da Guerra Fria mais distorce que ilumina a dinâmica da relação EUA-China atualmente". Ele alerta que aqueles que procuram um confronto de Guerra Fria com a China "subestimam os custos e erros da verdadeira Guerra Fria", ao mesmo tempo que os "muitos desafios da ascensão da China hoje tenham pouca relação com a Guerra Fria, e portanto exige pensamento estratégico criativo, e não simplesmente tirar a poeira do livro de estratégias".[30] Sem dúvida, McFaul está correto ao alertar contra o renascimento irrefletido do confronto da Guerra Fria e em alertar aos seus custos. Seu argumento está em consonância com aqueles para quem as relações internacionais estão se revertendo sobretudo à política de grandes potências como a de pré-1914.[31]

---

28 Legvold, Ending the New Cold War with Russia.

29 Legvold, Robert. Two Cold Wars in a New Bipolar World, *National Interest*, 4 set. 2022. Disponível em: <https://nationalinterest.org./feature/two-cold-wars-new-bipolar-world-204553>.

30 McFaul, Cold War lessons, p.8.

31 Kramer, Mark. US-Russian relations and the "New Cold War" metaphor, *Ponars Eurasia*, n.547, Winter 2018. Disponível em: <http://www.ponarseurasia.org/memo/us-russian-relations-and-new-cold-war-metaphor>.

No entanto, apesar das ressalvas delineadas anteriormente, o novo conflito global pode ser considerado uma Segunda Guerra Fria.

Diplomacia e o sistema da Carta

A diplomacia consiste em reconhecer o pluralismo e administrar a diferença. O antipluralismo liberal pós-Guerra Fria ofuscou esse ato fundamental de reconhecimento. Ao propor um conjunto de normas e padrões universais de comportamento político doméstico, a diferença inevitavelmente passou a ser vista com suspeição e desconfiança. O pluralismo da sociedade internacional foi, com isso, deslegitimado. O PCCh, por exemplo, alega que seu modelo de regime está em conformidade com a milenar história do país e com as necessidades de desenvolvimento atuais, ainda que as próprias fundações dos seus princípios de governança tivessem sido questionadas. James Der Derian argumenta que "o propósito da diplomacia é *mediar* relações distantes; o objetivo da antidiplomacia é transcender *todas* as relações distantes".[32] O internacionalismo democrático inevitavelmente estimula a "antidiplomacia", a supressão da diferença e o pluralismo civilizacional. O protagonista não pode ser levado a sério se desconsiderar as normas fundamentais da hegemonia liberal e, portanto, concessões levam ao apaziguamento. Essa divisão maniqueísta do mundo provocou uma "guerra de embaixadores" entre a Rússia e o Ocidente em que mais de 600 diplomatas foram expulsos dos países anfitriões em fins de 2021. O antigo ministro das Relações Exteriores russo Igor Ivanov observou que: "nós nunca havíamos visto algo assim na história da diplomacia".[33]

As lutas com relação à legitimidade da reivindicação da universalidade da ordem liberal são subjacentes aos conflitos entre grandes potências de nossa época. Isso assume a forma específica de questionar o "universalismo" – a crença de que reivindicações normativas subjacentes à ordem liberal têm validade universal, portanto, têm incumbência sobre o sistema de poder em que esses valores foram integrados para promover e defender essas reivindicações – o predicado de internacionalismo democrático e transdemocracia. Isso provocou um dos mais acirrados conflitos da era pós-Guerra Fria. Um exemplo significativo disso foi a luta para renovar a participação dos 47 membros do UNHRC em 2020. Os EUA haviam se retirado em 2018, condenando-o como "hipócrita e egoísta". Quinze países deveriam ser escolhidos para um mandato de três anos, gerando o argumento de que China, Cuba, Rússia, Arábia Saudita, Paquistão e Uzbesquistão

32 Derian, *On Diplomacy: A Genealogy of Western Estrangement*, p.135 (destaques no original).

33 Ivanov, Igor. Time for Diplomacy, RIAC, 13 maio 2021. Disponível em: <https://russiancouncil.ru/en/analytics-and-comments/analytics/time-for-diplomacy/>.

não eram "qualificados" para assumi-lo devido ao seu histórico de direitos humanos. O relatório foi politicamente tendencioso, embora algumas das críticas fossem válidas.[34] Contudo, pode-se afirmar, facilmente, que quase nenhum país escaparia da censura, mas a politização dos procedimentos da ONU era preocupante. As ferramentas da Guerra Fria foram mobilizadas contra o internacionalismo soberano.[35] A ONU foi formada em 1945 para manter o equilíbrio entre as então grandes potências mundiais, ao mesmo tempo que a inclusão de diversas culturas e ideologias fortaleceram suas fundações institucionais. A tentativa posterior de um grupo de países autoescolhidos para se tornar o árbitro da adesão às agências e instituições da ONU ameaça minar o sistema internacional em sua totalidade. O universalismo pós-Guerra Fria na prática significa a generalização de um sistema particular como universal. Isso abriu espaço à grande substituição e minou a integridade do sistema internacional da Carta.

Um duplo processo destrutivo está em curso. As consequências polarizadoras da substituição minam a eficácia do institucionalismo da Carta, mas ao mesmo tempo o subfinanciamento e a animosidade contra o "Estado administrativo" erodiram a capacidade dos Estados Unidos em proporcionar uma liderança diplomática. Ronan Farrow lamenta que a substituição interna em que as agências industrial-militares e os propagandistas associados tenham tomado o lugar da política tradicional, minando a alardeada liderança na construção da paz.[36] Institucionalistas liberais aceitam que as organizações internacionais por si fazem pouco para mudar o comportamento dos Estados, mas quando há um consenso multilateral e uma liderança apropriada, então as instituições fazem a diferença. Os liberais sugerem que as organizações internacionais moldam a estrutura normativa e as expectativas comportamentais, e com isso agem com um grau de autonomia. Ao contrário, realistas argumentam que os Estados permanecem uma unidade fundacional em um sistema internacional fundamentalmente anárquico. Instituições internacionais são efetivas até onde as grandes potências permitem que sejam. As instituições multilaterais são mais efetivas quando combinam a capacidade de poder com aspirações normativas de seus participantes.

Isso explica por que a ONU e suas agências especializadas têm durado tanto. O sistema internacional da Carta representa um equilíbrio entre a autonomia Estatal e a governança multilateral. O equilíbrio muda ao longo do tempo com relação a diferentes questões, mas o princípio permanece. Os EUA sempre foram impacientes com as restrições que a ONU impôs à

---

34 UN Watch, Human Rights Foundation and Raoul Wallenberg Centre for Human Rights, *Evaluation of UNHRC Candidates for 2021-23*, 5 out. 2020. Disponível em: <https://unwatch.org/wp-content/uploads/2020/10/Evaluation-of-2021-23-UNHRC-Candidates-1.pdf>.

35 Para o debate, ver: Simpson, Two Liberalisms, p.549-56.

36 Farrow, *War on Peace: The Decline of American Influence.*

sua liberdade de ação, levando a proposições, por alguns (como, por exemplo, fez Mike Rogers, congressista do Alabama), de que os EUA se retirassem por completo, e não apenas de uma das agências especializadas da ONU. No entanto, enquanto os EUA puderem alcançar quase todos os seus objetivos dentro da ampla estrutura do sistema internacional, ele permanece pronto a aceitar as restrições. Violações dos princípios fundamentais da Carta da ONU e da UDHR são condenadas em resoluções, mas a execução permanece uma questão de discrição política.

Isso se aplica tanto aos Estados recalcitrantes como aos hegemônicos. Na ausência da bipolaridade usual e com o desaparecimento da União Soviética, os EUA estavam menos desejosos de se submeter a restrições externas. A tentação foi aplicar regras globais em conformidade com interesses particulares. Isso foi aparente na segunda Guerra do Iraque em 2003 e a extensão radical das cláusulas da resolução 1.973 de março de 2011, impondo uma zona de exclusão aérea na Líbia. O desprezo de Trump com relação às organizações e acordos multilaterais representaram uma escalada severa, mas refletiu uma insatisfação de longa data entre parte da elite de Washington. Os Estados Unidos corriam o risco de ser tornar uma "superpotência vilã".[37] Na falta de um mandato de um governo mundial geral, as instituições internacionais dependem do consenso das grandes potências para atingir seus objetivos. Mesmo isso é contestado. Os realistas ofensivos linha dura argumentam que as instituições multilaterais não têm quase nenhuma influência na condução da política internacional.[38] Grandes potências como os EUA são impacientes com as restrições que o multilateralismo impõe à sua liberdade de ação. À medida que o confronto entre grandes potências e outros desafios se intensificam, críticos do multilateralismo e da globalização se amplificam. Brzezinski, com seu poder de concisão, resumiu a resposta quando argumentou que os EUA "devem assumir a liderança no realinhamento da arquitetura do poder global de tal modo que a violência [...] possa sem contida sem destruir a ordem global".[39]

A separação dos caminhos

A vulnerabilidade do sistema da Carta está cada vez mais exposta. Em julho de 1998, a ONU sediou uma conferência diplomática em Roma

37 Beckley, Rogue superpower: why this could be an illiberal American century, *Foreign Affairs*, 99/6, p.73-87.

38 Mearsheimer, The false promise of international institutions, *International Security*, 19/3, p.5-49.

39 Brzezinski, Zbigniew. Toward a global realignment, *American Interest*, 11/6, 17 abr. 2016. Disponível em: <http://www.the-american-interest.com/2016/04/17/toward-a-global-realignment/>.

que criou o Tribunal Penal Internacional (ICC), o estatuto de Roma, o ponto culminante de uma longa luta que remonta ao fim da Segunda Guerra Mundial, mas que foi suspensa durante a Guerra Fria. O conflito civil na Iugoslávia e o genocídio de 800 mil tutsis e hutus moderados em Ruanda em 1994 reviveu o ímpeto de conceber um mecanismo internacional para levar criminosos a julgamento. Na primeira instância, tribunais *ad hoc* foram criados para ambos os casos. O Tribunal Penal Internacional para a Antiga Iugoslávia (ICTY) levou à justiça o "açougueiro da Bósnia" Ratki Mladić – responsável pelo massacre de 8 mil homens e meninos em Srebrenica em julho de 1995 – e seu chefe Radovan Karadžić. O Estatuto de Roma entrou em vigor em 2002, concedendo o poder ao ICC de processar por quatro acusações: crimes de guerra, crimes contra a humanidade, genocídio e crime de agressão. Em 2020, 123 países haviam assinado e ratificado o documento. Algumas das principais potências, no entanto, não o fizeram, enquanto Burundi retirou a assinatura em 2016, declarando que o ICC estava excessivamente focado nas maldades africanas, preocupação expressa também pela África do Sul. A Rússia assinou em 2000, mas não o ratificou e, em novembro de 2016, retirou sua assinatura depois de um relatório do ICC que classificava a anexação da Crimeia à Rússia como uma ocupação.

Bill Clinton assinou o documento em 2000, mas não recomendou sua ratificação até que os seus supostos defeitos fossem retificados. A principal objeção dos EUA era de que o ICC poderia ignorar as leis estadunidenses ao indiciar soldados do país e, em teoria, até mesmo altos oficiais poderiam ser processados. Os EUA insistiam que o ICC não poderia processar seus cidadãos ou de seus aliados. Uma lei de 2002 proibiu a cooperação estadunidense com o ICC, incluindo investigações, extradição e financiamento. Em junho de 2020, Trump assinou uma ordem executiva criando um mecanismo legal para impor sanções contra empregados de grandes organizações internacionais e pessoas a elas relacionadas. Isso estava em consonância com o direito de declarar uma emergência nacional em conexão com uma ameaça particular à segurança nacional e política externa, como consagrado na Ata de Emergência de Potências Econômicas de 1977. O gatilho nesse caso foi o "dossiê afegão" do ICC, aprovado pela sua Câmara de Apelação em março de 2020, permitindo que os promotores do ICC investigassem possíveis crimes no Afeganistão cometidos não apenas pelo Talibã, mas também pelos EUA e forças aliadas.[40] Até aqui, essas cortes internacionais haviam se concentrado nas infrações do Sul Global, e o fracasso da ICTY de investigar possíveis violações de leis humanitárias no bombardeio da Sérvia

40 Timofeev, Ivan. USA vs. the International Criminal Court, Valdai Discussion Club, 17 jun. 2020. Disponível em: <https://valdaiclub.com/a/highlights/usa-vs-the-international-criminal-court/>.

em 1999 foi particularmente odioso. Depois da invasão russa da Ucrânia, o ICC anunciou que investigaria se a Rússia havia cometido crimes de guerra e crimes contra a humanidade. Nem a Ucrânia, nem a Rússia são membros do ICC, mas ele tem o poder de investigar supostos crimes no território de Estados não membros. Em março de 2023, o ICC emitiu um pedido de prisão para Putin e sua comissária para direitos infantis, Maria Lvova-Belova, acusando-os de "crime de guerra" de "deportação e transferência ilegal de crianças ucranianas das áreas ocupadas da Ucrânia para a Federação Russa".[41]

A tensão entre o multilateralismo e a soberania de Estado aumentou. Trump deixou explícito o que há muito haviam sido preocupações estadunidenses sobre o multilateralismo. O ataque ao ICC representou o 31º conjunto de sanções dos EUA. As anteriores tinham como alvo alguns países (Irã, Coreia do Norte, Rússia, Bielorrússia, Síria e outros), ou aqueles relacionados a abusos dos direitos humanos, terrorismo, interferência em assuntos internos dos EUA, segurança da informação e outras questões), mas essa foi a primeira vez em que um corpo criado para policiar a ordem liberal internacional se tornara alvo. As sanções poderiam ser impostas contra qualquer um de seus associados que buscassem deter ou processar cidadãos estadunidenses sem o consentimento do país. Isso, sem dúvida, é um sentimento compartilhado por Putin e seus colegas.

A inovação institucional não resolveria o problema, uma vez que as instituições necessárias como a ONU globalmente e a União Africana, a OSCE e a Asean regionalmente já existiam para aplicar as regras por meio do Direito internacional, embora nem todos jogassem de acordo com as regras estabelecidas. Sempre há uma tensão triplicada entre as regras, os interesses dos atores e a escala de desafios. Aqui às margens, a inovação institucional contribuiu para a administração global. O Grupo dos Sete (G7) foi criado em 1975 como um fórum informal das principais democracias industriais (França, Alemanha, Itália, Reino Unido, Estados Unidos, Canadá e Japão) para coordenar respostas à instabilidade do período provocado pelos conflitos do Oriente Médio e ascensão no aumento dos preços do petróleo, além dos problemas de crescimento econômico, quando o período do *boom* do pós-guerra, os *trente glorieuses* [trinta anos gloriosos], chegou a um fim abrupto. Em 1997, foi concedido à Rússia o ingresso para se criar o G8, mas em 2012 Putin deixou evidente que não tinha mais interesse e, em 2014, a Rússia foi efetivamente expulsa. Depois de tensas reuniões nos anos Trump, Biden utilizou a cúpula de Cornwall do G7 em junho de 2021 para anunciar que os EUA tinham retornado. Mesmo assim, o G7 representa apenas

41 Declaração do promotor Karim A.A. Khan KC, ICC, 17 mar. 2023. Disponível em: <https://www.icc-cpi.int/news/statement-prosecutor-karim-khan-kc-issuance-arrest-warrants-against-president-vladimir-putin>.

o Norte Global. A ausência de representação das economias em desenvolvimento e emergentes levou a um chamado em 1999 para a criação de um grupo dos 20 para fortalecer a arquitetura financeira global. A crise global exige soluções multilaterais e representativas, e a necessidade de um fórum permanente para o diálogo entre economias avançadas e emergentes levou à criação do G20.[42] O novo corpo provou seu valor e a primeira cúpula dos líderes do G20, em 2008, adotou medidas que ajudaram a evitar uma depressão total depois da crise financeira global. As cúpulas anuais se tornaram o principal mecanismo de direção para assuntos globais acompanhada de importantes discussões paralelas.

O governo Trump minou o sistema de comércio internacional baseado em regras enquanto recorria a uma crescente variedade ramificada de sanções e guerras comerciais. O multilateralismo foi, então, testado pela pandemia do coronavírus. Apesar das pandemias anteriores, as lições não haviam sido aprendidas e muitas das principais potências foram insuficientes. A ambivalência estadunidense de longa data com relação à governança global foi levada a um nível completamente novo, com a difamação da ONU, da Organização Mundial da Saúde (OMS) e da Organização Mundial do Comércio (OMC). Isso levou à marginalização do G20, e ele foi incapaz de repetir o papel de coordenação que havia assumido na época da crise financeira global. Os EUA inclusive retiraram financiamento e, em julho de 2020, anunciaram sua saída formal dos 194 membros da OMS, reduzindo seu orçamento a quase um quarto. O secretário-geral da ONU, António Guterres, em fins de março, defendeu um cessar-fogo mundial para dar espaço aos médicos salvarem vidas, e algumas milícias em Camarões, Tailândia e Filipinas responderam de modo informal. No entanto, os desacordos entre China e EUA atrasaram a resolução do Conselho de Segurança da ONU sobre a Covid-19 por meses, com os EUA se opondo a qualquer referência positiva à OMS no texto, e quando, depois de três meses, em junho uma resolução foi acordada, todas as referências à OMS foram deletadas. Nessa época, 12 milhões de pessoas haviam sido infectadas e 500 mil haviam morrido. Ao contrário, em 2014, o Conselho de Segurança aprovou uma resolução sobre o Ebola em um dia. Guterres reconheceu o papel cada vez mais fraco das instituições multilaterais: "onde há poder, não há liderança, e onde há liderança, não há poder". Havia um impasse em todas as questões importantes, incluindo as guerras na Líbia e Síria. Ghassan Salamé, que anteriormente atuou como representante especial da ONU para a Líbia, forneceu uma ampla análise sobre o que havia dado errado:

42 Almutairi, Hosse. G20, G7 and Covid-19: An Opportunity for Cooperation, *ISPI Online*, 10 jun. 2020. Disponível em: <https://www.ispionline.it/en/pubblicazione/g20-g7-and-covid-19-opportunity-cooperation-26454>.

> Na Guerra Fria, o Conselho de Segurança foi bloqueado pelo veto mútuo. Hoje, estamos bloqueados pela desintegração da ideia de uma segurança coletiva. Não apenas no conselho. Nos anos 1980 passamos por uma desregulação financeira [...], que é chamada de neoliberalismo [...], agora estamos passando por um período de desregulação de força. Agora todos que têm os meios para fazer algo – e uma ausência de restrições internas, como um parlamento – têm os meios para agir e não há ninguém para lhes dizer que "vocês não podem fazer isso". Vamos encarar, isso enfraquece as democracias. Por que não dizemos isso publicamente?[43]

A China se tornou cada vez mais hábil em assumir papéis de liderança em agências e organizações multilaterais. Isso foi parte da estratégia ativista da China lançada nos anos 1990 para globalizar sua influência, assim como forjar órgãos que excluíssem os EUA.[44] A China realiza anualmente o Fórum Boao, que se realizou pela primeira vez na ilha Hainan em 2001, reunindo líderes de negócios e oficiais do governo. Cidadãos chineses assumiram importantes posições de liderança em alguns importantes órgãos internacionais, incluindo o Banco Mundial e o FMI. Em 2021, lideraram quatro das quinze agências especializadas da ONU: Alimentação e Agricultura, União Internacional das Telecomunicações, Organização do Desenvolvimento Industrial e a Organização da Aviação Civil Internacional. Defensores da hegemonia liberal ficaram indignados por essa transgressão de um Estado não liberal, argumentando que potências revisionistas estavam subvertendo a ordem liberal a partir de dentro: "Na verdade, os revisionistas mais transformadores se envolvem em revoluções baseada em regras". Eles começam defendendo a reforma das instituições existentes, mas com o tempo o "fatiamento" das "regras e normas pode criar fragilidades significativas nas instituições internacionais que minam a ordem institucional mais ampla".[45] As potências do *status quo* se mobilizaram à altura para se opor a tais nomeações. De acordo com Lavrov,

> os estadunidenses demonstraram uma tendência a privatizar as secretarias das organizações internacionais; colocam seus representantes em posições de liderança, pois, para nosso grande pesar, eles exercem influência nos países que votam nas decisões sobre o pessoal. Os estadunidenses estão se movimentando pelo mundo. Que igualdade soberana entre os Estados?[46]

43 Wintour, '"Anything Goes".

44 Para detalhes sobre as instituições e as estratégias subjacentes, ver Miller, *Why Nations Rise*, p.98-118.

45 Goddard, The outsiders, *Foreign Affairs*, 101/3, p.35.

46 Russian Foreign Affairs Ministry, Foreign Minister Sergey Lavrov's remarks and answers to questions, Yevgeny Primakov School, 23 maio 2022. Disponível em: <https://www.mid.ru/en/press_service/minister_speeches/1814502/>.

A crise do multilateralismo gerou a criação de alternativas às instituições da Carta em que os pontos de vista da Rússia e da China estavam constitucionalmente enraizados.

À medida que as potências da Grande Eurásia e seus aliados assumiam posições de liderança nas instituições da Carta, as potências atlânticas também se moveram para criar estruturas alternativas, um reconhecimento tácito de que o apoio para a Carta da ONU e para o Direito internacional era contingente. Em 2018, James Lindsay do Conselho de Relações Exteriores defendeu um "comitê para salvar a ordem mundial". Posteriormente, o Reino Unido financiou um suposto "clube de democracias", que consistia no G7 mais a Coreia do Sul, Índia e Austrália (o D10). Isso repetiu a ideia da era Bush de uma "liga de democracias", planejada explicitamente para contornar a ONU. Também havia discussões sobre a criação de novos órgãos compreendendo somente democracias para estabelecer padrões para a internet, fluxo de dados e inteligência artificial. Biden organizou uma Cúpula para a Democracia, em dezembro de 2021, cumprindo uma promessa de campanha. Houve consideráveis controvérsias com relação a quais países estariam aptos a participar, por fim, 110 foram convidados incluindo alguns que haviam se aproximado do autoritarismo como a Índia de Narendra Modi, o Brasil de Jair Bolsonaro e a Filipinas de Rodrigo Duterte, enquanto a Cingapura foi desprezada. A guerra da Ucrânia ofereceu uma oportunidade para se reestruturar a política internacional. Para preservar a ideia de unidade coletiva engendrada pela guerra, a ideia de criar um G12 entrou na pauta, reunindo os EUA e aliados com vistas a promover cooperação econômica e de segurança.[47]

A linha entre ditaduras e democracias é tênue, mas a própria ideia de dividir o mundo dessa forma traz o risco de reformular a "própria imaginação estadunidense de um mundo em termos do antigo paradigma preto e branco da Guerra Fria do bem contra o mal".[48] Outras potências foram apresentadas não apenas como rivais, mas como forças do mal, dificultando a resolução de diferenças políticas por métodos tradicionais de engajamento diplomático. Essa visão maniqueísta não era compartilhada pelo público. Uma pesquisa em 2021 realizada pela apropriadamente chamada Fundação Aliança de Democracias descobriu que 44% dos entrevistados em 53 países estavam preocupados com a ameaça à democracia dos EUA, em comparação com 30% para a China e apenas 28% para a Rússia.[49] Não obstante,

---

47 Daalder; Lindsay, Last best hope: the West's final chance to build a better world order, *Foreign Affairs*, 101/4, p.120-1 e 125.

48 Lieven, Anatol. Why Biden's "Summit for Democracy" is a bad idea, *Responsible Statecraft*, 24 maio 2021. Disponível em: <https://responsiblestatecraft.org/2021/05/24/why-bidens-summit-for-democracy-is-a-bad-idea/>.

49 Wintour, Patrick. US seen as bigger threat to democracy than Russia or China, Global Poll Finds, *Guardian*, 5 maio 2021. Disponível em: <https://www.theguardian.com/world/2021/may/05/us-threat-democracy-russia-china-global-poll>.

Biden argumentou que ele perseguiria dois níveis de multilateralismo – um com os aliados e outro com os rivais.[50] Uma suposta "aliança de democracias" representaria uma expressão provocativa da grande substituição, mas não resolveria, por meio disso, o equilíbrio "entre as aspirações ideológicas e as necessidades geopolíticas".[51]

No fim, nem a inovação institucional, nem a reforma por si podem resolver o problema de tornar a governança multilateral mais efetiva. Os realistas não reconhecem nenhum problema, uma vez que para eles a busca competitiva de interesses nacionais é o estado natural das relações. Não obstante, instituições multilaterais são críticas em administrar desafios globais. Durante a pandemia, mesmo um país tão poderoso como os EUA reconheceu que a resposta às ramificações econômicas, sociais e de saúde da crise não poderia ser dada de forma isolada. Diversas soluções cooperativas foram inventadas para a pesquisa, produção e distribuição de vacinas contra o coronavírus. Trump preferiu soluções bilaterais e não multilaterais, ainda que os EUA tenham doado 1,2 bilhão de dólares para o GAVI, a aliança em busca de uma vacina contra a Covid-19, e sob Biden, o país era um participante ativo na Covax, o programa de distribuição de vacinas globalmente apoiado pela ONU. Em última instância, o desafio do multilateralismo é mais político que institucional. Segundo um relatório da Friedrich Ebert Stiftung,

> Não existe mecanismo regulatório capaz de fazer grandes potências como Estados Unidos ou Rússia se enquadrarem às regras. Somente um processo político inclusivo pode garantir que grandes potências apoiem, e não minem a ordem de segurança.

É por isso que eles argumentam que "uma ordem de segurança europeia deveria ser construída com a Rússia, não contra ela".[52] Eles estavam certos, mas já era tarde demais.

---

50 Wintour, "Anything Goes".

51 Graham, Thomas. Can the United States build an alliance of democracies?, Valdai Discussion Club, 19 maio 2021. Disponível em: <https://valdaiclub.com/a/highlights/can-the-us-build-an-alliance-of-democracies/>.

52 Dienes; Krumm; Weiss, Europeans today are much less belligerent than in 1914 or 1939, *Takeaways*, FES Regional Office for Cooperation and Peace in Europe, p.5.

12
A ascensão do Oriente político

A preeminência da qual o Ocidente político desfrutava ao fim da Guerra Fria logo se desgastou.[1] A era da unipolaridade e da hegemonia liberal durou, no máximo, de 1989 a 2014, um quarto de século da paz fria. Em 1989, a União Soviética efetivamente encerrou sua resistência à primazia dos EUA (o fim da Primeira Guerra Fria), enquanto a Rússia entrou em 2014 em confronto aberto com o Ocidente político. Em seguida, os EUA abriram a segunda frente, lançando a guerra comercial contra a China em 2018. As economias Ásia-Pacífico representam uma proporção cada vez maior do PIB global, ao mesmo tempo que a China emergiu como um concorrente de peso. Essa é a era de centros múltiplos acompanhado por uma mudança no poder do Ocidente para o Oriente, um processo acelerado pelo retorno da guerra interestatal para a Europa.[2] Os dias em que as potências ocidentais podiam reivindicar uma "esfera de influência" global terminaram. A guerra da Ucrânia contribuiu para consolidar o Ocidente político e a primazia estadunidense, mas também houve efeitos perversos, sobretudo na autoidentidade europeia.[3]

1 O argumento é desenvolvido por Brzezinski, *Strategic Vision: America and the Crisis of Global Power*, p.7.

2 Já em 1989-91, quando o Ocidente político estava se regozijando com o "fim da história", Janet Abu-Lughod (*Before European Hegemony: The World System ad 1250-1350*) previu não apenas o fim da hegemonia ocidental, mas também o retorno a elementos do Sistema internacional do século XIV, com múltiplos centros de poder.

3 Para uma perspectiva mais cética, ver Adams, Gordon. We don't write the rules anymore, *Responsible Statecraft*, 14 maio 2022. Disponível em: <https://responsiblestatecraft.org/2022/05/14/lessons-from-the-1990s-must-inform-post-ukraine-war-us-policy/>.

A contradição entre o universalismo da Carta e a particularidade da "ordem baseada em regras" foi exposta. A nova era de rivalidade global reproduziu práticas da Guerra Fria, sendo o caráter da própria política internacional uma das questões definidoras. O Ocidente político retratou o conflito como sendo entre democracia e autocracia, mas estava longe de ser universalmente aceito e foi considerado que respondia a seus próprios interesses em grande parte do Sul Global. Apoiadores afirmam que o enfraquecimento da hegemonia liberal e da liderança dos EUA anunciam uma era de anarquia e desordem, enquanto seus críticos sugerem que o internacionalismo soberano poderia inaugurar uma ordem mundial cooperativa e mais equilibrada. A interrupção gerada pela mudança na correlação de forças, transição de poder e multipolaridade não necessariamente envolve conflito e guerra – mas, para tanto, uma sábia forma de fazer política é necessária. Os desafios comuns que a humanidade enfrenta, acima de tudo evitar uma guerra nuclear e amenizar a mudança climática, necessitam de soluções cooperativas. As soluções de paz negativa se inclinam ao conflito, ao passo que a "paz como um processo" pode dar os primeiros passos em direção a uma ordem de paz positiva. Isso não é um debate estratosférico entre acadêmicos, mas uma questão de vida e morte.

Sanções e extraterritorialidade

O equilíbrio de poder é uma das condições do Direito internacional, mas quando é interrompido e a própria ideia de tal equilíbrio é considerada ilegítima, então o Direito internacional e o sistema no qual ele está embutido perdem credibilidade. A ambição da hegemonia liberal para se apropriar do internacionalismo da Carta foi desafiada por outras potências, o que acrescentou uma dimensão desconcertante ao retorno da política das grandes potências. A era da dominância unipolar dos EUA durou apenas três décadas, e a retirada caótica do Afeganistão e a guerra na Ucrânia demonstraram o início de conflitos históricos. As potências ocidentais e seus aliados se uniram em resposta à invasão russa e impuseram sanções sem precedentes. A recusa do Sul Global em endossá-las sinalizou que estas nações não consideram as guerras europeias como sendo suas. Os limites do Ocidente político estavam expostos.

O mundo está se tornando multipolar, mas o comércio permanece centrado em três grandes regiões – os EUA, a União Europeia e a China. Em termos financeiros, os Estados Unidos permanecem o centro de um sistema decididamente unipolar, proporcionando ao país um imenso poder que tem utilizado como arma nos anos recentes. A utilização da infraestrutura financeira como ferramenta de política externa reduziu a confiança em instituições financeiras lideradas pelos EUA, levando à desdolarização e a uma potencial crise na capacidade de Washington contrair dívidas extravagantes. Fareed Zakaria observa que os EUA são "o único país no mundo a emitir um boletim anual sobre o comportamento de todos os outros países", à medida que Washington se tornou "uma bolha, presunçosa e isolada do mundo exterior".[4] Com Obama, as sanções se tornaram o "instrumento de primeira hora", considerando a guerra econômica como uma alternativa à força armada.[5] Os EUA impuseram sanções em mais de 30 países, englobando mais de um terço da população mundial. A abordagem punitiva e tutelar somente se intensificou. Para a Rússia, a nova era de sanções começou em dezembro de 2012, quando o congresso estadunidense adotou a Lei Magnitsky, estabelecendo penas àqueles que supostamente estavam envolvidos na morte do auditor Sergei Magnitsky. Foram necessários 37 anos para revogar a emenda Jackson-Vanik (que vinculava o *status* comercial da URSS à emigração judaica) e, no mesmo dia em que ela foi suspensa, a Lei Magnitsky iniciou um novo ciclo.

Em março de 2014, uma série de sanções crescentes foi adotada pelos EUA, pela UE e por alguns aliados em resposta a ações da Rússia na Ucrânia, que foram drasticamente intensificadas quando, em 17 de julho, o MH17 da Malasia Airlines foi derrubado com a morte de todos os 298 passageiros e tribulação a bordo. Em 2016, os EUA adotaram a Lei Global Magnitsky, permitindo que as sanções fossem aplicadas contra indivíduos em qualquer jurisdição exterior responsável por violações ofensivas aos direitos humanos, e alguns outros países adotaram suas próprias versões. O princípio de soberania de Estado estava subordinado ao imperativo de punir abusadores dos direitos humanos. A aplicação de uma autoridade extraterritorial é unilateral, e não fornece um procedimento jurídico para que os acusados provem sua inocência. Nos últimos dias de seu governo em dezembro de 2016, Obama expulsou 35 diplomatas russos e confiscou algumas propriedades diplomáticas daquele país em resposta às alegações do Russiagate. Em vez de uma tradicional retaliação imediata, Putin manteve-se em espera, antecipando-se a mudanças da política estadunidense pelo novo governo. Na época, em vez de uma esperada reconciliação, Trump impôs crescentes medidas punitivas contra a Rússia.

Os "camaradas" de Putin se tornaram um alvo conveniente, ao lado de seletos oligarcas e verdadeiros criminosos. Em 25 de julho de 2017, a Câmara dos Deputados aprovou a adoção de novas sanções, chamada oficialmente de Countering America's Adversaries Through Sanctions Act [Lei de Contenção dos Adversários dos Estados Unidos por Sanções],

4 Zakaria, *Post-American World*, p.47.

5 Para uma análise histórica, ver Mulder, *The Economic Weapon: The Rise of Sanctions as a Tool of Modern War*.

ou CAATSA, por 419 votos a 3, e em 28 de julho a lei foi aprovada também no Senado por 98 votos a 2. As sanções da CAATSA limitaram a capacidade do presidente de amenizar ou suspender as anteriores. Obama decretou sanções por meio de ordens executivas, mas elas estavam agora codificadas em lei, portanto não poderiam ser revogadas por decreto presidencial.[6] O alvo não eram mais os supostos crimes russos, mas a economia corporativa russa como um todo. Isso se somou à suspensão da maior parte dos contatos militares diretos na esteira da crise da Ucrânia, com exceção dos procedimentos de "desconflito" na Síria. Um Trump relutante não teve escolha se não assinar a medida em 2 de agosto. A CAASTSA foi uma lei expansiva e abrangente, basicamente "expropriando" a gestão da política externa da Casa Branca. Criou uma dinâmica punitiva com o potencial de envenenar as relações entre a Rússia e os EUA por gerações. A lei estendeu as sanções a países fora da Rússia (extraterritorialidade) onde as corporações estadunidenses ou pessoas fornecessem bens, serviços e tecnologia para certos projetos "em que uma empresa russa esteja envolvida", levantando preocupações de líderes e empresas europeias (sobretudo aqueles envolvidos na construção do Nord Stream 2).[7] O Congresso temia que Trump enfraquecesse ou mesmo revertesse a legislação da era Obama e, portanto, cerrou fileiras de uma maneira bipartidária contra o presidente.[8] A adoção da CAATSA estampou uma marca d'água nas relações entre Rússia e EUA e nas relações globais em geral.[9]

Em abril de 2018, Trump impôs as sanções direcionadas mais devastadoras já vistas, em parte como resposta ao caso Skripal e ao posterior uso de armas químicas em Douma e nos arredores de Damasco. Elas eram direcionadas aos que os EUA declaravam ser indivíduos e companhias que ajudavam ou se beneficiavam de "atividades malignas" do Kremlin pelo mundo, incluindo uma suposta interferência na eleição presidencial de 2016, o fornecimento de armas para Bashar al-Assad e a subversão de democracias ocidentais. O Departamento de Tesouro dos EUA impôs sanções a sete oligarcas russos, 12 companhias das quais eles ou eram donos ou as controlavam, e a 17 funcionários de alto escalão do Kremlin. Aqueles que receberam

---

6 Obama impôs sanções executivas em 6 de março e 18 de dezembro de 2014, 1º de abril 2015, 26 de julho e 29 de dezembro de 2016.

7 Ischinger, Wolfgang. Why Europeans oppose the Russia Sanctions Bill, *Wall Street Journal*, 17 jul. 2016. Disponível em: <https://www.wsj.com/articles/why-europeans-oppose-the-russia-sanctions-bill-1500232733>.

8 Alexseev, Mikhail. Why Trump's bid to improve US-Russian relations backfired, Ponars Eurasia, fev. 2018. Disponível em: < http://www.ponarseurasia.org/memo/why-trumps-bid-improve-us-russian-relations-backfired-congress>.

9 Ver Khudoley, Konstantin. Russia and the US: The way forward, *Russia in Global Affairs*, n.4, 2017. Disponível em: <http://eng.globalaffairs.ru/number/Russia-and-the-US-The-Way-Forward-19263>.

as sanções não poderiam fazer negócios nos EUA nem ter acessos aos mercados financeiros. Oleg Deripaska, o chefe de uma das maiores companhias de alumínio do mundo, a Rusal, foi sancionado "por ter agido ou supostamente agido a favor ou em nome, direta ou indiretamente, de um funcionário do alto escalão do governo da Federação Russa".[10] A interrupção causou sérios danos ao mercado de alumínio, forçando uma reversão parcial para permitir que Deripaska se desfizesse da sua maioria de ações na Rusal. A companhia, como outras, se mostrou "muito grande para sofrer sanções".[11]

Em abril de 2018, o primeiro-ministro Medvedev condenou as sanções, considerando-as "ultrajantes e ofensivas", mas enfatizou que elas forçaram a Rússia a repensar seu lugar no mundo. Em sua opinião, a política de contenção da Rússia era parte de uma estratégia duradoura do Ocidente e "nossos parceiros internacionais continuarão a persegui-la independente de como nosso país possa ser chamado. Eles fizeram isso com relação ao Império Russo, e o fizeram muitas vezes com relação à União Soviética e à Rússia". Esta se adaptaria e responderia por meio da substituição de importações e melhorias em suas próprias instituições sociais. A hipótese era de que "as sanções permanecerão ativas por bastante tempo".[12] Essa visão era compartilhada pela população russa, com 43% dela, à época, acreditando que tais medidas não seriam suspensas nos próximos anos.[13] O próprio Putin observou que "não estamos surpresos com qualquer restrição ou sanção: isso não nos assusta e nunca nos forçará a abandonar nosso caminho de desenvolvimento independente e soberano". E prosseguiu: "acredito que a Rússia será soberana, ou deixará de existir".[14]

Moscou impôs uma variedade de contra sanções, incluindo aquelas de agosto de 2014 (mais tarde estendidas) sobre a importação de alimentos de países sancionados. Em junho de 2018, Putin assinou uma legislação permitindo "contramedidas contra ações não amigáveis" por parte dos EUA e outros países estrangeiros, na verdade uma atualização de uma lei de dezembro de 2006 que decretava "medidas econômicas especiais". A nova medida enfraqueceu as respostas anteriores debatidas por ardorosos representantes no Parlamento, que teriam prejudicado a Rússia mais do

---

10 Ayres, Russia feeling the financial bite of US Sanctions, *Los Angeles Times*, p.A3.

11 Whalen; Too big to sanction? US struggles with punishing large Russian businesses, *Washington Post*.

12 Excerpts from Dmitry Medvedev's interview with Vesti and Subbotu Programme, 28 abr. 2018. Disponível em: <http://government.ru/en/news/32506/>.

13 Over 40% of Russians believe Western sanctions likely to remain for years, Sputnik, 29 abr. 2018. Disponível em: <https://sputniknews.com/russia/201804291064013398-sanctions-lift-poll/>.

14 Putin, Vladimir. Interview with China Media Group, 5 jun. 2018. Disponível em: <http://en.kremlin.ru/events/president/news/57684>.

que as próprias sanções.[15] A economia foi reorientada para garantir maior resiliência e autonomia. O papel do Estado foi posteriormente ampliado, a substituição de importações se intensificou e a autoconfiança se tornou um princípio guia.[16] A tendência à desglobalização se acelerou à medida que a dependência de recursos domésticos cresceu por meio da localização e a substituição de importações para tornar a economia mais resiliente e isolada de ameaças externas.[17] As sanções agiram como uma forma de guerra artificial, enraizando a crescente hostilidade entre a Rússia e o Ocidente, um processo que depois foi repetido *vis-à-vis* à China. Beijing, por sua vez, procurou se isolar de potenciais sanções e do domínio do dólar, acelerando ainda mais a desglobalização.

Com o Russiagate pairando sobre ele, Trump se vangloriou dizendo que "nunca houve um presidente tão duro com a Rússia como eu".[18] No entanto, a draconiana Defending Elections from Threats by Establishing Redlines Act [Lei de Defesa das Eleições contra Ameaças com o estabelecimento de linhas vermelhas] (Deter) de 2018 foi suspensa, e a ausência de qualquer atividade demonstrável de interferência na eleição russa naquele ano diminuiu a pressão para ação. Medvedev alertou os EUA que

> se eles introduzirem algo como uma proibição sobre operações bancárias e comércio de moeda, nós trataremos isso como uma declaração de guerra econômica. E teremos de responder nos mesmos termos – econômica, politicamente, ou de qualquer outro modo, se necessário.

Ele acrescentou de forma ominosa: "nossos amigos estadunidenses não deveriam cometer esse erro" e enfatizou que a Rússia tem uma longa história de sobreviver a sanções econômicas e nunca sucumbiu à pressão. Ainda acusou os EUA e seus aliados de empregar sanções para reduzir a concorrência global, especialmente ao mirar nas exportações de gás russo à Europa para permitir que o GNL estadunidense ocupe o mercado.[19] A Rússia tem um arsenal limitado de armas com os quais responde, e a maior parte das

---

15 Timofeev, Ivan. Fighting sanctions: from legislation to strategy, Valdai Club, 18 jun. 2018. Disponível em: <http://valdaiclub.com/a/highlights/fighting-sanctions-strategy/>.

16 Ver Connolly, *Russia's Response to Sanctions: How Western Economic Statecraft is Reshaping Political Economy in Russia*.

17 Connolly, Richard. Russia's responses to sanctions: how Western sanctions reshaped political economy in Russia, Valdai Paper, n.94, nov. 2018. Disponível em: <http://valdaiclub.com/a/valdai-papers/russia-s-response-to-sanctions-how-western-sanctio/>.

18 Citado por Lukyanov, Fyodor. Trump may be leaving, but Russia sanctions will STAY, Carnegie Moscow Center, 20 nov. 2020. Disponível em: <https://carnegie.ru/commentary/83282>.

19 US Curbs on Russian Banks Would Be an Act of Economic War – PM Medvedev, *Reuters*, 10 ago. 2018. Disponível em: <https://www.reuters.com/article/uk-usa-russia-sanctions-moscow-reaction-idUKKBN1KV0FM>.

medidas – por exemplo, proibição da venda de motores de foguetes, titânio ou urânio aos EUA – prejudicam mais a Rússia que seu alvo. Isso ficou bem entendido e explica por que as respostas militar, informacional e cibernética do país foram assimétricas. No geral, o regime de sanções não conseguiu agir como uma dissuasão e certamente não impediu a Rússia de invadir a Ucrânia em 2022. Defensores da Rússia argumentam que eles deveriam ser mais rigorosos, ainda que seja pouco provável que o resultado teria sido diferente.

As sanções desmerecem a ordem liberal à qual deveriam proteger. Os EUA são de longe o líder global, responsáveis por 52% (449 de 850) atos de sanção entre 5 de janeiro de 2020 e 10 de janeiro de 2021. China e Rússia foram irrelevantes nesse terreno, com a primeira sendo responsável por 12 atos e a segunda por 16. Notavelmente, a ONU foi responsável por apenas 58 atos, embora o UNSC seja a única fonte legítima legal de medidas restritivas multilaterais.[20] A maior parte das sanções contra a Rússia estavam associadas à Ucrânia, em geral impostas sobre indivíduos devido aos seus supostos laços com a liderança e à suposta capacidade de influenciar a política. Uma nova fonte de sanções veio da Protecting Europe's Energy Security Act [Lei de Proteção da segurança Energética da Europa] (PEESA), adotada pelo congresso em 2019 como parte de uma Lei de autorização de defesa nacional de 2020, reforçada no ano seguinte.[21] O objetivo era impedir a finalização do Nord Stream 2, portanto, foi dirigida, sobretudo, contra a Alemanha e a Rússia. As sanções relacionadas à energia remontam aos dias da Guerra Fria do período inicial de Reagan, quando a Europa resistiu à pressão estadunidense e forneceu tecnologia à União Soviética para completar tubulações de grande calibre. A crise energética europeia de fins de 2021 foi intensificada pela recusa russa de aumentar os suprimentos de gás, embora as quantidades contratadas tivessem sido fornecidas. A Rússia procurava novos contratos de longa duração e a aprovação regulatória do Nord Stream 2. A filosofia da Rússia desde o início dos anos 1970 havia sido "conseguir contratos a qualquer custo", embora as interrupções à Ucrânia no início de 2006 e novamente em inícios de 2009 tenham afetado sua reputação de modo irreparável. A Ucrânia simplesmente desviou os suprimentos destinados para a Europa para suas necessidades próprias, deixando a Europa no frio. A Rússia intensificou sua estratégia de longo prazo de evitar Estados de trânsito não confiáveis.

As chamadas sanções Caesar na Síria em 2019 intensificaram uma crise humanitária que já era grave, com crescente inflação, escassez de bens e mais de 80% da população abaixo da linha da pobreza. Essas medidas

---

20 Timofeev, Ivan. *Sanctions against Russia: A Look into 2021*, Moscow, RIAC Report, n.65, 2021, p.7. Disponível em: <https://russiancouncil.ru/en/activity/publications/sanctions-against-russia-a-look-into-2021>.

21 Timofeev, *Sanctions against Russia*, p.13.

repetiram aquelas impostas ao Iraque em 1990, que segundo algumas estimativas levaram a pelo menos meio milhão de mortes que poderiam ser evitadas, incluindo milhares de crianças. Os EUA ignoraram o apelo do secretário-geral da ONU para suspender as sanções durante a pandemia; foram mantidas contra o Irã, sendo que as restrições nas transações financeiras praticamente inviabilizavam que o país comprasse medicamentos estrangeiros. Washington vetou um empréstimo de emergência de 5 bilhões de dólares pedido por Teerã ao FMI para adquirir equipamentos e remédios no exterior. As sanções contra a Venezuela ameaçaram o programa que fornecia alimento e remédios para cerca de 24 milhões de pessoas. Depois que Talibã tomou Kabul em agosto de 2021, os 7 bilhões de dólares de reservas internacionais do Afeganistão mantidos nos EUA foram efetivamente confiscados, apesar de o país enfrentar fome e uma extrema carência de fundos para pagar funcionários públicos. As sanções impostas à Rússia em resposta à invasão da Ucrânia são as mais severas contra um país importante, e de fato impuseram uma política de responsabilidade coletiva. Tem havido poucas tentativas de mitigar seu impacto na população em geral. Os alvos são as exportações russas de energia, minerais, terras raras e outros recursos; o setor financeiro (apreendendo metade dos 630 bilhões de dólares do baú de guerra mantido no Ocidente que Putin construiu justamente para resistir a tais sanções); e indivíduos supostamente associados com a guerra. As sanções não são endossadas pela ONU e cerca de 40 países impuseram medidas restritivas de algum tipo. Isso fez que os demais aproveitassem as novas oportunidades comerciais, particularmente no setor da energia.

Os EUA se tornaram "viciados em sanções", com uma onda seguida da outra.[22] Entre 2000 e 2021, a quantidade de indivíduos sancionados pelos EUA aumentou de mil para 10 mil e novas sanções econômicas e de outros tipos foram impostas em mais de 20 países. Sanções obviamente têm mais efeito quando oferecem um incentivo para se comportar da maneira desejada pelo poder sancionador, mas a Segunda Guerra Fria é distinta porque os fins estão basicamente separados dos meios. Os meios são mais sanções; mas o fim nem sempre está definido. No caso da Ucrânia, o objetivo era a Rússia cumprir os acordos Minsk. Depois de 2022 isso foi ampliado para incluir uma retirada russa, em primeira instância das fronteiras às vésperas da invasão, mas de forma mais ambiciosa englobando um retorno às fronteiras de 1991. Esta última significaria que a Rússia desistiria da Crimeia, anexada em março de 2014, bem como das Repúblicas Populares de Donetsk e Lugansk e das regiões de Kherson e Zaporija incorporadas em setembro de 2022. Agora consideradas parte do território nacional, é difícil imaginar

---

22 Petro, Nicolai N. America is addicted to sanctions, *National Interest*, 16 ago. 2018. Disponível em: <https://nationalinterest.org/blog/skeptics/america-addicted-sanctions-28952>.

que a Rússia as abandone, a não ser que sofra uma severa derrota militar. As sanções se tornaram parte de uma estratégia de contenção mais ampla, aplicada contra países como Cuba, Rússia, Irã, Coreia do Norte e, cada vez mais, China. Não estão mais vinculadas a uma causa designada com um resultado específico, mas se tornaram parte de uma guerra de atrito persistente. Foram criadas para ajudar os EUA a "esmagar seus rivais" e a "aceitar a hegemonia estadunidense".[23] Petro observa que o "efeito" proporcionado pelas sanções logo passa, e os "políticos ficam desesperados por outra dose. Amigos tentam alertar os estadunidenses que o comportamento cada vez mais errático de Washington está começando a feri-los também".[24] Em agosto de 2018 Trump, de fato, sugeriu que as sanções à Rússia poderiam ser retiradas "se eles fizessem algo que fosse bom para nós".[25] Isso levantou a pergunta intrigante de como esse "bom" poderia ser medido e como isso se encaixaria na dinâmica evolutiva da Segunda Guerra Fria.

As sanções representam um tipo de "política externa barata", substituindo a diplomacia como principal instrumento para conquistar mudança política. Basicamente não trazem consequências internas, apesar das que foram impostas à Rússia em 2022 terem tido repercussões negativas devastadoras, elevando o preço da energia e de outras mercadorias a níveis sem precedentes. As sanções são o equivalente funcional da guerra, tendo como alvo populações civis sem qualquer protocolo de guerra convencional restritivo. A punição coletiva imposta à Rússia a partir de 2022 reforçou narrativas do regime de um país sob sítio. Uma vez impostas, é difícil retirá-las. O Congresso e a Casa Branca competem para ver quem pode ser mais duro, um sintoma de um problema maior em que o papel da ONU como fonte principal de sanções legítimas está corroído. A hegemonia liberal radicalizada substitui a ONU e impõe regimes de sanção por si. Elas são esmagadoramente direcionadas a países que desafiam o EUA de uma maneira ou de outra. É fácil impor sanções, mas é difícil anulá-las, portanto, torna-se parte do repertório de "guerras eternas".[26] Em geral, são impostas em defesa dos direitos humanos, mas há pouca evidência de que elas melhorem as condições de vida, e, em alguns casos, elas provocam repressões mais profundas.

---

23 Tsygankov, Andrei. Sanctions serve to maintain US Global hegemony, Valdai Discussion Club, 16 ago. 2018, Disponível em: <http://valdaiclub.com/a/highlights/sanctions-serve-to-maintain-the-us-global-hegemony/>.

24 Petro, America is addicted to sanctions.

25 Holland, Steve; Mason, Jeff; Oliphant, James. Exclusive: Trump vows "no concessions" with Turkey over detained US Pastor, *Reuters*, 20 ago. 2018. Disponível em: <https://www.reuters.com/article/us-usa-trump-exclusive/exclusive-trump-vows-no-concessions-with-turkey-over-detained-u-s-pastor-idUSKCN 1L5223>.

26 Mehta, Krishen. Sanctions and forever wars, US committee on US-Russia accord, 4 maio 2021. Disponível em: <https://usrussiaaccord.com/acura-viewpoint-sanctions-and-forever-wars-by-krishen-mehta/>.

Rumo a um mundo pós-ocidental

A sociedade internacional hoje compreende mais de 200 Estados (193 são membros da ONU) e várias organizações internacionais e ONGs regidas pelas normas e práticas consagradas na Carta da ONU e em seus protocolos subsequentes. A era colonial terminou há bastante tempo, mas a resistência hoje está concentrada contra as várias práticas de neocolonialismo – a subordinação dos interesses de Estados menores às grandes potências e sua exploração por atores econômicos poderosos. A reivindicação do Ocidente político de que é o guardião de um conjunto especial de "regras" é desafiada por uma crescente coalizão de Estados contra-hegemônicos. Muitas dessas regras coincidem com aquelas do sistema internacional, indicando sua origem comum no cosmopolitismo da Carta e no internacionalismo liberal. Contudo, a ordem liberal também é um sistema de poder, liderado pelos EUA e com o consentimento desejoso de um grupo de Estados alinhados a eles. A adesão àquele grupo é seletiva, sendo a aceitação da hegemonia estadunidense o preço do ingresso. É aí onde os problemas começam, e países como a Rússia e a China em última análise acham esse custo muito alto. Os benefícios sem dúvida seriam generosos, como as potências legatárias na Europa e o Japão descobriram, mas, para Estados-civilização como China, Índia e Rússia, o consentimento era simplesmente inconcebível.

Um grupo de Estados não alinhados mantém sua distância e tenta evitar envolvimento nos conflitos das grandes potências. O denominador comum para Estados não ocidentais, geralmente descritos como Sul Global, é o contra-hegemonismo. Na prática, isso significa a afirmação da autonomia do sistema internacional da Carta e seu princípio fundamental de internacionalismo soberano. Eles exigem que todos os Estados se comprometam igualmente aos princípios da Carta, incluindo os membros da ordem baseada em regras. À medida que a Segunda Guerra Fria se intensifica, o Ocidente político afirma que seus princípios, normas e interesses assumam prioridade com relação ao sistema da Carta, devido à susceptibilidade deste último à pressão injustificável de Estados autoritários. O apoio dos EUA ao multilateralismo da Carta depois de 1945 sempre foi contingente e seletivo, mas agora a política de substituição se tornou mais aberta. A ação contrária de outras potências, por sua vez, também se tornou mais intensa agrupada sob a bandeira do "contra-hegemonismo". O sistema estatal no Sul Global amadureceu e não há possibilidade de retorno à ideia de que a chamada "maioria global" se torne instrumento nas lutas da Guerra Fria de outros. O Ocidente político estava perdendo o poder que tradicionalmente detinha.

Já nos anos 1990, Primakov, ministro das Relações Exteriores da Rússia, argumentou que o mundo estava se tornando multipolar. Embora fosse mais uma aspiração que uma realidade, sinalizava uma resistência incipiente à agenda global do Ocidente político. Ele propunha um alinhamento entre Rússia, Índia e China (RIC) para resistir à dominação estadunidense por meio de uma estratégia de coexistência competitiva, uma ideia que se valeu da coexistência pacífica de Kruschev dos anos 1950. Essa postura implicitamente antiocidental não convenceu a China e a Índia que duvidavam da seriedade da ideia de manter distância. Em consonância com a visão de que amizade sino-russa não deveria ser dirigida contra uma terceira parte, Beijing não conseguiu responder.[27] Em um gesto repleto de simbolismo, quando a Otan iniciou sua campanha de bombardeio contra a Sérvia em março de 1999, Primakov ordenou o retorno de seu avião que estava a caminho de Washington. A perspectiva de reconciliação dos dois modelos da ordem pós-Guerra Fria retrocedeu, e o avião para Washington permanece em solo. Enquanto isso, a multipolaridade se tornou uma realidade, embora estivesse longe de ser uma unanimidade.[28] Essa é a visão de que distintos modelos de ordem mundial não precisam necessariamente entrar em conflito. Em um mundo "multiordem" há espaço para uma diversidade de ordens sociais e alinhamentos.[29] Em consonância com essa ideia, Amitav Acharya argumenta que a chegada de um mundo "multiplex" permanecerá conectado economicamente, mas será acompanhado por uma diversidade política e cultural.[30]

A política internacional reflete a mudança no equilíbrio de poder, mas os fundamentos do sistema internacional persistem. Um importante comentarista russo, Fyodor Lukyanov, argumenta que Beijing pretende forjar um "grupo de países que resistirão aos EUA, voltados a conter as atividades e políticas estadunidenses que são prejudiciais a nossos dois países".[31] Uma Rússia revitalizada e uma China vigorosa agem como contrapeso aos EUA, confirmando o início do que Fareed Zakaria chama de "o mundo pós-estadunidense". Potências emergentes entram no que ele chama de "ordem ocidental", mas o fazem "em seus próprios termos – remodelando, assim, o próprio sistema".[32] Essa distinção conceitual fornece um marco para aquilo que ele identifica como o "grande projeto do século XXI": para a liderança estadunidense "criar um novo sistema de relações internacionais que

27 Yong, *China's Struggle for Status*, p.143.

28 Brooks, Stephen G.; Wohlforth, William C. The myth of multipolarity: American power's staying power, *Foreign Affairs*, 18 abr. 2023. Disponível em: <https://www.foreignaffairs.com/united-states/china-multipolarity-myth>.

29 Para uma análise teórica posterior, ver Flockhart, The coming multi-order world, *Contemporary Security Policy*, 37/1, p.3-30.

30 Acharya, Amitav. After liberal hegemony: the advent of a multiplex world order, *Ethics & International Affairs*, 31/3, p.271-85.

31 Fyodor Lukyanov, o influente editor de *Russia in Global Affairs*, citado por Weir, Worse than the Cold War? US-Russia relations hit new low, *Christian Science Monitor*, 20 abr. 2021. Disponível em: <https://www.csmonitor.com>.

32 Zakaria, *Post-American World*, p.36.

produza cooperação global genuína e efetiva nas grandes questões comuns que afligem a todos nós".[33] Isso é um argumento poderoso, mas não consegue distinguir entre o abrangente sistema internacional e as subordens que estão contidas nele. Por força de seu poder e autoridade, os EUA assumirão, com razão, um papel de liderança nas relações internacionais, mas sua hegemonia é mais efetiva quando funciona por meio de instituições do sistema internacional e da diplomacia, e não por meio de grupos autosselecionados de acólitos e apoiadores.

Zakaria reconhece que, com exceção do nível político-militar, a distribuição do poder global está se afastando da dominação estadunidense. Isso inaugura o mundo pós-estadunidense: "definido e dirigido a partir de muitos lugares e por muitas pessoas".[34] Escrito em 2009, o texto explicava que isso não necessariamente seria um mundo antiestadunidense, esclarecendo que "países em toda as partes do mundo não são mais objetos ou observadores, mas atores com seus próprios direitos. É o nascimento de uma ordem verdadeiramente global".[35] No entanto, à medida que a Segunda Guerra Fria se intensificou, antigas hierarquias foram reforçadas e o elemento antiestadunidense se intensificou. Esse processo está longe de ser linear, e a liderança hábil e cooperativa dos EUA pode restaurar a liderança do país em temas de preocupações comuns. Ao contrário, a militarização do conflito de grandes potências colocou em risco a agenda verde e a mudança para economias mais sustentáveis. A luta contra a mudança climática ficou em segundo plano em relação à luta contra os rivais geopolíticos. A primazia do Ocidente político está se corroendo, sem dúvida, intensificada pelo fracasso em lidar com problemas internos. A triunfal era da hegemonia liberal terminou. A consolidação do Ocidente político contra a Rússia na guerra da Ucrânia quando muito trará um alívio temporário. Partidários do sistema internacional argumentam que o resultado de um mundo pós-estadunidense não é necessariamente um caos. Essa mudança de poder é considerada uma mudança de segunda ordem, uma vez que os fundamentos do sistema internacional permanecem no lugar.

Sentimentos contra-hegemônicos permanecem desagregados e incipientes, embora significativos e crescentes. Não há mais um movimento comunista mundial para dar expressão, ainda que comprometida, ao anti-imperialismo. Portanto, a ideia de algum tipo de "arco de resistência" é enganosa, assim como a ideia anterior de um "eixo do mal" havia sido falsa.[36]

33 Ibid., p.xxx.

34 Ibid., p.3.

35 Ibid., p.36.

36 O redator de discursos David Frum inseriu o termo "eixo do mal" para descrever o Irã, Iraque e Coreia do Norte no pronunciamento do presidente Bush sobre o Estado da União de janeiro de 2002. O argumento é desenvolvido por: Perle; Frum, *An End to Evil*.

Rússia, China, Índia, Irã, Síria, Venezuela e até mesmo a Turquia concordam em algumas questões, mas não há um movimento único de resistência. Há concorrência entre as potências em ascensão, assim como há no interior do Ocidente político. Isso provocou a ideia de um mundo cada vez mais fora de controle, descrito como "terra de ninguém".[37] Comentaristas russos, por outro lado, argumentam que a multipolaridade genuína está emergindo, apesar das tentativas dos EUA de remodelar a política internacional em termos de centro mundial (o Ocidente), interagindo com uma periferia mundial (o não Ocidente).[38] Nesse modelo, os EUA representam o Ocidente político e a China efetivamente fala pelo Terceiro Mundo, embora ela explicitamente repudie essa postura neomaoista. De modo mais realista, a tensão entre o Ocidente político e as maiores potências eurasiáticas (China e Rússia) está equilibrada por um Sul Global relativamente não alinhado, se recusando a se tornar a arena dos próximos conflitos por procuração da Guerra Fria ou apêndices neocoloniais para essa ou aquela potência.

As linhas gerais de um mundo pós-ocidental estão emergindo, não mais vinculadas a valores "europeus", mas baseadas nos princípios da Carta. A era de hegemonia liberal pós-Guerra Fria pode agora ser vista como uma época de um falso universalismo, de ambições por poder disfarçadas sob a retórica do internacionalismo democrático. Se esse ponto de vista estiver correto, então a ONU e outras instituições internacionais foram utilizadas quando promoveram os objetivos hegemônicos dos EUA, mas foram descartadas em outras circunstâncias. Se a multipolaridade é uma realidade, então a ONU tem o potencial para se tornar um verdadeiro fórum multilateral para moldar as relações mundiais. Isso não implica um governo global, mas o marco para que as grandes potências conduzam seus negócios. Nesse modelo, a China compartilharia a liderança e retomaria sua posição como uma superpotência, que havia cedido temporariamente para potências europeias.[39] Na prática, ocorreu o oposto, a nova configuração da política internacional gerou impasses e recriminações no Conselho de Segurança da ONU, intensificando divisões. A reforma da ONU é algo perene na agenda, concentrada acima de tudo em incorporar novos membros ao Conselho de Segurança para representar a África, Ásia e América Latina, com Índia e Brasil como candidatos principais. Não há consenso sobre o caminho a seguir. A própria reforma da ONU se tornou outra fonte de disputa entre o Ocidente político e as potências eurasiáticas.

---

37 Kupchan, *No One's World: The West, the Rising Rest and the Coming Global Turn.*

38 Kortunov, Andrey. Consolidation of the West: opportunities and limits, RIAC, 31 maio 2022. Disponível em: <https://russiancouncil.ru/en/analytics-and-comments/analytics/consolidation-of-the-west-opportunities-and-limits/>.

39 Schuman, *Superpower Interrupted: The Chinese History of the World.*

A *Interim National Security Strategic Guidance* [Orientação Estratégica Provisória de Segurança Nacional] de Biden, em março de 2021, admitiu o problema, mas a resposta apenas destacava a tensão permanente entre o multilateralismo autônomo e a primazia dos EUA. O documento afirmava que

> as Nações Unidas e outras organizações internacionais, ainda que imperfeitas, permanecem essenciais para promover nossos interesses [...]. Para uma variedade de questões cruciais [...] a cooperação global e a reforma institucional efetivas exigem que os EUA retomem o papel de liderança nas organizações multilaterais.

Depois da turbulência dos anos Trump, o terreno e a amplitude da concorrência estavam evidentes. Segundo a *Guidance*:

> Também é crítico que essas instituições continuem a refletir valores, aspirações e normas universais que têm sustentado o sistema da ONU desde sua fundação há 75 anos, muito mais que uma agenda autoritária. Em um mundo de rivalidade cada vez mais profunda, não cederemos nesse terreno vital.[40]

Isso representou uma importante reafirmação do compromisso dos Estados Unidos com o sistema da Carta, tanto como um princípio de associação quanto como a representação de um conjunto de valores, mas, ao declarar que esse era mais um campo de contestação, a autonomia do sistema da Carta foi, consequentemente, diminuída. A afirmação contundente do internacionalismo democrático – a visão de que o componente ético é de importância primordial na relação entre Estados – intensificou o antigo problema de dois pesos, duas medidas, no qual os aliados eram tratados com mais indulgência que os adversários, mas em certos aspectos contrariava a abordagem pragmática que havia permitido a criação da ONU. A igualdade soberana proclamada nas conferências de Potsdam e Ialta foi institucionalizada no Conselho de Segurança da ONU, mas agora uma ordem superior foi promovida pelos EUA e seus aliados. O modelo de internacionalismo liberal aberto, baseado em regras e em geral progressista, tem sido desenvolvido há aproximadamente 200 anos, mas sua versão mais radical pós-Guerra Fria desestabiliza suas próprias conquistas.[41] A diplomacia abriu caminho para uma cruzada moral.

A reafirmação da hegemonia liberal minou o internacionalismo soberano, o princípio fundamental que permite o funcionamento do sistema internacional da Carta que, conduzido dentro dos limites do seu sistema, ameniza a anarquia do sistema estatal internacional, mas, ao reivindicar

---

40 *Interim National Security Strategic Guidance*, p.13.

41 Cf. Ikenberry, *World Safe for Democracy*.

certos direitos tutelares com relação ao sistema (a grande substituição identificada anteriormente), gerou uma dinâmica de interrupção e a anarquia foi intensificada. Certamente fazia sentido para os EUA, potência dominante desde 1945, afirmar que a hierarquia por si própria forneceria estabilidade hegemônica, mas em condições de uma bipolaridade em desenvolvimento, ou em uma multipolaridade completamente desenvolvida, isso só aprofundou os antagonismos da Segunda Guerra Fria. Os realistas argumentam que "a ordem global está deteriorando diante dos nossos olhos", devido a um "declínio relativo da potência estadunidense e a ascensão concomitante da China", que "corroeu o sistema parcialmente liberal baseado em regras antes dominado pelos EUA e por seus aliados". Um resultado possível é

> um mundo menos próspero e mais perigoso caracterizado por Estados Unidos e China cada vez mais hostis, uma Europa remilitarizada, blocos econômicos regionais orientados para dentro, um reino digital dividido ao longo das linhas geopolíticas, e o crescente armamento de relações econômicas para fins estratégicos.

Uma alternativa é uma ordem mais benigna em que os EUA, a China e outras potências "competem em algumas áreas, cooperam em outras, e observam regras novas e mais flexíveis do caminho projetado para preservar os principais elementos de uma economia mundial aberta e para impedir o conflito armado". Há até a possiblidade de um resultado mais benigno em que "as principais potências trabalham ativamente juntas para limitar os efeitos da mudança climática, para melhorar a saúde global, reduzir a ameaça de armas de destruição em massa e administrar crises regionais conjuntamente".[42] Esta última é precisamente a ordem de paz positiva imaginada pelos arquitetos do fim da Primeira Guerra Fria. O fracasso anterior para alcançar tal resultado sugere que o mais provável é o cenário mais negativo. A "anarquia europeia" que deu origem à Primeira Guerra Mundial agora é global.[43]

O Sul Global encontra sua voz

A criação de associações não ocidentais e organizações internacionais sinalizam o surgimento daquilo que Oliver Stuenkel chama de um mundo "pós-ocidental".[44] Desde o fim da Primeira Guerra Fria os EUA têm tentado

---

42 Walt; Rodrik, How to build a better order, *Foreign Affairs*, 101/5, p.142-55.

43 Dickinson, *The European Anarchy*.

44 Stuenkel, *Post-Western World: How Emerging Powers Are Remaking Global Order*.

forjar uma política internacional (o que Kissinger chama de uma ordem internacional) para atender a seus interesses, o que gerou um comportamento contra-hegemônico e um contrapeso. Isso é acompanhado por uma desglobalização seletiva e dirigida por alinhamentos regionais para diluir o domínio do sistema financeiro estadunidense e para isolar as economias das sanções ocidentais.[45] Trata-se de um processo mais amplo de pós-globalização: o encurtamento de cadeias de fornecimento em resposta às vulnerabilidades expostas pela pandemia, a agenda de sustentabilidade em resposta à mudança climática e as mudanças tecnológicas associadas à Quarta Revolução Industrial. A erosão do Estado neoliberal deu lugar ao restabelecimento da produção doméstica e a estratégias industriais.

Com "as relações sino-russas [...] mais próximas do que já haviam sido nos últimos cinquenta anos, dando-lhes a chance para remoldar a ordem global à sua maneira", o pior pesadelo de Kissinger estava se tornando realidade.[46] Seu pesadelo era que Beijing e Moscou tivessem melhores relações entre si do que a de qualquer um deles com Washington. A Rússia redobrou seus esforços para se envolver com a Ásia maior, enquanto a China viu a Eurásia como uma parte essencial de sua economia e também de seu futuro político. Instituições paralelas de globalização e regionalização surgiram como alternativas àquelas dominadas pelo Ocidente político (sobretudo o FMI e o Banco Mundial), servindo potencialmente como modelos para uma sociedade internacional mais equitativa e inclusiva. Eram tão pós-ocidentais que seu ponto de referência não era mais o Ocidente político, embora, sem dúvida, se valessem de práticas, da cultura e da experiência do Ocidente dos últimos 500 anos. Tal aspecto é um ponto crucial, não porque sugere que o Ocidente histórico está de algum modo entrando em uma crise terminal, mas porque a era da predominância absoluta do Ocidente terminou. As velhas hierarquias estão se desintegrando e um mundo pós-ocidental menos estigmatizado e mais autoconfiante está surgindo.[47] O *status* permanece algo importante, mas seus termos não são mais moldados pelas preferências do Ocidente político.[48] A existência de alternativas cada vez mais estruturadas proporciona um marco para uma reestruturação fundamental dos padrões tradicionais de poder internacional. É muito mais que uma mudança de poder; é o deslocamento global de hierarquias consolidadas.

O movimento dos não alinhados se rejuvenesceu e, ao construir seus princípios, o Sul Global se alinhou com as potências euroasiáticas para

45 Kamel, Lorenzo. Has the Russo-Ukraine war really changed the global order?, *National Interest*, 14 abr. 2022. Disponível em: <https://nationalinterest.org/blog/buzz/has-russo-ukraine-war-really-changed-global-order-201835>.

46 Burrows; Manning, Kissinger's nightmare: how an inverted US-China-Russia may ne a game-changer, Valdai Paper, n.33, p.3.

47 Zarakol, *Hierarchies in World Politics*.

48 Zarakol, *After Defeat: How the East Learned to Live with the West*.

demonstrar que a era do Ocidente político e da dominação havia terminado. A Rússia e a China estão no centro de vários alinhamentos contra-hegemônicos, que sistematicamente excluem os EUA. O internacionalismo soberano envolve um comprometimento à valorização do pluralismo e à coexistência de diferentes tipos de regime. Isso também ameniza a nascente bipolaridade da Segunda Guerra Fria, permitindo que os países no Sul Global escapem do confronto ideológico e de poder que está surgindo. As principais instituições "pós-ocidentais" incluem a Organização de Cooperação de Xangai (SCO) e o BRICS, o alinhamento de Brasil, Rússia, Índia, China e África do Sul.[49] Estes são parte da arquitetura de não alinhamento pós-ocidental mais ampla, englobando a ASEAN mais três (APT), RCEP e os órgãos mais especificamente centrados na China como Cinturão e Rota, o 16+1 na Europa, o AIIB, e o Fórum sobre Cooperação China-África (FOCAC). Instituições financeiras alternativas estão no coração da nova arquitetura, incluindo o sistema de pagamento interbancário transfronteiriço da China (CIPS), uma alternativa ao sistema de pagamento SWIFT. São parte da grande "separação" entre a ordem atlântica e as potências pós-ocidentais. Metade do comércio global ainda é realizado em dólares, mas a desdolarização acelerou conforme países procuraram se isolar das sanções. Desde 2020, a maior parte do comércio entre Rússia e a China tem sido realizada em rublos e yuans. Muita interdependência permanece, mas "seleção" global está acontecendo em campos rivais.

A Eurásia e o Sul Global se reuniram no alinhamento do BRICS. O órgão tem suas raízes na ideia de Primakov dos países RIC (Rússia, Índia e China) se contraporem à dominação das potências atlânticas e foi generalizada pelo analista Jim O'Neil, da Goldman Sachs, em 2001, para juntar o que ele via como os cinco mercados emergentes mais promissores.[50] A primeira reunião de ministros de Relações Exteriores do BRIC aconteceu na Assembleia Geral da ONU em Nova York, em setembro de 2006, e a cúpula inaugural de líderes foi realizada na Rússia em Yekaterinburg, em junho de 2009; no ano seguinte, a África do Sul ingressou no bloco. O agrupamento é apenas

> um elemento no processo histórico de longo prazo pelo qual uma sociedade internacional dominada pelo Ocidente se tornou global e como um estágio em uma revolta de longo prazo contra a dominação Ocidental que, de modo algum, terminou.[51]

---

49 Stuenkel, *The BRICS and the Future of Global Order*.

50 O'Neill, Jim. *Building Better Global Economic BRICs*, Goldman Sachs Global Economics Paper, n.66, Nova York, nov. 2001. Disponível em: <http://www.gold-mansachs.com/our-thinking/archive/archive-pdfs/build-better-brics.pdf>. A ideia foi posteriormente desenvolvida por: Wilson, Dominic; Purushothaman, Roopa. *Dreaming with the BRICs: The Path to 2050*, Goldman Sachs Global Economics Paper, n.99, Nova York, out. 2003. Disponível em: <http://avikdgreat.tripod.com/InterestingReads/BRIC_GoldmanSachs.pdf>.

51 Hurrell, Beyond the BRICS, p.92.

Ele envolve cinco países bem diferentes em todo o mundo, cada um com sua própria visão de seu propósito e racionalidade, embora se unam em defesa do desenvolvimento soberano e não alinhamento. Alguns podem estar mais próximos da ordem liberal mundial (África do Sul), outro ao mesmo tempo simpatiza com a disrupção trumpista (Jair Bolsonaro no Brasil), outro traça um curso independente em direção à modernização (Índia), enquanto a Rússia enxerga o órgão como um veículo para *status* e metas de desenvolvimento. Rússia e China concedem um peso geopolítico e geoeconômico ao BRICS e o consideram um modelo de internacionalismo soberano contra as práticas de substituição. Xi argumentou que "os membros do BRICS deveriam sustentar firmemente o multilateralismo, salvaguardar a ordem internacional baseada no Direito internacional e o sistema internacional tendo a ONU como seu centro".[52] Eles também procuram "democratizar" a governança econômica global para torná-la mais justa para os Estados não ocidentais e, com isso, reviver elementos do projeto endossado pela ONU nos anos 1970 para uma Nova Ordem Econômica Internacional (NIEO). No início, o objetivo estava completamente focado na geoeconomia, utilizando o BRICS para coordenar a posição dos membros na economia internacional, mas com o passar do tempo Beijing começou "a ver o BRICS como um meio de romper o que viam como uma tentativa dos EUA de cercar o país e conter seu desenvolvimento".[53] O BRICS é parte da estratégia chinesa para se tornar uma importante potência mundial e para reequilibrar a política internacional se afastando da predominância do sistema atlântico.

Desde 2014, o Banco de desenvolvimento do BRICS (agora chamado de Banco do Novo Desenvolvimento) ajuda a preencher as lacunas no financiamento de investimentos de infraestrutura. Sediado em Xangai, seu primeiro presidente foi da Índia. A tensão entre este país e a China permanece, embora os laços comerciais entre ambos são os maiores entre os membros do BRICS. As instituições pós-ocidentais estão distantes de serem monolíticas, e a Índia redobrou seus esforços para separar sua economia da chinesa. A Índia permanece como o principal candidato para um assento permanente no Conselho de Segurança e está comprometida com a reforma da ONU.[54] Desde a reunião de Xiamen em 2017, o formato do BRICS+ permite que vários outros países participem das reuniões. Mais de uma dúzia de líderes do Sul Global participaram da 14ª Cúpula do BRICS em junho de 2022 realizada virtualmente pela China. A reunião emitiu a Declaração de Beijing,

---

52 Lukin; Xuesong, What Is BRICS for China?, *Strategic Analysis*, 43/6, p.621.

53 Ibid., p.623.

54 Das Kundu, Nivedita. BRICS@15: India to Chair 13th BRICS Summit, Valdai Club, 9 abr. 2021. Disponível em: <https://valdaiclub.com/a/highlights/brics-15-india-to-chair-13th-brics-summit/>.

afirmando que todos os países em desenvolvimento ou menos desenvolvidos deveriam ter voz "na tomada de decisão global". Ao defender o multilateralismo, a declaração afirmou que o Direito internacional e a Carta da ONU proporcionam

> um sistema internacional em que os Estados soberanos cooperam para manter a paz e a segurança, promovem desenvolvimento sustentável, garantem a promoção e a proteção à democracia, direitos humanos e liberdades fundamentais para todos.[55]

Os princípios ecoaram globalmente, provocando uma corrida para se ingressar no órgão, desde a Argentina, Argélia, Arábia Saudita, UAE e Barein até o Egito e a Indonésia.

O Cinturão e Rota sinalizou um novo ativismo na política externa chinesa, "voltada mais a modelar o ambiente externo da China do que apenas se adaptar a ele".[56] Também foi projetado para resolver o problema doméstico da sobrecapacidade, que faz a China ao mesmo tempo passar de uma potência de âmbito regional para global. O programa foi incorporado como parte da Constituição do PCCh em outubro de 2017. O foco, em primeiro lugar, era a Eurásia, e em particular a Ásia Central. Beijing assumiu que essa seria uma região relativamente segura para fazer sua entrada nos assuntos mundiais. A estratégia chinesa eurasiática procurou tornar o país "uma potência central ao mesmo tempo que evitava os mesmos dilemas de segurança e armadilhas que têm acompanhado outras transições de potências globais na história mundial".[57] Será necessária uma política de ordem rara para atingir essas metas. Valendo-se de antigas filosofias chinesas, Yan Xuetong atribui "a transição de poder internacional à maior capacidade da liderança de um Estado emergente de realizar reformas do que a de um Estado dominante".[58] Para ele, a liderança é uma variável central e, com isso ele subestima o foco de Gilpin na insuficiência econômica ou no problema da sobrecarga imperial identificada por Paul Kennedy como principal fator no declínio de uma hegemonia.

O SCO ameniza alguns dos tradicionais dilemas de segurança na ampla região da Eurásia. O "cinco de Xangai" foi criado em 1996 pela Rússia, China, Cazaquistão, Quirguistão e Tajiquistão e, na cúpula de Xangai em junho de 2001, foi reformatado como a Organização de Cooperação de

---

55 Full Text of the 14th BRICS Summit Beijing Declaration, 24 jun. 2022, Disponível em: <http://www.china.org.cn/world/2022-06/24/content_78288365.htm>.

56 Maçães, *Belt and Road*, p.15.

57 Lanxin, Xiang. Impact of the US-China conflict on Greater Eurasia: a New Cold War is looming?, Valdai Discussion Club, 12 out. 2020. Disponível em: <https://valdaiclub.com/a/highlights/impact-of-the-us-china-conflict-on-greater-eurasia/>.

58 Xuetong, *Leadership*, p.xiv.

Xangai. Constitui-se como um mecanismo regional multilateral para segurança e cooperação, com a adesão do Uzbequistão como membro fundador. A reunião adotou uma carta, uma constituição e estabeleceu uma secretaria permanente. A carta da SCO promete "não interferência e não alinhamento" e uma reafirmada "adesão aos objetivos e princípios da Carta das Nações Unidas", ao mesmo tempo que procura criar "uma nova ordem política e econômica". A cúpula de Tashkent em junho de 2004 expandiu as atividades da SCO, criando uma Estrutura Regional Antiterrorista (RATS) para lidar com o tráfico de drogas e insurgências transnacionais, cujo escritório foi transferido de Xangai para Tasquente em 2005. Em agosto daquele ano, Rússia e China realizaram seu primeiro exercício militar conjunto. Prevê-se que a SCO seja "o protótipo para a nova ordem internacional imaginada pela China", dotada com um *ethos* do que é nomeado de "espírito de Xangai", envolvendo "confiança mútua, benefício mútuo, igualdade, consulta, respeito por diversas civilizações e a perseguição de um desenvolvimento comum".[59] A SCO proporciona um fórum para diálogo entre seus Estados-membros e um instrumento para estabilidade política. A SCO é o modelo para multipolaridade e a expressão institucional mais desenvolvida da ampla Eurásia. Esta não estará mais sujeita à colonização, mas será um agente da autoexpressão global. A Declaração de Samarkand, emitida pela cúpula da SCO em setembro de 2022, condenou "as abordagens de bloco, ideológicas e conflitivas", ao mesmo tempo que enfatizava que a SCO não estava voltada contra outros Estados ou organizações, mas sim aberta à "ampla cooperação com eles em consonância com os objetivos e princípios da Carta da ONU".[60]

Originalmente criada para combater os "três males" do terrorismo, separatismo e extremismo, mais tarde ampliou sua agenda de cooperação de segurança, embora esteja longe de se tornar uma "comunidade de segurança" substantiva, na qual os membros reflexivamente recorrem entre si para segurança e uma paz confiável.[61] A SCO não tem compromissos de segurança coletiva vinculativos ou tenta criar mecanismos para diplomacia preventiva ou resolução de conflitos. Em certos aspectos é comparável à OSCE, mas, em um ambiente em que o princípio orientador é o internacionalismo soberano, que tem prosperado de forma melhor. Certamente não

59 Huasheng, Zhao. Modern approaches of China to the Shanghai Cooperation Organization, Valdai Club, 12 abr. 2022. Disponível em: <https://valdaiclub.com/a/highlights/modern-approaches-of-china-to-the-sco/>.

60 Samarkand Declaration of the Council of Heads of State of Shanghai Cooperation Organization, 16 set. 2022. Disponível em: <https://www.mea.gov.in/bilateral-documents.htm?dtl/35724/Samarkand_Declaration_of_the_Council_of_Heads_of_State_of_Shanghai_Cooperation_Organization>.

61 Deutsch et al., *Political Community and the North Atlantic Area: International Organization in the Light of Historical Experience*.

possui a ambição de se tornar uma Otan oriental, papel esse que foi aceito, ainda que limitado à Eurásia pós-soviética, pela Organização do Tratado de Segurança Coletiva (CSTO), uma aliança militar liderada pela Rússia e com a participação de Armênia, Bielorrússia, Cazaquistão, Quirguistão e Tajiquistão. No entanto, a CSTO carece do desenvolvimento institucional ramificado da Otan e de garantias de segurança como as do artigo 5 (embora exista um compromisso mais fraco no artigo 4). As aspirações chinesas para tornar a SCO um órgão de cooperação econômica mais multilateral foram impedidas por seus outros membros, incluindo a Rússia, devido às preocupações sobre o domínio econômico da China. Eles preferem depender das formas tradicionais de cooperação pós-soviética. A Rússia considerava a SCO muito mais uma organização política do que um instrumento para integração econômica, enquanto a CSTO é o seu principal instrumento para cooperação regional de segurança. Em vez disso, a China promoveu suas ambições econômicas de outras formas, incluindo a AIIB, enquanto a BRI desenvolvia laços "funcionalmente complementares e mutuamente reforçados" com a SCO. Foi proposto um banco de desenvolvimento da SCO para trabalhar próximo ao Novo Banco do Desenvolvimento do BRICS e ao Banco de Desenvolvimento Eurasiático.

A Rússia favoreceu a ampliação da SCO, apoiando adesão total para a Índia e Paquistão enquanto a do Irã foi inicialmente condicionada à resolução das questões nuclear e de sanções. A China estava mais hesitante, temendo que sua influência pudesse ser diluída pela presença de outra grande potência regional, sobretudo uma com a qual ela tem mantido relações tensas há bastante tempo e com quem as fronteiras permanecem uma questão não resolvida. A ampliação também foi assunto de preocupação na Ásia Central, com o Uzbequistão em particular temendo ser eclipsado por outras potências regionais. No fim, Índia e Paquistão ingressaram como membros plenos na cúpula de Astana em junho de 2017 e o Irã em junho de 2023, superando as objeções dos Estados da Ásia central com a volta do Talibã ao poder em Cabul. Três países têm o *status* de observadores (Afeganistão, Bielorrússia e Mongólia) e nove estão classificados como "parceiros de diálogo" (Turquia, Arábia Saudita, Egito, Armênia, Azerbaijão, Camboja, Nepal, Quatar e Sri Lanka), envolvendo mais da metade da população mundial. Não menos que onze países expressaram um desejo de ingressar na SCO, e a Bielorrússia completou os procedimentos necessários. A SCO proporciona um fórum para resolução de conflitos entre seus membros, mas a ampliação trouxe também algumas questões insolúveis. A disputa de fronteiras da China com a Índia levou a uma guerra aberta em 1962, com novos confrontos em 2017 em Doklam e, em junho de 2020, houve um embate mortal no vale de Galwan, ao longo da Linha de Controle Real (LAC) no Himalaia. Isso representou um grande desafio para a Rússia, que atuou como mediadora entre os dois países.

A ascensão silenciosa da Índia

O triângulo original RIC, como desenvolvido por Primakov, foi confrontado pela ascensão do populismo nacional na Índia e por uma abordagem mais assertiva na China. Isso instigou aquele país a se alinhar de modo mais próximo ao EUA para se equilibrar contra Beijing, e a estratégia Indo-Pacífica de Washington procurou capitalizar com isso. No entanto, a Índia, assim como a Rússia, tenta evitar ser levada a se aproximar de um confronto sino-estadunidense, embora nenhum deles possa evitar isso completamente.[62] A Índia resistiu às tentativas dos EUA de bloquear 5,2 bilhões de dólares relacionados a um enorme negócio de compra do sistema antimíssil russo S-400, considerado essencial para sua segurança nacional. Os EUA, evidentemente, não estavam interessados que a Rússia vendesse armas para outros países, e isso se tornou um tipo de prova de força. A Rússia interveio para oferecer à Índia a produção conjunta e a transferência de tecnologia na indústria de defesa, incentivando, com isso, o desenvolvimento da manufatura de defesa indiana. O comércio total entre Índia e Rússia, em 2019, ficou em 11,6 bilhões de dólares, algo minúsculo perto dos 110 bilhões de dólares entre Rússia e China. Além disso, Índia e Rússia estão envolvidas em P&D e produção militar conjuntos, incluindo o míssil BrahMos e a produção licenciada dos caças Sukhoi 30MK1, com planos para produção conjunta de helicópteros, rifles e fragatas. Os dois países estão de acordo com a multipolaridade, mas suas visões são distintas com relação a questões regionais e a relação entre EUA e China.[63]

A *Estratégia Nacional de Segurança* russa, de julho de 2021, descreveu as relações com a Índia como uma "parceria estratégica especial privilegiada". Antes, naquele mesmo ano, os dois países anunciaram a criação de um diálogo "2+2" pela primeira vez entre seus respectivos ministros da Defesa e das Relações Exteriores. Lavrov tranquilizou Nova Delhi de que "a Rússia não tem planos para assinar um acordo militar com a China", e os dois trabalharam juntos nos programas de fabricação e distribuição da vacina contra a Covid-19. Não obstante, havia vários pontos de tensão.[64] Havia preocupações de que um nascente "eixo Rússia-Paquistão-China" excluiria a Índia de qualquer influência sobre o Afeganistão, um problema que se tornou cada vez mais sensível depois de o Talibã assumir o poder em agosto de 2021.

62 Carlson, Russia and the China-India rivalry, *Russian Analytical Digest*, n.265, 19 mar. 2021, p.8-11.

63 Samsani, Sumanth. The Way Forward for India-Russia Relations, *Asia Times*, 21 maio 2021. Disponível em: <https://asiatimes.com/2021/05/the-way-forward-for-india-russia-relations/>.

64 Analisado por Menon, Rajan; Rumer, Eugene. *Russia and India: A New Chapter.* Washington DC: Carnegie Endowment for International Peace, set. 2022. Disponível em: <https://carnegieendowment.org/2022/09/20/russia-and-india-new-chapter-pub-87958>.

As vendas de defesa da Rússia para o Paquistão são consideradas muito mais irritantes do que ameaçadoras. Com relação ao Irã os dois lados estavam alinhados, apoiando o JCPOA e seu renascimento, permitindo que a Índia explorasse seus investimentos no porto iraniano de Chabahar.

A Índia apoiou a noção estadunidense de Indo-Pacífico, uma vez que isso se tornou um pilar de uma nova narrativa geopolítica, mas resiste a se aprisionar na geografia de "primazia" que o termo implica.[65] Na guerra da Ucrânia a Índia manteve uma posição de neutralidade de princípio, se abstendo das votações na ONU e se recusando a impor sanções. Na prática, aproveitou os grandes descontos para aumentar as compras de petróleo e assinar contratos de longo prazo. Apesar da pressão de Washington, os laços russo-indianos permanecem firmes. Em setembro de 2021, a Índia recebeu a primeira remessa do sistema de defesa aérea S-400. Em uma das raras viagens ao exterior de Putin durante a pandemia, vários acordos econômicos e de defesa foram assinados durante sua breve visita ao país em dezembro de 2021. As relações novamente foram descritas como uma "parceria estratégica especial e privilegiada", que lembrava os fortes laços soviético-indianos, embora Nova Delhi insistisse que continuaria a manter uma política externa independente.[66] A Índia participou dos exercícios militares conjuntos de Vostok, embora, pouco depois na cúpula de Samarkand da SCO em setembro de 2022, Modi tenha alertado Putin de que o momento atual "não é uma época de guerra". Apesar disso, reafirmou a Putin a "amizade inquebrantável" entre os dois países.[67]

Em 2022, a Índia ultrapassou o Reino Unido, se tornou a quinta maior economia do mundo e segue crescendo rapidamente. O país mantém sua postura tradicional de neutralidade e não alinhamento.[68] Seu modelo de política internacional é o "pluralismo cooperativo", um sinônimo do internacionalismo soberano.[69] Isso significa que a primazia da ONU e do Direito internacional é acompanhada por uma recusa a se alinhar inequivocamente a qualquer um dos lados na nascente Guerra Fria global. Mantém laços amigáveis com a Rússia e é um membro do BRICS e da SCO, mas também é do Quad. Resiste às tentativas do EUA de fazer com que esta se torne uma

65 Shidore, Sarang. India Tilts towards Russia in Ukraine fight at UN, *Responsible Statecraft*, 3 fev. 2022. Disponível em: <https://responsiblestatecraft.org/2022/02/03/india-tilts-towards-russia-in-ukraine-fight-at-the-un/>.

66 Para uma boa análise, ver Rajagopalan, Rajeswari Pillai. Why Did Russian president Putin visit India?, Observer Research Foundation, 15 dez. 2021. Disponível em: <https://www.orfonline.org/research/why-did-russian-president-putin-visit-india/>.

67 Kugiel, Patryk. What Modi and Putin's "unbreakable friendship" means for the EU, *EUobserver*, 3 out. 2022. Disponível em: <https://euobserver.com/opinion/156193>.

68 Para uma elaboração sobre a filosofia que sustenta a política externa da Índia, ver: Jaishankar (ministro das Relações Exteriores da Índia), *The India Way: Strategies for an Uncertain World*.

69 Termo utilizado por Manmohan Singh, primeiro-ministro da Índia, em 2004.

aliança plena voltada à contenção da China; também resolutamente se dissociou do grupo AUKUS, criado para conter a China. Esse espírito de independência se reflete no ressurgimento do agrupamento RIC, a união das três principais potências da ampla eurásia em um formato mais restrito que o BRICS. A declaração conjunta sino-russa de fevereiro de 2022 estava em grande consonância com o pensamento indiano sobre pluralismo cooperativo. Isso se manifestou nos planos do Corredor Internacional de Transporte Norte-Sul (INSTC) de 7.200 quilômetros, uma rede de navios, ferrovias e estradas conectando a Rússia e a Índia pelo Irã.

Apesar das tentativas dos EUA de conquistar a Índia, acompanhada pela ameaça de impor sanções do CAATSA, a parceria com a Rússia permanece. No entanto, ambos os lados compreendem que em um ambiente dinâmico de grandes potências, "os países têm que forjar um conjunto de amigos para uma questão e outro conjunto para uma segunda questão. A Índia e a Rússia têm maturidade suficiente para compreender isso".[70] A política externa indiana ainda é moldada pelo nacionalismo anticolonial, assim como pela procura por "*status* em um sistema hierárquico internacional". Essa é uma abordagem "guiada pela identidade", moldada pela civilização indiana, seu vasto território e população, sua crescente economia e seu compromisso com o não alinhamento, combinados para reforçar a visão de que a Índia está destinada a ser uma grande potência.[71] O país se recusa a forçar o ritmo, portanto é uma grande potência reticente.[72] A criação de um conjunto de instituições pós-ocidentais, sobretudo, sugere que a sociedade internacional está concretizando as promessas de uma era pós-colonial. A época da primazia ocidental está desvanecendo.

70 Chaulia, Sreeram. India-Russia Friendship Is Too Pragmatic for US and China to Ruin It, 11 abr. 2021. Disponível em: <https://www.rt.com/op-ed/520751-russia-india-pragmatic-friendship/>.

71 Ollapally, India and the international order: accommodation and adjustment, *Ethics & International Affairs*, 32/1, p.62.

72 Miller, *Why Nations Rise*, p.119-41.

Conclusão

Não há como escapar da Guerra Fria. Independentemente do desfecho dos atuais confrontos uma coisa é certa: haverá conflitos globais custosos e prolongados em múltiplas dimensões. A dissolução do comunismo soviético trouxe perspectivas de uma nova ordem de segurança na Europa e de uma era em que o Direito e as normas internacionais provavelmente trariam mais paz que conflitos. A ideia de uma "paz perdida" não implica que, em um âmbito metafísico, 1989-91 tenha marcado uma ruptura no tecido do destino humano para superar um ciclo trágico de conflito, retaliação e guerra. Não obstante, uma ordem de paz um tanto mais substantiva foi possível, uma paz positiva baseada em conquistas de gerações que haviam criado e nutrido o sistema internacional da Carta e os valores nos quais ele se baseia. Este livro não apela a uma visão idealizada de harmonia de interesses, mas faz algumas perguntas práticas diretas: o fim das divisões ideológicas da Guerra Fria tornou possível algum tipo de ordem de paz duradoura? As agências multilaterais (sobretudo a ONU), o coração do sistema internacional de 1945, conseguiram se tornar autônomas, depois que ficaram livres da sobreposição das políticas de bloco e de contestação ideológica da Guerra Fria? Foi uma oportunidade para administrar as relações das grandes potências a fim de garantir que a paz e o desenvolvimento assumissem prioridade em relação ao conflito e à hierarquia?

De volta ao princípio

Sabemos que a respostas para as três perguntas é: não. Este livro trouxe um marco conceitual para explicar o fracasso e rastreou os fatores que levaram o ideal passageiro de uma paz positiva a ceder espaço para uma nova Guerra Fria. Há uma unidade fundamental em todo o período entre 1945 e 2022. Dentro do marco do sistema internacional da Carta, competem várias ordens políticas e suas fortunas aumentam ou diminuem de acordo com a mudança no equilíbrio de poder (a antiga ideia soviética da "correlação de forças"). A dinâmica competitiva – do comunismo contra o capitalismo, democracia contra autocracia – dota todo o período com características de uma paz negativa, aliviada brevemente após a queda do Muro de Berlim. A lógica da Guerra Fria é reproduzida persistentemente, embora o conflito entre grandes potências seja restringido pela dissuasão nuclear. No fim, mais do que na crise anterior, a guerra na Ucrânia ameaçou a própria existência do sistema internacional da Carta. Em confrontos anteriores, o sistema de 1945 proporcionava um marco para a resolução de conflitos, ao passo que neste caso o próprio sistema está em questão. Moscou e Beijing afirmavam que Estados autoritários deveriam ter os mesmos direitos que os democráticos, ao passo que o discurso da "aliança das democracias" minou o princípio fundamental da igualdade soberana.

Quem venceu a Guerra Fria e quem perdeu a paz? Colocar a questão em termos de vencedores e perdedores é, em si, uma própria forma de derrota. O caráter distintivo do fim dos anos 1980 não foi apenas o fim do confronto militar que dividiu a Europa e enredou as superpotências em guerras pelo mundo, mas sim a visão de que uma ordem de paz substantiva era possível. O sentimento é expresso de forma poderosa por David Cornwell (mais conhecido como John le Carré) em seu discurso na cerimônia do Prêmio Olof Palme, em 30 de janeiro de 2020:

> Quando a Guerra Fria acabou e o mundo ocidental ainda estava se congratulando, Smiley se sentiu traído, e eu também. E [Olof] Palme [antigo primeiro-ministro da Suécia] também teria se sentido traído se ainda estivesse vivo. Onde estava a paz prometida que todos nós estávamos esperando? Onde estava a Grande Visão? A reconciliação? O tratado de desarmamento nuclear pelo qual Palme trabalhava incessantemente? Onde estava o Plano Marshall que levantaria as nações agredidas? E, acima de tudo, onde estava a voz de esperança e renovação?[1]

A falta de tais vozes é marcante. Gorbachev continuou a sustentar os princípios que haviam inspirado a Perestroika e o fim da Guerra Fria, mas depois de 1991 era uma voz no deserto. Os antigos dissidentes na Europa Oriental rapidamente se tornaram partidários da ampliação da Otan e, portanto, perderam a superioridade moral que haviam conquistado em sua

1 John le Carré sobre o Brexit: "It's Breaking My Heart", *Guardian*, 1 fev. 2020. Disponível em: <https://www.theguardian.com/books/2020/feb/01/john-le-carre-breaking-heart-brexit>.

luta contra o autoritarismo comunista e em sua crítica à modernidade consumista e ao militarismo. O Ocidente político desfrutou de sua aparente vitória sobre o comunismo, mas apenas intensificou as contradições que haviam provocado a Guerra Fria antes de tudo. Nos anos 1990, a Rússia estava imersa na crise e, quando emergiu, não foi capaz de formular uma visão positiva própria da modernidade. No Oriente, a China continuou seu crescimento espetacular, mas quando estava pronta para defender o internacionalismo soberano e a autonomia do sistema internacional pós-guerra, não conseguiu embutir suas preocupações nacionais e geopolítica de um modo universalmente inspirador. Por outro lado, o sistema pós-guerra liderado pelos EUA tinha um apelo universal, embora a contradição entre a linguagem inspiradora em que ele estava enquadrado e as duras realidades da ambição geopolítica seguisse vigente.

Os diversos documentos "constitucionais" do pós-Primeira Guerra Fria procuraram consolidar uma ordem de paz positiva: a Carta de Paris e as Declarações de Viena, Istambul e Astana. Apesar da prevalência de um confronto entre grandes potências, elementos de uma paz positiva foram gerados por fundações sistêmicas de uma ordem pós-Guerra Fria. Os princípios da Carta da ONU estimularam algumas conquistas genuínas na gestão multilateral dos assuntos globais e em domínios específicos de cultura, saúde e direitos humanos. Por um momento, ao fim da Primeira Guerra Fria, aparentemente um novo paradigma permitiria o florescimento do sistema da Carta da ONU e de seus princípios, e a competitividade da política internacional seria restringida. Um internacionalismo cooperativo mais profundo poderia combinar a indivisibilidade da segurança com a liberdade de escolha com base em metas de desenvolvimento comuns. No fim, "o antigo pensamento" prevaleceu e as divisões tradicionais retornaram.

Os 25 anos de paz fria entre 1989 e 2014 não conseguiram resolver nenhum dos problemas fundamentais da segurança europeia. As relações entre a Rússia e as potências atlânticas foram problematizadas a partir de fora e logo iniciaram uma trajetória de declínio, ainda que marcada por momentos de reanimação do espírito cooperativo. Para a Rússia, a ampliação da Otan representou não apenas uma traição às garantias verbais dadas à época da unificação alemã que a aliança não avançaria "um centímetro em direção ao Oriente", mas acima de tudo uma provocação que apenas intensificou o dilema de segurança que queria evitar. A Otan foi justificada pela necessidade em lidar com as consequências de sua própria existência. O dilema de segurança se intensificou à medida que a arquitetura do controle de armas desmoronou e instalações de mísseis balísticos foram construídas na Romênia e na Polônia.

A solução poderia ter sido encontrada na criação de uma abrangente estrutura de segurança pan-continental, mas os formuladores de política dos EUA se opuseram firmemente a inovações fora de seu controle.

O pan-continentalismo europeu inevitavelmente desafiou a supremacia do atlantismo liderado pelos EUA. O colapso da Rússia nos anos 1990, a conduta brutal em suas guerras na Chechênia e o desmantelamento do Estado constitucional liberal a partir dos anos 2000 confirmaram a necessidade de uma hegemonia liberal e da liderança dos Estados Unidos. Para as potências atlânticas, a ampliação da zona de paz e segurança, em última instância, beneficiaria apenas Moscou, evitando o retorno de um ciclo de conflitos entre pequenos Estados e as tensões entre grandes potências, que levaram a Europa à catástrofe em 1914 e que afligiram os anos entreguerras. Por outro lado, a Rússia considerava o Concerto da Europa do século XIX a era de ouro da diplomacia, inaugurando um dos períodos mais pacíficos na história europeia. Ela também foi membro fundadora do sistema internacional da Carta, que criou um pequeno concerto de potências sob a forma de membros permanentes do Conselho de Segurança da ONU. O fracasso de Moscou em se comprometer consistentemente a um ou outro modelo – multilateralismo pós-guerra ou o concerto de grandes potências – gerou confusão e desconfiança.

A guerra entre a Rússia e a Ucrânia ameaça as fundações do sistema internacional pós-guerra, mas também dá novo ímpeto à ascensão política do Sul Global. A diplomacia arriscada do Ocidente político e as ambições desmedidas da Rússia trouxeram de volta o flagelo da guerra à Europa, demonstrando, mais uma vez, a incapacidade do Norte Global de transcender suas divisões. O Sul Global está mobilizando os recursos disponíveis no internacionalismo da Carta para questionar o domínio do Ocidente político. Os alinhamentos contra-hegemônicos desafiam a predominância de antigas potências. Isso vem acompanhado de uma ruptura irrevogável entre a Rússia e o Ocidente político que provavelmente perdurará enquanto ambos estiverem constituídos em sua forma atual. Os recursos da Rússia e o futuro residem agora no campo global pós-ocidental, afrontando sua identidade de sociedade europeia. O sistema internacional da Carta enfrenta um desafio histórico ainda maior. O Ocidente político pode estar instigado a formalizar a grande substituição, a se desfazer das restrições do multilateralismo da carta da ONU e criar uma "ordem baseada em regras" separada em algum tipo de "união de democracias". Enquanto isso, sua hegemonia é questionada e o destino das Nações Unidas está em jogo. A paz positiva parece mais irreal do que nunca.

Falsas esperanças

Gorbachev apresentou o fim da Guerra Fria e a transformação soviética como uma vitória moral para toda humanidade e do sistema internacional da Carta. Na histórica cerimônia da assinatura do tratado INF em dezembro de 1987, Gorbachev delineou a escolha que a humanidade enfrentava:

A civilização se aproximou de uma linha divisória, nem tanto entre diferentes sistemas e ideologias, mas entre o bom senso e os sentimentos da humanidade sobre a autopreservação, por um lado, e a irresponsabilidade, egoísmo nacional, preconceito – para colocar de forma breve, um pensamento antigo –, de outro [...]. O que importa agora é que não podemos deixar essas oportunidades passarem e devemos utilizá-las o máximo possível para construir um mundo mais seguro e democrático, livre de armadilhas e de militarismo psicológico.[2]

Elogiado no Ocidente por ter posto um fim relativamente pacífico à Guerra Fria, seu projeto era bem mais amplo que isso. Se sua visão de reconciliação Oriente-Ocidente e a transformação da política internacional tivessem prevalecido, então o mundo hoje seria um lugar bastante diferente. Washington se recusou a permitir que a iniciativa intelectual passasse a Moscou e, em vez disso, promoveu sua própria visão, um tanto mais parcial, da ordem de paz do pós-Guerra Fria. Ao apresentar o Ocidente como "vencedor", o caminho estava pavimentado para a expansão do Atlântico e, em última análise, até mesmo para a ideia de uma "Otan global". O colapso soviético minou a viabilidade da agenda de transformação de Gorbachev; seu repúdio às práticas da Guerra Fria foi superado pelo repúdio de Yeltsin à própria União Soviética. Gorbachev perdeu terreno e, pelo resto de sua vida, tornou-se uma voz solitária. Isso não significa que suas ideias perderam crédito. A substância do que ele tinha a dizer permanece tão relevante como quando foi anunciada pela primeira vez.

A ordem de paz positiva prometida ao fim da Guerra Fria foi apenas parcialmente institucionalizada e permaneceu declaratória. Não houve uma conferência de paz pós-Guerra Fria e, em vez disso, dois modelos de nova ordem passaram a concorrer entre si. Ambos se valiam da mesma fonte de normativa, apesar de enfatizarem aspectos diferentes – a liberdade de escolha contra a indivisibilidade da segurança. A diferença de ênfase encobria um choque muito mais profundo entre distintas visões da ordem pós-Guerra Fria. Para Moscou, significava a reafirmação do internacionalismo soberano e, em última análise, da multipolaridade, uma diversidade de Estados e sistemas sociais unidos sob proteção do sistema internacional da Carta. Em vez disso, o colapso soviético criou um espaço no qual as ambições máximas dos neoconservadores e dos internacionalistas liberais prosperaram, incluindo ideias excepcionalistas sobre a primazia global e a transformação liberal do mundo.

Inevitavelmente, foi a Rússia pós-comunista que se viu na linha de frente. Moscou se considerava parte da coalizão vencedora que havia posto

2 Citado por Shultz, *Turmoil and Triumph: My Years as Secretary of State*. A seção relevante está disponível em: <https://www.margaretthatcher.org/document/110622>.

fim à Guerra Fria, mas o prestígio conquistado por Gorbachev não foi facilmente transmitido a Yeltsin. A Rússia foi reconhecida como o Estado continuador da União Soviética, assumindo suas obrigações, privilégios e responsabilidades do tratado, ao mesmo tempo que se considerava uma grande potência, com direito soberano de avaliar sua própria história e julgar o seu próprio ritmo de transformação doméstica. O país embarcou em uma jornada perigosa de transformação baseada em um repúdio triplo: contra a geopolítica da Guerra Fria; contra as estruturas da União Soviética; e contra a ideologia de práticas "totalitárias" do socialismo leninista. Moscou assumiu um fardo problemático do legado soviético, independentemente do quanto tentasse se dissociar dele. Esse duplo papel como vítima e infrator estimulou muitos equívocos e ambivalências, que permanecem até hoje. Não se conseguiu construir instituições democráticas robustas, o que apenas aumentou a distância entre a Rússia e o Ocidente político. Isso a deixou descontente e cada vez mais hostil em uma ordem de paz que acreditava ter criado conjuntamente.

Aparentemente há uma nova janela de oportunidade, gerando uma questão fundamental: o indubitável triunfo (se não "vitória") do Ocidente político sobre a União Soviética e sua ideologia poderia ter sido institucionalizado sob uma nova forma de internacionalismo benigno regulado pelo internacionalismo baseado na Carta da ONU, permitindo que uma forma de política internacional mais equilibrada e multilateral emergisse? Essa forma multipolar de internacionalismo soberano teria removido o espinho da "derrota" da Rússia e teria criado um caminho para o retorno da China como uma grande potência global. O fim do "século estadunidense" não seria fácil, sobretudo porque um corpo substantivo de opinião nos EUA negava que houvesse um fim à vista.[3] No entanto, o caráter intensamente conflituoso da política internacional do século XXI não foi preordenado.[4] Mudanças na economia política internacional também indicavam que uma nova era de paz e desenvolvimento estava no baralho. Defensores da globalização nos primeiros anos pós-Guerra Fria argumentam que uma era pós-nacional havia sido aberta devido às inovações tecnológicas e comunicacionais. Estas foram reforçadas por uma profunda interdependência gerada por um comércio aprimorado, fluxos financeiros, produção global e cadeias de fornecimento.[5] Supunha-se que o aumento da classe média global geraria pressão por um governo constitucional e responsável.

---

3 Analisado por Nye, *Is the American Century Over?*

4 Tooze, Is this the end of the American Century?, *London Review of Books*, p.3-7.

5 Para uma interpretação maximalista, ver Held; McGrew; Goldblatt; Perraton, *Global Transformations: Politics, Economics and Culture*. Para uma visão mais cética, ver Stiglitz, *Globalization and Its Discontents*.

A paz foi perdida. Bem antes da guerra da Ucrânia em 2022, estava evidente que havia problemas fundamentais na ordem de segurança europeia, refletindo dilemas mais amplos na política internacional. A democratização foi vista como um instrumento para promover os interesses do Ocidente político, minando sua legitimidade interna na Rússia e em outros lugares. A globalização acentuou antagonismos e intensificou contradições em âmbito local. Problemas de autoritarismo, subdesenvolvimento, não liberalismo e fragmentação social vieram à tona. William Burns lamentou que "uma arquitetura de segurança europeia mais duradoura para século XXI nos escapou em quase três décadas de tentativas esporádicas de comprometer a Rússia pós-Guerra Fria".[6] Por que tantos acordos e declarações em favor da paz mais uma vez cedem espaço para o conflito? Segundo Burns, independente dos limites claros da capacidade dos EUA de moldar a política global, evidente nas relações com a Rússia de Yeltsin nos anos 1990, "ainda havia uma presunção de que Moscou tinha pouca alternativa além de aceitar um papel subordinado, mesmo a contragosto, na Europa". A expansão da Otan "permaneceu no piloto automático como uma questão da política estadunidense, muito depois que suas hipóteses fundamentais deveriam ter sido reavaliadas. Compromissos originalmente feitos para refletir interesses se metamorfosearam nos próprios interesses".[7] Em outras palavras, o processo assumiu o lugar da substância e o princípio excedeu o pragmatismo. A consolidação do que foi considerado como uma ordem de paz expansiva gerou o conflito que, em última instância, destruiu a paz.

A história que supostamente terminou em 1989 não apenas é retomada em 2014. Questões que reacenderam o confronto em 2014 são anteriores à queda do comunismo e remontam até antes de 1945 e da Segunda Guerra Mundial. Questões de identidade nacional e interesse nacional, concorrência entre grandes potências, preocupações com *status* e o equilíbrio de poder e temas persistentes do sistema estatal moderno e dos primeiros impérios políticos dinásticos. Conflitos e guerra têm acompanhado a história da humanidade desde os seus primeiros dias. O mito do fim da história e do reino da paz também tem sido uma visão persistente e sedutora, geralmente acompanhada por guerras e adversidades. Isso explica por que o conceito de revolução se tornou tão popular no século XX, trazendo a perspectiva de transcender o conflito de classes entre as nações. A atração do comunismo diminuiu drasticamente no fim do século XX, à medida que se tornava evidente que simplesmente reproduzia antigos conflitos sob novas formas. A ideia de revolução como um ponto crucial nas relações humanas cedeu espaço para uma compreensão mais tradicional de "revolução" como outra volta na roda

6 Burns, *Back Channel*, p.403.
7 Ibid., p.413.

da história humana, na qual o ciclo de ascensão, maturidade e declínio de civilizações e Estados é tão velho quanto a própria humanidade.

Cada volta da roda da história contém elementos novos, marcando, assim, cada ciclo com características próprias. Desde 1945, a política internacional tem sido conduzida às sombras das armas nucleares, mas mudanças tecnológicas atuais e o desenvolvimento de armas espaciais e hipersônicas transformam o ambiente estratégico, mas não os padrões de história do qual fazem parte. A volta da China ao *status* global é parte de um ciclo muito mais amplo, e a reafirmação gradual da Índia marca uma mudança potencialmente irreversível em direção à multipolaridade. Em termos econômicos brutos, o poder da China é igual ao dos EUA, mas seu papel como "concorrente igualitário" não está claro – é um desafio à primazia dos EUA como superpotência ou ao modo de vida das potências atlânticas como um todo?[8] Há muita confusão sobre o retorno da política das grandes potências, mas em certos aspectos isso nunca desapareceu. A existência de 200 Estados soberanos hoje é uma característica nova, cada um com suas próprias reivindicações na política internacional. A Primeira Guerra Fria foi acompanhada pela descolonização e a criação de um sistema estatal contemporâneo. Em alguns casos estes países foram capazes de enfrentar e derrotar grandes potências, como a Argélia em 1950 e o Vietnã em 1970, um padrão que continua até hoje. A retirada humilhante dos EUA e de seus aliados da Otan do Afeganistão em agosto de 2021 é um lembrete gritante dos limites do internacionalismo democrático e suas aspirações associadas à construção de nação [*nation-building*].

Gaddis falava em termos de uma "longa paz", abrangendo a maior parte da Guerra Fria original. Entretanto, nós sabemos agora (para usar o título de sua análise do conflito) que 1989 marcou apenas uma pausa temporária no conflito multidimensional que chamamos de "Guerra Fria". A tensão persistente entre o sistema internacional da Carta, gerando uma rede de instituições e normas, e as subordens dentro dela não foi transcendida, mas na verdade intensificada. A ordem soviética, que pretendia representar uma alternativa revolucionária à modernidade do Ocidente, provou ser um adversário inepto, embora não menos perigoso. Seu desaparecimento deixou o campo aberto para a ordem internacional liderada pelos EUA. Depois de gozar de um quarto de século de domínio unipolar, as ambições do que agora se tornou a hegemonia liberal não conhecem limites. A liderança estadunidense sem dúvida tem um papel fundamental a desempenhar, mas trabalha melhor nos termos do acordo pós-guerra original: liderança incorporada em um multilateralismo robusto, mas agora se envolvendo não apenas com os aliados (como exigido durante a Guerra Fria), e também por meio

8 Ver Urio, *America and the China Threat: From the End of History to the End of Empire*.

de novas formas de envolvimento com potenciais adversários. Os EUA permanecem uma parte separável, mas essencial, do sistema internacional.

Em 2014, a época de domínio sem paralelos acabou, mas nenhuma nova forma de interação foi criada. A Rússia desenhou uma linha vermelha na Ucrânia, enquanto a China abandonou a estratégia de "esconder e esperar" para afirmar sua nova autoridade. Rússia e China se alinharam na defesa do sistema internacional que criaram conjuntamente, portanto a luta hoje diz respeito a interpretações sobre como aquele sistema funcionará e se os poderes liberais desfrutarão de privilégios tutelares especiais. A tendência de longo prazo é que o poder mude para a região da Ásia-Pacífico além da reemergência da China como uma importante potência, portanto, a resistência à hegemonia e ao domínio se intensificará. A luta decorrente daí moldará o século XXI. Índia, Brasil, Japão, Indonésia, México, Vietnã e muitas outras potências estão ganhando autoconfiança e se esforçam para obter mais autonomia e responsabilidade. Estão conquistando sua voz e a língua que falam é a do internacionalismo soberano.

Caminhos para a paz

Em meio a esses processos globais duradouros e novos, há caminhos viáveis para a paz? Em meio à pletora de propostas e planos, uma coisa é evidente – não pode haver volta ao passado por modelos do futuro.[9] Enquanto o sistema internacional da Carta se mantém como a base institucional, é possível uma variedade de combinações na política internacional. Diversos esquemas têm sido desenvolvidos para superar o dilema da segurança na Europa e na Ásia. Uma ideia é reconstituir algum tipo de "concerto de potências". Putin enfatizou que os membros permanentes do Conselho de Segurança da ONU carregam uma responsabilidade especial e, repetidamente, ele defende uma cúpula dos cinco Estados nucleares maduros. Não se tratava de revisionismo uma vez que a proposta estava em consonância com os princípios do internacionalismo soberano. Putin enfatizou que "nós temos defendido consistentemente a preservação e o fortalecimento do papel central das Nações Unidas nos assuntos internacionais", incluindo na resolução de conflitos regionais.[10] É verdade, mas um retorno a um concerto formal de potências, ao mesmo tempo que coloca uma perspectiva de uma "grande negociação" para resolver questões estratégicas urgentes, apenas acentuaria o caráter anacrônico dos assentos permanentes do Conselho de

---

9 Acharya, *End of American World Order*, p.133, que apresenta alguns cenários, incluindo seu modelo de um mundo multipolar, p.139-43.

10 Putin, Vladimir. Presidential Address to the Federal Assembly, 21 abr. 2021. Disponível em: <http://en.kremlin.ru/events/president/news/65418>.

Segurança. O compromisso de 1945 integrou as principais potências como um mecanismo operativo no sistema internacional e qualquer separação com um tipo de governo mundial desfaria a eficácia e a legitimidade do sistema internacional da Carta como um todo.

Um tema persistente é a necessidade de contenção por parte dos EUA para permitir a "normalização" da política externa do país. Isso envolve um novo tipo de ordem de segurança "que os Estados Unidos não pretendem policiar – limitando, não intensificando, conflitos entre grandes potências".[11] Abarcaria um ressurgimento de controle de armas, novos acordos sobre força convencional, cooperação global sobre mudanças climáticas e pandemia. Toma-se como pressuposto que tal perspectiva levaria a uma grande estratégia mais racional e responsiva, menos motivada pelo desejo de expansão. No que toca à Europa, Michael O'Hanlon argumenta que "ao prometer uma futura adesão, mas sem um cronograma e sem garantias provisórias de segurança àquelas nações, conseguimos pintar um alvo gigante nas costas dos amigos ucranianos e georgianos". No entanto,

> É hora de prever uma nova arquitetura de segurança para a Europa Oriental. O conceito central deveria ser aquele de não alinhamento permanente para países da Europa Oriental. Idealmente, a região incluiria Finlândia e Suécia; Ucrânia, Moldávia e Bielorrússia; Geórgia, Armênia e Azerbaijão; por fim, Chipre e Sérvia. Sob tal novo construto, a segurança existente de afiliação desses países não alinhados à Otan e/ou à Rússia poderia ser continuada, mas os compromissos formais de segurança não seriam estendidos ou expandidos por Bruxelas ou Moscou.[12]

Tais noções nos levam de volta aos debates dos anos 1990, mas aqueles tempos já se foram e, com a guerra na Ucrânia, estão irrevogavelmente perdidos. Há um acordo geral de que uma grande negociação "Ialta II" seria um modo inapropriado de resolver o conflito, com as grandes potências se dividindo novamente em esferas de interesses. A paz sempre tem relação com compromisso e, em uma época nuclear, a paz total, assim como a guerra total, é inconcebível. Kennedy encerrou seu discurso na Universidade Americana, em 1963, com uma exortação que permanece tão válida para hoje quanto o era na época:

---

11 Heuvel, Katrina vanden. How to avoid a new Cold War and focus on what America really needs, *Washington Post*, 15 mar. 2022. Disponível em: <https://www.washingtonpost.com/opinions/2022/03/15/how-to-avoid-new-cold-war/>.

12 O'Hanlon, Michael. To face Russia and Vladimir Putin, Joe Biden needs a smart strategy, Brookings, 28 maio 2021. Disponível em: <https://www.brookings.edu/blog/order-from-chaos/2021/05/28/to-face-russia-and-vladimir-putin-joe-biden-needs-a-smart-strategy/>. O'Hanlon é autor de *The Art of War in an Age of Peace: US Grand Strategy and Resolute Restraint*, argumentando que os Estados Unidos precisam focar mais e restringir sua política externa.

> Devemos fazer nossa parte para construir um mundo de paz, em que os fracos estão seguros e os fortes são justos. Não estamos impotentes diante dessa tarefa, nem desprovidos de esperança com relação a seu sucesso. Confiantes e destemidos, devemos perseverar na construção de uma estratégia de paz.[13]

Novas ideias são exigidas, e esse é o propósito deste livro. Mais precisamente, talvez a exigência não tenha tanta relação com novas ideias, mas sim com novas formas de pensar sobre velhos problemas. Uma "mudança Gestalt" nesse contexto significaria o reconhecimento quase incompreensível da complexidade da política internacional ao mesmo tempo que se assume que os caminhos para paz podem ser encontrados no marco do atual sistema internacional. Acima de tudo, a ideia de paz como um processo significa reconhecer os interesses legítimos dos outros. Isso não é um utopismo abstrato como aquele comum nos anos entreguerras, ou mesmo aquele baseado em uma crença em um "interesse de harmonia" fundamental. Ao contrário, as relações competitivas podem ser administradas dentro dos limites da diplomacia e dos interesses comuns. A volta da política das grandes potências é basicamente vista pelo prisma de um equilíbrio *antagonista* de poder, envolvendo teorias de transição de poder e relações de soma zero. Entretanto, algum tipo de equilíbrio pode ser encontrado na política internacional por meio de práticas de um equilíbrio *associativo* de poder, um conceito com raízes profundas na antiguidade. Essa era a ideia por trás de vários sistemas internacionais desde o acordo de Utrecht de 1713, baseado na visão de que "nenhum Estado tem a permissão de se expandir a um ponto em que ele ameace a independência de outros Estados da Europa, portanto seria necessária a distribuição de poder que garantisse que nenhum Estado poderia exceder o sistema".[14] O acordo de 1945, no entanto, era dúbio: o sistema internacional da Carta incorporou a ideia de um equilíbrio associativo de poder em seu mecanismo, sobretudo no Conselho de Segurança (liberalismo da carta); mas, ao mesmo tempo, propôs um conjunto de princípios normativos que transcendem os postulados clássicos sobre equilíbrio de poder, esferas de interesse e hierarquia. Esse acordo, por sua vez, foi atacado pelo internacionalismo liberal e seu componente militar, que proporcionou um formato multilateral para o poder estadunidense. No fim da Primeira Guerra Fria, o internacionalismo liberal se radicalizou para se tornar uma hegemonia liberal, representando o triunfo do antipluralismo liberal, revogando com isso o acordo que tornou possível o sistema internacional da Carta em primeiro lugar. A hegemonia liberal rejeita a própria ideia de um equilíbrio de poder, assim como o formato institucional específico que

---

13 Kennedy, 1963 Commencement.

14 Little, *Balance of Power*, p.67.

permite a representação do interesse de outras potências. Essa usurpação e essa ruptura provocaram a volta da guerra na Europa e ameaçaram iniciar um conflito na Ásia.

Equilíbrios são sempre frágeis e suscetíveis à desordem. Os EUA permaneceram comprometidos com seu sistema de aliança global depois da Primeira Guerra Fria para evitar o retorno ao tipo de política internacional que provocou as duas grandes guerras do século XX. No entanto, estamos mais uma vez diante de um fracasso político de primeira ordem, pois o mundo foi levado, novamente, a confrontos como os que provocaram as guerras anteriores. Os EUA empregaram sua supremacia indubitável para suprimir o ressurgimento da política de equilíbrio de poder e, assim, manter a paz. Com isso, o superpoder estadunidense – consciente ou inconscientemente – reincorporou as práticas de contenção que caracterizaram a Primeira Guerra Fria. Na verdade, os EUA praticaram uma abordagem antagonista ao equilíbrio de poder, parte de cuja estratégia era negar a própria premissa de equilíbrio de poder na política internacional. O internacionalismo democrático pressupôs que isso poderia se tornar permanente somente quando todos os outros Estados se conformassem ao modelo de relações domésticas retiradas do repertório das democracias liberais ocidentais. Essa abordagem transcendeu até a ideia de um equilíbrio de poder associativo. O terreno para a diplomacia tradicional e para a política internacional foi, com isso, limitado.

Agora é evidente que a Guerra Fria original foi apenas o preâmbulo de uma era de contestação muito mais substantiva e perigosa. Modelos contraditórios de ordem global moldaram a política internacional no pós-1945 e, agora, competem pela predominância. Eles o fazem dentro do marco de um sistema internacional baseado em Estados-nação soberanos competindo por *status* e vantagens em um sistema que é anárquico, mas cujas normas e instituições os restringem. A ordem paralela criada no mesmo período, por padrões históricos, foi única e genuinamente revolucionária. A ordem mundial liberal patrocinada pelos EUA sempre foi expansiva, mas depois de 1989 reivindicou um *status* universal que, no fim, se provou prejudicial à sua viabilidade ao borrar as distinções entre sistema e ordem. O internacionalismo baseado na Carta da ONU foi desafiado pela hegemonia estadunidense. A ênfase intensificada em direitos humanos, embora normativamente envolvente, foi acompanhada pela deterioração na arte de governar competente, resultando em intervenções mal planejadas e marcadas pela arrogância. Esses fracassos foram ineptos e custosos. A "grande substituição", em que uma ordem particular reivindica ser sinônimo de um sistema mais amplo no qual está embutida, alivia a subordem de restrições e imperativos morais do sistema internacional da Carta no qual ele opera. Um *software* operacional assumiu as características de um sistema de *hardware*, borrando a distinção fundamental que permitiu a operação do sistema, ameaçando-o em sua totalidade.

A tensão entre os dois aspectos da política internacional pós-guerra foi exposta. Por um lado, o acordo pós-guerra procurou "constitucionalizar" as relações internacionais, pressupondo que a anarquia poderia ser abrandada pelas instituições, leis e normas, consagrando por meio disso a igualdade (relativa) dos Estados. Por outro lado, não se poderia confiar que essa ordem constitucional operasse de forma autônoma e, em vez disso, os EUA patrocinaram seu próprio sistema duplo, as agências do internacionalismo liberal (que reforçavam sobretudo o internacionalismo soberano do sistema internacional) e o aparato de segurança desenhado para a luta da Guerra Fria. Esse equilíbrio foi sustentado enquanto a União Soviética gerava restrições, mas depois de 1989 se rompeu. Segundo Hans Morgenthau, a Guerra Fria foi travada como uma cruzada e interpretada como uma luta entre o bem e o mal. Depois dela, esse universalismo nacionalista foi radicalizado para se tornar uma luta para trazer "a verdadeira religião política para o resto do mundo". Na falta de um equilíbrio de poder, o Direito internacional foi subordinado ao poder e ao propósito.[15] A hierarquia foi abolida na teoria, mas rearticulada sob a forma de universalismo normativo.

Todos os Estados expressam seus interesses em termos de conformidade com as normas e princípios universais, e os Estados em disputa hoje fazem isso tanto quanto o fizeram no passado. As lutas anteriores entre o capitalismo e o socialismo revolucionário estão exauridas, mas novas linhas de divisão têm surgido. O confronto entre grandes potências está de volta, embora o elemento ideológico e normativo seja crucial. Este livro descreveu a luta em termos de contestação entre modelos de globalismo, bem como entre ideologias de civilização. A "grande substituição" deixou pouca margem para qualquer coisa de fora do seu escopo, mas foram precisamente estes "excluídos" que retiraram seu consentimento em relação à hegemonia da ordem liberal liderada pelos EUA. No entanto, ao mesmo tempo que resistem à hegemonia sob todas as suas formas, o alinhamento contra-hegemônico e os Estados não alinhados não se eximem, por conta disso, da responsabilidade com relação às normas do sistema internacional. Em suma, a luta hoje é para alcançar formas efetivas do internacionalismo soberano em que a diversidade de civilizações, caminhos de desenvolvimento e ordens sociais sejam reconhecidos dentro do arcabouço da governança baseada na Carta da ONU. Isso inclui a responsabilidade pela manutenção de padrões de dignidade humana que são intrínsecos ao sistema, embora isso envolva interpretações diferentes de bens comuns. Alguns priorizam direitos humanos, outros direitos sociais, desenvolvimento e coesão nacional, enquanto outros focam na identidade política, mas o sistema é flexível o bastante para englobar todos eles. Quando a Utopia é apresentada como um modelo único, ela logo vira o seu contrário.

---

15 Morgenthau, *Politics among Nations: The Struggle for Power and Peace*, p.108, 274.

A próxima causa de uma nova Guerra Fria foi o fracasso em criar algum tipo de estrutura duradoura e inclusiva da segurança europeia. As potências atlânticas não tinham a intenção deliberada de humilhar e marginalizar o país, mas não havia lugar para a Rússia na nova ordem. A entrada na Segunda Guerra Fria se tornou uma tragédia no sentido clássico, em que as pessoas de boas intenções viraram vítimas de seu próprio destino. Isso não pode ser explicado por motivos sinistros em nenhum lado (embora não haja falta deles), mas por um marco institucional e ideacional mais amplo do mundo pós-Guerra Fria.[16] Para os realistas ofensivos, o caráter estruturalmente anárquico das relações internacionais predispõe os Estados a lutar por poder e sobrevivência, enquanto as potências dominantes procuram manter sua primazia por meio de práticas do internacionalismo hegemônico. Por outro lado, os liberais se concentram no caráter doméstico de um regime e, por meio do internacionalismo democrático, procuram estender à arena global a paz que é gerada pelo Estado moderno em seu interior. Este livro sugere que as duas abordagens podem ser combinadas por meio de um comprometimento substantivo com os princípios da Carta da ONU e, sobretudo, pelo respeito aos dois aspectos do internacionalismo soberano: não interferência combinada com o internacionalismo cooperativo.

A tragédia, no sentido grego, é muito mais que um acontecimento passível de arrependimento, surge da cegueira obstinada dos humanos que fazem escolhas que ofendem outras, provocando o desejo de vingança, iniciando assim um ciclo trágico de maldade e retaliação. Nas tragédias gregas, o diálogo genuíno é considerado uma maneira de se alcançar a empatia de perspectivas alheias, pavimentando o caminho para a reconciliação por meio da catarse. Em vez disso, segundo Petro, "a tragédia é resultado de quando, ao tentar corrigir uma injustiça, nós inconscientemente a perpetuamos".[17] Isso pode se aplicar à paz fria como um todo, em que a primazia de uma visão particular do mundo foi promovida como um modelo universal. A perspectiva de que uma combinação particular de ideias e instituições, derivadas de um contexto cultural e geopolítico específico, se aplicaria a países em estágios distintos de desenvolvimento e com histórias e culturas bastante diferentes inevitavelmente provocou resistência. Os Estados resistentes eram revisionistas somente até o ponto em que desafiavam a hegemonia liberal; mas eram conservadores na defesa da autonomia do sistema internacional e do internacionalismo soberano. Isso não significa desistir de programas

---

16 Para uma ampla discussão, ver Pabst, *Postliberal Politics: The Coming Era of Renewal*.

17 A fala de Nicolai N. Petro sobre o assunto está disponível no YouTube em: <https://lnkd.in/dGT_kCh>, debatido em seu: Looking beyond the current tragedy in Ukraine, *American Committee for US-Russia Accord*, 9 abr. 2021. Disponível em: <https://usrussiaaccord.com/nicolai-n-petro-looking-beyond-the-current-tragedy-in-ukraine/>. Para a análise sobre a história ucraniana sob o prisma da tragégia, ver: Petro, *The Tragedy of Ukraine*.

progressistas para a paz, desenvolvimento e cooperação internacional. Conforme Richard Ned Lebow afirma em seu estudo sobre o trágico na política, os realistas pós-guerra

> rejeitavam como ingênuas e perigosas [...] as propostas ambiciosas para transformação das ordens domésticas ou internacionais, mas ainda acreditavam que o mundo poderia se tornar um lugar melhor por meio de mudanças incrementais, instituídas por consenso de pessoas dotadas de um senso iluminado de interesse próprio.[18]

O sistema internacional é mais que um artefato no equilíbrio de poder ou do domínio da ordem liberal. Mudanças no equilíbrio relativo não prejudicam o sistema. O sistema internacional da Carta foi criado conjuntamente em 1945, mas depois de 1989 a grande substituição borrou as linhas entre o sistema e sua subordem dominante. Mas a ordem não é simplesmente "um artefato de concentração de poder" – suas regras e instituições têm uma qualidade mais duradoura. A relação entre a hegemonia estadunidense e o sistema internacional tem sido algo complexo.[19] O desafio hoje é garantir que a ordem internacional governada pelas relações entre Estados esteja integrada na ordem gerada pelo internacionalismo da Carta. Para que isso aconteça, ambições hegemônicas e substituições precisam dar espaço para equidade gerada pelo internacionalismo soberano. A alternativa é o colapso do sistema internacional da Carta. Caso isso ocorra, então estaremos literalmente em um território inexplorado.

---

18 Ned Lebow, *The Tragic Vision of Politics: Ethics, Interests and Orders*, p.xi.
19 Ikenberry, Why the liberal world order will survive, *Ethics & International Affairs*, 32/1, p.20.

Referências das principais obras citadas

ABU-LUGHOD, Janet L. *Before European Hegemony: The World System ad 1250-1350*. Oxford: Oxford University Press, 1991.

ACHARYA, Amitav. After liberal hegemony: the advent of a multiplex world order, *Ethics & International Affairs*, 31/3, 2017, p.271-85.

______. *The End of American World Order*. 2.ed. Cambridge: Polity, 2018.

ALLISON, Graham. *Destined for War: Can America and China Escape Thucydides's Trap?* London: Scribe, 2018.

ALLISON, Roy. Russia, Ukraine and State survival through neutrality, *International Affairs*, 98/6, 2022, p.1849-72.

ANDERSON, Jennifer. *The Limits of Sino-Russian Strategic Partnership*, Adelphi Paper 315, 1997.

ANDERSON, Perry. *The H-Word: The* Peripeteia *of Hegemony*. London: Verso, 2017.

ANGELL, Norman. *The Great Illusion: A Study of the Relation of Military Power to National Advantage*. San Francisco, CA: Bottom of the Hill Publishing, [1910] 2012.

ARRIGHI, G. *Adam Smith in Beijing: Lineages of the Twenty-First Century*. Londres: Verso, 2009.

AVERRE, Derek, *Russian Strategy in the Middle East and North Africai*. Manchester: Manchester University Press, 2024.

AYRES, Sabra. Russia feeling the financial bite of US Sanctions, *Los Angeles Times*, 10 abr. 2018, p.A3.

BACEVICH, Andrew J. *The Age of Illusions: How America Squandered Its Cold War Victory.* New York: Metropolitan Books, 2020.

BACON, Edwin; RENZ, Bettina; COOPER, Julian. *Securitising Russia: The Domestic Politics of Putin*. Manchester: Manchester University Press, 2006.

BAILEY, Thomas A. *Woodrow Wilson and the Lost Peace.* New York: Macmillan, 1944.

BASSIN, Mark. *The Gumilev Mystique.* Ithaca NY: Cornell University Press, 2016.

BECKLEY, Michael. Rogue superpower: why this could be an illiberal American century, *Foreign Affairs*, 99/6, nov.-dez. 2020, p.73-87.

BEHR, Rafael. Joe Biden's G7 mission: recruit allies for the Next Cold War, *Guardian Review*, 9 jun. 2021, p.3.

BELL, Daniel A. *The China Model: Political Meritocracy and the Limits of Democracy*. Princeton, NJ: Princeton University Press, 2015.

BERGSTEN, C. Fred *The United States vs. China: The Quest for Global Economic Leadership;* Cambridge: Polity, 2022.

BIDEN Jr., Joseph R. Why America must lead again: rescuing US Foreign Policy after Trump, *Foreign Affairs*, 99/2, mar.-abr. 2020, p.64-76.

______.; CARPENTER, Michael. How to stand up to the Kremlin, *Foreign Affairs*, 97/1, jan.-fev. 2018, p.44-57.

BLACK, J.L., *Russia Faces NATO Expansion: Bearing Gifts or Bearing Arms?* Lanham, MD: Rowman & Littlefield, 2000.

______.; JOHNS, Michael (eds.). *The Return of the Cold War: Ukraine, the West and Russia.* London: Routledge, 2016.

BORGER, Julian. The challenge of China, *Guardian*, 10 jun. 2021, p.23.

______. US Democrats call for $1bn transfer from missile fund to tackle pandemic threat, *Guardian*, 27 mar. 2021, p.43.

BOWEN, Bleddyn. *War in Space: Strategy, Spacepower, Geopolitics.* Edinburgh: Edinburgh University Press, 2020.

BRAITHWAITE, Rodric. *Armageddon and Paranoia: The Nuclear Confrontation.* London: Profile Books, 2017.

BRANDS, Hal; GADDIS, John Lewis. The New Cold War: America, China, and the echoes of history, *Foreign Affairs*, 100/6, nov.-dez. 2021, p.10-20.

BROOKS, Stephen G.; WOHLFORTH, William. *America Abroad: Why the Sole Superpower Should Not Pull Back from the World.* New York: Oxford University Press, 2018.

BROWN, Archie. *The Human Factor: Gorbachev, Reagan, and Thatcher and the End of the Cold War.* Oxford: Oxford University Press, 2020.

BRUDNY, Yitzhak, *Reinventing Russia: Russian Nationalism and the Soviet State, 1953-1991.* Cambridge, MA: Harvard University Press, 2000.

BRZEZINSKI, Zbigniew. A Plan for Europe, *Foreign Affairs*, 74/1, jan.-fev. 1995, p.26-42.

______. *Strategic Vision: America and the Crisis of Global Power.* New York: Basic Books, 2012.

______. *The Choice: Global Domination or Global Leadership*. New York: Basic Books, 2004.

______. *The Grand Chessboard: American Primacy and Its Geostrategic Imperatives.* New York: Basic Books, 1997.

______. The Premature Partnership, *Foreign Affairs*, 73/2, mar.-abr. 1994, p.67-82.

BURNS, William J. *The Back Channel: American Diplomacy in a Disordered World.* London: Hurst & Company, 2021.

BURROWS, Mathew; MANNING, Robert A. *Kissinger's Nightmare: How an Inverted US-China-Russia May Be a Game-Changer*, Valdai Paper n.33, Moscow, November 2015.

BUSH, George; SCOWCROFT, Brent. *A World Transformed.* New York: Knopf, 1998.

BUZAN, Barry; WAEVER, Ole; DE WILDE, Jaap. *Security: A New Framework for Analysis.* Boulder, CO: Lynne Rienner Publishers, 1998.

CALLEO, David P. *Follies of Power: America's Unipolar Fantasy.* Cambridge: Cambridge University Press, 2009.

CARLSON, Brian G. Russia and the China-India rivalry, *Russian Analytical Digest*, n.265, 19 mar. 2021, p.8-11.

CARR, Edward Hallett. *Conditions of Peace.* New York: Macmillan, 1943.

______. *The Twenty Years' Crisis, 1919-1939: An Introduction to the Study of International Relations*. London: Palgrave, [1939] 2001.

CASIER, Tom. Great game or great confusion? The geopolitical understanding of EU-Russia energy relations, *Geopolitics*, 21/4, 2016, p.763-78.

______. Russia's energy leverage over the EU: myth or reality?, *Perspectives on European Politics and Society*, 12/4, 2011, p.493-508.

CHAN, Steve. Challenging the Liberal Order: The US Hegemon as a Revisionist Power, *International Affairs*, 97/5, 2021, p.1335-52.

CHANG, Gordon G. *The Coming Collapse of China.* New York: Random House, 2001.

CHARAP, Samuel; COLTON, Timothy. *Everyone Loses: The Ukraine Crisis and the Ruinous Contest for Post-Soviet Eurasia.* London: Routledge/Adelphi, 2016.

CHARVET, John; KACZYNSKA-NAY, Elisa. *The Liberal Project and Human Rights: The Theory and Practice of a New World Order.* Cambridge: Cambridge University Press, 2008.

CHEBANKOVA, Elena; DUTKIEWICZ, Piotr (eds.). *Civilizations and World Order.* London: Routledge, 2021.

CHERNYAEV, Anatoly. *My Six Years with Gorbachev: Notes from a Diary.* Philadelphia, PA: University of Pennsylvania Press, 2000.

CLARK, Christopher. A Rock of Order, *London Review of Books*, 8 out. 2020, p.5-7.

______. *The Sleepwalkers: How Europe Went to War in 1914*. London: Penguin, 2013.

CLARK, Ian. *The Post-Cold War Order: The Spoils of Peace.* Oxford: Oxford University Press, 2001.

CLINTON, Hillary Rodham. *Hard Choices: A Memoir.* New York: Simon & Schuster, 2014.

CLOVER, Charles. *Black Wind, White Snow: The Rise of Russia's New Nationalism*. New Haven, CT; London: Yale University Press, 2022.

CLUNAN, Anne L., Russia and the liberal world order, *Ethics & International Affairs*, 32/1, 2018, p.45-59.

COHEN, Stephen F. *Failed Crusade: America and the Tragedy of Post-Communist Russia.* New York: W.W. Norton, 2000.

______. *War with Russia: From Putin and Ukraine to Trump and Russiagate.* New York: Hot Books, 2018.

COKER, Christopher. *The Rise of the Civilizational State.* Cambridge: Polity, 2019.

CONNOLLY, Richard. *Russia's Response to Sanctions: How Western Economic Statecraft Is Reshaping Political Economy in Russia.* Cambridge: Cambridge University Press, 2018.

COOLEY, Alexander; NEXON, Daniel. *Exit from Hegemony: The Unravelling of the American Global Order.* New York: Oxford University Press, 2020.

COPSEY, Nathaniel; POMORSKA, Karolina. The influence of newer member states in the European Union: the case of Poland and the Eastern Partnership, *Europe-Asia Studies*, 66/3, maio 2014, p.421-43.

CUNLIFFE, Philip. *The New Twenty Years' Crisis: A Critique of International Relations, 1999-2019.* Montreal: McGill-Queen's University Press, 2020.

D'ANIERI, Paul. *Ukraine and Russia: From Civilized Divorce to Uncivil War*. Cambridge: Cambridge University Press, 2019.

DAALDER, Ivo H.; LINDSAY, James M. Last best hope: the West's final chance to build a better world order, *Foreign Affairs*, 101/4, jul.-ago. 2022, p.120-1 e 125.

DENG, Yong. *China's Struggle for Status: The Realignment of International Relations.* Cambridge: Cambridge University Press, 2008.

DENISOV, Igor; LUKIN, Alexander. Russia's China Policy: growing asymmetries and hedging options, *Russian Politics*, 6, 2021, p.531-50.

DER DERIAN, James. *On Diplomacy: A Genealogy of Western Estrangement.* Oxford: Blackwell, 1987.

DEUDNEY, Daniel; IKENBERRY, G. John. The nature and sources of liberal international order, *Review of International Studies*, 25/2, 1999, p.179-96.

DEUTSCH, Karl et al. *Political Community and the North Atlantic Area: International Organization in the Light of Historical Experience*. Princeton, NJ: Princeton University Press, 1957.

DICKINSON, G. Lowes. *The European Anarchy*. London: Routledge Revivals, 2015 [1916].

DIENES, Alexandra; KRUMM, Reinhard; WEISS, Simon. Europeans today are much less belligerent than in 1914 or 1939, *Takeaways*, FES Regional Office for Cooperation and Peace in Europe, jun. 2020.

DIESEN, Glenn. *EU and NATO Relations with Russia: After the Collapse of the Soviet Union.* London: Routledge, 2016.

______. The EU, Russia and the Manichean Trap, *Cambridge Review of International Affairs*, 30/2-3, 2017, p.177-94.

DOSHI, Rush. *The Long Game: China's Grand Strategy to Displace American Order.* New York: Oxford University Press, 2021.

DOWER, John W. *Embracing Defeat: Japan in the Wake of World War II.* New York: Norton, 2000.

ECONOMY, Elizabeth C. *The Third Revolution: Xi Jinping and the New Chinese State.* New York: Oxford University Press, 2018.

______. *The World According to China.* Cambridge: Polity, 2021.

______. Xi Jinping's new world order: can China remake the international system?, *Foreign Affairs*, 101/1, jan.-fev. 2022, p.52-67.

EGOROV, I. '"Kto upravlyaet khaosom" – SShA pytayutsya odolet' krisiz za schet drugikh, razrushaya tselye strany – intervyu s nikolaem Patrushevym', *Rossiiskaya gazeta*, 15 out. 2014.

EISENSTADT, Shmuel N. *Japanese Civilization: A Comparative View.* Chicago: University of Chicago Press, 1996.

EISENSTADT, Shmuel N. Multiple Modernities, *Daedalus*, 129/1, Winter 2000, p.1-29.

______. *Multiple Modernities*. Piscataway, NJ: Transaction Publishers, 2002.

ENGLISH, Robert D. *Russia and the Idea of the West: Gorbachev, Intellectuals and the End of the Cold War.* New York: Columbia University Press, 2000.

ETTINGER, Aaron. Principled realism and populist sovereignty in Trump's Foreign Policy, *Cambridge Review of International Affairs*, 33/3, 2020, p.410-31.

FALLON, Theresa. The New Silk Road: Xi Jinping's grand strategy for Eurasia, *American Foreign Policy Interests*, 37, 2015, p.140-7.

FARROW, Ronan. *War on Peace: The Decline of American Influence.* London: William Collins, 2021.

FERNANDES, Clinton. *What Uncle Sam Wants: US Foreign Policy Objectives in Australia and Beyond.* London: Palgrave Macmillan, 2019.

FIX, Liana; KÜHN, Ulrich. Strategic stability in the 21st Century, *Russian Analytical Digest*, n.260, 20 dez. 2020, p.7-11.

FLOCKHART, Trine. The coming multi-order world, *Contemporary Security Policy*, 37/1, 2016, p.3-30.

FORSBERG, Tuomas. Status conflicts between Russia and the West: perceptions and emotional biases, *Communist and Post-Communist Studies*, 46/3, 2014.

FRIEDBERG, Aaron L. *Getting China Wrong*. Cambridge: Polity, 2022.

FRIEDMAN, Thomas L. *The Lexus and the Olive Tree: Understanding Globalization.* New York: Farrar, Straus and Giroux, 1999.

FRYE, Timothy. *Weak Strongman: The Limits of Power in Putin's Russia.* Princeton, NJ: Princeton University Press, 2021.

FUKUYAMA, Francis. *The End of History and the Last Man.* New York: Free Press, 1992.

______. The End of History, *National Interest*, 16, Summer 1989, p.3-17.

GADDIS, John Lewis. *The Cold War.* London: Penguin, 2005.

______. *The Long Peace: Inquiries into the History of the Cold War.* Oxford: Oxford University Press, 1989.

GADDIS, John Lewis. *We Now Know: Rethinking Cold War History.* Oxford: Oxford University Press, 1997.

GARTHOFF, Raymond L. *The Great Transition: American-Soviet Relations and the End of the Cold War.* Washington DC, Brookings Institution Press, 1994.

GERASIMOV, Valerii. Mir na granyakh voiny, *Voenno-promyshlennyi kur'er*, 10, 15 mar. 2017.

GILPIN, Robert. *War and Change in World Politics.* Cambridge: Cambridge University Press, 1981.

GLENNON, Michael J. *National Security and Double Government.* Oxford: Oxford University Press, 2015.

GLOBAL Britain in a Competitive Age: The Integrated Review of Security, Defence, Development and Foreign Policy, HM Government, mar. 2021.

GODDARD, Stacie. The Outsiders, *Foreign Affairs*, 101/3, mai-jun. 2022, p.28-39.

GOLDGEIER, James M. *Not Whether but When: The US Decision to Enlarge NATO.* Washington DC: Brookings Institution Press, 1999.

GOLDGEIER, James M.; MCFAUL, Michael. *Power and Purpose: US Policy toward Russia after the Cold War.* Washington DC: Brookings Institution Press, 2003.

GOLDSTEIN, Joshua S. *Winning the War on War: The Decline of Armed Conflict Worldwide* London: Plume, 2012.

GORBACHEV, Mikhail. *Perestroika: New Thinking for Our Country and the World.* London: Collins, 1987.

GROMYKO, Alexei A.; FËDOROVA, V.P. (eds.). *Bol'shaya Evropa: Idei, real'nost, pers- pektivy* Moscow, Ves' mir, 2014.

GUSTAFSON, Thane. *The Bridge: Natural Gas in a Redivided Europe.* Cambridge, MA: Harvard University Press, 2020.

HAHN, Gordon. *Ukraine over the Edge: Russia, the West and the New Cold War.* Jefferson. NC: McFarland Books, 2017.

HALLIDAY, Fred. *The Making of the Second Cold War.* London: Verso, 1983.

HAMILTON, Clive. *Silent Invasion: China's Influence in Australia.* London: Hardie Grant Books, 2018.

______; OHLBERG, Mareike. *Hidden Hand: Exposing How the Chinese Communist Party Is Reshaping the World.* London: Oneworld Publications, 2021.

HEADLEY, James. Challenging the EU's claims to moral authority: Russian Talk of "double standards", *Asia Europe Journal*, 13/3, 2015, p.297-307.

HELD, David. *Democracy and the Global Order: From the Modern State to Cosmopolitan Governance.* Cambridge: Polity, 1995.

______; MCGREW, Anthony; GOLDBLATT, David; PERRATON, Jonathan. *Global Transformations: Politics, Economics and Culture*. Cambridge: Polity, 1999.

HENDRICKSON, David. *Republic in Peril: American Empire and the Liberal Tradition.* Oxford: Oxford University Press, 2017.

HERZ, John H. Idealist internationalism and the security dilemma, *World Politics*, 2/2, jan. 1950, p.157-80.

HILL, William H. *No Place for Russia: European Security Institutions since 1989.* New York: Columbia University Press, 2018.

HILLMAN, Jonathan E. *The Emperor's New Road: China and the Project of the Century.* New Haven, CT; London: Yale University Press, 2020.

HOFFMANN, Stanley. *Primacy or World Order: American Foreign Policy since the Cold War.* New York: McGraw-Hill, 1978.

HOWARD, R.T. *Power and Glory: France's Secret Wars with Britain and America, 1945-2016.* London: Biteback, 2016.

HOWORTH, Jolyon. European Defence Policy between dependence and autonomy: a challenge of sisyphean dimensions, *British Journal of Politics and International Relations*, 19/1, 2017, p.13-28.

______. *Security and Defence Policy in the European Union*. Basingstoke: Palgrave, 2014.

HRABINA, Jozef. The year of crises: how 2020 will reshape the structure of international relations, *Russia in Global Affairs*, 1, jan.-mar. 2021, p.174-99.

HUNTINGTON, Samuel P. *The Clash of Civilizations and the Remaking of World Order.* New York: Simon & Schuster, 1996.

HUNTINGTON, Samuel P. The Clash of Civilizations?, *Foreign Affairs*, 72/3, Summer 1993, p.23-49.

HURRELL, Andrew. Beyond the BRICS: power, pluralism, and the future of global order, *Ethics & International Affairs*, 32/1, 2018, p.89-101.

IGNATIUS, David. Who Robbed Russia?, *Washington Post*, op-ed, 25 ago. 1999.

IKENBERRY, G. John. *After Victory: Institutions, Strategic Restraint, and the Rebuilding of Order after Major Wars.* Princeton, NJ: Princeton University Press, 2001.

______. *A World Safe for Democracy: Liberal Internationalism and the Crisis of Global Order.* New Haven, CT; London: Yale University Press, 2020.

______. *Liberal Leviathan: The Origins, Crisis, and Transformation of the American World Order.* Princeton, NJ: Princeton University Press, 2011.

______. The end of liberal international order?, *International Affairs*, 94/1, 2018, p.7-23.

______. The rise of China and the future of the West: can the liberal system survive?, *Foreign Affairs*, 87/1, jan.-fev. 2008, p.23-37.

______. Why the liberal world order will survive, *Ethics & International Affairs*, 32/1, 2018, p.17-29.

______; SLAUGHTER, Anne-Marie. *Forging a World of Liberty under Law: US National Security in the Twenty-First Century.* Princeton, NJ: Woodrow Wilson School of Public and International Affairs, 2006.

JACQUES, Martin. *When China Rules the World: The End of the Western World and the Birth of a New Global Order.* 2ed. London: Penguin, 2012.

JAISHANKAR, S. *The India Way: Strategies for an Uncertain World* Gurugram. HarperCollins, 2020.

JERVIS, Robert. *Perception and Misperception in International Politics*. Princeton, NJ: Princeton University Press, 1976.

______; GAVIN, Francis J.; ROVNER, Joshua; LABROSSE, Diane N. (eds.). *Chaos in the Liberal Order: The Trump Presidency and International Politics in the Twenty-First Century.* New York: Columbia University Press, 2018.

JONES, Nate. *Able Archer 83: The Secret History of the NATO Exercise that Almost Triggered Nuclear War.* New York: The New Press, 2016.

KACZMARSKI, Marcin. Russia-China: ever closer relationship, but not an alliance yet, *Russian Analytical Digest*, n.265, 19 mar. 2021, p.2-4.

KAGAN, Robert. A superpower, like it or not: why Americans must accept their global role, *Foreign Affairs*, 100/2, mar.-abr. 2021, p.28-39.

______. *The Jungle Grows Back: America and Our Imperiled World.* New York: Vintage, 2018.

______. The price of hegemony: can America learn to use its power?, *Foreign Affairs*, 101/3, mai-jun. 2022, p.10-9.

KAHN, Herman. *On Escalation: Metaphors and Scenarios* London: Routledge, 2009 [1965].

KALDOR, Mary. *New and Old Wars: Organized Violence in a Global Era.* 3.ed. Cambridge: Polity, 2012.

KANT, Immanuel. Perpetual Peace: A Philosophical Sketch. In: *Kant: Political Writings.* Ed. Hans Reiss. 2.ed. Cambridge: Cambridge University Press, 1991. p.93-130.

KAPLAN, Robert D. *The Tragic Mind: Fear, Fate, and the Burden of Power.* New Haven, CT; London: Yale University Press, 2023.

KARAGANOV, Sergei A. *Russia: The New Foreign Policy and Security Agenda.* London: Centre for Defence Studies, n.12, June 1992, p.8.

KASHIN, Vasily; LUKIN, Alexander. China's approach to relations with the United States: the military aspect. In: *Russia: Arms Control, Disarmament and International Security*, SIPRI Yearbook Supplement Moscow, IMEMO, 2021, p.13-33.

______; TIMOFEEV, Ivan. US-China relations: moving towards a new Cold War?, *Valdai Discussion Club Report*, January 2021.

KENNAN, George F. [X]. The sources of Soviet conduct, *Foreign Affairs*, 25, jul. 1947.

______. A fateful error, *New York Times*, 5 fev. 1997, p.A23.

KENNAN, George. Morality and FOREIGN POLICY, *Foreign Affairs*, 64, 1985/6, p.205-18.

KENNEDY, Helena. China cannot stop me from speaking out, *Guardian Opinion*, 27 mar. 2021, p.4.

KENNEDY, Paul. *The Rise and Fall of the Great Powers: Economic Change and Military Conflict from 1500 to 2000.* London: Unwin Hyman, 1988.

KIRKPATRICK, Jeane. A normal country in a normal time, *National Interest*, Fall 1990.

______. *Making War to Keep Peace.* New York: Regan Books, 2007.

KIRSHNER, Jonathan. Gone but not forgotten: Trump's long shadow and the end of American credibility, *Foreign Affairs*, 100/2, mar.-abr. 2021, p.18-26.

KISSINGER, Henry. *Diplomacy*. New York: Simon & Schuster, 1995.

______. *World Order: Reflections on the Character of Nations and the Course of History.* London: Allen Lane, 2014.

KORTUNOV, Sergei. Is the Cold War really over?, *International Affairs* Moscow, 44/5, 1998, p.141-54.

KOTKIN, Stephen. Russia's perpetual geopolitics: Putin returns to the historical pattern, *Foreign Affairs*, 95/3, mai-jun. 2016, p.2-9.

______. The Cold War never ended: Ukraine, the China challenge, and the revival of the West, *Foreign Affairs*, 101/3, mai-jun. 2022, p.64-78.

KOZYREV, Andrei. *The Firebird: A Memoir. The Elusive Fate of Russian Democracy.* Pittsburgh, PA: University of Pittsburgh Press, 2019.

KRAUTHAMMER, Charles. The unipolar moment revisited, *National Interest*, 70, Winter 2002/3, p.5-17.

______. The Unipolar Moment, *Foreign Affairs*, 70/1, 1990/1, p.23-33.

KRIBBE, Hans. *The Strongmen: European Encounters with Sovereign Power.* Newcastle: Agenda Publishing, 2020.

KRICKOVIC, Andrej. Revisionism revisited: developing a typology for classifying Russia and other revisionist powers, *International Politics*, 59, 2022, p.616-39.

KROENIG, Matthew. *The Return of Great Power Rivalry: Democracy versus Autocracy from the Ancient World to the US and China.* New York: Oxford University Press, 2020.

KUBÁLKOVÁ, Vendulka; CRUICKSHANK, A.A. *Thinking about Soviet New Thinking.* Berkeley, CA: University of California Press, 1989.

KUO, Lily; BORGER, Julian. Tension rises as US closes Chinese consulate in Houston, *Guardian*, 23 jul. 2020, p.27.

KUPCHAN, Charles. *No One's World: The West, the Rising Rest and the Coming Global Turn.* Oxford: Oxford University Press, 2012.

LACLAU, Ernesto. *On Populist Reason.* London: Verso, 2007.

LARRES, Klaus. *Uncertain Allies: Nixon, Kissinger, and the Threat of a United Europe*. New Haven, CT and London: Yale University Press, 2022.

LARSON, Deborah Welch; SHEVCHENKO, Alexei. *Quest for Status: Chinese and Russian Foreign Policy.* New Haven, CT; London: Yale University Press, 2019.

______.; ______. Russia says no: power, status, and emotions in foreign policy, *Communist and Post-Communist Studies*, 47/3-4, 2014, p.269-79.

______.; ______. Shortcut to greatness: the new thinking and the revolution in Soviet foreign policy, *International Organization*, 57/1, 2003, p.77-109.

______.; ______. Status seekers: Chinese and Russian responses to US primacy, *International Security*, 34/4, 2010, p.63-95.

LARUELLE, Marlene. *The Russian World': Russia's Soft Power and Geopolitical Imagination.* Washington DC: Center on Global Interests, maio 2015.

LAYNE, Christopher. Coming storms: the return of Great-Power War, *Foreign Affairs*, 99/6, nov.-dez. 2020, p.42-8.

______. From preponderance to offshore balancing: America's future grand strategy, *International Security*, 22/1, Summer 1997, p.86-124.

______. *The Peace of Illusions: American Grand Strategy from 1940 to the Present.* Ithaca, NY: Cornell University Press, 2006.

______. The unipolar illusion revisited: the coming end of the United States' unipolar moment, *International Security*, 31/2, 2006, p.7-41.

______. The unipolar illusion: why great powers will arise, *International Security*, 17/4, Spring 1993, p.5-51.

LEBOW, Richard Ned. *The Tragic Vision of Politics: Ethics, Interests and Orders.* Cambridge: Cambridge University Press, 2003.

LEFEBVRE, Maxime. *Europe as a Power, European Sovereignty and Strategic Autonomy*, Fondation Robert Schuman, Policy Paper n.582, 2 fev. 2021.

LEFFLER, Melvyn (ed.). *Origins of the Cold War: An International History.* London: Routledge, 2005.

______. *A Preponderance of Power: National Security, The Truman Administration, and the Cold War.* Stanford, CA: Stanford University Press, 1992.

LEGVOLD, Robert. *Return to Cold War.* Cambridge: Polity, 2016.

LIEVEN, Anatol. *Climate Change and the Nation State* London: Penguin Books, 2021.

______; HULSMAN, John. Ethical realism and contemporary challenges, *American Foreign Policy Interests*, 28, 2006, p.413-20.

LIND, Jennifer; WOHLFORTH, William C. The future of the liberal order is conservative, *Foreign Affairs*, 98/2, mar.-abr. 2019, p.70-80.

LINDEN, Eugene. *Fire and Flood.* London: Allen Lane, 2022.

LITTLE, Richard. *The Balance of Power in International Relations: Metaphors, Myths and Models.* Cambridge: Cambridge University Press, 2007.

LUCE, Henry R. The American Century, *Life*, 17 fev. 1941, p.61-5.

LUKIN, Alexander. Have we passed the peak of Sino-Russian rapprochement?, *Washington Quarterly*, 44/3, 2021, p.155-73.

______. The North Korea Nuclear problem and the US-China-Russia strategic triangle, *Russian Analytical Digest*, n.209, 24 out. 2017, p.2-5.

______.; XUESONG, Fan. What is BRICS for China?, *Strategic Analysis*, 43/6, 2019, p.620-31.

LYNCH, Timothy J. *In the Shadow of the Cold War: American Foreign Policy from George Bush Sr. to Donald Trump.* Cambridge: Cambridge University Press, 2020.

MAÇÃES, Bruno. *Belt and Road: A Chinese World Order.* London: Hurst, 2018.

MACMILLAN, Margaret. *The War that Ended Peace: How Europe Abandoned Peace for the First World War.* London: Profile Books, 2014.

MAHBUBANI, Kishore. *Has China Won? The Chinese Challenge to American Primacy.* New York: Public Affairs, 2020.

MANDELBAUM, Michael. The new containment: handling Russia, China and Iran, *Foreign Affairs*, 98/2, mar.-abr. 2019, p.123-31.

______. The Rise and Fall of Peace on Earth. Oxford: Oxford University Press, 2019.

MARCETIC, Branko. Ignoring Gorbachev's warnings, *Current Affairs*, 7 set. 2022.

MARTIN, James. *Hegemony*. Cambridge: Polity, 2022.

MARTIN, Terry. *The Affirmative Action Empire: Nations and Nationalism in the Soviet Union, 1923-1939.* Ithaca, NY: Cornell University Press, 2001.

MATHEWS, Jessica T. Present at the re-creation? US foreign policy must be remade, not restored, *Foreign Affairs*, 100/2, mar.-abr. 2021, p.10-6.

MATLOCK, Jack F. *Super-Power Illusions: How Myths and False Ideologies Led America Astray – and How to Return to Reality.* New Haven, CT; London: Yale University Press, 2010.

MATVEEVA, Anna. *Through Times of Trouble: Conflict in Southeastern Ukraine Explained from Within.* Lanham, MD: Lexington Books, 2017.

MAYERS, David. *America and the Postwar World: Remaking International Society, 1945-1956.* London: Routledge, 2018.

MAZOWER, Mark. *Dark Continent: Europe's Twentieth Century.* New York: Knopf, 1999.

MCCARTNEY, James; MCCARTNEY, Molly Sinclair. *America's War Machine: Vested Interests, Endless Conflicts.* New York: Thomas Dunne Books, 2015.

MCCGWIRE, Michael. NATO expansion: "a policy error of historic importance", *Review of International Studies*, 24/1, 1998, p.23-42 (reimpresso em *International Affairs*, 84/6, nov. 2008, p.1282-301).

MCFAUL, Michael. *Advancing Democracy Abroad: Why We Should and How We Can.* New York: Rowman & Littlefield, 2009.

______. Cold War lessons and fallacies for US-China relations today, *Washington Quarterly*, 43/4, 2020, p.7-39.

______. *From Cold War to Hot Peace: The Inside Story of Russia and America.* London: Allen Lane, 2018.

______. Putin, Putinism, and the domestic determinants of Russian foreign policy, *International Security*, 45/2, Fall 2020, p.95-139.

MCMASTER, H. R. The retrenchment syndrome: a response to "Come Home America", *Foreign Affairs*, 99/4, jul.-ago. 2020, p.183-6.

MEAD, Walter Russell. The end of the wilsonian era: why liberal internationalism failed, *Foreign Affairs*, 100/1, jan.-fev. 2021, p.123-37.

MEARSHEIMER, John J. Bound to fail: the rise and fall of the liberal international order, *International Security*, 43/4, Spring 2019, p.7-50.

______. The false promise of international institutions, *International Security*, 19/3, 1994/5, p.5-49.

______. *The Great Delusion: Liberal Dreams and International Realities*. New Haven: CT and London: Yale University Press, 2018.

______. The inevitable rivalry, *Foreign Affairs*, 100/6, nov.-dez. 2021, p.48-58.

______. *The Tragedy of Great Power Politics*. New York: W.W. Norton, 2014 [2001].

______. Why the Ukraine crisis is the West's fault: the liberal delusions that provoked Putin, *Foreign Affairs*, 93/5, set.-out. 2014, p.77-89.

______.; WALT, Stephen M. The case for offshore balancing, *Foreign Affairs*, 95/4, jul.-ago. 2016, p.70-83.

MEIER, Oliver. Debating the withdrawal of US Nuclear Weapons from Europe: what Germany expects from Russia, *Vestnik of Saint Petersburg University: International Relations*, 14/1, 2021, p.82-96.

MILLER, Manjari Chatterjee. *Why Nations Rise: Narratives and the Path to Great Power*. Oxford: Oxford University Press, 2021.

MONAGHAN, Andrew. *A "New Cold War"? Abusing History, Misunderstanding Russia*. Chatham House Research Paper, London, maio 2015.

______. *Dealing with the Russians*. Cambridge: Polity, 2019.

MORGAN, Michael Cotey. *The Final Act: The Helsinki Accords and the Transformation of the Cold War*. Princeton, NJ: Princeton University Press, 2018.

MORGENTHAU, Hans J. *Politics among Nations: The Struggle for Power and Peace*. 5.ed. New York: Alfred A. Knopf, 1973.

MOUNK, Yascha. Democracy on the defense: turning back the authoritarian tide, *Foreign Affairs*, 100/2, mar.-abr. 2021, p.163-73.

MOUSSEAU, Michael. The end of war: how a robust marketplace and liberal hegemony are leading to perpetual world peace, *International Security*, 44/1, 2019, p.160-96.

MOYN, Samuel. *The Last Utopia: Human Rights in History*. Cambridge, MA: Belknap Press, 2012.

MUELLER, John. *Retreat from Doomsday: The Obsolescence of Major War*. New York: Basic Books, 1989.

______. *The Stupidity of War: American Foreign Policy and the Case for Complacency*. Cambridge: Cambridge University Press, 2021.

MULDER, Nicholas. *The Economic Weapon: The Rise of Sanctions as a Tool of Modern War*. New Haven, CT; London: Yale University Press, 2022.

MÜLLER, Jan-Werner. Germany Inc, *London Review of Books*, 26 maio 2022.

NI, Vicent. China's evolving stance on the War in Ukraine reflects a deepening distrust of the West, *Guardian*, 7 jun. 2022, p.21.

NORRIS, Pippa; INGLEHART, Ronald. *Cultural Backlash: Trump, Brexit, and Authoritarian Populism.* Cambridge: Cambridge University Press, 2019.

NYE, Joseph S. *Is the American Century Over?* Cambridge: Polity, 2015.

______. *Soft Power: The Means to Success in World Politics.* New York: Public Affairs, 2004.

O'HANLON, Michael. *The Art of War in an Age of Peace: US Grand Strategy and Resolute Restraint.* New Haven, CT; London: Yale University Press, 2021.

OKSANIAN, Kevork K. Carr goes East: reconsidering power and inequality in a post-liberal Eurasia, *European Politics and Society*, 20/2, 2019, p.172-89.

OLIKER, Olga. Russia's Nuclear Doctrine: what we know, what we don't, and what that means, Washington DC, CSIS, 5 maio 2016.

OLLAPALLY, Deepa M. India and the international order: accommodation and adjustment, *Ethics & International Affairs*, 32/1, 2018, p.61-74.

OTTE, T.G., *July Crisis: The World's Descent into War, Summer 1914*. Cambridge: Cambridge University Press, 2014.

PABST, Adrian. *Liberal World Order and Its Critics: Civilisational States and Cultural Commonwealths.* London: Routledge, 2018.

PABST, Adrian. *Postliberal Politics: The Coming Era of Renewal.* Cambridge: Polity, 2021.

PACER, Valerie A. *Russian Foreign Policy under Dmitry Medvedev.* London: Routledge, 2015.

PERLE, Richard; FRUM, David. *An End to Evil.* New York: Random House, 2003.

PERRY, William J.; COLLINA, Tom Z. *The Button: The New Nuclear Arms Race and Presidential Power from Truman to Trump.* Dallas, TX: BenBella Books, 2020.

PETRO, Nicolai N. *The Tragedy of Ukraine: What Classical Greek Tragedy Can Teach Us about Conflict Resolution.* Berlin: De Gruyter, 2022.

PHILLIPS, Tom. Xi pledges brilliant new era as he becomes most powerful Chinese leader since Mao, *Guardian*, 25 out. 2017, p.17.

PIEPER, Moritz. Strategic stability beyond new START, *Russian Analytical Digest*, n.260, 20 dez. 2020, p.2-7.

PINKER, Steven. *The Better Angels of Our Nature: Why Violence Has Declined.* New York: Viking Books, 2011.

PLOKHY, Serhii. *Nuclear Folly: A History of the Cuban Missile Crisis.* New York: W.W. Norton, 2021.

______. *The Gates of Europe: A History of Ukraine.* London: Penguin, 2015.

PORTER, Patrick. *The False Promise of Liberal Order: Nostalgia, Delusion and the Rise of Trump.* Cambridge: Polity Press, 2020.

POSEN, Barry. *Restraint: A New Foundation for US Grand Strategy.* Ithaca, NY: Cornell University Press, 2014.

POWER, Samantha. *A Problem from Hell: America and the Age of Genocide.* New York: Basic Books, 2002.

POWER, Samantha. The can-do power: America's advantage and Biden's chance, *Foreign Affairs*, 100/1, jan.-fev. 2021, p.10-24.

PRIMAKOV, Evgeny. *A World Challenged.* Washington DC: Brookings Institution Press, 2004.

PROUTY, L. Fletcher. *The CIA, Vietnam and the Plot to Assassinate John F. Kennedy.* New York: Skyhorse Publishing, 2011.

RID, Thomas. *Active Measures: The Secret History of Disinformation and Political Warfare.* London: Profile Books, 2020.

RIEFF, David. *At the Point of a Gun: Democratic Dreams and Armed Intervention.* New York: Simon & Schuster, 2005.

ROACH, Stephen S. *Accidental Conflict: America, China and the Clash of False Narratives.* New Haven, CT and London: Yale University Press, 2022.

ROBERTS, Geoffrey. *Stalin's Wars: From World War to Cold War, 1939-1953.* New Haven, CT; London: Yale University Press, 2008.

ROGERS, Paul. *Losing Control: Global Security in the Twenty-First Century.* 4.ed. London: Pluto Press, 2021.

ROSATO, Sebastian. The flawed logic of democratic peace theory, *American Political Science Review*, 97/4, nov. 2003, p.585-602.

RUDD, Kevin. Short of war: how to keep US-Chinese confrontation from ending in calamity, *Foreign Affairs*, 100/2, mar.-abr. 2001, p.58-72.

______. *The Avoidable War: The Dangers of a Catastrophic Conflict between the US and Xi Jinping's China.* London: Public Affairs, 2022.

RUDENKO, Serhiy. *Zelensky: A Biography.* Cambridge: Polity, 2022.

RUGGIE, John. International regimes, transactions, and change: embedded liberalism in the postwar economic order, *International Organization*, 36/2, 1982, p.379-415.

RUMER, Eugene; SOKOLSKY, Richard. *Grand Illusions: The Impact of Misperceptions About Russia on US Policy.* Washington DC: CEIP, 2021.

RUSSETT, Bruce. *Hegemony and Democracy.* London: Routledge, 2011.

RYNNING, Sten. The false promise of continental concert: Russia, the West and the necessary balance of power, *International Affairs*, 91/3, 2015, p.539-52.

RYZHKOV, Vladimir. From "Greater Europe" to confrontation: is a "Common European Home" still possible?, *Russian Politics*, 6/4, 2021, p.551-71.

SAKHAROV, Andrei. *Progress, Coexistence and Intellectual Freedom.* New York: W.W. Norton, 1970.

SAKWA, Richard. "New Cold War" or twenty years' crisis? Russia and international politics, *International Affairs*, 84/2, mar. 2008, p.241-67.

______. *Deception: Russiagate and the New Cold War.* Lanham, MD: Lexington Books, 2022.

______. *Frontline Ukraine: Crisis in the Borderlands.* London: Bloomsbury Academic, 2022 [2017].

______. No exit: logic and rationality in the Ukraine Crisis. In: SCHULZE, Peter W.; VEIT, Winfried (eds.). *Ukraine in the Crosshairs of Geopolitical Power Play.* Frankfurt and New York: Campus Verlag, 2020. p.101-28.

______. *Putin Redux: Power and Contradiction in Contemporary Russia.* London; New York: Routledge, 2014.

______. *Russia against the Rest: The Post-Cold War Crisis of World Order.* Cambridge; Cambridge University Press, 2017.

______. Russian neo-revisionism, *Russian Politics*, 4/1, 2019, p.1-21.

______. The Cold Peace: Russo-Western relations as a mimetic Cold War, *Cambridge Review of International Affairs*, 26/1, 2013, p.203-24.

SAKWA, Richard. The dual State in Russia, *Post-Soviet Affairs*, 26/3, jul.-set. 2010, p.185-206.

______. The end of the revolution: mimetic theory, axiological violence, and the possibility of dialogical transcendence, *Telos*, n.185, dez. 2018, p.35-66.

______. The perils of democratism, *Polis: Political Studies*, n.2, 2023, p.88-102.

______. The *Putin Paradox*. London; New York: I.B. Tauris, 2020.

______. The *Russia Scare: Fake News and Genuine Threat*. London: Routledge, 2022.

______. The Ukraine syndrome and Europe: between norms and space, *Soviet and Post-Soviet Review*, n.44, 2017, p.9-31.

SARADZHYAN, Simon; ABDULLAEV, Nabi. Measuring national power: Is Putin's Russia in decline?, *Europe-Asia Studies*, 73/2, mar. 2021, p.291-317.

SAROTTE, Mary Elise. *1989: The Struggle to Create Post-Cold War Europe*. Princeton NJ: Princeton University Press, 2009.

______. A broken promise? what the West really told Moscow about NATO expansion, *Foreign Affairs*, 93/5, set.-out. 2014, p.90-7.

______. Containment beyond the Cold War: how Washington lost the Post-Soviet peace, *Foreign Affairs*, 100/6, nov.-dez. 2021, p.22-35.

______. *Not One Inch: America, Russia and the Making of Post-Cold War Stalemate*. New Haven, CT; London: Yale University Press, 2022.

______. Perpetuating us pre-eminence: the 1990 deals to "bribe the Soviets out" and move Nato in, *International Security*, 35/1, 2010, p.110-37.

SCHUMAN, Michael. *Superpower Interrupted: The Chinese History of the World*. New York: Public Affairs, 2020.

SERVICE, Robert. *The End of the Cold War*. Londres: Pan, 2016. p.416-26.

SHARAFUTDINOVA, Gulnaz. *The Red Mirror: Putin's Leadership and Russia's Insecure Identity*. Oxford: Oxford University Press, 2020.

SHEEHAN, James J. *Where Have All the Soldiers Gone? The Transformation of Modern Europe*. New York: Mariner Books, 2009.

SHIFRINSON, Joshua R. Itzkowitz. Deal or no deal?: the end of the Cold War and the U.S. offer to limit NATO expansion, *International Security*, 40/4, 2016, p.7-44.

______. *Rising Titans, Falling Giants: How Great Powers Exploit Power Shifts*. Ithaca, NY: Cornell University Press, 2018.

SIDDI, Marco. An evolving other: German national identity and constructions of Russia, *Politics*, 38/1, 2018, p.35-50.

SIEMANN, Wolfram. *Metternich: Strategist and Visionary*. Trad. Diane Steuer. Cambridge, MA: Harvard University Press, 2019.

SIMPSON, Gerry; Two Liberalisms, *European Journal of International Law*, 12/3, 2001, p.537-71.

SLOBODCHIKOFF, Michael O. *Building Hegemonic Order Russia's Way: Order, Stability, and Predictability in the Post-Soviet Space*. Lanham, MD: Lexington Books, 2014.

SOCHOR, Johannes. *Russia and the Right to Self-Determination in the Post-Soviet Space*. Oxford: Oxford University Press, 2021.

STAHL, Bernhard; LUCKE, Robin; FELFELI, Anne. Comeback of the Transatlantic Security Community? Comparative securitisation in the Crimea crisis, *East European Politics*, 32/4, 2016.

STENT, Angela. *Putin's World: Russia against the west and with the Rest.* New York: Twelve, 2019.

______. *The Limits of Partnership: US-Russian Relations in the Twenty-First Century.* Princeton, NJ: Princeton University Press, 2014.

______. Trump's Russia legacy and Biden's response, *Survival*, 63/4, 2021, p.55-80.

STEVENSON, Tom. Where are the Space Arks?, *London Review of Books*, 4 mar. 2020, p.25-28.

STIGLITZ, Joseph. *Globalization and its Discontents.* London: Penguin, 2002.

STONER, Kathryn E. *Russia Resurrected: Its Power and Purpose in a New Global Order.* New York: Oxford University Press, 2021.

STUENKEL, Oliver. *Post-Western World: How Emerging Powers Are Remaking Global Order.* Cambridge: Polity, 2016.

______. *The BRICS and the Future of Global Order.* London; Lanham, MD: Lexington Books, 2015.

SUBTELNY, Orest. *Ukraine: A History*. 4th ed. Toronto: University of Toronto Press, 2009.

TANG, Shiping. China and the future international orders, *Ethics and International Affairs*, 32/1, 2018, p.31-43.

TAUBMAN, Philip. *In the Nation's Service: The Life and Times of George P. Shultz.* Stanford: Stanford University Press, 2023.

THORNTON, John. Long time coming: the prospects for democracy in China, *Foreign Affairs*, 87/1, jan.-fev. 2008, p.2-22.

TOAL, Gerard. *Near Abroad: Putin, the West and the Contest over Ukraine and the Caucasus.* Oxford: Oxford University Press, 2017.

TOOZE, Adam. *Crashed: How a Decade of Financial Crises Changed the World.* London: Penguin, 2019.

______. Is this the end of the American Century?, *London Review of Books*, 4 abr. 2019, p.3-7.

TRACHTENBERG, Marc. *A Constructed Peace: The Making of the European Settlement, 1945-1963.* Princeton, NJ: Princeton University Press, 1999.

TRENIN, Dmitri. *Novyi balans sil: Rossiya v poiskakh vneshnepoliticheskogo ravnovesiya.* Moscow: Al'pina, 2021.

TSYGANKOV, Andrei P. Crafting the State-Civilization, *Problems of Post- Communism*, 63/3, 2016, p.146-58.

______. *Russia and America: The Asymmetric Rivalry.* Cambridge: Polity, 2019.

______. *Russia's Foreign Policy: Change and Continuity in National Identity*. 6.ed. Lanham, MD: Rowman & Littlefield, 2022.

______. *Russian Realism: Defending Derzhava' in International Relations.* London; New York: Routledge, 2022.

______. The revisionist moment: Russia, Trump, and global transition, *Problems of Post-Communism*, 68/6, 2021, p.457-67.

TSYMBURSKII, Vadim. Ostrov Rossiya: Perspektivy Rossiiskoi Geopolitika, *Polis*, n.5, 1993, p.11-7.

URIO, Paolo. *America and the China Threat: From the End of History to the End of Empire.* Atlanta, GA: Clarity Press, 2022.

WALT, Stephen M. *The Hell of Good Intentions: America's Foreign Policy Elite and the Decline of US Primacy.* New York: Farrar, Straus and Giroux, 2019.

______.; RODRIK, Dani. How to build a better order, *Foreign Affairs*, 101/5, set.-out. 2022, p.142-55.

WALTZ, Kenneth N. Structural realism after the Cold War, *International Security*, 25/1, Summer 2000, p.5-41.

______. The emerging structure of international politics, *International Security*, 18/2, 1993, p.44-79.

______. *Theory of International Politics.* New York: Random House, 1979.

WANG Jisi. The plot against China? How China sees the new Washington consensus, *Foreign Affairs*, 100/4, jul.-ago. 2021, p.48-57.

WEBER, Isabella M. *How China Escaped Shock Therapy: The Market Reform Debate*. London; New York: Routledge, 2021.

WEBER, Max. Politics as a vocation. In: GERTH, H.H.; MILLS, C. Wright. *From Max Weber: essays in Sociology*. New York: Oxford University Press, 1946. p.77-128.

WEIR, Fred. Worse than the Cold War? US-Russia relations hit new low, *Christian Science Monitor*, 20 abr. 2021.

WEISS, Jessica Chen; WALLACE, Jeremy L. Domestic politics, China's rise, and the future of the liberal international order, *International Organization*, 75, Spring 2021, p.635-64.

WEIWEI, Zhang. *The China Horizon: Glory and Dream of a Civilizational State.* Hackensack, NJ: World Century Publishing Corporation, 2016.

______. *The China Horizon: Glory and Dream of a Civilizational State.* Hackensack, NJ: World Century Publishing Corporation, 2016.

WERTHEIM, Stephen, *Tomorrow the World: The Birth of US Global Supremacy*. Cambridge, MA: Belknap Press, 2020.

WESTAD, Odd Arne. *The Global Cold War: Third World Interventions and the Making of Our Times;* Cambridge: Cambridge University Press, 2007.

WHALEN; Hudson. Too big to sanction? US struggles with punishing large Russian businesses, *Washington Post*, 26 ago. 2018.

WILLIAMS, A.J. *Failed Imagination? The Anglo-American New World Order from Wilson to Bush*. 2.ed. Manchester: Manchester University Press, 2007.

WILSON, Andrew. *The Ukrainians: The Story of How a People Became a Nation.* 5.ed. New Haven, CT; London: Yale University Press, 2022.

______. *Ukraine Crisis: What It Means for the West.* New Haven, CT; London: Yale University Press, 2014.

WINES, Michael. Bush and Yeltsin declare formal end to Cold War: agree to exchange Visits, *Nova York Times*, 2 fev. 1992, p.1.

WINTOUR, Patrick. "Anything goes": first Syria, then Covid-19. Is global cooperation dead?, *Guardian*, 23 jul. 2020.

WOHLFORTH, William C.; ZUBOK, Vladislav. An abiding antagonism: realism, idealism, and the mirage of Western-Russian partnership after the Cold War, *International Politics*, 54/4, 2017, p.405-19.

WOLF, Martin. How We lost America to greed and envy, *Financial Times*, 17 jul. 2018.

XUETONG, Yan. Becoming strong: the new Chinese foreign policy, *Foreign Affairs*, 100/4, jul.-ago. 2021, p.40-7.

______. *Leadership and the Rise of Great Powers.* Princeton. NJ: Princeton University Press, 2019.

YEKELCHYK, Serhy. *Ukraine: Birth of a Modern Nation.* Oxford: Oxford University Press, 2007.

YING, Fu. Are China and Russia partnering to create an axis? In: YING, Fu. *Seeing the World.* Beijing, 2019, p.235-6.

______. *Seeing the World.* Beijing: 2019.

YURCHENKO, Yuliya. *Ukraine and the Empire of Capital: From Marketisation to Armed Conflict.* London: Pluto Press, 2018.

ZAKARIA, Fareed. The New China scare: why America shouldn't panic about its latest challenger, *Foreign Affairs*, 99/1, jan.-fev. 2020, p.52-69.

______. *The Post-American World: And the Rise of the Rest.* New York: Norton, 2009.

ZARAKOL, Ayşe. *After Defeat: How the East Learned to Live with the West.* Cambridge: Cambridge University Press, 2011.

______. *Hierarchies in World Politics.* Cambridge: Cambridge University Press, 2017.

ŽIŽEK, Slavoj. *Iraq: The Borrowed Kettle.* London: Verso, 2004.

ZUBOK, Vladislav. *A Failed Empire: The Soviet Union in the Cold War from Stalin to Gorbachev.* Chapel Hill, NC: University of North Carolina Press, 2007.

ZYGAR, Mikhail. *All the Kremlin's Men: Inside the Court of Vladimir Putin.* New York: Public Affairs, 2016.

ÍNDICE REMISSIVO

D

F

S

V

SOBRE O LIVRO

Formato: 16 x 23 cm
Mancha: 26 x 48,6 paicas
Tipologia: StempelSchneidler 10,5/12,6
Papel: Off-White 80 g/m² (miolo)
Cartão Triplex 250 g/m² (capa)
1ª edição Editora Unesp: 2025

EQUIPE DE REALIZAÇÃO

Edição de texto
Jorge Pereira Filho (Copidesque)
Jennifer Rangel de França (Revisão)

Editoração eletrônica
Eduardo Seiji Seki

Capa
Marcos Keith Takahashi (Quadratim)

Assistente de produção
Erick Abreu

Assistência editorial
Alberto Bononi
Gabriel Joppert

Rettec artes gráficas e editora

Rua Xavier Curado, 388 • Ipiranga - SP • 04210 100
Tel.: (11) 2063 7000
rettec@rettec.com.br • www.rettec.com.br